白先勇．廖彥博 合著

悲歡離合四十年

白崇禧與蔣介石

北伐．抗戰。

目錄

【序】
君臣一體，自古所難

白先勇

一九九四年我從加州大學退休以後，便開始著手籌劃替父親白崇禧將軍立傳。經過十餘年的史料蒐集、訪問、撰寫，終於於二〇一二年先出版《父親與民國——白崇禧將軍身影集》上下兩冊，其中有五百多幅父親一生各個時期的照片，可以說是一部父親的圖傳，概括的敘述了父親的一生。這部書在中、港、台同步出版，對兩岸三地造成了相當大的影響。自二〇一二年至二〇一四年，兩年間，我應邀在中國大陸十二座大城演講，講《父親與民國》，這十二座城市當年都與父親戎馬生涯息息相關，我是在追尋父親的足跡，做了一次「八千里路雲和月」的民國之旅。同時這部書的餘波盪漾到了北美，我在北美也受到各地華僑團體的邀請，從溫哥華到波士頓，十個大城，同樣在講《父親與民國》。二〇一四年我與歷史學者廖彥博合著《止痛療傷：白崇禧將軍與二二八》，也是中、港、台同步出版。同時依據這本書的內容，製作一部紀錄片《關鍵十六天》，我在北京大學、上海世博館都放映過這部紀錄片。大陸觀眾不熟悉台灣二二八事件，觀看這部紀錄片，興致高昂。此後幾年，我跟廖彥博一直在籌備父親白崇禧將軍傳記三部曲的最後一部：《悲歡離合四十年——白崇禧與蔣介石》，今夏終於完稿，四十萬字書分三冊。

這二十多年來，我一直孜孜矻矻，鍥而不舍，要為父親立傳，其中一大原因是這些年兩岸三地出現有關父親的論述、傳記，對於父親一生的歷史多有不實之處，有的甚至扭曲、掩蔽、汙衊。即使桂系要員程思遠寫的《白崇禧傳》，因為此書在大陸出版，程思遠的一些觀點不得不順從中共官方的說法。至於台灣方面，又因為父親與蔣介石總統之間有了嫌隙，國民黨官方對父親的歷史也就先意承旨，隱善揚惡了。例如，官方一直宣傳這樣的謠言：徐蚌會戰，白崇禧按兵不動，國軍因而大敗。目的在諉過白崇禧，替蔣介石解脫責任。

父親一生可說是一部民國史的縮影，一九一一年父親十八歲參加辛亥革命武昌起義，見證了民國的誕生。一九二六年北伐，父親被蔣介石總司令任命為國民革命軍參謀長，一九二八年領軍入北平，最後完成北伐，時年三十五歲。一九三七年，抗戰軍興，父親第一個響應蔣委員長號召抗日，八月四日飛南京就任副參謀總長，輔助蔣委員長抗日八年。戰後未幾，國共內戰開打，父親先任國防部長，後任華中剿匪總司令，與林彪部隊在廣西戰到最後一兵一卒，於一九四九年十二月三日從南寧飛離大陸，父親參與了民國誕生也經歷了民國在大陸的衰落。一九四九年十二月三十日，父親在台灣風雨飄搖之際，毅然入台，與中華民國共存亡，引用他自己的話，便是「向歷史交代」。父親在台度過他最後黯淡的十七年，歸葬在台北六張犁回教公墓，中華民國的領土上。

父親白崇禧將軍一生的起伏與蔣介石總統息息相關，可以說蔣介石是影響父親一生命運最關鍵的人物。自從一九二六年北伐蔣介石力邀父親白崇禧出任參謀長，兩人結識開始，一直到一九六六年父親歸真台灣，長達四十年，蔣、白兩人之間恩恩怨怨、分分合合、極端複雜、極端糾結的關係，並非三言兩語，黑白分明說得清楚。蔣介石與白崇禧兩人分合之間又往往牽動大局，影響國家安危。我們這部《悲歡離合四十年》便是將白崇禧與蔣介石的關係，分北伐、抗戰、國共內戰、台灣歲月，四大段，逐一詳細記載、分析、論述。前面三大階段，戰亂連綿，幾乎沒有停過，蔣介石一直是三軍統帥，白崇禧在各階段出任參謀長、副參謀總長、國防部長，是蔣介石的最高軍事幕僚長，兩人都是國軍最重要的首領，因此兩人互動之間，北伐、抗戰、內戰的重要戰役，無不深深涉及。這部書雖著重蔣、白關係，但都扎根在綿密的軍事戰爭背景上，所以廣義來說，這部書也可以說是一部民國軍事史。桂系是國軍中除了中央黃埔嫡系以外最強的一個軍事集團，桂系以李（宗仁）、白（崇禧）為首，《悲歡離合四十年》雖然突出蔣、白之間的恩恩怨怨，但實際上也就牽涉到桂系整個集團與中央的分分合合。因此，這部書同時亦可以看作桂系與中央二十多年的關係史。

史書敘述，首重真實。作者的史觀也許自有定見甚或偏見，但下筆必須徵信有據，不容任意添減。「信史」是我和廖彥博撰寫《悲歡離合四十年——白崇禧與蔣介石》時追求的最高原則。我們花了很長一段時間蒐集大批史料，有關蔣、白的材料，浩如瀚海，梳理選擇煞費工夫，國史館、中國國民黨黨史館以及南京中國第二歷史檔案館所存蔣介石與白崇禧兩人往來的電報、函件、手令、簽呈、報告就超過上萬件，可見兩人關係之複雜、來往之密切。當然最重要的根據當屬美國史丹佛大學胡佛研究所典藏的《蔣介石日記》，從蔣的日記中，我們可以窺見蔣在各階段內心中對白崇禧真正的看法、評價，其間愛恨交集，矛盾重重，後階段，蔣對白怨毒之深，令人吃驚。除了兩人公事來往官方的表面，蔣的日記更加暴露了蔣、白關係，幽微深刻的另一面。此外，我們亦大量採用比對、參考、引證其他史料，包括檔案、日記、回憶錄、口述歷史、專書等各種文件。其中比較重要的如《吳忠信日記》、《徐永昌日記》，這些蔣介石身邊的要員，對於蔣、白關係具有第三者客觀的視野。又如擔任十八年廣西省主席、廣西三傑之一的黃旭初，近年出版的《黃旭初回憶錄》及日記是一筆彌足珍貴的史料，黃旭初以桂系立場，鉅細無遺記錄下李宗仁、白崇禧與蔣介石二十多年來起伏跌宕，極富戲劇性的關係。我們同時也參考中國大陸收藏甚豐的檔案文件、出版的專書、回憶錄等以及西方學者的著作，費正清（John Fairbank）的《美國與中國》、戴安娜（Diana Lary）的《地方與國家——中國政壇的桂系1925-1937》、陶涵（Jay Taylor）的《蔣介石與現代中國的奮鬥》都曾給我們打開另一扇窗戶，看到西方觀點。

白崇禧與蔣介石的關係，分合之間須分階段，蔣、白相交始於北伐。一九二六年北伐，蔣介石獨排眾議力邀時年三十三歲的白崇禧出任國民革命軍參謀長，蔣信任一位非中央嫡系的青年軍官擔此重任，是他獨具慧眼能夠賞識到白的軍事才能，白崇禧統一廣西已獲「小諸葛」盛名。

北伐初期，蔣、白兩人相處融洽，蔣亟欲攏絡，收服白為己用，白亦力求表現，不負所望。南昌之役，大敗孫傳芳軍，收復浙江，進軍京滬，白崇禧以少擊眾，銳不可當，蔣介石乃任以東路軍前敵總指揮頭銜，出將入相。時陳潔如夫人跟隨蔣介石，蔣命陳親自調製燕窩賞賜白崇禧，可謂恩寵有加。

但是蔣介石與白崇禧兩人相處融洽的時間並不長，幾個月後，明的暗的，兩人的磨擦，便逐漸浮上來。黃旭初對北伐這段時期蔣、白兩人的關係有如此評語：「蔣先生確實深愛白崇禧的長才，但又每每對他不滿，真是矛盾！」此話一針見血。蔣介石常常批評白崇禧「不守範圍」，黨國元老張靜江力勸，謂白乃難得將才，不宜抑制，蔣坦承：「白崇禧是行，但是和我總是合不來，我不知道為什麼不喜歡他。」蔣介石這番告白，充分說明了蔣、白之間的矛盾。蔣介石深知白的軍事才能，但父親白崇禧個性剛直，不喜奉承，做事明快，劍及履及，有時不免恃才傲物，獨斷獨行。這就犯了蔣介石的大忌，批評他「不守範圍」，蔣用人以忠貞為尚，不容忤逆，而且事必躬親，管得太細。白崇禧曾向李宗仁抱怨，當蔣介石的參謀長，常常綁手綁腳，不易發揮，說穿了蔣、白兩人雙雄並立，不免產生瑜亮情結，蔣看不慣白的行徑，所以才「不喜歡他」。後來白崇禧率領第四集團軍一路打進北京，最後完成北伐。北京人民夾道歡迎國民革命軍，北方報紙如天津大公報大幅報導白總指揮的消息，一時間，白崇禧成為推翻北洋軍閥的英雄。父親那時才三十五歲，年輕氣盛，全然不知功高震主的危險。白總指揮在北方的張揚舉止，看在蔣總司令的眼裡，恐怕滿不是滋味。同時桂系勢力在北伐期間，大肆膨脹，兩廣、兩湖、平津皆屬桂系勢力範圍，中央受到威脅，蔣介石「削藩」已是既定計畫，其間正好桂系少壯軍人胡宗鐸、陶鈞等用兵，爆發「湘變」，於是蔣桂戰爭開打。蔣買通唐生智策反唐舊部第四集團軍，白崇禧倉皇出走，坐日輪逃亡。中央通緝李宗仁、白崇禧，開除兩人黨籍，日輪開到上海黃浦江頭，蔣介石密令上海衛戍司令熊式輝派人上船緝拿白崇禧，倘該輪拒絕搜查，即令海軍砲艦將其擊沉。這消息為時任上海市長張定璠所聞，通風報信，白崇禧乃跳船至另一艘日輪駛往香港。中央分三路攻打廣西，李、白流亡安南河內，後又踅返廣西，加入中原大戰，從此廣西與中央對峙六年，直到一九三七抗戰軍興。

蔣桂戰爭是廣西桂系與中央蔣介石第一次分裂，其後果影響嚴重深遠。北伐完成，是國民黨統一中國的黃金時機，其實北伐桂軍一路都站在蔣介石這一邊，扶助蔣總司令打下天下，可是北伐完成，蔣介石馬上發動蔣桂戰爭，將桂系整垮。如果當時中央與桂系是合而不是分，閻錫山、馮玉祥恐怕不敢貿然造反，中原大戰不至於發生，中國不會又變得四分五裂。清共後，當時中共已經十分虛弱，如果中央軍與桂軍聯合起來剿共，中共恐怕難以抵擋。中國不分裂，日本未必敢侵略東北。蔣桂戰爭埋下分裂惡因，觸動日後一連串的動亂，影響了國家的命運。

一九三七年七月七日盧溝橋事變，蔣介石委員長在廬山發表「最後關頭」談話，號召全國人民抗日，父親白崇禧第一個響應蔣委員長的號召，八月四日飛南京參加抗日戰爭的行列。大敵當前，國運阽危之際，蔣、白兩人竟能毅然放下蔣桂戰爭的前嫌，共同抗日八年，正所謂兄弟鬩牆，外禦其侮，蔣、白兩人如有共同的敵人，北伐時的北洋軍閥，抗戰時的日軍侵略，二人可以暫時拋下私怨，共同一致對外，可是一旦外敵消失，兩人之間的基本矛盾，又會重新燃起。

抗戰八年，是蔣介石與父親白崇禧相處比較平和的階段，雖然偶有磨擦，但無傷大雅。一開始蔣便賦予白以重任，副參謀總長，事實上是蔣的最高軍事幕僚長。蔣介石心裡明白，對付日本如此強大的敵人，他需要小諸葛白崇禧這樣出將入相的軍事奇才，來扶助他的抗日大業。白崇禧主政廣西，練兵六年，即是預備一旦中日兩國開戰，桂軍即赴沙場，效命國家。蔣、白兩人抗日的崇高目標一致，白崇禧不計前仇贊襄蔣委員長，運籌帷幄，決勝千里，也是心甘情願的了。白崇禧抵京次日，上海《大公報》登載：蔣白睽違瞬逾八載，晤面傾談，異常歡洽。恐怕也是實情。

抗戰期間，蔣介石對白崇禧的倚重，由下面幾樁事情可以看出。南京屠城，全國民心士氣消沉，接著徐州會戰，是中日戰爭中關鍵的一役，一九三八年三月二十四日，蔣委員長親率白副參謀總長飛抵徐州，視查軍情，前線戰況激烈，蔣命白留下，協助第五戰區李宗仁司令長官共同指揮，終於創下抗戰首次勝利——台兒莊大捷，此役扭轉抗戰以來國軍節節敗退的頹勢，打破「三月滅華」、「皇軍無敵」的神話，全國人民的悲觀情緒一掃而空。蔣命白留五戰區共同指揮徐州會戰，論者認為是一著高棋。

日軍無論軍備、軍隊素質都遠遠超過國軍，面對如此強大的外敵入侵，應該運用何種大戰略來對付，才能贏得最後勝利呢？自從抗戰開始，日軍攻勢凌厲，勢如破竹，一直侵入首都南京，小諸葛白崇禧日思夜想，就在籌畫一套戰略，以弱對強，拖垮敵人。一九三八年初，軍事委員會在武漢召開會議，檢討全盤戰略。白崇禧在會議中提出「積小勝為大勝，以空間換時間」以游擊戰輔助正規戰，與敵人作持久戰。這套戰略為蔣委員長贊同，被軍事委員會採用，成為抗戰的最高指導方略。父親對我親口說過，他想出這套抗日的戰略，受到拿破崙侵俄戰爭的啟發。俄軍利用俄國廣大的空間，拉長法軍的補給線，最後拖垮拿破崙的部隊。中國的情況與當年俄國有許多相似之處。國軍沒有制空權，與日軍正面作戰犧牲太大，如八一三淞滬戰役，故應以游擊戰配合正規戰，「積小勝為大勝」；中國類似俄國，幅員廣大，將日軍拖往內陸，拉長其補給線，「空間換時間」，消耗日軍國力與日軍做持久戰，解破其速戰速決的企圖。父親白崇禧提出的這套戰略，對抗日戰爭有指導性的影響，國軍得以艱苦支持八年，得到最後勝利。這又證明三軍統帥蔣介石與其參謀長白崇禧，在抗日戰略上，看法一致時，得到良好效果。

一九三八年十一月二十五日軍事委員會在長沙召開南嶽會議，會中決定在桂林設置行營，蔣委員長命白崇禧出任桂林行營主任，管轄第三（江蘇、安徽、浙江、福建）、第四（廣東、廣西）、第九（湖北南部、湖南、江西）三個戰區，權高位重，按程思遠的說法：「顯然把半個中國交給他了，信任之專，一時無兩。」白崇禧在桂林行營主任任內，親自指揮桂南會戰，一九三九年十二月十八日至一九四〇年一月十二日，白崇禧指揮第五軍軍長杜聿明，攻打南寧東北面要塞崑崙關大捷，這是抗戰期間著名的攻堅一戰。日軍指揮官中村正雄旅長陣亡，士兵傷亡五千，但國軍第五軍也損失慘重，傷亡上萬。第五軍乃嫡系中央軍，是蔣介石的黃埔「天子門生」。全軍有機械化設備，屬國軍第一塊王牌。崑崙關攻堅戰，白崇禧數度向蔣介石請調第五軍，蔣才勉強答應。後第五軍損失慘重，蔣深痛惜，與白便有了嫌隙。後因南寧得而復失，白崇禧受到降級懲罰，撤銷桂林行營。

白崇禧出任桂林行營主任的前期與蔣介石相處融洽。白回重慶述職，蔣在七月三十一日的日記記下：

> **健生此來，相知益深，此為內部和愛，最足自慰也。**

八月十九日，蔣上午九時半與白談話，兩人相談甚歡，竟一直聊到下午三時，還聊到家常，蔣日記：

> **健生此次在渝相知漸深，形跡漸消。**

後來蔣在反省錄中記下感想：

> **凡以誠感者，無不能動也。**

其實蔣介石一直想攏絡、收服白崇禧為己用，以推誠相待感動白。但桂南會戰後期，因第五軍傷亡太重，南寧得而復失，蔣介石對白崇禧不滿，日記中已有怨言：

> **桂白對反攻南寧之部署。自用私心，不肯遵令處置。**

日記中蔣對白崇禧的稱謂，往往反映出兩人關係之良窳，從「健生」到「桂白」，已經看出兩人之親疏了，至於後來降到「白逆」，兩人關係已經惡化。此時蔣對白雖有怨懟，但尚知克制，所以日記中又自我警惕：

對健生違忤，應以仁愛處之，慎勿輕動陽剛。

抗戰後半期，父親白崇禧返轉重慶執軍訓部長的職務，蔣、白之間沒有特別的大波動，白仍受到蔣一定的倚重，兩人甚至有推誠相見，互相交心的時刻。一九四三年八月六日，蔣介石在黃山官邸對白崇禧有一番推心置腹的訓示，日記記載：

與健生談話，面勸其言語謹慎，注意隱惡揚善之道，與處世接物之方。

蔣介石看到白崇禧聽他這一番話頗為動容的樣子，於是又寫下：

以誠感者，未有不動也。

父親大概真的被蔣感動了。第二天便寫了一封親筆信，向蔣致謝：

委員長鈞鑒：昨在黃山，恭聆訓誨，意氣勤懇，有逾骨肉，人非木石，寧不知感，謹當奉為圭臬，永矢弗諼者也。

接著自己檢討這近二十年來與蔣之間的恩怨離合，並向蔣表示效忠：

自盧溝變起，鈞座領導全國，遂行神聖抗戰，職於是年八月四日奉命飛抵首都，聽候驅策，則以禦侮圖存，固屬軍人天職，及時補過，尤為素日初衷，七載以來，隨侍左右，受恩深重，報稱愈難，惟有竭股肱之力，濟之以忠貞，上答高厚於萬一耳。

蔣看到白這封推心置腹的信，也頗心喜，大概覺得白果然為其「誠」所動，馬上回了一封信，信裡把白大大稱讚了一番：

吾兄天資超群，見理明達，實為儕輩所不及，即吾二人之性格亦有短長，多不相同，惟區區無不以截長補短、勸善規過，以調劑盈虛，無負同志之所期者以自勉，並望時時能以兄之長，補我之短，則切磋時久，琢磨益深，自必相得益彰也。瞻望前程，豈有限量，本來同志關係，生死與共，手足之情，無以逾此。自今吾人更當以道義相責，志節相期，不僅共患難，必須同功罪，則彼此為一，無間爾我。必如此，方能共負革命重責。

父親白崇禧稟性剛直，即使對蔣介石，也不輕易逢迎，他給蔣這封信，以下對上，寫得情真意切，大概他覺得抗戰七年以來，一直位居要津，的確「受恩深重」。而蔣對下屬，竟肯如此折節，「生死與共」，實在罕見。此時此刻，蔣、白兩人，主帥與參長，共赴國難，自有一份敵愾同仇，惺惺相惜的慷慨豪情。

如果光讀蔣、白這兩封「君臣交心」的信，很難想像十四年前蔣介石曾下令通緝白崇禧，甚至欲置之於死地，也料想不到抗戰勝利後，蔣、白之間衝突愈來愈大，最後竟至決裂。

一九四五年八月十五日日本投降，八年浩劫，中國軍民傷亡慘重，國軍官兵三百萬人戰死沙場，抗戰慘勝，民國史又翻開新的一章，蔣介石與白崇禧也進入了一輪更加複雜詭譎，波瀾洶湧的新關係。民國命運，自始多舛，抗戰勝利未幾，國共內戰又起，一場對民國更大的災禍，即將來臨。

國民黨在大陸失敗，中外歷史學者、軍事專家，論述多矣，原因雖然多元複雜，但近年來大家一致的看法是，國民黨在軍事上的錯誤，乃造成大陸失敗最直接的原因。國軍的戰略一誤再誤，三錯四錯，造成國軍在東北、華北、華中節節敗退，終至整個大陸失陷，撤退台灣。北伐、抗戰，國軍在戰略上沒有犯大錯誤，所以贏得最後勝利，這兩個階段，三軍統帥蔣介石與其參謀長白崇禧在大方向、大戰略上是一致的，而在國共內戰階段，蔣介石與白崇禧對剿共的戰略觀點，卻處處牴牾，最後牽動大局，致使國軍在大陸失敗。本書第二冊《國共內戰》便聚焦在蔣、白關係如何影響國共內戰上。

戰後國民政府改組，父親白崇禧出任國防部長，名義上仍是國府主席蔣介石的最高軍事幕僚長，然而軍政軍令實權卻在參謀總長陳誠手上，參謀總長直接聽命於蔣主席，不受國防部拘束。蔣介石命令陳誠制定許多政策，國防部長白崇禧皆不得過問，甚至統帥部開官邸作戰會議，擬定剿共計畫，國防部長常常未受邀參加。蔣介石如此安排，到底對陳誠及白崇禧還有親疏之分。蔣倚重白，深知其長才，但白終究並非嫡系，蔣對他仍是無法百分之百信任。

戰後開始國軍與共軍的比例是五比一，五百萬比一百多萬，國軍有空軍、海軍，有的軍隊是機械化美式配備，軍備上遠優於共軍，而且國軍有八年與日軍戰鬥的經驗，可是短短不到四年，卻被靠游擊戰起家的共軍徹底擊垮。

一開始參謀總長陳誠的幾項措施便犯了大錯，戰後馬上裁軍，一些非嫡系的部隊，以及所謂游雜部隊，受到大幅裁員，這些正式或打游擊戰的官兵抗戰八年，為國賣命，一旦除役，流離失所，生活無著，後來這些有戰鬥經驗的官兵，大量倒向共軍，成為共軍的生力軍。國防部長白崇禧極力反對，他認為國共戰爭正在進行，貿然裁軍，動搖軍心，此乃兵家大忌，北伐裁軍，曾引起中原大戰，就是教訓。有數百名將校級的軍官，被裁員後，悲憤莫名，一齊奔往南京中山陵哭陵，向國父孫中山哭訴。裁軍這樣重大的政策，必然是蔣主席授命參謀總長陳誠執行的。一九四六年南京開國軍第二次整編會議，國防部長白崇禧在會中公然反對裁軍，蔣介石主席馬上出面阻擋稱：這是政府的既定政策。國防部長反對無效。

抗戰勝利，中國列為世界五強，蔣介石的聲譽在國內外都達到巔峰，返都南京之日，全國人民萬眾歡騰，蔣委員長被視為「抗日英雄」、「民族救星」，在勝利氛圍的陶醉下，蔣介石以及國軍中許多將領都大大的低估了共軍的實力與潛在的危險。父親白崇禧是少數深知共軍的將領，他一直認為共軍是一支有組織、有信仰、有外國勢力（蘇聯第三國際）支援的軍隊，不容小視。他不僅反對戰後裁軍，他還主張戰後立刻全面剿共。他這樣的認知，與蔣介石後來許多措施南轅北轍，格格不入，埋下兩人最後衝突決裂的原由。

勝利來得突然，接收失地是國民政府最棘手的問題之一。戰後國共兩軍都搶著接收。戰時國軍部隊多移往西南，北方軍力空虛，而共軍的游擊部隊滿布北方。父親盱衡當時狀況，向中央建議：對待中國境內百餘萬日軍，先接收，後繳械，命令日軍暫時防守據點，等國軍到達接收後再繳械，這樣便可阻止共軍乘虛而入。中央蔣主席未採納，一聲令下，全體日軍繳械，北方真空地帶，共軍源源而入，搶先佔據了要津。

東北接收是國共內戰國軍一大敗筆，直接影響國共勝敗的大局。其中又牽涉到蔣介石與白崇禧兩人對東北戰略分歧而引起的衝突。

東北背靠蘇聯、北韓等共產國家，地緣政治重要，天然物資豐富，重工業有深厚根基，有中國「生命線」、「火藥庫」之稱，也是中國的「九一八」，中日戰爭「九一八」便是從東北開始。戰後接收，東北是國、共必爭之地，日本甫投降，中共馬上派遣他們頭號戰將林彪率軍水陸兼程搶進東北，藉著蘇聯支助，很快佔領北滿哈爾濱等大城，並南下進佔長春、四平街。國軍亦不遑多讓，以空運、海運，將國軍中幾支王牌軍，如孫立人的新一軍、廖耀湘的新六軍，陳明仁的七十一軍，派到東北，由蔣介石愛將杜聿明出任東北保安司令長官，負責軍事指揮。國軍佔領瀋陽等南滿大城，與共軍你來我往頻頻衝突開戰。一九四六年春夏之際，國軍與共軍在中長路上搶奪戰略重鎮四平街，拉鋸月餘。蔣介石特派當時已內定為國防部長的白崇禧往東北督戰，白臨東北，國軍士氣大振，三天（五月十七至十九日）攻下四平，林彪部隊大敗，急速往北倉皇撤退，時南京情報得知長春城內潛伏六千蘇聯紅軍，蔣介石下令東北國軍不得過遼河，以免引起國際事件。白崇禧身在前線，認為機不可失，不顧南京蔣的指示，拍板下令杜聿明追擊林彪敗部，直取長春。二十二日白飛回南京向蔣介石匯報，連夜趕出一份一千四百餘字的「意見報告書」上呈蔣主席。這份報告書的主旨為國軍於四平街一戰大獲全勝，應趁勝追擊林彪敗部，徹底解決東北共軍，通篇文字流露出一種「時不可再」、良機稍縱即逝的急迫感：「倘能一鼓掃蕩，不難根絕，若予以喘息機會，任其利用山岳地帶及裹脅伎倆，並獲得北滿豐富資源，及與外力成犄角之勢，則東北前途恐將不免釀成南北朝之局勢。」因此，解決東北問題，必須「下最大決心，在最短時間，謀徹底解決。」同時在報告中提出多項建議，最重要的是「立即編組民間武力」，收編東北偽軍。白崇禧在廣西以訓練民團著名，他建議在東北建立三百萬民團，包括三十萬受過日本關東軍訓練的偽軍，做為安定東北的基層力量。這份報告書提到「時機」、「立即」、「以免貽誤事機」等時效字眼，共有十二處，可見白崇禧認為當時東北戰況火急萬分，已到關鍵時刻。可惜這份報告書未受到蔣介石應有的重視，白崇禧提出關鍵性的建議，蔣未採納，而且對東北軍事的戰略，與白背道而馳，最後導致東北陷落，影響內戰。時馬歇爾在中國調停國共內戰，對蔣介石頻加壓力，而蔣本人對林彪共軍做了錯誤的判斷，鑄成東北戰事，全盤皆輸。

五月二十五日，蔣介石與白崇禧同飛東北瀋陽，抵達之日，國軍已攻下長春，林彪部隊狼狽往哈爾濱北撤，國軍繼續分三路追擊，孫立人部新一軍追過松花江進至雙城，離哈爾濱不足一百里。在此關鍵時刻，蔣介石與白崇禧皆北上至長春，白向蔣請纓留駐東北，繼續督戰，將北滿幾個大城哈爾濱、滿洲里、佳木斯一一拿下，「將林部殲滅或驅出東北境外，以永斷禍根。」白晚年口述歷史如此記載：

蔣先生說：「六月一日國防部成立，你回去接事，你的意思，我交杜聿明去做。」我說：「委座在此，我也在此！」他當即說：「你在此，若馬歇爾問你是否要繼續追擊，你不好說話，你回去，我在這裡，可以推到我身上，所以你還是回去。」此來，我只得返京就任國防部長。

事實上蔣介石並沒有命令杜聿明按照白崇禧的建議發動國軍直取哈爾濱，徹底剿滅林彪部隊，相反的，蔣介石於六月六日突然下停戰令，預備與共產黨重啟和平談判。本來林彪部隊已經準備撤離哈爾濱，這樣一來，獲得喘息的機會，以北滿哈爾濱為基礎重整旗鼓，半年間便南下攻打國軍佔領城市，接著遼瀋大戰，吞噬四十七萬國軍精銳。林彪兵敗本來只剩幾萬殘部，改成四野，後膨脹成百萬大軍。一九四九年，這支軍隊破關南下，一直打到海南島。

一九五六年，四平街之役十年後，白崇禧在台灣因受特務跟蹤，上蔣介石密函，特別檢討東北戰爭失敗，指出四平街林彪兵敗「死傷慘重，潰不成軍」：

若照職原定計畫，繼續窮追，本可將其消滅於東北境內，以免該匪後來在東北接收蘇軍繳獲日本關東軍五十萬人之優良裝備，為我第一勁敵。同時我可將東北國軍精銳調進關內，形成重點使用，剿匪軍事，或可改觀。

最後白如此感嘆：「往事追維，真令人痛心疾首者也。」

同年，蔣介石在他的《蘇俄在中國》中也檢討東北軍事，對於他在一九四六年六月六日頒發的停戰令，對東北戰爭的影響做出這樣的結論：

從此東北國軍士氣就日漸低落，所有軍事行動亦陷於被動地位。可說這二次停戰之結果，就是政府在東北最後失敗之唯一結果。

蔣、白兩人不約而同對東北戰爭做出一樣的結論。而白崇禧對林彪部隊「徹底肅清」與蔣介石「以戰逼和」的方針南轅北轍，導致東北戰爭失敗，影響整個內戰。東北失敗，是蔣、白二人因戰略不同而動搖國本最顯突的例子。

父親晚年在台灣曾數度跟我談論起一九四六年東北戰爭，提到國軍沒能直取哈爾濱，徹底肅清林彪部隊，功虧一簣，影響內戰大局，不禁扼腕頓足，激憤之情，溢於言表，那是他戎馬生涯最大的憾恨。

一九四八年初，國共內戰，國軍已漸漸處於劣勢，在此戰事逆轉的關鍵時刻，國民政府卻突然宣稱要實行憲政，開國大代表會議，選總統與副總統。父親白崇禧一開始便反對此時行憲，他認為內戰正在進行，行憲選舉，徒造內部紛擾，而且共產黨控制相當大的土地人民，開國民大會沒有共產黨參加亦缺乏代表性。但蔣介石為了表現民主而行憲，並未聽從白的諍言。時任北平行營主任的李宗仁突然宣布要出面競選副總統，白崇禧大吃一驚，急忙派程思遠等人至北平勸阻。白知道蔣介石絕不願意桂系領袖人物李宗仁出來選副總統，他心中已有人選是孫科。白擔心如果李敗選，固然難堪，如果勝選，蔣會遷怒桂系，尤其是他自己首當其衝。李宗仁背後有美國駐華大使司徒雷登（John Stuart Leighton）等慫恿，因此選副總統意願甚堅。

白基於私交及桂系淵源，只得出面幫李宗仁競選。副總統選舉，幾經風波，李宗仁以一百多票險勝孫科。孫科敗選，蔣介石大怒，顏面盡失，黨內國內聲威重挫。蔣在一九四八年四月二十九日開票後寫下日記：

> （午後）一時回家，得決選報告，哲生（孫科）落選，乃從來未有之懊喪也，非只政治上受一重大打擊，而且近受桂系宣傳之侮辱譏刺，為從來所未有，刺激極矣。

自此，中央與桂系又開始分裂，而且鴻溝愈來愈深，以致不可收拾。

選副總統後遺症受衝擊最大的首為白崇禧。首先，李宗仁沒有白崇禧助選，促使西北回教代表票全部投李，李不可能當選。蔣介石大概認為他的副總統指定人孫科敗選，

「罪魁禍首」實為白崇禧。其次，抗戰八年，戰後三年，白一直在蔣身邊，為他的最高幕僚長，蔣介石的確下過功夫拉攏白崇禧，為己所用。未料到，一場副總統選舉，桂系的「**廣西子**」竟又團結在一起向中央抗衡。蔣用人以忠貞為首，從此對白的信任又大大的打了折扣。蔣心中的失落感大概是深的，認為白崇禧背叛了他。其實父親晚年的回憶錄中也承認他替李宗仁競選導致蔣、白分裂是一項政治錯誤，「**至今思之，內心極感痛悔**。」

李宗仁當選副總統，白崇禧的國防部長職位馬上被卸除，外放到武漢出任華中剿匪總司令。白崇禧此時評估，國軍東北失利，各地戰雲密布，共軍南下，威脅京畿，與國軍在江淮一帶必有決定性的一戰。華中剿總首在保衛首都南京，因此向蔣提出「守江必守淮」的戰略布署，將指揮所設於安徽蚌埠，五省聯防，統一指揮。孰知就任之前，蔣突然宣布將華中一分為二，華東部分在徐州另設剿總，由劉峙擔任華東剿總司令。白崇禧震驚，對蔣直言：「**中原大軍分割使用，將來戰爭必敗無疑**。」自己走避上海，拒不就任。蔣派黃紹竑至上海勸說，白勉強回任。

一九四八年十月間，國軍東北瓦解，山東潰敗，共軍六十萬南下，徐淮一帶進入緊急狀態。國防部長何應欽，參謀總長顧祝同咸認為劉峙不足擔任防守大任，一再向蔣介石提出召喚白崇禧統一指揮華中、華東。得蔣允許後，白崇禧十月三十飛抵南京，下午五時參加國防部長何應欽召開作戰會議。然而白崇禧最終還是拒絕了統一指揮徐蚌會戰。

據父親晚年在台灣親口跟我敘述他拒絕指揮徐蚌會戰的理由。其一為他發覺徐州剿總的戰略部署全盤錯誤。六十萬大軍各兵團分布在隴海、津浦鐵路線上，形成一個死十字，首尾不接，容易被共軍衝破，重新布署六十萬大軍，時不我與。其二各兵團指揮官邱清泉、孫元良、李彌……等多屬黃埔嫡系，「天子門生」，與他沒有淵源，「驕兵悍將」不易率領。最後最重要的是這場保衛京畿的生死決戰，蔣介石必定會坐鎮南京越級指揮，就如他在北平遙控遼瀋大戰，使得前線指揮官進退失據。

十一月一日，白崇禧晉見蔣介石，直接向蔣提出要求：統帥權獨立，總統賦予大權，不要以電話指揮第一線兵團之活動。蔣未採納，白即放棄指揮徐蚌會戰，飛回武漢。蔣介石對白崇禧拒絕指揮徐蚌會戰極為不滿。在當天日記裡記下：

下午召見健生，彼又不願受統一指揮之命，其只為個人打算，惟知權利而不負責任也。

事後看來，父親白崇禧拒絕指揮徐蚌會戰，是一項極艱難但又十分明智的決定。後來果然，蔣介石親自在南京遙遙指揮徐州前線，徐蚌會戰國軍大敗，六、七十萬精英部隊盡喪敵手。徐蚌會戰直接導致國民黨政權在大陸最後的崩潰。

又一次，蔣介石與白崇禧因戰略觀點分歧而影響大局，動搖國本。白提出「守江必守淮」，指揮所設在蚌埠，據淮河天險而守，蔣介石卻在徐州另設剿總，分割了白崇禧華中的指揮權。徐州地處平原，四戰之地，易攻難守，蔣介石放錯了戰略位置。徐蚌會戰使得蔣介石與白崇禧之間的裂痕又加深了一層。

十一月六日徐蚌會戰開打，第一時間十三日白崇禧便派遣黃維十二兵團十二萬人增援徐州，黃維兵團是華中部隊的精銳，黃維本人便是黃埔一期，乃蔣介石愛將，抗戰有功，是國軍優秀將領。不幸黃維兵團行至安徽境內雙堆集一帶便被共軍包圍，黃維被俘。徐州戰事吃緊，又從武漢陸續抽調第二十軍楊幹才、第二十八軍李涍部隊。這時武漢方面劉伯承大軍壓境，而中央還想把宋希濂兵團中最有戰鬥力的第二軍陳克非調走，此時，白崇禧與蔣介石力爭，兩人起了激烈衝突，幾乎破裂。徐蚌會戰，國軍兵敗，國民黨的宣傳機構散布謠言：白崇禧在華中按兵不動，不肯救援徐州。

徐蚌會戰潰敗，諉過於白。此項謠言一直像野火般燃燒，白崇禧受此謠言中傷，耿耿於懷，直到一九五四年國民黨在台灣開國民大會，湖北代表對白提出彈劾案，才有機會公開辯駁。

一九四八年十二月下旬，徐蚌會戰將近尾聲。此時國軍在東北、華北、華中三個戰場上連連挫敗，軍心潰散，士氣消沉，人民受到戰爭的影響，民心沸騰，社會動盪。白崇禧在武漢眼看國民黨政權搖搖欲墜，江山如大廈將傾，不禁憂心如焚，寢食難安。此時，國中滿朝文武，沒有一個敢向蔣介石諫言，也提不出救國之計。白崇禧當時認為唯一能夠阻擋共軍渡江的策略就是敦促美國出面調停，與中共和談，劃江而治，保住長江以南地區。白提出美國出面調停，並非空想，一九四八年十二月初，美國杜魯門總統便透過駐華大使司徒雷登的義子傅涇波向國民政府高層傳遞消息，美國方面希望蔣介石下野，由國民黨中其他合適的人繼位，美國才會援華。司徒雷登曾數度上書國務卿馬歇爾謂蔣介石已失民心，李宗仁是取代蔣的合適人選。宋美齡到美國向杜魯門乞求美援，鎩羽而歸，美國杜魯門總統已經鐵了心，不援助蔣介石政府了。白當然了解美國態度。十二月二十四日白崇禧發出「亥敬」電給蔣介石，十二月三十日又發「亥全」電，兩封電報的主旨都在呼籲敦促美國出面調停，與中共和談。電報中沒有明提，但美國調停的前提是蔣介石必須下野，這是一個冒大不韙極端敏感的題目，白在「亥敬」電中如此陳情：

當茲國家危急存亡之秋，不能再有片刻猶豫之時，倘知而不言，或言而不盡，對國家、對鈞座為不忠，對民族為不孝，故敢不避斧鉞，披肝瀝膽，上瀆鈞聽，並貢芻蕘。

電報語調急迫痛切，國之將亡，白崇禧已經顧不到蔣介石總統的感受了。「亥敬」、「亥全」兩電報便成為蔣介石與白崇禧關係徹底決裂壓倒駱駝的最後一根稻草。蔣介石從這兩封電報看到的是白崇禧的「背叛脅制」。白對拯救危局的一片苦心，蔣沒看在眼裡。蔣的認知是：白崇禧逼宮，桂系陰謀奪權。他在一九四八年十二月三十一日的日記「上月反省錄」中如此記載：

今日大難不在敵寇之共匪，而在內奸之桂逆也。

蔣恨「桂逆」，猶過「共匪」。白崇禧未料到兩封電報引起如此巨大的政治風波，一九四九年一月二十日蔣介石下野，李宗仁以代總統繼位，但蔣與桂系李、白之間的糾結鬥爭，繼續燃燒，一直延續到台灣時期。

事實上白崇禧的兩封電報當然不足以逼蔣介石下野。蔣退位還有其他國內外更急迫的理由。杜魯門政府步步相逼，沒有美援，國軍無法繼續作戰。蔣評估大陸局勢，心中明白徐蚌會戰兵敗，國軍大勢已去。一九四八年底蔣已經開始布署台灣，作為最後撤退的「革命基地」，首先秘密將國庫黃金白銀運往台灣，命親信陳誠出任台灣省政府主席；空軍飛機，海軍艦艇亦調到台灣，蔣經國認為其父「此時考慮引退，並非在惡劣環境之下，卸脫革命的仔肩，逃避自己的責任，而是要『另起爐灶，重建革命基礎』

也。」總統下野對國民總要有所交代，桂系「逼宮」、「奪權」便是最好下台階的藉口。

李宗仁就任代總統，無所作為。蔣介石退而不休，仍以總裁身分掌控軍政財政大權。李宗仁處處受制，無法施展。國庫空虛，黃金白銀早已運去台灣，華中部隊兩個月發不出軍餉。

父親白崇禧在華中苦撐，與林彪四野大軍周旋半年。毛澤東幾番誘降，許以統兵二十萬，不為所動，輾轉退守家鄉廣西，與林彪部隊戰至最後一兵一卒。一九四九年十二月三日，父親白崇禧將軍隻身從南寧飛向海口，離開大陸。

本書前三部分北伐、抗戰、國共內戰，由廖彥博撰寫。我與彥博曾共同合寫上一部父親傳記《止痛療傷：白崇禧將軍與二二八》，他對父親一生的歷史有深入研究。他出版過多本歷史著作，《決勝看八年：抗戰史新視界》，對中日戰爭的看法描述，頗富新意，為史學界所推重。彥博亦曾翻譯不少西方著名歷史學者的經典之作，如魏斐德（Frederic Wakeman）的《大清帝國的衰亡》，戴安娜（Diana Lary）的《流離歲月：抗戰中的中國人民》等，這使彥博的史觀增加了西方的視角。為了籌備《悲歡離合四十年——白崇禧與蔣介石》彥博下足了功夫，花了四年蒐集、梳理汗牛充棟的史料。彥博一向對桂系與中央的複雜關係有濃厚興趣，這部書也可以說是他多年研究累積的成果。

最後一部〈台灣歲月〉由我自己執筆。我在台灣與父親共處十一年，親眼見證了父親晚年在台灣生活的點點滴滴。父親於一九四九年十二月三十日從海口飛台，據他一九五四年呈蔣介石密函中自述「到台灣為信仰鈞座反共抗俄國策而來。」「冀於國軍反攻大陸時機來臨，鈞座如有驅策，當盡餘生報效黨國，而雪前恥」。用他自己的話說，這就是「**向歷史交代**」，父親在台灣風雨飄搖時毅然入台，就是響應蔣介石總統在台灣的號召，希望能盡一己之力，參加反攻復國大業。一九三七年七七盧溝橋事變，蔣介石委員長在廬山號召全國抗日，父親第一個響應，由桂林飛南京，參加抗日行列。這次父親抱著同樣悲壯的胸懷入台，與中華民國共存亡。可是兩次國難的情況大不相同，蔣介石往日號召全國，包容異己的心胸已不再有。

大陸失陷，江山崩解，這排山倒海而來的亡國之痛，對蔣介石的心理打擊是無法形容，不可衡量的。抗戰勝利，蔣介石在國人眼中是「民族救星」，四年不到，民心盡失，一夕間從雲端墜至谷底，變成「民族罪人」，這種天崩地裂的落差，即使有鋼鐵意志般的強人蔣介石，一時心理上也難接受。從蔣介石在台灣的日記看來，他對下屬極盡忿恚辱罵，尤其對父親白崇禧，有時已達妄恐（paranoia）、執迷（obsession）的地步。他在大陸上最後階段與桂系徹底決裂，他對李、白諸人的憎惡、恐懼一直延續到台灣。一九五〇年初，李宗仁以代總統身分在美國頻頻發表反蔣言論，李宗仁有杜魯門背後支撐，彼時杜魯門政府包括國務卿艾奇遜等人對蔣介石極不友善，使得蔣介石又懼又怒。蔣本來希望白崇禧能夠對李宗仁起制衡作用，說服李辭去代總統職位，以便蔣在台灣依憲恢復總統職位，可是李已經不聽白的勸說，執意不肯。蔣拿遙遙在美國的李宗仁沒有辦法，一腔怒火便燒向白來。父親白崇禧夾在蔣、李鬥爭之間，左右為難。

父親到台灣後，政權、軍權兩空，因為他是陸軍一級上將，乃終身職，在戰略顧問委員會出任副主任委員，這是一個閒職。同時父親與海外桂系勢力都斷絕往來，按理說對蔣介石政權不應構成任何威脅。可是解讀蔣介石在台灣的日記，原來蔣對父親一直耿耿於懷，成為他無法解除的一個心結，三不五時想起來，就在日記中恨恨的痛貶一番。其中有一個明顯的主題：蔣介石把大陸國共內戰軍事失敗的責任加在白崇禧身上，認定他「叛黨禍國」。一九五六年十一月十四日他在日記中寫遷駐台灣八年來之反省：

最堪痛心者，乃子文（按：宋子文）在政治、經濟上之奸詐行為，實與黨務上之汪逆精衛，軍事上之白逆崇禧罪惡相等。

蔣介石是一國領袖，三軍統帥，大陸上軍事失敗，蔣當然應負最大責任，諉過於白崇禧是把白當作代罪羔羊。其實大家淪落到台灣已是山窮水盡，理應同舟共濟，臥薪嚐膽，共謀復國良策。可是蔣介石對桂系，尤其對父親白崇禧餘恨未消，復仇心理，一直蠢蠢欲動，常常藉機給白難堪。

父親自中國回教協會於一九三八年成立於武漢以來，一直擔任回協理事長，在國內外回教世界，建立了他崇高的地位。在台灣，父親經歷過國破家亡的災難，宗教皈依是他精神上重要的慰藉。他每個星期五便到清真寺主麻禮拜，在那裡他仍會得到教友們的敬愛與溫暖。回教國家多反共，五〇年代，回教國家的領袖來台灣訪問絡繹不絕，他們到台灣，一定指名要見General Omar Pai Chung-Hsi，Omar烏默爾是父親的回教名字。如馬來西亞的國父東姑拉曼、伊朗王巴勒維、約旦王胡笙，都跟父親見過面，父親以回協理事長的名義，也曾向埃及王福阿德二世的婚禮致賀。父親在回教世界的影響力卻引起了蔣介石的猜忌，認為白「無恥越職，挾外自重」。蔣組織五人小組袁守謙、周宏濤、上官業佑、張炎元、郭澄，一些特務黨務高層人員，專門負責逼迫白崇禧辭去回協理事長，並成立中國回教青年愛國大同盟，簡稱「回盟」，專門跟回協作對。父親終於在一九五七年辭去擔任了二十年的中國回教協會理事長的職位。

蔣介石對父親白崇禧還是不放心，乾脆派遣情治人員二十四小時監控。在我們松江路的家——松江路與南京東路交口的地方，路邊不分晝夜總是停著一輛黑色吉普車，車牌15-5429，是上面派來的情治單位監控父親及我們全家的車輛，情治人員有三位年輕特務，分三班二十四小時監控父親的一舉一動。父親去總統府上班、去清真寺禮拜、去醫院看病、出外打獵，這部情治車輛載著三個特務人員，如影附形，亦步亦趨，緊緊跟隨。同組情治人員從頭跟蹤到尾，以至於終，三人從青壯年跟成中年特務。

父親從一九五四年便發覺遭到情治人員跟蹤監控，實際監控日期可能更早。這對父親是一大刺激。父親自忖，一生忠黨愛國，自北伐、抗戰、內戰，二十多年來，為了捍衛民國，身經百戰，即使在國共內戰最後階段，局勢危疑震撼，毛澤東幾次誘降，不為所動，而在韓戰未起，台灣處境危若累卵之際，毅然入台，響應蔣介石總統反共復國的號召，未料一片忠心，卻遭疑忌，受到特務監控的不堪待遇，父親內心中的忿怒、屈辱可想而知。一九五六年五月三日，父親終於上書密函至蔣介石，除歷數自己為黨為國所作的奉獻，表明自己忠貞不貳的立場外，並向蔣詰問派遣情治人員跟蹤監控其理由何在。父親密函措辭痛切，哀痛激憤之情溢於言表。一位身經百戰的老將軍，到了晚年，還要忍辱上書，為己清白辯駁，讀來令人惋嘆。

國家情治單位特務人員，其功用對外應付國敵，對內監控叛奸。父親白崇禧將軍是堂堂中華民國陸軍一級四星上將，論軍功，在國軍將領中應名列前茅，中日戰爭，名揚國際，曾獲美、英、法各國授勛。暗使情治人員監控這樣一位功在黨國的老將軍，是一項極大不敬、極大侮辱、極不公平之舉。如果白崇禧真有叛國叛黨行為，應該軍法公開審判。如果只是蔣介石對白崇禧私人怨懟，則不應該動用國家公器情治單位以報私仇。

特務監控造成父親以及我們全家人心理威脅，行動不便，難以形容。合理類推，我們家的電話被監聽、信件被審查、甚至家中被竊聽，也就順理成章了。就如同奧威爾（George Orwell）的《1984》中Big Brother的電眼無處不在，我們家的一舉一動，肯定都被上報。那些年，我們全家的隱私，受到嚴重的侵犯。

一九六六年十二月二日，父親因心臟動脈阻塞病逝歸真，享年七十三歲。十二月九日在台北第一殯儀館公祭，是國葬的儀式，蔣介石總統當天七時五十分第一個到場祭悼，鞠躬獻花，蔣面容哀戚，神情穆肅。那一刻，他若思起與他的參謀長白崇禧共打天下，抵禦外侮，戎馬倥偬的歲月，能不感慨繫之。蔣介石頒賜輓額：「軫念勛猷」是他對白崇禧軍功的肯定。可是次日十二月十日，他在書寫日記時，那個被共產黨擊敗，逃到台灣海島一隅，一腔怨毒，滿腹憤恨的蔣介石又出現了，日記如此記載：

昨晨往弔白崇禧之喪，其實此人為黨國敗壞內亂中之一大罪人也。其能在行都如此善終，而未像李宗仁、黃紹竑之降匪受辱以死，亦云幸矣。

蔣、白之間四十年之悲歡離合至此劃下句點。然而蔣對白的恨意，至終未消。

父親白崇禧將軍晚年在台灣度過十七年的逆境。他因為參加武昌起義，見證過民國的誕生，他跟民國之間建立起一份血肉相連的革命感情。入台與中華民國共存亡是他唯一的選擇，最後他在台灣歸真，葬在中華民國的領土上是他求仁得仁。他曾與蔣介石共事二十多年，對蔣的脾性應當有所了解，他也一定深知他入台後不會好過。他在台灣十七年雖然過的是沒有戰爭的平靜生活，可是他遭受到有形無形的各種壓力，明的暗的各種輕侮，也是一種凌遲刑罰。疾風知勁草，板蕩識忠臣。我目睹父親身經逆境時處變不驚的大將風範，一股凜然不可侵犯的尊嚴，支撐他到最後，因為他清楚知道，他為國家立過大功，這是任何人無法剝奪泯滅的。對於他受的種種委屈，平日他不置一辭，只有一年三月二十九日青年節，蔣介石總統率領文武百官到圓山忠烈祠追悼革命先烈，父親返家，卸除軍裝禮服及勛章時，他感嘆說道：「活著的功臣就這麼糟蹋，對死去的還真有誠意嗎？」這是我聽到他唯一的一句怨言。父親保衛民國的志業，最後失敗了，但他一生的名節，卻一直保存到最終。

蔣介石與白崇禧兩人之間的恩恩怨怨，其實也就是中國歷代「雙雄不能並立，一山不容二虎」許多故事的翻版。但他們兩人在軍事戰略上的分歧，尤其在國共內戰時嚴重背道而馳，是國軍、國民黨政府的大不幸、大悲劇。如果一九四六年東北戰爭、一九四八年徐蚌會戰，蔣介石採信他的最高軍事幕僚長國防部長白崇禧的戰略建議，國共內戰的結果，恐怕不致於此。

楚漢相爭，大將韓信替漢高祖劉邦打下天下，功高震主，兔死狗烹，為蕭何、呂后誘殺於長樂宮。太史公司馬遷寫〈淮陰侯列傳〉最後結論：君臣一體，自古所難。這是至理名言。中國人有句話：伴君如伴虎。蔣、白關係亦可作如是觀。

中華民國一百零九年七月二十日

此書能完成付梓由於財團法人薇閣文教公益基金李傳洪董事長鼎力相助，特此銘謝。

【序】

心在天山，身老滄洲

廖彥博

這部《悲歡離合四十年——白崇禧與蔣介石》的寫作歷經四年時間，如果從構想算起，則將近六個寒暑。完成《止痛療傷：白崇禧將軍與二二八》之後，白先勇老師就常提醒道：「別忘了我們後面還有一部大書。」我們從白崇禧和蔣介石之間四十年的悲歡離合切入，回看這段風雲激盪的近代中國歷史。

二〇一四年六月，我隨白老師走訪中國大陸東北多座城市。在瀋陽，我們的廂型車繞行中山廣場圓環，隔著馬路遙望現在是公安局的東北剿總大樓，那裡曾是白崇禧隨蔣介石飛往東北視察的第一站；在往四平的國道上，一行人遙想當年四平街會戰白崇禧督師，命國軍展開扇形攻勢追擊，正是這樣高歌猛進；我們在夕陽餘暉下驅車到「四平戰役紀念館」參觀，遍尋全館卻沒看到任何有關白崇禧的記載；在長春，現在是「中國人民銀行長春分行」的「中央銀行」大樓在蒼茫暮色裡矗立，一九四八年長春被圍，這裡是國軍抵抗的最後據點，撫今追昔，不勝唏噓。

白老師和我決定分工合作：我負責一九二六年到一九四九年這一段歷史，由北伐軍興到內戰失敗、渡海來台；一九四九年到一九六六年白氏辭世的十七年歲月，則由白老師撰寫。

我的第一步工作是收集史料。但史海浩瀚，單是以「白崇禧」為關鍵字在國史館「檔案史料文物搜尋系統」中查詢，便可得八千五百七十七筆相關資料！除此之外，海峽對岸與美國也各有重要典藏。正漫無頭緒時，薇閣文教公益基金會李傳洪董事長得知白老師的寫作計畫，慨然提供旅費資助，我因此在二〇一六年八月前往南京，到收藏民國檔案的中國第二歷史檔案館查抄資料。我集中火力，抄錄館藏《國防部史政局及戰史編纂委員會》有關抗戰與內戰的史料。

在南京期間，承蒙南京大學歷史系教授申曉雲老師、中文系教授劉俊老師、現在服務於北京中國社科院的潘建華兄照顧，在這裡特申謝忱。檔案館閉館日，申老師和潘兄、抗戰史學者馮杰兄曾陪我在南京燠熱的八月午後，漫步於總統府、國民大會堂、勵志社、靈谷寺、中山陵等民國遺跡。雖然我們揮汗如雨，胸臆間卻也充塞興亡千古的悲涼感慨。

從南京回來，又陸續抄錄藏於美國史丹佛大學胡佛研究所的《蔣中正日記》。蔣先生一生重視史料保存，除了國史館收藏《蔣中正總統文物》之外，還編有卷帙浩繁的《事略稿本》，配合同樣藏於國史館的《陳誠副總統文物》、《閻錫山史料》、《戴笠史料》、以及王世杰、徐永昌、吳忠信、陶希聖、陳克文等人的日記，足以建構蔣介石這一方對桂系、對白崇禧等軍政人物的決策歷程與內心情感轉折。另外我在中國國民黨黨史館典藏的《總裁批簽檔案》裡，找到黨秘書長張厲生、中央第五組主任上官業佑等人的簽呈，可以看出白崇禧到了台灣以後，蔣介石是如何處心積慮，防堵白氏「利用中國回教協會理事長地位企圖再起」，最終逼白辭去回協理事長的過程。

桂系這邊的史料雖然豐富，卻需要一番淘沙見金的功夫。白崇禧本人雖然曾接受中央研究院近代史研究所訪問，口述歷史一百餘次，但是他還沒完成訪談就與世長辭，而且當時政治氣氛形格勢禁，使得白將軍難以暢所欲言。唐德剛為李宗仁撰寫的回憶錄早年名聲很響，但因為成書年代甚早，許多檔案文獻無從覆按，而李代總統回顧往事時，又多憤恨之語，使用起來要多加小心。一九四九年後留在中國大陸的桂系人員寫下不少回憶文字，之後彙整成《新桂系紀實》、《新桂系紀實續編》等作品；隨李宗仁「回歸」中國的程思遠更寫了一部《白崇禧傳》。這些作品儘管在若干記述上忠於史實，卻更偏重強調白崇禧與蔣介石之間相互權謀算計的面向。

二〇一五年起《黃旭初回憶錄》重新出版，很大程度補足了這個缺憾。黃旭初長年留守廣西，是桂系的大管家，他的記述很能代表桂系的立場與看法。而黃氏回憶文字，筆下鉅細靡遺，應是憑藉日記寫成，果然後來我們又得到黃旭初公子黃武良先生協助，取得收藏於廣西壯族自治區博物館的《黃旭初日記》，對桂系內部情況，李、白與蔣、桂之間關係，遂有了更準確的參考依據。

二〇一六年十二月我在電腦裡建立一個「白崇禧史料」的文件檔，開始將從各處抄錄來的史料，按照時間先後分別收入。這個文件檔後來容量愈來愈大，終於一分為四，按照北伐、建設廣西、抗戰、戰後及台灣歲月四期，一筆又一筆鍵入與白崇禧相關的史料，現在字數超過六十萬，還在增加當中。

但是白氏軍政生涯數十年，史料浩瀚，豈是短時間所能蒐羅詳盡！所以從二〇一七年起我就開始一面抄錄史料，一面動筆撰寫。按照我之前設想，覺得自己對內戰時期的資料掌握程度最高，抗戰時期次之，建設廣西時期又次之，北伐時期最不熟悉，所以寫的時候我的時間順序是由後往前，先易後難，先撰寫後面較有把握章節的同時，蒐集前面資料。

在章節分配方面，由於白崇禧的軍政生涯中，他自己最感憾恨的（比如東北四平街會戰、副總統競選風波）、爭議最大、影響也最深遠的史事（比如徐蚌會戰「按兵不動」、「兩通電報逼宮」等）都出現在國共內戰時期，所以我決定時代愈是後面，書寫愈是詳盡。面對這些爭議時，完全採取「直球對決」的態度，決不迴避；寫作時採用學術註解格式，希望筆下記述皆經過辨析而有根據。

等到真正開始動筆，才發現自己懸在鍵盤上的手指竟然重若千鈞。盡量公允的調度敘事場景成為書寫者肩上沉重的負擔，我寫作的小舟在浩瀚的史料之海裡驚滔駭浪、險象環生。有時候傾一日之力洋洋灑灑下筆數千言，隔天回頭看卻覺得滿紙平淡，雜沓陳腐，看不出有何趨勢意義；有時候文思滯澀困頓，寫了又刪，刪了再寫，仍是原地踏步。之所以如此，我認為是自己閱讀史料不夠全面，一定還有未曾顧及的函電憶述，下筆才會枯燥窒礙。唯一解困的辦法，就是迎難而進，回頭再過目史料、充實寫作素材，從頭再來過。

這種寫作模式，於我來說沒有前例可循，最困頓的時候，整天終不得寸進。我須養家活口，經濟負擔如影隨形；但是為了建構最逼近史實的論述，又不能草率從事。深夜孤燈下，面對電腦螢幕上在原地跳躍的游標，內心煩躁、懷疑、恐懼、自責等負面情緒全都湧現出來，時常感覺大海茫茫、長夜漫漫，不知何時才是盡頭。好在，二〇一七、一八兩年，在度過一切牽制、錯誤嘗試後，關關難過關關過，寫作終於來到收尾階段。二〇一九年底，一直耐心等待的白老師已經完成他那部分的撰寫，他在美國收拾行裝、準備返台以前，給我寄了一封電子郵件，告知返台日期，要求我在他「飛機降落桃園機場以前」，必須完成初稿。我知道，白長官下軍令了。於是咬緊牙關，在十二月二十四日，第一章「完成北伐」完稿，全書初稿終於大功告成。

能夠完成全書，有太多需要感謝的師長先進。首先要感謝的，是薇閣文教公益基金會李傳洪董事長，他大力資助白老師的文化事業，不求回報，我也因之而受惠，得以專心從事研究、寫作。

白老師的「御用編輯」項秋萍女士，我總是喊她「秋萍姐」。多年來秋萍姐包容我的無知浮躁，耐心教導我諸多人情的世故與辦事的訣竅，即使是平時茶餘閒談，也讓我獲益良多；時報出版趙政岷董事長耐心等待我緩慢的寫作進度，總是「溫和」的催稿，我在這裡表達內心深深的感謝。

曾經親自訪問過白上將的中研院近史所前所長陳三井教授、文化大學史學系教授陳立文老師、輔仁大學歷史系教授林桶法老師、香港理工大學中國文化學系教授翟志成老師、中正大學歷史系楊維真教授、南京大學歷史系申曉雲教授、東華大學歷史系陳進金教授、國史館張世瑛協修、加拿大英屬哥倫比亞大學歷史系退休教授戴安娜（Diana Lary）老師、美國史丹佛大學胡佛研究所東亞部林孝庭主任、中正紀念堂管理處研究典藏組任育德副研究員、中央研究院近代史研究所陳建守助研究員、蘇聖雄助研究員、台灣大學翻譯碩士學程陳榮彬助理教授、以及詩人作家黃湯姆、小說家朱和之、作家何英傑、碩士班同學李清瑞小姐等多位師長先進，分別讀過初稿的若干章節，在我迷茫困頓的時候，他們給予許多珍貴指導和建議，我無以為報，只能在這裡表示感謝。

白先勇老師在寫作期間始終給我堅定的支持和鼓勵，他在忙於崑曲、《紅樓夢》時，總不忘抽空看過我每一章初稿，與我討論內容；對我的寫作方向，他從不干涉。「如果父親有不對的地方，你也可照寫不誤，」他常這樣對我說。正是白老師這樣一位文學與文化的巨人，如此信任和看重，渺小如我，才能躍上巨人的肩頭，一覽河山風光，窺看千古興亡。能夠寫作這樣的題材，是我最大的幸運。

這四年當中，我每天所思所想，均離不開白崇禧與蔣介石的關係。我認為兩人四十年的悲歡離合，其實是戰略觀的契合與悖離。從北伐開始，白崇禧總是具備明確的戰略看法，這一點，蔣氏心中其實相當清楚。蔣、白在北伐與抗戰之所以能合力謀國，是戰略見解的契合一致；可是到了抗戰勝利，昔日能屈能伸、聽得進逆耳忠言的蔣委員長，竟成了決策圈狹隘、剛愎自用的蔣總統。蔣視白為桀驁不馴的下屬，白在屢諫不從之後竟作仗馬之鳴。這對同樣抱持著革命建國理想的將帥，彼此力量，相互抵銷，兩人先後抱憾而終，生平志業悲劇收場。

最後，請容我以南宋愛國詩人陸游的一闕〈訴衷情．當年萬里覓封侯〉，向蔣、白二位歷史人物，也向悲歡離合四十年間曾經奮戰保衛國家民族，最後卻風流雲散、花果飄零的桂系致上最高的敬意。北伐、抗戰，桂軍有大功存焉。白將軍自平定廣西諸役起初露鋒芒，三十五歲揮戈直入北京，名滿京華，也曾豪情壯志，思為國戍邊，誰曾想雖然烈士暮年，壯心不已，然而「關河夢斷何處」，竟「身老滄州」！一九四九年山河易幟，桂軍戰至最後一敗塗地，他們有人蟄居蓬瀛，甘於平淡，有人流落海外，沒沒無聞，也有人留在故國，唾面自乾。這部作品謹獻給這些過去在兩岸史述裡隱而不彰的壯士們。

當年萬里覓封侯，匹馬戍梁州。關河夢斷何處，塵暗舊貂裘。
胡未滅，鬢先秋。淚空流。此生誰料，心在天山，身老滄洲。

一九四六年二月十七日，白崇禧（右，時任副參謀總長）與蔣介石（左）在南京出席軍事復原會議。作為蔣委員長最高軍事幕僚長，抗戰期間白崇禧提出多項軍事戰略政策，皆為蔣介石所採納，兩人互動良好，最後遂取得抗戰勝利。

一九四九年十一月二十日，白崇禧（左，時任華中軍政長官）與國民黨總裁蔣介石（右，時蔣已下野）在重慶大陸淪陷前夕最後一次會晤，蔣、白關係已經破裂，兩人貌合神離。（國史館提供）

序幕

桓桓上將

I

民國五十五（一九六六）年十二月一日，星期四，台北市松江路。十二月初的台北，天氣陰冷。鉛塊般厚重的大片積雲，籠罩在台北的上空。松江路這時還是台北市區邊緣地帶，路中央鋪的仍是碎石，兩側盡是一片低矮平房。上午八時，近長春路的松江路一二七號白寓門口，駛出一輛雪弗蘭（Chevrolet）老轎車，車中人正是總統府戰略顧問委員會副主任委員、陸軍一級上將白崇禧。

這天白氏應邀與本省籍實業家李建興夫婦共進早餐。白崇禧與李建興相識於二十年前：早在一九四六年九月二十九日，在南京國防部大禮堂上，國防部長白崇禧就接見過李建興等台灣光復致敬團成員。一九四七年二月二十八日，台灣爆發「二二八」事件；三月十七日，國防部長白崇禧奉命來台宣慰，當天下午，李建興隨侍母親李白娘，至白部長駐節的台北賓館請見。李氏母子向白部長陳情，力言台灣民眾不會造亂，但事變既然發生，誠屬悲劇，請求政府寬大措置，當即蒙白崇禧允可。白崇禧對李白娘以耄耋之齡猶扶杖親來陳請，相當尊敬，經詢問後，得知兩人同宗，更增親切，於是白、李兩家人就此訂下通家之好。

早餐後，白崇禧和李建興夫婦談話片刻，驅車返回住所，在家裡吃午飯。與他共進午餐的有老將軍的主任秘書楊受瓊、侍從參謀吳祖堂、以及白氏的三女白先明。四年前，結褵三十餘年、總是患難與共的妻子馬佩璋驟然去世，使白崇禧大受打擊，現在即使在飯桌上和家人部屬談笑，眉宇間也難掩寂寥的哀愴。

飯後略事休憩，白崇禧又起身到書房，看書寫信。所謂總統府戰略顧問，只是擺放元勛宿將的閒職，並無實際業務。早在一九五〇年代後期，中央研究院近代史研究所便希望能對軍政資歷豐富的白氏進行口述歷史訪問，先後託請朱家驊、胡適等人相邀，但是白崇禧總是婉拒。

事情在白夫人去世之後出現轉機。當時在中研院近史所擔任助理研究員的賈廷詩和白崇禧的五公子白先勇是舊識，白先勇告訴他：母親過世之後，父親像是變了個人，「對過去的事有留戀的情懷，尤其喜歡找人談與他媽媽有關的事。」於是賈造訪白府，「我好奇地問白崇禧：和白夫人結婚後，是不是帶著夫人跟著他北伐？是不是民間都封他為『白馬將軍』？」白氏遂打開話匣子侃侃而談，賈廷詩建議他從頭說起，正式開啟訪談的序幕。

II

一九六三年二月，白氏開始接受中央研究院近代史研究所「口述歷史」計畫訪問。此後每月三到四次，先後由馬天綱、賈廷詩、陳三井、陳存恭等四人訪問、紀錄，至此已經有三年又兩個月。第七十一次訪問之前的紀錄稿，都已經過白崇禧本人的審閱校訂。老將軍受訪時態度和藹親切，他對於口述歷史訪問十分看重，稱之為「開會」，事前準備各式資料，以備查考，並鼓勵訪問人員提出與其記憶不同的說法，反覆討論，求得史實真相。

六天前，也就是十一月二十四日，進行第一百二十八次訪問，提及一九二九年五月時，廣西護黨救國軍第一次入廣東作戰情形。當時政治氣氛仍然威壓，白氏自知處境艱難，因此在接受訪問時，對於若干敏感史事，不得不事前擬稿，以官方說法照本宣科，「詳其不必詳，略其不應略。」不過當訪問者向「健公」（**白氏字健生，後輩及部屬多尊稱他為「健公」**）提問時，偶爾也能從應訪者的回應之中，透露出些許當年金戈鐵馬歲月裡的恩怨轇轕。

戰爭硝煙雖然還未遠去，百戰將軍卻已投閒置散多時。下午五時三十分，白崇禧再次乘車出門，應馬繼援將軍晚宴。馬繼援是「西北王」馬步芳長子，即將離台前往沙烏地阿拉伯。馬繼援與白崇禧同屬穆斯林，故特別以清真涮羊肉鍋招待白氏。

這場晚宴還有另一位陪客：前外交部長葉公超。位於新生南路上的清真寺，是台灣穆斯林的信仰中心，即是葉公超於外長任內出面擔保貸款，才能建成。而葉公超因為外蒙古入聯合國一案，與當局意見不合，從駐美大使任上被召回述職，隨即遭罷免，不准返任，亦不許在國內教書。罷官後的葉公超，落腳於松江路一〇八巷六號，和鄰居白崇禧時相往來。兩人相偕去狩獵，葉公超「說」得一口好獵經，出獵卻大多空手而歸，白氏常取笑他是「狩獵理論者」。晚餐後，白上將先以座車送葉公超回府，自己再返回寓所。前國防部長與前外交部長的身後，都有長期跟蹤監控的情治人員，今晚派出跟監的是兩組人馬，還是合而為一？兩人早已不以為意了。

因為有信函要託馬繼援轉交沙烏地阿拉伯的教胞，白崇禧回寓後，連忙在燈下修書一封，命副官立刻送交馬府，一直到晚間十一時才就寢。白氏就寢前，還和三女先明聊了幾句，問她天氣冷不冷，要多加衣物。

白氏隔日的行程，是受邀搭火車南下高雄，參觀加工出口區竣工典禮，並為一家公司剪綵。侍從參謀吳祖堂已事先購妥上午九時南下快車的車票。按照老將軍平日的生活習慣，每天早晨七時半以前一定起床，如果有外出行程，八時三十分出門，時間相當充裕。可是二日早晨，直到八時，白崇禧的臥房毫無動靜。楊受瓊秘書和吳祖堂參謀見時候不早，到臥房門口催請、大聲敲門，室內卻全無反應。白氏每晚就寢前有鎖好房門的習慣，於是隨從人員跑到屋外花園，從窗戶窺看室內，這才發現情況不對：白崇禧雙目緊閉，嘴巴微張，兩手伸直被外，已經氣絕身亡。後來醫生研判，白氏死於冠狀動脈梗塞，得年七十三歲。

聞訊趕來的中國回教協會理事孫繩武，顧不上和熟人、家屬致意，直入臥室，趨前拉著白氏露在被外的左手，誦唸「清哉真主」數聲，隨即哀哀慟哭。

III

白崇禧驟然辭世，使得親屬面臨兩難的抉擇。原來，依照伊斯蘭教的禮俗，穆斯林歸真之後，遺體移清真寺，由阿訇（教長）為遺體沐浴，然後誦經、祈禱、不得懸掛遺像，四十八小時之內殮入一具方形的靈柩裡，之後立即土葬。總之，一切喪禮均須於四十八小時內完成。有一派教中人士就認為，白將軍既然是中國回民領袖，他的身後事更應以身作則，按照教規辦理。

可是白崇禧有多名子女此時尚在海外，若在四十八小時內完成喪禮，他們都將不及趕回參加葬禮；再者，白故上將是國軍元勛宿將，僚屬、友人眾多，似有舉行莊嚴國葬儀式的必要。於是，回教阿訇與親屬商討至當晚七時許，幾經折衝，終於得出折衷辦法：白故上將遺體先暫厝清真寺，四日下午四時移靈市立殯儀館；前兩天按照伊斯蘭教禮儀，移靈市立殯儀館後，於九日舉行公祭，當天下葬，依國軍軍禮進行。

十二月五日，民權東路上的市立殯儀館景行廳，白故上將靈堂布置停當，開放各界弔唁。靈堂內四壁掛滿輓聯，其中有些純屬應酬文字，但也有白氏生前部屬、友人，乃至素未謀面的台籍父老，在這個美蘇兩強對峙格局看似猶然堅不可破的冷戰時代裡，寫下情深意摯的輓聯、輓詩，傳達出他們對白崇禧辭世的哀痛不捨。

例如白氏歸真前一日還與其共進晚餐的葉公超：

廊廟足千秋　決勝運籌徒恨黃巾猶未滅
漢賊不兩立　孤忠大義豈容青史盡成灰

署名「陸軍官校南寧分校同學會」：

數十年為國奔馳　一片丹心事到蓋棺垂定論
幾千里來台待命　未酬壯志空留遺恨見孤忠

和白氏交往甚篤的台籍仕紳李建興：

宣慰初來急定危疑　處變救民千萬家一時生佛
哀矜不喜盡行切實　歌功頌德士君子有口皆碑

甚至是未曾與白氏有過謀面紀錄的前台北市參議員、瀛社社員張晴川：

胡塵遍地正橫行，遺恨未曾復兩京。
八桂名揚嚴紀律，七鯤星隕失干城。
位膺上將猶勤學，功蓋中原善治兵。
二月年年逢廿八，三臺父老感先生。

靈堂正中央，則懸掛著總統蔣介石親筆題寫的誄辭匾額：

軫念勛猷

各界公祭定於九日上午八時半舉行，預定由顧祝同、薛岳、周至柔、余漢謀四位上將覆蓋國旗、黨旗（後薛岳上將因事未及參加，改由黃鎮球上將接替）。祭文則由主持治喪委員會的戰略顧問委員會主任委員何應欽上將宣讀：

蔣介石總統親臨致祭，他面露戚容，神情悲肅。

桓桓上將　時維鷹揚　致身革命　韜略堂堂
北伐雲從　帷幄疆場　同仇抗日　籌筆贊襄
殊勳迭建　大任經邦……[1]

IV

十二月九日上午八時，一隊黑色轎車駛入市立殯儀館，頭先一輛在白故上將靈堂門前停下，預先到達定位的侍從人員一個箭步上前，打開後座車門，下車者身著深褐色中山裝，頭戴黑色氈帽，腰桿打得筆直，眼神掃視周匝，隨即快步進入室內——正是親自前來弔唁的總統蔣中正（介石）。

蔣氏致祭後，將花圈交給一旁的儀隊禮兵，凝視白崇禧遺像許久，然後緩緩三鞠躬。在旁跪地答謝的白氏幼子先敬，大膽地抬頭打量這位時年七十有九的國府領導人：蔣面露戚容，神情悲肅。大概過往四十年來兩人種種悲歡離合、恩怨情仇，此時都一齊湧現在蔣介石的心頭。「有什麼問題，」蔣慰問白家親屬時說道：「可以來官邸找我。」

「我們白家，沒有問題！」白先敬大聲地回答。這句回話一語雙關，既婉謝蔣氏的幫助，更表明其父親白崇禧一生忠於黨國，從來就沒有「問題」，何須以情治人員長期跟監？蔣氏聞言一怔，「唔唔」兩聲，不再說話，快步離去。[2]

過了四十餘年，蔣介石的日記在美國公開於世。原來，親往致祭白崇禧的隔日，蔣氏在日記中這樣寫道：[3]

昨晨往弔白崇禧之喪，其實此人為黨國敗壞內亂中之一大罪人也。

「軫念勛猷」的誄辭，親往致祭的隆重待遇，對照蔣日記裡「黨國敗壞內亂中之一大罪人」的詬罵，構成一個令人疑惑不解的巨大疑團：既然白崇禧是功勳卓著的元勛宿將，投閒置散也就罷了，為何令特務跟蹤監視？如果白氏真是黨國罪人，又為何不能公

❶ 白崇禧在一九六六年十二月一日的活動，根據白先道（編），《陸軍一級上將白公崇禧榮哀錄》（台北：白公崇禧治喪委員會，1966年）、阮君實，〈白崇禧的最後晚餐〉，《新聞天地》（香港：1966年12月17日）；白崇禧與李建興的交誼，見李建興，〈敬悼白上將健生先生〉，《陸軍一級上將白公崇禧榮哀錄》，頁214-217；中央研究院口述歷史訪問，白同意接受訪問，見沈懷玉（訪問）、張成瑋（紀錄），〈賈廷詩先生訪問紀錄〉，收於陳儀深、黃克武、游鑑明、許文堂、潘光哲（訪問）、王景玲、簡佳慧等（紀錄），《郭廷以先生門生故舊憶往錄》（台北：中央研究院近代史研究所，2004年），頁341-343；訪問時情形，見陳存恭，〈前言〉，馬天綱、賈廷詩、陳三井、陳存恭（訪問紀錄），《白崇禧先生訪問紀錄》，上冊（台北：中央研究院近代史研究所，1982年），頁1-3；「詳其不必詳」，語見〈陳（三井）序〉，黃嘉謨（編），《白崇禧將軍北伐史料》（台北：中央研究院近代史研究所，1994年），頁1；葉公超促成清真寺興建，見湯晏，《葉公超的兩個世界：從艾略特到杜勒斯》（台北：衛城出版，2015年），頁272；《白崇禧先生訪問紀錄》，下冊，頁601；祭文及各界輓聯、誄辭見白先道（編），《陸軍一級上將白公崇禧榮哀錄》，頁84-187。

❷ 作者對白先敬先生進行的訪問，2013年6月12日。

❸「蔣中正日記」（未刊本），1966年12月10日，美國史丹佛大學胡佛研究所（Hoover Institute, Stanford University）藏。

一九六六年十二月九日，白故上將移靈安葬。

布罪狀、明正典刑，只能於斯人逝後，在日記裡發洩餘憤？蔣的內心，又為何對白有如此深重的仇恨？

由此追索蔣、白兩人四十年間的悲歡分合，或許能從一個新的面向，解答近代中國史上一個重大的課題——國民黨在中國大陸上的失敗。在二十世紀前半，國民黨內崛起於地方的派系，像桂系這樣在很大程度上影響國家走向，可說是絕無僅有。以李宗仁、白崇禧、黃紹竑、黃旭初等廣西人氏為首的桂系，和蔣介石為代表的中央之間，歷經幾度分合，最終以悲劇收場。

白崇禧和蔣介石之間的關係，最能體現桂系與中央的聚散離合。雖然桂系領導人以李宗仁為首，但是李氏長期任職地方（**僅一九四九年擔任代總統的四百零一天例外**），影響亦常僅及一隅；反倒是白崇禧，在中央與桂系對立時主政廣西，在蔣、桂合作時長期供職中央，其生涯經歷更能呈現廣西與中央的複雜轇轕情形。尤其白崇禧是一個兼具宏觀戰略眼光與理想主義性格的軍政人物，他和蔣氏的合作與衝突，及其帶給近代中國歷史走向的影響，正是本書探究的主旨所在。

第一章

完成北伐

刻在京津間之許多重要將領中，
惟白崇禧氏，自黃埔練兵起，至今日止，終始其事，
前年出發廣州，此日凱旋燕京。一部革命戰史，
可以其一身之蹤跡貫串之。
——天津《大公報》，一九二八年六月十四日

故事從一張照片說起。

一九二六年七月二十七日上午八時三十分，國民革命軍總司令蔣介石率總部第二組人員抵達廣州黃沙車站，正式出師北伐。各界前來歡送，一時間場面頗盛。❶出發與送行人等在車站攝影留念。影中人都是相當親近蔣總司令的僚屬親友，有國民政府主席譚延闓、中國國民黨中央執行委員會代理主席張靜江、相當受蔣氏敬重的吳稚暉、尚在稚齡的次子蔣緯國、當時還是「蔣夫人」的陳潔如、還未成為蔣氏妻舅的宋子文、蘇聯顧

❶ 中國第二歷史檔案館（編），《蔣介石年譜初稿》（北京：檔案出版社，1988年），頁629。

一九二六年七月二十七日上午，蔣介石率白崇禧（右三）等人出師北伐，張靜江、譚延闓、吳稚暉等人前來送行。

（中國國民黨文化傳播委員會黨史館提供）

問鮑羅廷（Mikhail Borodin）、留守後方的北伐軍總參謀長李濟深、以及以副參謀長兼行營參謀長的白崇禧。

相片中眾人神情嚴肅，帶著幾分緊張，只有蔣氏喜形於色，笑容燦爛。不久以後，相片中的這些人，有的與蔣疏遠，有的與蔣反目成仇，「蔣夫人」陳潔如與蔣勞燕分飛，而要說起與蔣分了又合、合了又分，既賞識又痛恨，集矛盾於一身者，非相片右側第三人白崇禧莫屬。

這是白、蔣悲歡離合四十年的起點。而白氏之所以會蒙蔣拔擢，出任北伐軍實質的總參謀長，並且成為最後完成北伐的將領，則要從頭說起。

I

一八九三年（清光緒十九年）三月十八日，白崇禧出生在廣西桂林六塘山尾村，一個回民家庭裡。白氏一族的始祖為伯篤魯丁，是元末信奉伊斯蘭教的中亞裔色目人，因明太祖不許百姓用外國姓，伯篤魯丁遂改伯為白。十五代後傳至白榕華，於清乾隆年間中進士，歷任四川知縣、知州，致休後定居於桂林。白崇禧為第十九代孫，有兄弟三人，另有姐妹三人。白崇禧十歲時，父親白志書過世，家產為不肖夥計侵奪，寡母馬氏含辛茹苦，支撐一家生計。白氏自幼資質穎異，家中傾全力栽培，長姐做針線織鞋底，長兄做粗工供他讀書。

自從清廷在一九〇五年停止科舉後，傳統讀書做官的路徑斷絕，年輕學生只能走向軍隊這條路。一九〇七年，白崇禧以第六名考入蔡鍔擔任總辦的廣西陸軍小學堂，時年十四歲。白接觸到革命思想，毅然剪去髮辮，可惜之後因罹患瘧疾，休學一年，曠廢課業，只得自請退學；十六歲時，白氏再以第二名優異成績考入廣西省初級師範。

一九一一年，武昌起義爆發。白崇禧和陸軍小學同學多人熱血沸騰，加入廣西北伐學生敢死隊，準備開赴前線。白母聽到消息，擔心兒子安危，命他的兄長到桂林北門把守。事為白所知，於是改換便服，將武器裝備託給同學，自己從西門出城。這支穿著草鞋的志願軍跋涉數百里，抵達湖北漢陽時，革命軍正與長江北面的清軍對峙。「當時南北議和，和戰未定，故南軍警戒前線甚嚴。」事隔多年，白崇禧仍然能回憶起自己在初冬擔任夜間哨兵時的情景：「因天氣寒冷，風雪交加，瞬時變成雪人。但我初上前線，內心興奮無比，其熱誠足以禦外迫之寒氣。」

之後清帝下詔退位，民國成立，各省學生軍奉命解散，白崇禧被編入南京陸軍入伍生隊，受半年入伍訓。訓練期滿，送入武昌陸軍預備學校。該校學科課程類似今日的高中，軍事課程則以步兵典範令為主。白氏畢業後，升入保定軍官學校，修業兩年，課程內容分為戰術、築城、地形、兵器四大類。白在保定就讀期間，課餘經常悉心研究中外戰史，日後他的戰略戰術構想，都在此時初見雛型。

一九一六年八月，白崇禧畢業，是為保定第三期。他和二十餘位同學，自願請求分發到新疆當見習軍官，為國家戍守邊疆。正當白氏等人收拾行囊、準備出發時，俄國發生革命，道路梗阻，無法成行，於是被改分發回廣西原籍實習。這是白第一次去新疆受阻，不過也正是從這時開始，他便在廣西軍界嶄露頭角。❷

II

白崇禧等人回到廣西後，在廣西陸軍第一師當中見習。第一師師長陸裕光為兩廣巡閱使陸榮廷之子，雖號稱新軍，實際上還是江湖綠林那一套，白和同學們都有英雄無用武之地之感。所幸，或是陸榮廷感覺軍隊缺乏新式訓練，或是出於將青年軍官集中看管的意圖，於隔年成立模範營，營長為日本士校畢業的馬曉軍，下轄四個連，白崇禧被任命為第一連上尉連長，他的幾位保定同學，夏威、黃紹竑為第二、第三連連長，黃旭初為營附，日後都是桂軍的重要將領。之後隨著模範營的壯大，白的階級也逐漸升遷，由連長、營長升至統領。一九二一年，粵軍奉孫中山命令攻入廣西，陸榮廷失勢下野，馬曉軍接受粵軍派委，所部改編為百色警備司令部。

隔年粵軍撤離，廣西進入群雄並起的「自治軍」時代，陸榮廷舊部、盜匪等各路人馬都扯旗自立，名為「自治軍」。百色警備司令部遭到自治軍攻擊，白崇禧逃出後退至貴州南龍，號召夏威等部會合，準備反攻。一夜，白氏在巡哨時失足摔落山澗，跌斷左腿髂骨，他堅持躺在擔架上指揮作戰，終於擊退敵軍。但因為傷勢惡化，只好脫離部隊，到廣州治療。白到廣州住院後，經X光透視，發現髂骨折斷，因為歷時過久，已長成假骨，無法再施行手術，從此他的左腳稍短，走路微跛，好在行動不受影響。[3]

[2] 馬天綱、賈廷詩、陳三井、陳存恭（訪問、紀錄），《白崇禧先生訪問紀錄》，上冊，頁1-10；程思遠，《白崇禧傳》（台北：曉園，1989年），頁1-8。

[3] 同前註，頁11、19-21；下冊，頁693。

白崇禧在廣州養傷期間，經常與黃紹竑聯絡，通報廣東政局與軍情。而在此同時，廣西的局面也出現新的變化，原先各路人馬混戰的局面，逐漸形成三分天下的格局：先是，陸榮廷接受北洋政府任命為廣西全省善後督辦，重入南寧；廣西邊防軍第二路司令沈鴻英原來是陸榮廷親信，之前先倒向廣東，與革命政府合作倒陸，後來又投靠北洋軍閥吳佩孚，在吳的支持下佔領桂林、柳州、梧州三城。第三個勢力則是拉起「廣西自治軍第二路司令」旗幟的李宗仁。

李宗仁，字德鄰，廣西臨桂縣西鄉兩江墟人，畢業於陸軍速成學校。李作戰驍勇，指揮有度，為人則氣度寬宏，頗有領袖風範。此刻他控制了鬱林、陸川、北流、博白、容縣等七個縣，這一地區的人口錢糧，恰好佔全省的三分之一。李宗仁就以此為基礎招兵買馬，並於一九二二年七月，派員與繼起指揮馬曉軍部的黃紹竑取得聯絡，雙方開始合作。❹

黃派白崇禧與李宗仁聯絡，勸服李起兵討陸。這是日後並稱「李、白」的桂系兩大領導人初次見面。「這是我和白崇禧初次詳談，」李宗仁日後回憶道：「他身穿整潔的西服，談吐彬彬有禮，頭腦清楚，見解卓越。」❺

廣州以沈鴻英背叛革命政府，準備出兵討伐。黃紹竑取得李宗仁諒解，離開鬱林，假意投靠沈鴻英，等待機會起兵倒沈。一九二三年七月，粵軍向沈鴻英進攻，黃紹竑認為時機成熟，於是組織「廣西討賊軍」，自任總指揮，以白崇禧為參謀長，攻取梧州。這時李宗仁也將所部改名為「廣西定桂軍」，「討賊」與「定桂」聯手，約有萬餘兵力，李、黃、白三人分進合擊，先打陸榮廷，襲取南寧，再回攻沈鴻英，隨後又打退侵入廣西的雲南軍隊，終於統一廣西全省。❻

III

白崇禧對黃紹竑分析廣西將來的出路，認為廣西有三種發展路線，一是依附北洋政府，二是參加湖南等省的「聯省自治」，三是投向廣州革命政府。北洋政府聲威最隆，但只憑槍桿，沒有好的組織、正確的思想，不能成功；聯省自治理想很高，但實際上只是保境安民的地盤主義，與國家統一的方向相距太遠。看來只有孫中山的革命陣營，眼下雖然力量最微，地盤無多，但是有主義，有政綱，順應時代潮流，具有正當性，才是廣西該走的道路。

黃紹竑贊成白崇禧的看法，並委白氏和孫中山接觸。白氏晉見時任大元帥的孫中山，陳述統一廣西的抱負，孫中山對這些廣西青年軍官十分嘉許，秘密委任黃紹竑為討賊軍總指揮，白崇禧為討賊軍參謀長。白氏在動身回廣西前再次晉見孫中山辭行，孫氏以為白此來準備要錢要槍，表示：「現在我們是革命政府，彈藥槍械餉糧一切都很困難，我們有的是三民主義，把三民主義帶回去。」

4 申曉雲，《李宗仁》（西安：陝西新華出版傳媒集團、陝西人民出版社，2017年），頁64；劉維開，〈導讀：黃旭初與「廣西三傑」〉，收於：黃旭初，《黃旭初回憶錄——廣西前三傑：李宗仁、白崇禧、黃紹竑》（台北：獨立作家，2016年），頁26。

5 李宗仁（口述）、唐德剛（撰寫），《李宗仁回憶錄》，上冊（台北：遠流出版，2010年），頁173。

6 廣西綏靖公署（編），《定桂討賊軍統一廣西戰史》（台北：廣西文獻社，1997年），頁25-81。

「我是來辭行的，不是來要彈餉。」白慨然回答。「有三民主義一定打勝仗。」臨別時，孫誠摯地說道。[7]

白崇禧秘密潛回梧州，和黃紹竑、李宗仁共同起兵，乘當時陸榮廷與沈鴻英在桂林相持不下、省會南寧防務空虛的機會，不戰而取南寧，陸榮廷失去大本營，只好北逃湖南。李宗仁、黃紹竑兩部於是正式合併，眾人推李為「定桂討賊軍」總指揮，黃為副總指揮，白為前敵總指揮兼參謀長。這是事前已講定的安排，李更當眾表示，如果白不做參謀長，他也不接任總指揮。

在兩軍合併前夕，白的保定同學俞作柏突然向黃紹竑進讒言，慫恿他趁李宗仁不備，以武力解決李的部隊，取李而代之。黃聽了不置可否。事為白崇禧所知，立刻去責問黃紹竑。黃連忙表示：「我不信他的。」白崇禧拿太平天國因為內鬨而失敗的教訓極力勸阻：「洪（秀全）、楊（秀清）之失敗，非曾（國藩）、左（宗棠）之功，洪楊內鬨自毀其事業也，」他憤慨的說：「若以佔領南寧即起內鬨，我不欲見失敗之日，願先卸職他去。」成功阻止一場桂系初期發展階段的內鬨火併。[8]

一九二五年三月，白崇禧與桂林林馬健卿之女、年僅二十二歲的馬佩璋成婚，這是轟動全桂林城的一件大事。婚禮由清真寺一位阿訇主持，領眾唸《可蘭經》，共同禱告。當時賀客臨門，熱鬧非凡。也就是在這時，友人建議，白原字「劍生」，有鋒芒畢露之感，白乃取「天行健，君子自強不息」之義，改字為「健生」。[9]

在李、黃、白統一廣西的諸次戰役裡，最大的考驗出現在一九二五年四月：當時陸榮廷倒台，沈鴻英引雲南軍隊進入廣西，圍攻南寧，自己則率領餘部，攻擊桂林、柳州。沈部的人數超過定桂討賊軍，由龍雲率領的滇軍，更有三個軍、五萬之眾。沈鴻英趁白崇禧率軍解救柳州，以大軍反攻桂林，入城後大肆劫掠破壞。白氏的新婚妻子馬佩璋這時就在桂林城中，躲進德國醫院才逃過一劫。

白崇禧在救援柳州途中，得知桂林又被沈鴻英部回師攻陷，他咬牙決定不管不顧，繼續尋求沈部主力決戰，同時到處散布白回師救桂林的假情報，誘使沈軍出擊。沈鴻英佔據高地關隘，緣山截嶺堅守。白崇禧下令發給每名士兵麻繩一條，效法三國時鄧艾攻蜀時飛渡陰平，在崇山峻嶺間懸掛垂降，從看似不可能之處突出奇兵，夜襲沈鴻英大本營，沈半夜警醒，慌逃四散，餘眾自相踐踏，落水死者不少。高嶺沈部守軍聽聞後方被襲，不戰自潰。接著白又在樹林間設伏，大破沈殘部。[10]

柳州戰事激烈，軍情緊急之際，有人求神卜問戰事，得卜辭：「勸君不用憂強虜，白馬將軍一箭摧」，隔天白果然率救兵趕到，以不到六千兵馬對抗滇軍三個軍，激戰半日便成功解圍。眾人一見縱馬入城的白崇禧，所騎正是一匹白馬！於是「白馬將軍」的稱號不脛而走。柳州圍解，白氏揚言大舉攻桂林，桂林敵軍不戰自退。

白崇禧與沈鴻英打了六仗，全部獲勝，沈鴻英被白打得望風而逃，白崇禧「小諸葛」的稱號，開始從沈部軍中傳出。「世人不知『小諸葛』原來是沈鴻英送給我的。」白氏日後說道。[11]

---

7. 馬天綱、賈廷詩、陳三井、陳存恭（訪問、紀錄），《白崇禧先生訪問紀錄》，下冊，頁 704-707。
8. 同前註，上冊，頁 26；下冊，頁 650。
9. 謝康，《白崇禧傳》（台北：廣西文獻社，1989 年），頁 24。
10. 廣西綏靖公署（編），《定桂討賊軍統一廣西戰史》，頁 57、60-61。
11. 馬天綱、賈廷詩、陳三井、陳存恭（訪問、紀錄），《白崇禧先生訪問紀錄》，下冊，頁 760；廣西綏靖公署（編），《定桂討賊軍統一廣西戰史》，頁 61；程思遠，《白崇禧傳》，頁 37。

IV

沈鴻英的勢力基本肅清後，李宗仁、黃紹竑、白崇禧等遂積極展開兩廣統一工作。一九二六年一月，白氏以廣西全權代表身分前往廣州，與各方洽談兩廣統一事項。他在二月十九日致電李、黃，認為廣西在軍政、民政、財政三方面，都須按照廣東編制，完全統一。李、黃完全贊成，於是到了三月，廣西省歸附國民政府行政體系，桂軍改編為國民革命軍，兩廣財政受到國府的監督。桂軍改編後的新番號，是國民革命軍第七軍，下轄九個旅，以李宗仁為軍長，黃紹竑為黨代表，白崇禧任參謀長兼第二旅旅長。[12]

兩廣軍隊統一改編為國民革命軍，國民政府於是準備北伐。這裡正式介紹本書另一位重要人物登場：國民革命軍總司令蔣中正，字介石，浙江奉化人，比白崇禧年長六歲，與白氏一樣幼齡喪父，由寡母撫養長大，不同的是蔣曾東渡日本學習軍事，之後又浪跡上海十里洋場。蔣氏早年經陳其美介紹，加入同盟會，原來是孫中山身邊一偏裨將校，一九二四年奉孫中山命，在黃埔興辦陸軍軍官學校，日後他便以黃埔師生為政治資本，快速躍上權力舞台，目前正是廣州政壇的一顆熠熠新星。

大約在一九二六年五月，蔣介石在組建北伐軍總部人事時，提出以當時年僅三十三歲的白崇禧為全軍參謀長，大出眾人意外。

據李宗仁回憶：當他前來廣州時，蔣氏來訪，徵求他關於北伐軍參謀長人選的意見。李先提元老鈕永建，但蔣沉吟表示，「鈕先生我另有借重。」李反問蔣：「你心目中認為什麼人較為適當呢？」

蔣說出此行來意：「我正為這件事來問你，我看白健生比較適宜。」

李不願放白離開，連忙婉拒：「健生資望太淺，年齡太輕，不能負此重任！」蔣卻很堅持，表示：「我看還是他好，還是他好！」言明只借用數月，打下武漢後即歸還第七軍，此事就這樣定了案。[13]

按說之前白崇禧與蔣介石之間，並沒有太多接觸機會。白在二月代表廣西洽談兩廣統一時，曾經見過蔣一次，之後並無密切往來的紀錄。「我事後揣測蔣公一定要我任參謀長之因不外有二，」後來白氏接受口述歷史訪問時曾說：「第一，我是保定畢業之學生，而當時各省帶兵之將領多半出身於保定；第二，統一廣西時，我有豐富之作戰經驗。」而蔣更可以透過白在總部供職來運用廣西軍。還有一說，白任參謀長是出自粵軍將領李濟深（**廣西蒼梧人**）的推薦。李濟深雖在粵軍為將，卻與李、白相互呼應聲援，他不願離開廣東地盤，於是舉薦當時在軍界還無甚威望的白代替自己出征。[14]

可是，即便上述說法都各有依據，還是無法解答以下這個疑問：為什麼蔣跳過當時在廣州那麼多保定學生、黃埔同儕，偏要用一個並不熟悉的廣西青年將領擔任最重要的幕僚長？

[12] 馬天綱、賈廷詩、陳三井、陳存恭（訪問、紀錄），《白崇禧先生訪問紀錄》，上冊，頁 34-35；廣西綏靖公署（編），《完成北伐戰史》（台北：廣西文獻社，1997 年），頁 15。

[13] 唐德剛（撰寫），《李宗仁回憶錄》，上冊，頁 300-301；程思遠，《白崇禧傳》，頁 51-52。

[14] 馬天綱、賈廷詩、陳三井、陳存恭（訪問、紀錄），《白崇禧先生訪問紀錄》，上冊，頁 36；劉維開，〈北伐時期的白崇禧〉，《傳記文學》，第 100 卷第 6 期（2012 年 6 月），頁 19；張學繼、徐凱峰，《白崇禧大傳》，上冊（杭州：浙江大學出版社，2012 年），頁 74。

白崇禧晚年曾對同鄉後輩提起一段往事，或許可以補上史料的空白：當時蔣總司令為了北伐軍事籌備召開會議，白以廣西代表身分參加，出席各將領都庸庸碌碌，言不及義，只有白所提計畫與實行先後次序，完全正中蔣氏下懷。蔣當晚即到白下榻的東亞酒店，邀請白組織北伐軍總參謀部。白以自己年輕識淺、難以服眾為詞推卻。蔣馬上表示：此事不難，他準備以一資歷深的老將「虛任」總參謀長，而讓白以副參謀長「實任」參謀長職。⓯之後果然以李濟深擔任總參謀長，坐鎮廣州；而以白崇禧為總司令行營參謀長，隨軍出發。可見，蔣、白初次合作，戰略觀契合也是因素之一。

V

國民革命軍出師北伐時有八個軍，號稱十五萬人，實際兵力為五萬人。蔣總司令定下初期戰略：一、聯絡北方馮玉祥與閻錫山勢力，靠他們牽制張作霖的奉軍；二、使盤據江、浙的「五省聯軍總司令」孫傳芳維持中立；三、當面之敵是長江中游的直系「討賊軍總司令」吳佩孚，北伐軍乘吳與馮玉祥在北方交戰的機會，預計以三個月的時間，以主力出湖南，直取武漢。⓰

在蔣氏正式出師以前，白崇禧便以保定同學關係先行進入湖南，說動原湖南省長趙恆惕麾下師長唐生智加入革命行列。唐生智在得到廣西方面給予援助的承諾後，始敢通電就湖南代省長職，與吳佩孚支持的部隊作戰。在唐部遭受挫敗時，第七軍即遵照承諾出兵湖南，保住衡陽，為北伐軍打開門戶。也因此，唐生智才於六月二日就國民革命軍第八軍軍長之職。[17]

因此在蔣總司令率同行營參謀長白崇禧等總部人員出師時，第七軍及第四軍一部已經會同唐生智部隊攻下長沙。八月十二日深夜，蔣抵達長沙，次日召集眾將領會議，採用李宗仁、唐生智建議，以主力直撲武漢，但有鑑於孫傳芳部集結大軍於江西，威脅北伐軍側背，不可不防，於是決定以第四、第七、第八等三個軍主力進攻武漢，以第二、第五兩軍為右路軍防範江西。[18]

八月二十六日，第四、第七、第八軍分三路向武漢三鎮挺進，汀泗橋一役擊退吳佩孚軍，接著又於三十日與吳軍在賀勝橋激戰。賀勝橋是武長鐵路之要鎮，也是進攻武昌必經之途。吳佩孚知道戰局已到生死關頭，因此親自率衛隊到前線督戰，將機槍架在鐵道橋上，以示有進無退的決心。不料經過一晝夜戰鬥，吳軍三道防線一一被攻破，仍然不支潰敗。賀勝橋一役告捷，第四、七兩軍會合與趕到的第一軍圍攻武昌，第八軍則渡

---

[15] 作者對粟明德先生的訪問，2013年6月9日；馬天綱、賈廷詩、陳三井、陳存恭（訪問、紀錄），《白崇禧先生訪問紀錄》，下冊，頁804。

[16] 廣西綏靖公署（編），《完成北伐戰史》，頁7-9；郭廷以，《近代中國史綱》（香港：中文大學出版社，1989年），頁547。

[17] 廣西綏靖公署（編），《完成北伐戰史》，頁9-12；葉惠芬，〈唐生智與國民革命軍第八軍的建立〉，《國史館學術集刊》，第2期（2002年12月），頁175-187

[18] 廣西綏靖公署（編），《完成北伐戰史》，頁16-17；黃旭初，《黃旭初回憶錄——廣西前三傑：李宗仁、白崇禧、黃紹竑》，頁158。

過長江北取漢陽。吳佩孚殘部憑藉武昌堅城死守，在城頭布滿重機槍隊，向城下北伐軍掃射。九月三日，第七軍組成敢死隊奮勇登城搶攻，但死傷慘重，進展甚少，軍長李宗仁只好下令暫停進攻，等待攻城器材運到。一度傳第一軍第二師已經攻破忠孝門，後來證實是誤傳。蔣、白與諸將商議，決定對武昌圍而不攻，轉移攻略重點，之後武昌已失去戰略作用，守軍於十月十日開城投降。[19]

北伐軍接連劇戰，前線各軍都感到彈藥缺乏，官兵每人攜行子彈只剩約一百五十發。將領紛紛打電話向行營參謀長白崇禧請求補給。「缺乏子彈只有用刺刀趕快衝鋒！」白如此回覆：「革命軍之補給靠前方，不能靠後方。打敗敵人，敵人之裝備，便是我們之補給。何況打下武漢，漢陽之兵工廠取之不盡，用之不竭。」白心知如此回應不合情理，但在當時實在不得不然。所幸革命軍士氣旺盛，鬥志昂揚，在後勤補給不到位的情況下，仍然可以摧破強敵，獲得勝利。[20]

不過補給分配確實令白這位年輕的參謀長感到為難。北伐軍進展至湖南省境後，李宗仁有次曾問白崇禧，就任北伐軍參謀長之後感想如何？「白說，事情非常難做。他說他以前做我（李）的參謀長時，凡事他認為應當做的，他都可以當機立斷，放手做去，所以工作效率高，事情也容易做得好。」但現在出任蔣總司令的參謀長，情況完全不同：不但北伐各軍有各自的派系歷史，人事問題極為複雜，各軍用物資，不管如何分配，都有煩言耳語，再加上蔣「耳明眼快、事必躬親」，每每對麾下嫡系子弟兵頗有偏愛，反而讓白這位參謀長難以發揮辦事效率。「所以白說他坐在參謀長的位子上，實在是如臨深淵，如履薄冰，小心之至，遇事總要請示總司令親身處理云云。」[21]

但是在蔣這邊卻也暗中對白的專擅感到不滿。據蔣氏的機要科長陳立夫回憶，蔣、白之間經常意見不合，這種情形以對第七軍的使用尤其明顯：「白將軍對他們廣西同鄉，第七軍總指揮李宗仁特別偏私，舉例來說，他曾以參謀總長代總司令下令給軍需署，多發李宗仁的第七軍軍需補給。」陳曾勸白，必須將命令副本抄送蔣總司令，但有時白則改為不以令文的形式發出命令，避免讓蔣氏得知。[22]

蔣和白都是行事強悍的人，然而白作風直接明快，不免令多疑雄猜的蔣暗生疑心，因此蔣總司令開始將白派往前線。

VI

當第四、第七、第八等軍在武昌城外與吳佩孚部大戰的同時，第一、第二、第三、第六等軍則進抵江西境內與孫傳芳部交鋒。九月，北伐軍逐漸迫近省會南昌，但之後戰況呈現膠著狀態，蔣總司令除了將第七軍、第四軍一部調往江西，更加派白崇禧往前線督戰。[23]

---

[19] 廣西綏靖公署（編），《完成北伐戰史》，頁 19-24。
[20] 馬天綱、賈廷詩、陳三井、陳存恭（訪問、紀錄），《白崇禧先生訪問紀錄》，上冊，頁 40-41。
[21] 唐德剛（撰寫），《李宗仁回憶錄》，上冊，頁 316-317。
[22] 陳立夫，《成敗之鑒：陳立夫回憶錄》（台北：正中書局，1994 年），頁 75。
[23] 廣西綏靖公署（編），《完成北伐戰史》，頁 25-26。

白於九月下旬抵達江西前線，他的任務是協助第二軍副軍長魯滌平作戰。十月四日，蔣派員探送命令給白，除了通報各軍進度：「第六軍及一師士氣甚旺，毫無打敗仗形狀，現共有槍六千桿」，並「務望贛東部隊於六日逼近南昌城，千萬勿緩。」七日，又指示白：「第二軍須仍向南昌猛進，其主力應用在右翼，以堵截其竄撫州道路。」不過，蔣氏也授權白、魯等人，部隊的展開可「酌量現地情況而定」。[24]

十月十二日，第二軍兩個師加上第一軍第二師（師長劉峙）圍攻南昌，蔣總司令放心不下，竟親臨督戰。這天上午，蔣到城郊農業學校與白、魯等會面，知道攻擊仍無進展，決定半夜再次攻城。白認為南昌城堅，與武昌類似，因而不主張強攻，但蔣氏不聽，堅持攻城。蔣總司令本人更前往攻打北門的第二師師部督導進攻。不料，當夜正準備爬城時，守軍事前埋伏於城腳的敢死隊突然殺出，將先頭部隊第二師第六團消滅大半，攻城部隊陣腳大亂，蔣的黃埔學生、第五團團長文志文陣亡；守軍還探知攻方發動進攻的暗號是電燈三開，因此一夜混戰後，攻擊又告中挫。蔣事後「甚悔軍機不密，與黑夜混戰之失策。」在日記中自承「**此次余之疏忽魯莽，致茲失敗，罪莫大也。**」到了十四日，蔣與白崇禧商討此後戰略，決定暫時改採守勢。[25]

蔣沒有說明他「甚悔」夜半攻城的「失策」是否與不採白參謀長的建議有關，隨後他在南昌久攻不下時，又派白到北路督師。在贛北作戰的軍隊，正是李宗仁率領的第七軍。原本第七軍計畫攻打九江，但李宗仁認為九江城防堅固，城郊沼湖密布，不如乘勝攻擊德安。但第七軍攻德安先勝後敗，戰況極為激烈，白崇禧奉蔣命趕到時，第七軍得到第四軍一部的支援，已將德安以北高地馬迴嶺拿下，德安不攻自破。這時守九江的周鳳岐暗中與革命軍有聯絡，逕自退往浙江，第七軍便進佔九江，因此而遮斷南潯鐵路，第二、第三等軍受此鼓舞，繼續攻打南昌。十一月六日，白再次到達南昌城外，他研判敵軍必定反攻，於是主張撤圍南昌，先行肅清南潯鐵路上的琉璃車站，以孤立守軍。這次蔣採納白的建議，命令他率領第六軍、第七軍以及第一軍各一部編組為追擊隊。本來蔣要白連夜進攻琉璃車站，但白認為深夜作戰，敵我難分，不如等拂曉時大舉進攻。[26]

這是白崇禧在北伐軍事中初次領兵作戰，他發揮大膽穿插奔襲的作戰特色，派部將劉士毅毀掉浮橋，截斷孫傳芳部三個軍的退路。敵軍見前無退路，後有追兵，便派使者向白洽降。據守南昌城內的五千餘殘兵見援軍被擊潰，也開城投降。至此，白一舉繳獲敵槍三萬餘枝，江西底定。[27]「我當時有如初生之犢，什麼也不懼畏，」白氏日後回憶道。孫部三個軍長見到白僅由使者帶領，隻身前來敵營陣地視察，全都詫異不已。白不待請示，收編投降孫軍，允許三位軍長攜帶少數槍械返回，向孫傳芳曉以大義。事後白以電報向蔣報告處理經過，沒想到卻惹得蔣總司令勃然大怒。[28]

[24]「蔣總司令命督部隊逼近南昌電」，《白崇禧將軍北伐史料》，頁二；中國第二歷史檔案館（編），《蔣介石年譜初稿》，頁 723。

[25] 唐德剛（撰寫），《李宗仁回憶錄》，上冊，頁 369-370；「蔣中正日記」（未刊本），1926 年 10 月 13 日；中國第二歷史檔案館（編），《蔣介石年譜初稿》，頁 727、728。

[26] 中國第二歷史檔案館（編），《蔣介石年譜初稿》，頁 768；「蔣總司令命組隊渡河追擊敵軍電」，《白崇禧將軍北伐史料》，頁 14。

[27] 廣西綏靖公署（編），《完成北伐戰史》，頁 53；中國第二歷史檔案館（編），《蔣介石年譜初稿》，頁 784。

[28] 馬天綱、賈廷詩、陳三井、陳存恭（訪問、紀錄），《白崇禧先生訪問紀錄》，上冊，頁 42-44。

蔣覆電白，不同意白的處置，認為此時孫傳芳仍是北伐軍勁敵，白縱放俘虜，不啻是資敵。原來，蔣介石的黃埔得意門生金佛莊先前奉命到南京從事諜報工作，被孫傳芳識破槍斃。蔣得報後已來不及營救，忿怒之餘，透過投向革命軍陣營的孫部師長陳儀傳話：「孫賊殘忍至此，彼不思其所部官長一千餘人，軍長三人，尚在此處受我優待，彼殺我部下，即自殺其部下也，可痛。」這時被白崇禧放歸的孫部三名軍長經過九江，立刻被蔣下令扣押，其中二人送往漢口槍決，以示報復，然後拍發電報告知孫傳芳：「我已槍斃你二個軍長，如你尚殘酷待我工作人員，你還有數萬軍隊在我手中。」[29]

白到九江時，對此毫不知情，與白交好的總司令部機要秘書潘宜之告知他上述情況，白聽後大驚失色，趕緊謁見蔣總司令。「革命軍以收攬人心為目的，務使敵人感恩懷德，」白崇禧對蔣介石申述道：「孫傳芳殺金佛莊因為他是諜報人員；我們如殺孫之俘虜，難免不遭受『白起坑卒』之批評。」但蔣此時對白早有成見，聽這話後把臉一揚，盛氣表示電報既已發出，便無可挽回。白見力爭不成，只好黯然辭出。[30]

VII

底定江西一役，蔣介石指責白崇禧縱放俘虜，復又不聽白的勸阻，執意槍決兩名孫部高級將領，對白氏的不滿見於言表。十一月中旬，蔣介石接連致電白崇禧，指示繳獲槍枝、子彈與被服的分配事宜。[31] 事必躬親雖然是蔣氏一貫行事作風，但分配物品涉及第七軍在漢口儲放的軍用物資，這就顯示蔣對白是否偏袒廣西第七軍，已不無相疑之意。

此時蔣總司令已相繼擊潰吳佩孚、孫傳芳兩大軍閥主力，威望日隆，然而蔣、白這對將帥，經過數月相處，兩人關係失和也逐漸浮上檯面。蔣氏對左右及黨內元老多有煩言，主要抱怨白崇禧「不守範圍」。所謂「不守範圍」，大概指白氏行事逾越本分，遇事不請示主帥，自行其是。

國民黨內諸元老，以及蔣身邊眾將領也注意到此情形。為求北伐大業能順利完成，他們曾對蔣氏有過進言，勸蔣信任白。李宗仁曾在一次與蔣長談時，委婉進言，說白崇禧此人膽大心細，做事慎重敏捷，是難得將才；從前白氏擔任李的參謀長時，遇事往往獨斷專行，但從無越軌之處。如今在蔣總司令麾下任職，如果總司令覺得他有「不守範圍」之處，大可明白訓諭，千萬不可疑心生暗鬼，反為不美。

第二軍軍長譚延闓曾告訴李宗仁：國民黨元老張靜江曾就蔣說白「不守範圍」一事和他辯論。張說，「在蔣氏直接指揮下的各將官，論功論才，白崇禧均屬第一等，值此軍事時期，求才若渴，應對白氏完全信任，使其充分發揮所長，不可時存抑制他的心理。」就連當時在蔣氏身邊擔任副官長的張治中，稍後在奉蔣命前往武漢籌備學兵團前，也向蔣進言：「健生這人很硬，也很能幹，我希望總司令對他特別看待，結以感

---

29 中國第二歷史檔案館（編），《蔣介石年譜初稿》，頁840、850-851；馬天綱、賈廷詩、陳三井、陳存恭（訪問、紀錄），《白崇禧先生訪問紀錄》，上冊，頁42-44。

30 同前註，頁42-44。

31 「蔣中正致白崇禧電」（1926年11月14日、15日、16日），《蔣中正總統文物》（以後簡稱《蔣文物》），國史館藏，典藏號：002-010100-00002-023、002-010100-00002-032、002-010100-00002-043。

情，並且使他安心才好。」[32]

黨內前輩、左右部屬親信，盡皆苦口婆心，希望能彌補蔣、白關係，蔣介石的回應則因人而異。對李宗仁的進言，蔣氏「唔唔」連聲；[33]對張治中，蔣則回以：「當然，我對他（白）一定好。」只有在面對黨內先進張靜江質疑時，蔣不能像應付李、張那樣敷衍躲閃，只好說出心裡話：「白崇禧是行，但是和我總是合不來，我不知道為什麼不喜歡他。」[34]可見蔣對白的能耐其實相當了解，而「和我總是合不來」一語，則道出兩人相處時的諸多扞格摩擦。

多年以後，在蔣李鬥爭中敗下陣來的李宗仁回想起北伐時的蔣、白關係，說蔣「請白崇禧為參謀長，非愛其才，而是利用白與各軍聯繫。到了白氏橋樑作用已告終結，蔣就必然要棄之如敝屣。」[35]李這麼說與實情並不相符。此刻蔣氏還須借重白的軍事長才，他在一番苦思之後，決定派白到前線去，率領一支偏師，赴東線作戰。如此一來，既可讓白施展才能，又能夠避免兩人之間的衝突進一步擴大。

也因此，白崇禧便從蔣總司令的幕僚搖身一變，成為獨當一面的大軍統帥，為北伐打開局面。

VIII

北伐軍攻克南昌之後，孫傳芳向奉系軍閥張作霖求援，張氏於十一月十一日入關，在天津召集投靠奉系的直隸督軍褚玉璞、山東督軍張宗昌會議。參加天津會議的眾軍閥決定共推張作霖為安國軍總司令，以張宗昌、孫傳芳為副司令，由張宗昌率領直魯聯軍南下增援。至此，所有與國民革命軍對抗的北洋軍閥，除了吳佩孚沒有直接受奉系任命之外，已經團結一致，結成對抗北伐的聯合陣線。[36]

北伐軍陣營內部卻暗潮洶湧。第八軍唐生智的野心愈來愈大，企圖取蔣而代之。[37]共產國際駐中國代表、蘇聯顧問鮑羅廷打算利用唐壓制蔣介石。鮑羅廷準備藉由國民政府由廣州北上、移駐武漢的機會，迎接原來失勢的汪精衛成為反蔣領袖，掌握黨政軍大權。[38]

一九二六年十二月十日，國民政府與國民黨中央由廣州啟程，經南昌移駐武漢。白

---

32 唐德剛（撰寫），《李宗仁回憶錄》，上冊，頁 445-446；張治中，《張治中回憶錄》，上冊（北京：文史資料出版社，1985 年），頁 60。

33 黃旭初，《黃旭初回憶錄——廣西前三傑：李宗仁、白崇禧、黃紹竑》，頁 237。

34 同前註。

35 唐德剛（撰寫），《李宗仁回憶錄》，上冊，頁 442。

36 廣西綏靖公署（編），《完成北伐戰史》，頁 54。

37 唐生智帳下有一位名叫「顧和尚」的術士，八月時蔣總司令到長沙，在閱兵時因為第八軍鼓號隊突然大聲奏樂，蔣氏坐騎受驚狂奔，將蔣掀翻在地，顧見狀便對唐進言：「蔣這次北伐，凶多吉少。最重要的便是蔣氏爬不過第八軍這一關，將來必為第八軍所克服，望你好自為之！」唐日後起兵反蔣，據說就是受了這一番話的影響。見黃旭初，《黃旭初回憶錄——廣西前三傑：李宗仁、白崇禧、黃紹竑》，頁 158。

38 蔣永敬，《多難興邦：胡漢民、汪精衛、蔣介石及國共的分合興衰 1925-1936》（台北：新銳文創，2018 年），頁 49。

崇禧等曾於十二月初致電蔣介石，認為政府北遷武漢，「時間問題似不宜如此急促」，請蔣加以阻止。但蔣回電表示「譚（**延闓**）、張（**靜江**）諸公均已出發，電留不及。」[39]武漢反蔣勢力正在集結，蔣介石唯有向東線發展方能打開局面。可是北伐軍的東路作戰卻遭遇挫敗。孫傳芳任命孟昭月為浙江總司令，孟頗能用兵，在浙江蘭谿、桐廬一帶接連擊敗北伐軍。而兼任東路軍總指揮的第一軍軍長何應欽，此刻卻仍被牽制在福建。

蔣見此情勢，非常焦急，他對白崇禧說道：「東路軍在浙江已遭受失敗，勢不能久等。浙江戰事不利，不僅江西大本營根據地受影響，且使江右軍也受威脅。東路軍非兵力不足，乃係指揮官指揮不當，你我兩人須前去一人。」白聽後應聲答道：「總司令是全軍之統帥，豈可往局部指揮，如總司令不以我才能淺薄，我願前往東路服務。」蔣心中本來就預定要派白到東路指揮，卻不直說（**這一點很能反映蔣的性格**），見白自願前往，很是高興。[40]

東路軍主將得人，但是要給白何種名義，卻讓蔣頗費周折：東路軍原來已有一位總指揮何應欽，經過與何的電報往返磋商後，蔣徵得何同意，於十二月二十九日任命白為東路軍前敵總指揮，先行進入浙江作戰。[41]白崇禧奉命後立即組織前敵指揮部，調總司令部參謀處長張定璠為參謀長，總部機要秘書潘宜之為秘書長。張定璠是江西南昌人，為白氏保定三期同學，性格沉穩，行事審慎；潘宜之是湖北廣濟人，保定肄業，能言善道，折衝樽俎，應付各界，為其所長。白對於張、潘二人相當信任，日後兩人都成為桂系重要幹部。[42]

李宗仁聽說白崇禧要統領東路軍作戰，打算從第七軍中撥出四個團給白，作為他的基本部隊。「當時第七軍在江西境內一共只有九團人，」白日後回憶：「我認為力量合則堅強，散則脆弱，四團人於我無用，於李則大有幫助，」辭謝李的好意，只請李從廣西子弟兵當中挑選三百人，充當他的衛隊。[43] 由白率領入浙作戰的部隊，是第一軍序列薛岳的第一師、劉峙的第二師，以及新成立的第二十一師（師長嚴重）。日後成為蔣氏親信將領、深得重用的胡宗南和陳誠，此時分別是第一師第二團與第二十一師第六十三團團長。

由於軍情緊急，白崇禧於一九二七年一月七日便率部出發。[44] 白還在途中，蔣總司令指示作戰方針的電報便接連拍到，命入浙各軍先在衢州集結，厚結兵力後，再發動攻勢。蔣還在九日電報末尾寫了一段饒富意味的話：[45]

39 「朱培德白崇禧致蔣中正電」（1926 年 12 月 2 日）、「蔣中正致朱培德白崇禧電」（1926 年 12 月 6 日），《蔣文物》，典藏號：002-020100-00026-008、002-020100-00026-010。

40 馬天綱、賈廷詩、陳三井、陳存恭（訪問、紀錄），《白崇禧先生訪問紀錄》，上冊，頁 47-49。

41 中國第二歷史檔案館（編），《蔣介石年譜初稿》，頁 855、860；「蔣總司令命白崇禧為東路前敵指揮電」，《白崇禧將軍北伐史料》，頁 16-17。

42 程思遠，《白崇禧傳》，頁 61-62。

43 馬天綱、賈廷詩、陳三井、陳存恭（訪問、紀錄），《白崇禧先生訪問紀錄》，上冊，頁 47-49。

44 王正華（編註），《蔣中正總統檔案：事略稿本》（以後簡稱《事略稿本》），冊 1（台北：國史館，2003 年），頁 8-10。

45 「蔣中正致何應欽白崇禧電」（1927 年 1 月 6 日）、「蔣中正致白崇禧電」（1927 年 1 月 9 日），《蔣文物》，典藏號：002-020100-00005-028、002-020100-00010-049。

嫂夫人今到省，已令賤內招待，請勿念。遠道來訪，相差一日，不能會見，中正罪也，但兄未明告耳。

原來白崇禧率隊出發後第二天，妻子馬佩璋便從武漢到南昌來，但白氏已經出發，夫妻不及相見，蔣特別致電，向白表示歉意，並要當時還是「蔣夫人」的陳潔如出面招待。只是，蔣總司令既要拉攏帶兵出征的白崇禧，又不甘就此服低認錯，於是彆扭地在末尾加上一句「但兄未明告耳」，很傳神的表達出蔣對白既愛才器重卻又暗中較勁的矛盾情結。46

IX

且說白崇禧率領指揮部人員，由南昌出發，經上饒，到常山。此時已有前線退下來的潰兵來到常山，白氏為了虛張聲勢，大打心理戰，先是大張旗鼓拍發電報，說大軍不日抵達，要求常山縣政府封兩萬人的船以備軍用；接著又巧妙利用氣象，結合地方傳說，說近日白雪紛飛，還有西湖雷峰塔倒塌、白蛇重現人間的傳說，都應了他這位白姓革命軍統帥的到來，塑造革命軍必勝的心理。47

由於浙江敵軍兵力雄厚，而白崇禧率領的軍隊不多，蔣總司令對戰局並不樂觀。東路軍總指揮何應欽認為，目前在浙江的各軍戰鬥力都不強，很難與強勢之敵周旋二十日以上；他建議蔣下令，要白先退守安全地帶，等候何平定福建前來會師，以免遭各個擊破。[48] 一月十八日，蔣致電白，表示有情報指出直魯軍正增援浙江，而福建的北伐軍部隊要等到下個月中旬才能集中於溫州、金華，「如為鄭重計，待閩方軍隊集中後，同時並進亦可。」不過蔣也授權白，自行決定戰守，「於何總指揮未到前，前方戰守概請兄負責進行，中不遙制。」[49]

既得到蔣的授權，白崇禧經過慎重考慮，決心不退不守，採取攻勢。他下令將前方敗兵及第二十一師由桐江左岸調到右岸，故意在白天行軍，讓孟昭月的情報人員誤判白部主力在右岸。敵軍果然中計，也向右岸移動。白又下令部隊於夜間秘密調回左岸，然後兵分三路，大舉出擊，擊退衢州、蘭谿一帶敵軍，朝杭州門戶桐廬前進。[50] 白部連續追擊數天，至二月九日時，中路軍已經佔領桐廬，並繼續向前追擊三、四十里，孟昭月部主力遭到徹底擊潰。[51]

[46] 白崇禧晚年接受口述歷史訪問時，對這通電報記憶猶新，不過卻沒有提及最後一句（《白崇禧先生訪問紀錄》，上冊，頁 48-49）。

[47] 馬天綱、賈廷詩、陳三井、陳存恭（訪問、紀錄），《白崇禧先生訪問紀錄》，上冊，頁 49。

[48] 「何應欽致蔣中正電」（1927 年 1 月 10 日），《蔣文物》，典藏號：002-020100-00010-050；馬天綱、賈廷詩、陳三井、陳存恭（訪問、紀錄），《白崇禧先生訪問紀錄》，上冊，頁 50；下冊，頁 834。

[49] 「蔣中正致白崇禧電」（1927 年 1 月 18 日、19 日、22 日），《蔣文物》，典藏號：002-020100-00010-059、002-020100-00010-062、002-010100-00005-050。

[50] 馬天綱、賈廷詩、陳三井、陳存恭（訪問、紀錄），《白崇禧先生訪問紀錄》，上冊，頁 50-51。

[51] 「東路軍前敵總指揮部報捷電」，《白崇禧將軍北伐史料》，頁 22。

白崇禧（右）與蔣介石合影，攝於一九二七年三月、
北伐軍攻取上海之後。

就在這時，孫傳芳已回過神來，派兵增援浙江，準備全面反攻。為了在浙江撲滅北伐軍的氣焰，孫傳芳下足老本，連自己最精銳的衛隊旅也調來參戰。經過增援後的孟昭月部有兩個方面軍、七個師的番號，兵分三路朝衢州進攻，揚言在南昌過元宵節。[52]

敵軍反攻開始時，白崇禧麾下各軍仍然處在進攻狀態。由於北伐軍追擊甚急，敵軍的左右兩翼還沒有取得協調聯繫，於是形成一側潰退、另一側以增援生力軍繞道桐廬側背，而白部主力則同時迂迴敵陣地後方的運動態勢。

現在白崇禧有三種選擇：一是不管敵軍增援，繼續向前追擊，成功後往左迴旋，將殘敵壓迫於江邊狹窄地帶殲滅之；二是以主力轉對增援之敵攻擊；三是以後衛掩護側背，回防桐廬。白氏很快決定：採第一案，不管敵軍攻勢，繼續進攻。他命令第一軍第二師師長劉峙堅守桐廬，自己率領第一、第二十一兩師敵前強渡桐江，按原計畫追擊前進。[53]

經過五晝夜激戰，白崇禧於二月十六日大破孟昭月部敵軍。此役白親率主力兩個師迂迴敵軍左翼進行攻擊，敵軍正面攻不下桐廬，左側突然遭到革命軍以敢死隊穿插攻擊，於是全線崩潰。孟昭月隻身逃回上海，孫傳芳的衛隊旅長被俘。白崇禧以第一師薛岳部打頭陣，於十八日上午進入杭州。[54]

---

52 廣西綏靖公署（編），《完成北伐戰史》，頁 86。

53 同前註，頁 94-95。

54 「報告杭州指日可下電」、「克復杭州報捷電」、「擊潰逆敵克復杭州經過電」，《白崇禧將軍北伐史料》，頁 22-24；廣西綏靖公署（編），《完成北伐戰史》，頁 101-102；程思遠，《白崇禧傳》，頁 64。

從一月底發起進攻，到攻克省會杭州，不過二十餘日。白崇禧指揮四個師的兵力，以寡擊眾，締造輝煌戰果。「聞前方完全勝利，吾兄勞苦過甚，不知玉體如何？不勝想念，」白氏報捷次日，蔣介石致電獎勉，但話中帶有警告之意：「如敬之兄（**何應欽**）相見時，彼此必恨相見之晚，請優禮遇之。以後對外及委任人員，皆應以中正名義出之。前帶去之空白命令紙及委狀請交敬之，以劃一事權。」[55]

白崇禧的覆電相當乾脆：「敬公本日抵杭，前方一切概歸主持，職（**白自稱**）絕對服從。」[56]

東路軍何應欽主力還未抵達，白崇禧便已平定浙江，蔣介石似乎擔心有損何氏的顏面，特意致電表示「如建〔**健**〕生兄無在前方之必要，則來電告我也。」話雖如此，蔣還是建議何「如滬寧未克以前，彼在東路襄助較有益，以各師長未有如其之能也。」[57]

何應欽於二月二十三日抵達杭州，決定繼續借重白崇禧。東路軍下一個攻略的城市是上海。何、白開會研商進攻路線，蘇聯駐東路軍顧問蔡巴諾夫（**Aleksandr Ivanovich Cherepanov**）有鑑於孫傳芳軍在滬杭鐵路沿線布防，而且在松江第三十四號鐵橋旁築有堅固橋頭堡陣地，強攻不易，所以力主從長興、宜興、吳縣迂迴攻擊。白崇禧卻不贊成，他認為如迂迴單攻一路，敵人也能迂迴，不如兩路並進，讓敵軍難以兼顧。白氏還向何應欽表示，他已準備好鐵甲車，屆時將親自指揮攻擊。[58]

何採納白的意見，三月十七日開始進攻。二十一日，當劉峙指揮的第二師在松江鐵橋與孫軍激戰時，白崇禧率領事前備妥的鐵甲車隊，先以猛烈砲火壓制敵人火力，接著又以重機槍掩護步兵衝鋒，一舉攻克此堅強據點。三月二十二日，第一軍第一師薛岳部進入上海。南京也於次日克復。[59]

東路軍攻略上海、南京對蔣介石而言極為關鍵，當時在武漢的國民政府，已經成為鮑羅廷發號施令的工具，蔣氏因為拿下滬寧，才有了反擊的憑藉。[60] 且說一月三日，蔣氏出席國民黨中央政治會議，決定「中央黨部與政府暫駐南昌，前者使軍事歸統一，後者冀於黨務得補救也。」一月十二日，蔣到武漢，在各界歡迎晚宴上遭到鮑羅廷言詞羞辱，指責蔣偏袒黨中老輩、喪失革命精神，他認為鮑意在將其逼退。隔日，蔣與鮑羅廷談話，指責鮑「跋扈橫行」，「破壞蘇俄以平等待我民族的精神」，兩人反目成仇。[61]

白的支持，對蔣而言至關緊要。此時蔣透過電報向白訴苦，也藉以表示親近：「兄在東路，武漢情形複雜，痛苦不堪，於是望兄回部襄助之心更切，惟事實必不能離開東路，且敬之兄借重異甚，不能離東路，」蔣寫道，他準備新編組一個軍，任命白為軍

55 「蔣中正致白崇禧電」（1927年2月19日），《蔣文物》，典藏號：002-020100-00010-090。
56 「白崇禧致蔣中正電」（1927年2月23日），《蔣文物》，典藏號：002-020100-00010-095。
57 「蔣中正致何應欽電」（1927年2月18日、22日），《蔣文物》，典藏號：002-010100-00006-031、002-020100-00010-094。
58 馬天綱、賈廷詩、陳三井、陳存恭（訪問、紀錄），《白崇禧先生訪問紀錄》，下冊，頁837。
59 廣西綏靖公署（編），《完成北伐戰史》，頁111-112。
60 蔣永敬，《多難興邦》，頁52。
61 王正華（編註），《事略稿本》，冊1，頁8-10、16。

長，「另成一軍，俾可發展鴻圖，以成偉業也。」在白表示自己不願帶兵，願意辭去軍長一職回總部服務時，蔣又同意讓他保留行營參謀長，仍兼軍長職。[62]

革命軍佔領上海後，白崇禧出任淞滬警備司令；上海市長一職，蔣原來規劃由其盟兄黃郛擔任，之後也準備改成白氏部曲張定璠出掌。[63] 這些舉措顯示：蔣準備在上海發動對武漢的反擊，而以白崇禧為實際負責人。

上海是中國的經濟、商業中心，一九二七年時全市有四十萬以上有組織的工人，而且組織武裝糾察隊，中共中央當時也設在上海。北伐軍佔領上海後，武漢不准蔣介石過問上海外交財政，顯然也想控制上海。三月二十八日，國民黨中央監察委員吳敬恆、蔡元培、張人傑、張繼、李石曾等人提案，認為中共份子已經把持黨國重要機構，四月二日，正式議決，將盤據國民黨中央的中共首要人物清除出去。[64] 蔣氏從九江乘軍艦到上海召見白崇禧，當面宣示清黨決心。兩人談話後，蔣又召集駐滬的第一軍第一、二兩師各級幹部訓話。第一軍由黃埔師生組成，是蔣氏嫡系子弟兵，這時也軍心不穩——第一師的青年軍官竟然當面質疑「校長」蔣介石，認為他太過右傾，蔣為之震怒。四月一日，武漢免去蔣介石北伐軍總司令職。李宗仁、白崇禧、黃紹竑、李濟深等人見蔣「對黨事主張徹底改革」，實則表示對蔣支持。[65] 眾人當即議定，將四監委提案通電全國，上海由白崇禧負責，廣州由李濟深負責，同步清黨。[66]

蔣問白，上海清黨需要多少軍隊？白答：「只要調走薛岳之第一師，留下劉峙之第二師及周鳳歧之二十六軍便夠了。」蔣又問，清黨需多少時間？白表示：「三天差不多，至多不會超過一星期。」第一師師長薛岳因立場不穩被調職，該師移駐鎮江，原來的駐地都由第二師接替。[67] 薛岳與白崇禧這兩位日後的國軍名將，自此便種下了心結。

四月十二日拂曉，上海駐軍在白崇禧一聲令下，以工人械鬥為由，強制收繳糾察隊武器。白崇禧之前已經探明，中共駐上海總機關位於商務印書館的工廠內，他選派若干官兵，喬裝工人，通過租界，將該處先行包圍解決，中共的全國總工會委員長汪壽華被捕殺。在這一天之內，共計查獲中共機關八十多個，逮捕共產黨員三百餘名。[68]

十三日，上海工人發動大罷工，十數萬人遊行抗議。群眾包圍位於龍華的淞滬警備司令部，鼓譟喧鬧，要求釋放被捕的共黨份子。「此事我已先得到報告，即在司令部內暗中戒備，防止他們衝進來，」白崇禧日後回憶道：「後來他們一到，我便派人傳諭，准許他們講理由，不許妄動，如有話講，可推舉代表進來。」工人推派二十多人為代表進入司令部，白氏一見他們進來，劈頭便問：「你們是不是為昨天拘捕的人來請願？他們通通是共產黨，因為他們要消滅國民黨，實行階級鬥爭，所以我把他們拘捕起來。你們究竟是國民黨還是共產黨，如是國民黨，可好好的退出去，若是共產黨，我便連你們

62 「蔣中正致白崇禧電」（1927年2月23日）、「白崇禧致蔣中正電」（1927年3月18日），《蔣文物》，典藏號：002-020100-00010-096、002-020100-00010-104。

63 「蔣中正致白崇禧電」（1927年1月16日、4月17日），《蔣文物》，典藏號：002-010100-00005-015、002-020100-00027-112。

64 郭廷以，《近代中國史綱》，頁555。

65 王正華（編），《事略稿本》，冊1，頁170。

66 白崇禧，〈補述「清黨」經過及本省應注意的幾件事〉，中國人民政治協商會議廣西壯族自治區委員會文史資料委員會（編），《新桂系紀實》，上冊（南寧：廣西區政協文史辦公室，1990年），頁328-329。

67 馬天綱、賈廷詩、陳三井、陳存恭（訪問、紀錄），《白崇禧先生訪問紀錄》，上冊，頁73-74。

68 「白崇禧致蔣中正電」（1927年4月12日），《蔣文物》，典藏號：002-020100-00010-108。

一起押起來。」在場無人敢自認是共產黨，白要他們出去向群眾解釋，勸導工人服從黨的決議。白原先估計上海清黨，需時三天至一星期，結果用不了三天，全市秩序便告恢復。「假使當時不清黨，等待北伐完成，或再一年半載，給共產黨組織嚴密，以及在津浦、京漢路等處工人被誘惑和煽動成功了，清黨真不容易。」白崇禧表示。[69]

上海清黨，蔣介石與武漢正式決裂。四月十八日，蔣氏在南京成立國民政府，胡漢民任主席，下令通緝鮑羅廷及中共黨人二百餘人，至此國民黨有武漢與南京兩個中央政府，史稱「寧漢分裂」。蔣能與武漢分庭抗禮，白的支持非常關鍵。

XI

寧漢分裂以後，南京反共，武漢容共，雙方各擁軍隊，都要北伐。南京的武力以何應欽的第一軍、李宗仁的第七軍為主力；武漢則以唐生智的第八軍、第四軍張發奎部為主。武漢為了打破南京的封鎖，並與北方馮玉祥、閻錫山取得聯絡，以唐生智、張發奎部出師河南，連破奉軍。在南京這邊，為了與武漢對抗，也準備渡過長江，向張宗昌、孫傳芳部進攻。[70]

五月初，南京召開軍事會議，決定兵分三路，渡江北伐：以何應欽為第一路總指揮，肅清江北，直取海州；蔣介石自任第二路總指揮，而以白崇禧代理，陳調元為前敵總指揮，率第一軍的第一、第三兩師，第四十、第三十七兩軍，第六軍楊杰的第十七師，擔任津浦路正面作戰；以李宗仁為第三路總指揮，由蕪湖出安慶，斜截津浦路，並阻斷武漢與河南奉軍的聯絡。[71]

蔣介石讓白崇禧代理自己的總指揮職務，等於將白氏提升至與他平起平坐的地位。第二路軍前敵總指揮陳調元這時剛從孫傳芳陣營投靠北伐軍不久，他早年曾在保定軍校任教官，身為老師如今卻要受當年學生白崇禧的指揮，頗不服氣，特地請見蔣總司令申述，但蔣對他說：「白崇禧行！你應該接受他的指揮。以後你就知道了！」倚重程度可見一斑。[72]

白崇禧將所部分成三個縱隊，於五月十六日渡過長江，十八日在滁州近郊擊破敵軍二萬餘人，此後連戰連捷，於六月十日攻克海州，十五日，肅清江北，白崇禧抵徐州**（於六月二日為李宗仁第三路軍克復）**，商討之後戰略。[73] 按照蔣介石制定的攻略山東方案，北伐軍應乘勝追擊，佔領臨沂、日照等據點，將前線推進至黃河南岸；但是此時局勢出現變化，武漢方面的軍事壓力愈發吃緊，蔣已有抽調北伐主力西顧的想法。[74]

---

[69] 白崇禧，〈補述「清黨」經過及本省應注意的幾件事〉，頁239-240；馬天綱、賈廷詩、陳三井、陳存恭（訪問、紀錄），《白崇禧先生訪問紀錄》，上冊，頁75-76。

[70] 郭廷以，《近代中國史綱》，頁557。

[71] 程思遠，《白崇禧傳》，頁75。

[72] 唐德剛（撰寫），《李宗仁回憶錄》，上冊，頁443。

[73] 「報告決定渡江攻敵電」、「上蔣總司令報捷電」、「克復海州等地報捷電」、「初抵徐州向民眾講話」，《白崇禧將軍北伐史料》，頁99、101、108、111。

[74] 「白崇禧致蔣中正電」（1927年6月13日），《蔣文物》，典藏號：002-020100-00014-026。

原來此時中共在武漢國民政府控制區域內實行激進的土地改革，沒收土地，處決地主，不少軍官家屬也在其中，致使軍人和工農對立。五月開始，唐生智所部接連出現反共兵變，唐生智由河南回師湖北鎮壓。武漢準備以河南作為爭取馮玉祥支持的籌碼，原來北伐的軍隊，兵鋒改指向東。[75]

面對武漢的「東征」，南京內部出現微妙的變化。第三路軍總指揮李宗仁不願意充當蔣氏西討武漢的前驅，更有意折衝於寧漢之間，獲取更有利的政治地位，於是以防範唐生智為名，將其所部主力第七軍撤到蕪湖、安慶一帶。[76] 蔣對李的異動自然萬分警覺，或許是想牽制李，又或許是要複製年初平定浙江的經驗，蔣著意拉攏白崇禧，對其言聽計從。

當此之時，白崇禧仍主張繼續北進，佔領戰略要地，以形成政略、戰略有利形勢。在蔣下令抽調第一、二路軍主力西向抵擋唐生智、對北方採取守勢時，白向蔣申述其戰略意見，「惟欲確實掌握徐海，使一時無北顧憂，必須扼險以守，方能久持」，「不如以之乘勝跟蹤追擊至黃河南岸地區」，方能在政略上「立於不敗之地」，然後回師西向，對付武漢，「所謂聲東擊西，陳倉暗渡之法也。」蔣「乃嘉納之。」[77]

攻擊的重點在魯南的臨沂。但是臨沂城牆既高且厚，攻城部隊缺乏重砲，無法炸塌城牆，致使久攻不下，終於師老無功。蔣為了兼顧白攻略臨沂，一面抽調部隊，一面又下令「在臨沂未攻克之前，防禦及撤兵命令暫不發表」。[78] 然而李宗仁撤兵之後，敵張宗昌部立刻便發動反擊，魯南各據點紛紛失守，徐州危急。蔣急電白，要他將圍攻臨沂的兵力，移來支援第三路軍。蔣氏自己也親率一軍來增援徐州。[79] 但此時精銳之師皆已調往西線，留在前方的軍隊都是新擴編而成，戰力薄弱，終於徐州於七月二十七日失守，蔣敗退回到南京。「**此次戰爭機勢頓挫，是以戰術牽動戰略與政略也。**」他在日記裡懊惱地寫道：「如當時佔領徐、海，即不前進，以待敵變，勿聽非到臨城、臨沂不能控制隴海之語，則此一月餘之時間，當可消滅武漢偽政府矣！」蔣在給白崇禧的電報中則罕見坦承：「此次進攻臨城、臨沂，以戰術而牽動戰略是一教訓。此中正舉棋不定之過，以致全軍挫折，不勝愧悔。」[80]

徐州失守，蔣介石以勝仗打開局面的意圖歸於失敗；而寧漢之間政局暗潮洶湧，則牽動他的去留，更造成蔣、白二人未來分合的重要關鍵。

---

75 郭廷以，《近代中國史綱》，頁 559-561。

76 黃道炫，〈關於蔣介石第一次下野的幾個問題〉，《近代史研究》，1999 年第 4 期，頁 140-141；申曉雲，《李宗仁》，頁 101-102。

77 「上蔣總司令論戰局申呈」，《白崇禧將軍北伐史料》，頁 108-109；王正華（編），《事略稿本》，冊 1，頁 535。

78 馬天綱、賈廷詩、陳三井、陳存恭（訪問、紀錄），《白崇禧先生訪問紀錄》，上冊，頁 62；王正華（編），《事略稿本》，冊 1，頁 539-540；「蔣總司令下達命令要旨」，《白崇禧將軍北伐史料》，頁 113-114；廣西綏靖公署（編），《完成北伐戰史》，頁 222。

79 程思遠，《白崇禧傳》，頁 82

80 「蔣中正日記」（未刊本），1927 年 7 月 27 日；「蔣中正致白崇禧電」（1927 年 7 月 28 日），《蔣文物》，典藏號：002-020100-00014-065。

XII

白崇禧奉蔣介石電令回師會攻徐州，但他兵至離徐州城約四十五公里的八義集時便遭遇大批敵軍。白觀察戰場，發現敵人蜂擁而來，而徐州方向卻不聞槍砲聲。「當時之可能有二：」白判斷：「第一我軍已入徐州，但是敵人不應該愈打愈多；第二我軍可能已撤退，但是總司令部並未有命令給我。」他率部與敵軍周旋兩日，終於接到兼任上海市長的參謀長張定璠轉來電報，確認徐州已失守，蔣總司令下令各軍撤退。

敵前撤退，極為困難。白崇禧發現原本擔任後衛的陳調元部隊，因為被敵方騎兵阻斷，無法趕到八義集，而此時楊杰的部隊還沒有撤下來，於是白帶著廣西警衛營三百人親自斷後，掩護大軍撤退。沿途有土匪騷擾，白下令只要沒有人員傷亡，無須與之糾纏；陳調元部補給中斷，白將指揮部的給養撥交陳部濟急，終於在八月六日平安把部隊撤回江南。[81]

由於前方消息混亂，蔣介石遲遲未能得知白部是否已接奉撤退命令，使他極為焦慮，嘆道「交通之滯誤誠可殺也。」[82]蔣亟欲得知白的行蹤，還有更重要的原因：當時武漢已由「和平分共」進入「武力清共」階段，寧漢雙方既然都已反共，就有了談判合作的基礎。汪精衛致電李宗仁，表示寧、漢可以合開國民黨的四中全會，但是在八月九日，唐生智發通電，指責蔣介石「自立政府，擅開會議，屠殺異己」，顯然以逼退蔣介石作為合作的前提。[83]在蔣看來，南京三名手握兵權的將領，李宗仁已萌異志，何應欽應該會站在蔣這一邊，因此得到白的支持以壓制李的反側，對蔣至關緊要。蔣於八月十日致電白崇禧，說「兄（白）須速回，以軍會期近，及漢事進行，皆俟兄來決定也。」[84] 清楚表明他的急切期待。

八月十二日，國民黨召開中央執行委員暨監察委員聯席會議，蔣在會前與李、何、白三人預商主張。大出蔣預料的是，李、何、白三人竟都贊成與武漢談和。蔣只好表示：「余惟有以中央執監委員會之主張為依歸。」但李、白聽了都不以為然，而何應欽則沉默不發一語。據說白崇禧還說：「總司令能離開一下也好，等到我們渡過目前難關後，再請總司令回來行使職權。」在會後又託蔣氏親信張群傳話，要蔣「自決出處」。[85]「**余何人斯，為人逼迫，竟至於此！**」蔣介石在日記中憤恨寫道。但是由於形勢所迫，他決心立刻辭職下野，當晚即離開南京到上海。

這是蔣介石政治生涯當中第一次下野，對於李、何、白欲向武漢談和，他自然認為

---

81 馬天綱、賈廷詩、陳三井、陳存恭（訪問、紀錄），《白崇禧先生訪問紀錄》，上冊，頁 62-63；「白崇禧致蔣中正電」（1927 年 8 月 6 日），《蔣文物》，典藏號：002-020100-00014-085；唐德剛（撰寫），《李宗仁回憶錄》，上冊，頁 444。

82 「蔣中正致白崇禧電」（1927 年 8 月 6 日），《蔣文物》，典藏號：002-020100-00014-084。

83 黃道炫，〈關於蔣介石第一次下野的幾個問題〉，頁 151。

84 「蔣中正致白崇禧電」（1927 年 8 月 10 日），《蔣文物》，典藏號：002-010100-00009-070。

85 「蔣中正日記」（未刊本），1927 年 8 月 12 日；王正華（編），《事略稿本》，冊 1，頁 655-656；程思遠，《白崇禧傳》，頁 83-84。

是對其背叛。「**白崇禧與李宗仁通敵求全、謀叛敗黨之罪，世世國民不能忘也。故之無主，亦非無責。**」[86]三人之中，蔣對於白的「逼迫」尤其銜恨。八月十五日是蔣氏正式發布下野通電的日子，當時他已回到奉化故里，在日記裡寫道：「此次引退，比較心和氣平，毫無怨恨，即受健生加以詞迫，亦不以為意，蓋以良知無疚，心地光明也。」[87]這是自欺欺人之語。在此之前，蔣欣賞白的才幹，又不喜他獨斷專行，可說是愛恨交織；下野之後，蔣對白由愛轉恨，極為防範，內心裡已將他當作敵人看待。[88]

但蔣的城府甚深，上述這些心理反應，除了少數親信之外，無人得知。蔣與桂系之間也只是暗中角力，爭鬥並沒有浮上檯面。八月十六日，白崇禧聯名李宗仁發通電，挽留蔣氏，請他回南京繼續領導；閻錫山派駐南京的代表得知蔣離京赴滬的消息時，即往見白崇禧，詢問「介公赴滬，是否如外界所傳，有辭退總座之意？」白氏回答：「漢派既一致反共，僅以介公個人關係，而武裝同志仍不免出於兵戎相見，於心實有所不忍，故決定辭職以免糾紛」。十八日，白在上海招待各界茶會上致詞表示，蔣對他說「我之軍隊非不足以敵武漢，但我決不願自相殘殺，予殘餘軍閥復起之機會，」政府中人一致挽留無效，「到晚間蔣總司令即離寧來滬。兄弟（**白自稱**）本擬隨總司令偕行，嗣因總司令謂，『大家都走，南京無人主持』，即推兄弟下車。」[89]

白崇禧講出上述這番頗具同志情誼對話的時間，是八月十八日。七天後，孫傳芳趁蔣介石下野機會，傾巢而出，發動大規模攻勢。南京國民政府與北伐前途，面臨最嚴重的考驗。

XIII

孫傳芳部乘北伐軍撤回江南的機會，於八月十五日進至寶應、滁州一線，二十五日，在棲霞山、烏龍山、龍潭、鎮江等地同時大舉渡江，成功奪佔棲霞、龍潭等要點，南京震動。[90]

此次奇襲江南，孫傳芳是有備而來。鎮江等地為佯攻，用意在迷惑守軍，主力真正登陸地點是龍潭。龍潭位於南京、鎮江之間，東可威脅鎮江、上海，西可以進攻南京。且南依山地，北臨長江，可控制京滬間鐵、公路交通及長江水運，軍事價值極大。且長

---

86 「蔣中正日記」（未刊本），1927年8月17日。

87 黃自進、潘光哲（編），《蔣中正總統五記・省克記》（台北：國史館，2011年），頁19。

88 接任第一軍第一師師長的蔣鼎文後來回憶，蔣下野後赴日本訪問前曾叮囑他：「你千萬要記住，現在革命環境險惡極了，黃埔精銳全在第一師，你千萬要小心謹慎應付，萬不得已，只准往南走，不許向北開。北邊是唐生智、李宗仁、白崇禧還有張宗昌，他們會聯合起來把我們第一師消滅。」見：李毓樹、周道瞻（訪問、紀錄），〈蔣鼎文先生訪問紀錄〉，《口述歷史》，第9期（台北：中央研究院近代史研究所，1999年），頁25。

89 「合懇蔣總司令回寧電」，《白崇禧將軍北伐史料》，頁128；「劉棫致閻錫山電」（1927年8月16日），《閻錫山史料》，國史館藏，典藏號：116-010101-0035-110；「招待上海各界茶會致詞」，《白崇禧將軍北伐史料》，頁133-134。

90 張世瑛，〈龍潭戰役的評價與反思〉，《中華軍史學會會刊》，第2期（1997年2月），頁152、156-157。

江北岸有多數支流，有利於孫部之渡河，渡河後即可截斷京滬間交通，進而威脅南京。[91]

蔣介石下野後，軍事由何應欽、李宗仁、白崇禧三人主持。這時，白崇禧正在上海籌措軍餉，向銀行團借了六十萬元。二十五日，白氏由上海返回南京途中，行至無錫車站，據報告前行之快車因鐵道被孫傳芳部隊破壞，全車傾覆；待行至奔牛鎮時，鐵甲車又翻覆，白知道事態嚴重，立即致電鎮江方面，得知孫部已佔領龍潭，正在擴大陣地的消息。南京當即命白崇禧統一指揮鎮江以東的部隊，向龍潭發起反擊。白氏以情勢十萬火急，立即在無錫車站就地取材用車站電話指揮滬杭一帶第一路軍之第二師、第三師，及第十四軍參與作戰。「我當時是兼通信兵，兼補給司令，兼指揮官，如此不休不眠之生活經過六天六夜。」白日後回憶道。[92]

另一方面，白氏認為孫部能安然渡過長江天塹，必定與海軍之曖昧態度有關。他接獲密報，得知海軍總司令楊樹莊態度不明，於是從無錫致電楊，表示：「我有信心有本領把敵人消滅，告訴海軍不要觀望，（**北伐軍**）把孫軍消滅了，海軍往哪裡跑？」要他調派軍艦守住渡江口，切斷孫部之後援，並強調海軍如不努力，將來一定要追究責任。楊唯唯諾諾，表示一定遵命，立即派通濟軍艦至鎮江。白又指示潘宜之帶憲兵一個班登艦，迫令艦長砲擊渡河孫部，其他軍艦見通濟艦已表明態度，紛紛向敵方開砲，阻斷孫部後續渡江部隊。[93]

二十八日深夜，孫傳芳部的攻勢達到頂點，不但重新奪回被第一、第七軍逆襲失去的據點，還試圖擴大佔領區域，前鋒便衣隊已在南京堯化門外出現。孫傳芳本人也親自過江，坐鎮龍潭水泥廠指揮作戰。這時南京何、李收到白氏電報，才確定孫軍主力在龍潭，即決定反守為攻，由第七、第一兩軍，從東西兩面夾擊龍潭。何應欽下令制止敗兵進入南京城內，並親赴前線收容指揮。[94]

白崇禧以第一軍第二師、第二十一師一部及第十四師編成第一縱隊，以第二師師長劉峙為指揮官，向龍潭攻擊前進。他本人率百餘衛兵前往鎮江督戰，要求所有部隊在主力集結完畢之前，原地堅守。[95] 白在途中與自前線撤下之第五十八獨立團相遇，團長是黃埔一期的桂永清。第五十八獨立團原先守備夏蜀山，白氏告訴桂，夏蜀山地勢重要，要桂率部重返陣地堅守，穩定局面。[96]

二十九日清晨，渡江的孫軍已達五萬餘人，向龍潭外圍陣地的北伐軍發動總攻擊，遭遇守軍堅強抵抗，雙方激戰一日，勝負未分。三十日拂曉，白督率劉峙進佔水泥廠一帶，第七軍將士得知鎮江部隊攻到，士氣大振，奮勇衝殺，白、何兩軍在水泥廠會師。第七、第一兩軍團結一致，奮戰不懈，終於在八月三十日傍晚克復龍潭。孫傳芳率少數殘兵搭乘汽艇逃回江北，從此一蹶不振。此役孫軍戰死萬餘，被俘三萬，跳江溺斃者五千餘人，北伐軍陣亡將士也近萬人。[97] 據白崇禧回憶，當時雙方真是屍體遍地，骸骨

[91] 劉維開，〈北伐時期的白崇禧〉，頁 23。
[92] 馬天綱、賈廷詩、陳三井、陳存恭（訪問、紀錄），《白崇禧先生訪問紀錄》，上冊，頁 67-68。
[93] 同前，頁 68-69；下冊，頁 911。
[94] 唐德剛（撰寫），《李宗仁回憶錄》，上冊，頁 464；張世瑛，〈龍潭戰役的評價與反思〉，頁 158-159。
[95] 廣西綏靖公署（編），《完成北伐戰史》，頁 234-235。
[96] 馬天綱、賈廷詩、陳三井、陳存恭（訪問、紀錄），《白崇禧先生訪問紀錄》，上冊，頁 69。
[97]「軍事委員會公布殲滅渡江敵軍電」，《白崇禧將軍北伐史料》，頁 159。

盈野。「我們發動士敏土廠工人及紅十字會收屍，結果收不勝收，」白氏晚年回憶道：「據說半年之內，火車經過龍潭，屍臭仍然逼人。」[98]

龍潭之役在北伐軍事中是最重要的一役，只有此仗勝利，才能開展日後西征唐生智的軍事行動；並促使寧漢合作，穩定政治局面；而閻錫山等徘徊觀望之力量，亦隨之加入國民革命軍。誠如白氏所言：「如果龍潭之役失敗，不但江、浙、閩、贛、皖五省重歸孫傳芳，唐生智之勢力一定高漲，其他抱游離態度之友軍，更遠離革命軍。如此，革命軍能否再回廣東重整旗鼓，便是一大問題。所以說龍潭之役是北伐大業成敗極大之關鍵。」[99]

龍潭之戰還有另一層重要意義：這是一場完全由戰場決定勝負的戰役，若軍事失敗，政治局面也會連帶受挫，因此往往是戰爭帶動政治，而不是政治決定軍事的勝敗。[100]這種情形，往後還會再次出現。

XIV

龍潭戰後，寧漢合作，汪精衛抵達南京主持政府。南京以白崇禧為主將，對割據兩湖的唐生智展開西征。一九二七年十一月十一日，唐兵敗通電下野，所部交由部將李品仙指揮。一九二八年一月四日，經過各方折衝和運作，蔣介石回任國民革命軍總司令，繼續主持北伐。二月，國民政府以馮玉祥部為第二集團軍，閻錫山部為第三集團軍，蔣氏則自兼第一集團軍總司令。蔣連續致電白，要求盡快結束西征軍事，率兵北上參加北伐。隨後，白將唐生智餘部改編為三個軍，與李宗仁之第七軍、第十九軍等合編為第四集團軍。[101]

一九二八年五月二十八日，國民政府特派白崇禧為第四集團軍前敵總指揮。第四集團軍分兩批北上，以第七軍夏威部及第十九軍胡宗鐸部為總預備隊，暫留漢口。三十日，白崇禧在漢口對記者表示，第四集團軍出發加入北伐之部隊，係第二、第三、第四路軍及原武漢第四集團軍抽調組成，總數在六個軍以上。[102]

北伐軍進展勢如破竹。六月二日，張作霖見大勢已去，通電宣布退出北京，三日搭車離北京返回瀋陽，奉軍各部陸續撤退，北京政府結束。四日凌晨，張作霖列車在經過皇姑屯時，被日本關東軍炸死。奉軍由其子張學良繼領。同日，國民政府任命閻錫山為京津衛戍總司令；八日，第三集團軍商震部進入北京。蔣介石總司令以京津軍事告一段落，北伐各軍無留駐北京附近之必要，下令各軍，除白崇禧率第十三軍一部進駐北京外，其餘各軍一律後撤或返回原防。[103]

---

[98] 廣西綏靖公署（編），《完成北伐戰史》，頁 237；馬天綱、賈廷詩、陳三井、陳存恭（訪問、紀錄），《白崇禧先生訪問紀錄》，上冊，頁 69、71。

[99] 馬天綱、賈廷詩、陳三井、陳存恭（訪問、紀錄），《白崇禧先生訪問紀錄》，上冊，頁 72。

[100] 張世瑛，〈龍潭戰役的評價與反思〉，頁 169-171。

[101] 馬天綱、賈廷詩、陳三井、陳存恭（訪問、紀錄），《白崇禧先生訪問紀錄》，上冊，頁 82、86-87；周美華（編註），《事略稿本》，冊 2，頁 247。

[102] 「關於北伐計畫談話」，《白崇禧將軍北伐史料》，頁 310-311。

[103] 劉維開，〈北伐時期的白崇禧〉，頁 24。

白總指揮征東
在唐山開軍民大會

白總指揮在唐山軍民大會上致詞。

白崇禧親臨前線指揮。

六月五日，白崇禧離漢口北上赴石家莊，旋往保定，十一日與閻錫山一同抵北京，在香廠東方飯店設立前敵總指揮部。進入北京是白崇禧參加北伐軍事以來最光榮的時刻，時年三十五歲。白氏為歷史上由華南領兵入北京的第一人，他興奮地對來訪的記者表示：「自古以來，凡是統一中國都是由北而南，從未由南而北以完成此一神聖大業的。太平天國時兩廣軍隊曾一度進至天津，至於北京實以這一回為首次。」[104]

「珠江流域產生之武力達於北京，則實歷史上第一次也，」六月十四日，天津《大公報》刊出社評，高度推崇對白氏率部參與克復京津之役的歷史意義：「假使白崇禧氏此次不率師參加克復京津之役，則國人將大抱缺憾。何則？北伐始於廣東，而二、三集團，皆非自粵而來者也。刻在京津間之許多重要將領中，惟白崇禧氏，自黃埔練兵起，至今日止，終始其事，前年出發廣州，此日凱旋燕京。一部革命戰史，可以其一身之蹤跡貫串之。」[105]

六月二十一日，國民政府改北京為北平。由於先前蔣多以閻錫山部屬出掌河北、平津各要職，為了兼顧閻、馮雙方勢力，白崇禧主動薦舉馮玉祥部何其鞏出任首任北平市長。[106] 六月二十六日，白崇禧應邀到北京女子師範大學，以「國民革命與世界革命」為題發表演說。「女大為全國女子最高學府，將來女子是否解放，經濟是否得到平等，在座諸位，均負有領導及奮鬥之重大責任。」白氏期許在座聽講師生：「男子受有帝國主

104 程思遠，《白崇禧傳》，頁 108。

105 〈珠江流域之思想與武力〉，《大公報百年回眸》，轉引自劉維開，〈北伐時期的白崇禧〉，頁 24。

106 朱浤源，〈白崇禧與北伐最後一戰〉，《中華軍史學會會刊》，第 2 期（1997 年 5 月），頁 120。

白崇禧（左四）督師征討直魯軍殘部期間，與閻錫山
派來聯繫的徐永昌（左三）合影。

義、軍閥、共黨之箝制侵擾，女子於此之外，尚受有數千年來遺下舊禮教之束縛，是故女子革命之精神，非較男子為強，則解放之目的無由達到。」[107]

二十九日，白氏對記者發表關於裁兵問題談話。「外人有疑裁兵不易實現者，此可斷言並非難事，即如歐戰之後，各國均行裁兵，而本國史冊所載，裁兵之事，亦所常有。」又慨然表示：「本人所部，只要中央令下，隨即可裁，毫無問題。古人有『杯酒釋兵權』之佳話，本人以為一令即可釋兵權，雖杯酒亦可無需，所以很易辦理。」[108]

八月一日，白崇禧於公忙之餘抽空遊覽北平故宮。白氏見翊坤宮西側門名為「崇禧門」，與他本名暗合，於是在門下留影紀念。[109]

到了這時，青年將領白崇禧的名聲，已經響徹京華，不但政界、軍界如雷貫耳，甚至學者文人也常掛嘴邊、津津樂道。這年十二月二十三日，詩人徐志摩前往北平途中，列車在隴海線上因故暫停，他為排遣時間，在車廂裡寫信給妻子陸小曼：「另有大鼻子同車，羅家倫校長先生是也。他見了我只是窘，盡說何以不帶小曼同行，煞風景，煞風景！要不然就吹他的（蔣）總司令長，何應欽白崇禧短，令人處處齒冷。」[110] 無論愛憎，原本只是廣西一介軍人的白崇禧，至此已經躍升為全國注目的人物。

這時的白崇禧，可說是蹈厲飛揚，意氣風發。然而，「功高震主」的陰影，已經悄然靠近。

107 「在北平女大講國民革命與世界革命」，《白崇禧將軍北伐史料》，頁333。
108 同前註，頁333-334。
109 白先勇，《父親與民國——白崇禧將軍身影集》，上冊：戎馬生涯（台北：時報文化，2012年），頁60。
110 蔡登山（輯註），《徐志摩情書集》（台北：秀威資訊科技，2006年），頁242。

XV

北伐軍事還剩下最後一段尾聲，即退守灤河方面的張宗昌、褚玉璞部直魯軍。蔣介石原本希望以政治解決，但張、褚決心負隅頑抗，不肯接受改編，沿途軍紀敗壞，百姓深受其害，於是蔣總司令在七月十五日下達討伐令，兩路出兵。白崇禧受任為前敵總指揮兼右路軍指揮，朝灤河方向掃蕩進攻。

停駐在平漢鐵路沿線的白崇禧所部，此時陸續開拔北上。九月九日，第三十六軍、第十二軍佔領唐山。白氏隨即率領指揮部抵達，召集各軍長開會，決定乘勝追擊，兵分三路，向灤州進發。左、右兩路軍包抄夾擊，以步兵在正面推進，騎兵向敵軍右後方穿插，取得席捲之據點。到了十二日，直魯軍全線崩潰，敗退灤河東岸，炸毀鐵橋，與守在山海關一線的奉軍交火。

十四日，白崇禧親率右路軍進抵灤河西岸。這時東北方面不樂見國民革命軍渡河，於是派出代表至白氏軍中，要求北伐軍暫勿渡過灤河追擊，奉軍願意解除直魯軍殘部武裝，白為表示誠意，同意張學良的請求。九月二十一日，奉軍發動總攻，直魯軍全軍覆沒，張宗昌趁亂潛逃大連，褚玉璞被俘。二十三日，奉軍與白崇禧部合力肅清灤河兩岸直魯軍部隊，大部分向奉軍繳械，向北伐軍繳械者二萬餘人。廖磊、葉琪各軍，暫留灤河西岸待命。北伐軍事，到此真正結束。[111]

白崇禧在這段期間，處在一面裁兵、糧餉無著的困難情況下，竟能代行蔣總司令職責，完成北伐最後一戰，立下不可磨滅的汗馬功勞。[112]

然而就在掃蕩直魯軍殘部時，白崇禧部的糧餉供給竟告中斷。八月六日，白崇禧致電蔣總司令，請將四月至七月欠領軍費五十萬元，於一星期內匯至北平。蔣氏沒有回覆，於是白在十日同時向蔣介石、李宗仁、李濟深致電，催餉告急：「前方給養不濟，已瀕斷炊，迭電告急，未蒙示復。」白崇禧表示，他受命之初，原本商定由南京與廣州每月各撥發軍費五十萬元，南京另撥食米一萬五千石，現在遲遲未能領到，軍心浮動，「如五日以內，再不蒙給糧款接濟，禧實無法維持。關於前方軍事，懇請總司令另簡賢能接替，以輕罪戾。」他甚至考慮「班師回漢（口）就食」。[113]

蔣介石此時在上海拔牙，流血甚多，正欲休養，接到白崇禧急如星火的催餉電，竟遲遲未覆，至二十一日才覆電表示「月濟之款，必於月底匯足」、「決不使兄為難與將士枵腹也」，但蔣氏真正在意的，是隨白北征的第七軍、第十九軍已經有一部班師回漢口。他提醒自己，「白崇禧之心且不專靜」，決不能因為身在病中而輕忽。蔣同時致電參謀長楊杰：「第七、第十九軍調漢口，人心動搖，時局不安。以後請代勸健生，如須抽調隊伍，必先妥商，由總部明令行之為妥也。」[114]

---

111 廣西綏靖公署（編），《完成北伐戰史》，頁 340-342、344-345。

112 朱浤源，〈白崇禧與北伐最後一戰〉，頁 138-139、142-143。

113 「白崇禧致蔣中正電」（1928年8月6日）、「白崇禧致蔣中正李濟深李宗仁等電」（1928年8月10日），《蔣文物》，典藏號：002-020100-00022-019、002-080200-00036-016。

114 「蔣中正致白崇禧電」（1928年8月21日）、「蔣中正致楊杰電」（1928年8月21日），《蔣文物》，典藏號：002-020100-00022-022、002-020100-00021-120；周美華（編），《事略稿本》，冊4，頁94。

進入九月，蔣氏承諾撥發的軍費依然未到。九月十四日，白崇禧已進抵灤河西岸，致電蔣：「前方飢寒交加，經理處迄無辦法，屢次來電，口惠而實不至，財（政）部又不肯撥，萬懇設法接濟。」[115] 對於後方有意無意的停發糧餉，白氏怨憤難平，「本人自北伐以來，大小戰事，不知經過若干次，自覺以此次東征為最苦，蓋無飯吃，無衣穿，兵士既凍且餓，誠感痛苦萬分。」他對記者表示：「中央雖早說允為軍士籌辦冬衣糧餉，然迄未實行，使本人尚有何法。本人亟願早日回南，但中央仍令在北方工作，今兵士有飢寒之苦，不知中央將用何法安慰之也。」[116]

至九月底，因中秋節將屆，閻錫山接濟白部軍費十萬元，白非常感激，致電感謝閻，說這是「仁漿義粟」，他與全軍將士「莫名感戴」。[117] 白崇禧這時應已隱約察覺：軍費糧餉遲遲不發，看似無意，實則草蛇灰線，一張陰謀羅網已開始布置。北伐告成後，統兵十萬、雄鎮北平的白崇禧，已經成為蔣介石眼中最欲拔除的威脅。

115 「白崇禧致蔣中正電」（1928 年 9 月 13 日），《蔣文物》，典藏號：002-020100-00022-034。
116 「為東征事竣對新聞記者談話」、「為東征將士飢寒交迫談話」，《白崇禧將軍北伐史料》，頁 391-392。
117 「閻錫山犒勞東征前敵士兵電」、「申謝閻錫山犒賞前敵將士電」，《白崇禧將軍北伐史料》，頁 395-396。

白總指揮從唐山出兵攻灤州，在鐵甲車上留影。

「歡迎最後完成北伐的白總指揮」。由廣州出發、到屯兵河北，白崇禧最後完成北伐。「前年出發廣州，此日凱旋燕京。一部革命戰史，可以其一身之蹤跡貫串之。」

後完成北伐的白總指揮

第二章

蔣桂戰爭

廣西的民性是不輸最後一口氣的，
你迫得他愈厲害，
他就不顧一切的和你蠻幹到底。
——黃旭初

一九二九年三月七日下午二時許，一位報社記者來到北平西山靜宜園，準備採訪隱居在此的北伐軍前敵總指揮白崇禧。

記者請駐守在靜宜園門口處的三名衛兵通報後，沿著曲折小徑登山，到達山丘頂上的雙青別墅。門口又遇上兩名衛兵，「一提手機槍，一持盒子砲，」可見戒備之森嚴。入院後，園亭清幽，假山重疊，泉聲潺然。雙青別墅原來是北洋政府前總理熊希齡的住所，為西式三層建築，其中二樓正中為書房，左側臥室，現在白崇禧就借居於此。

不久，白崇禧步出臥室，他身穿一襲灰布棉袍，頭戴獺皮帽，「面目清癯，態度閒逸。」白坐定後便表示，自己在此靜養，原本不見外客，但現在外界謠言甚多，故甚願與記者一談。於是記者便問道：湖南事件，外間謠傳不一，總指揮意見如何？「湖南事件，本人事前毫未預聞，」白氏回答道：「在本人個人意思，總認此事為操切，本人站在四集團軍方面，如此說，站在第三者地位，亦如此說。本人向不謊話，不喜騙人，認為此事始終須服從中央。」最後白更慨然表示，他率本部軍隊，由珠江出發，轉戰萬里而至北方，「均非為個人牟利益，完全係為黨國謀統一，宗旨始終不改，迄革命告一段落以後，本人即抱入山唯恐不深為宗旨，故對於時局，惟有希望和平」。❶

然而，說出這番話不到十天，白崇禧即在三月十六日倉皇逃離北平。他臨走前託人傳話給當時還留在北平的廣西僚屬：「軍隊被人運動，軍心不穩，不得不出走。」❷從接受記者訪問、聲明「服從中央」，到必須出走逃亡，十日之間，發生了什麼事？是誰「運動」了白麾下部隊？一切答案，必須從記者口中這場「湖南事件」開始說起。

I

一九二九年二月十九日，桂系湖北籍將領胡宗鐸、陶鈞在武漢政治分會做出決議，以現任湖南省主席魯滌平「在湘把持稅收，剿匪不力，重徵鹽釐，有瀆軍紀」為名，將其免職，自行宣布由另一名湖南籍將領何鍵接替。同時，桂軍葉琪、夏威兩師由武漢大舉南下，星夜進駐長沙，魯滌平猝不及防，率領所部退往江西，湖北桂軍於是控制了湖南。❸這就是當時震驚各方的「湖南事件」，又稱「湘變」或「兩湖事變」。

「兩湖事變」的發生背景，是北伐後各大軍事集團間相互猜忌、互不信任，最終釀成干戈。一九二八年三月，中國國民黨中央政治會議決議在廣州、武漢、開封、太原四處設置分會，分會主席可以過問轄內各省的政治、軍事、財稅。❹這種安排，等於是對李宗仁、馮玉祥、閻錫山等軍事集團勢力範圍的追認。南京中央對這種局面，自然不能滿意。蔣介石在東北易幟後主張裁兵，編遣多餘國軍。一九二九年一月一日至二十五日，蔣於南京召開全國編遣會議，他在開幕致詞時提及日本幕末維新、各藩擁護天皇的歷史，宣言將力矯舊日北洋軍閥擁兵自重、佔據地盤的惡習。蔣的立論光明正大，也迎合久戰之後厭亂的民心。但是在實際的做法上，蔣頗有獨厚麾下嫡系，而裁併其他各部的跡象。當時稱蔣準備「削藩」的謠言不脛而走。❺編遣會議收回各大集團軍人事任命、調動軍隊之權，然而按照此一編遣章程，中央直屬部隊與蔣氏嫡系的第一集團軍即使編遣之後，仍有四十六萬軍隊，實力將遠勝第二、第三、第四集團軍。❻因此編遣會議自然會無好會，來南京出席會議的李濟深、馮玉祥、閻錫山等人，閉會後皆悻悻離去，蔣亦無可奈何。❼總的說來，中央固然具備整合各地方勢力的期盼，地方軍人或許也有共同建設

❶「就湘事答記者問」，《白崇禧將軍北伐史料》，頁 480-481。

❷ 李任仁，〈白崇禧在北平、唐山活動的片段回憶〉，《新桂系紀實》，上冊，頁 237。

❸ 馬天綱、賈廷詩、陳三井、陳存恭（訪問、紀錄），《白崇禧先生訪問紀錄》，下冊，頁 928；申曉雲，《李宗仁》，頁 147。

❹「中執會政治會議第一三一次會議記錄」（1928 年 3 月 7 日），《會議記錄》，黨史館藏，館藏號：會 00.1/177。

❺ 程思遠，《白崇禧傳》，頁 109；郭廷以，《近代中國史綱》，頁 574。

❻ 曾業英，〈蔣介石一九二九年討桂戰爭中的軍事謀略〉，《近代史研究》，2000 年第 2 期（2000 年 3 月），頁 4-5。

❼ 吳淑鳳（編），《事略稿本》，第 5 冊（台北：國史館，2003 年），頁 82-83。

國家的誠意，但雙方隔閡很深，互信薄弱，只要發生任何微小的事故，都可能引發極大的爭端。[8]

實際上，中央與地方一旦啟釁，蔣首先準備對付的，是李宗仁所部第四集團軍。桂系從開始北伐以來，短短兩年時間，便由廣西直抵北平、天津：李宗仁統率第四集團軍主力坐鎮武漢，白崇禧率領十萬兵馬雄視平、津，兩廣有廣州分會主席李濟深與李、白相呼應。南起鎮南關，北至山海關，都是桂系勢力範圍。蔣氏對此，自然感受威脅。[9]日後董顯光作《蔣總統傳》，說傳主在一九二八年全年，無時不對李宗仁等人的「躍躍欲試」感到芒刺在背；據馮玉祥回憶，一九二九年初在南京時，蔣曾試探他說：「滬、廣、漢、平，皆為桂系佔據，如何辦理？」可見其削減桂系兵權心態之一斑。[10]

對於蔣可能的「削藩」舉措，桂系並非毫無警覺。所謂桂系勢力「由鎮南關至山海關」，看似強大，其實呈一字長蛇陣態勢，不但軍隊調動困難，也容易被攔腰截斷、各個擊破。有鑑於此，李宗仁決定在控制湖北之後，進一步於湖南先發制人。

II

李宗仁在日後回憶時，表示胡宗鐸、陶鈞等人採取軍事行動，他事前全然不知，胡、陶等人魯莽衝動，乃是中了蔣氏「激人成變」的圈套，予中央以「討伐」之口實。有偶無獨，白崇禧晚年在接受訪問時也說當時自己事前毫無所知，「我保證李也不知，否則他還敢留在龍潭虎穴（**指留在南京**）？」並說當真主面前，此話決無虛假。[11]然而根據近來學者研究，事件經過並非如此單純：胡、陶發動湘變，李宗仁不但事前知情，事發後更全程掌握。[12]

北伐以前，湖南政局原有趙恆惕、譚延闓、程潛三股勢力，趙依附吳佩孚，譚、程則投靠廣州革命政府。北伐開始，原屬趙部的師長唐生智倒戈驅逐趙恆惕，取得湖南政權，而南京方面西征之後，唐生智敗走，湖南落入程潛之手。程潛「倚老賣老，目無餘子」，將湖南稅收全歸省庫，視李宗仁主持的武漢分會為無物，李對程有如芒刺在背。一九二八年五月十九日，在長沙的程潛接到李宗仁通知，要他與白崇禧同赴武漢開會。程不疑有他，於二十一日出席武漢政治分會會議，李突然發難，將程扣押看管。此舉後

---

[8] 陳進金，〈「兩湖事變」中蔣介石態度之探討〉，《國史館學術集刊》，第 8 期（2006 年 6 月），頁 50。

[9] 陳進金，〈蔣桂戰爭的前因後果〉，《傳記文學》，第 100 卷第 6 期（2012 年 6 月），頁 41-42。

[10] 董顯光，《蔣總統傳》，第 1 冊（台北：中華文化出版事業委員會，1957 年），頁 143；馮玉祥，《馮玉祥日記》，第 2 冊（南京：江蘇古籍出版社，1992 年），頁 578。李宗仁則回憶，蔣剷除異己的第一個目標「原是馮玉祥」，並以之徵詢李氏，李力持不可，蔣遂「調轉槍頭來先對付第四集團軍了。」見：唐德剛（撰寫），《李宗仁回憶錄》，下冊，頁 543-544。

[11] 唐德剛（撰寫），《李宗仁回憶錄》，下冊，頁 545；馬天綱、賈廷詩、陳三井、陳存恭（訪問、紀錄），《白崇禧先生訪問紀錄》，下冊，頁 932。

[12] 陳存恭，〈李、馮、閻等亂事之平定〉，教育部（主編），《中華民國建國史》（台北：國立編譯館，1989 年），第 3 篇「統一與建設」（3），總頁 1529；早在一九七〇年代初期，加拿大歷史學者戴安娜（Diana Lary）在尚缺完整史料佐證時，便研判李宗仁事前知情，見：Diana Lary, *Region and Nation: The Kwangsi Clique in Chinese Politics, 1925-1937*, p. 139.

來得到南京的追認，作為交換，蔣氏提議由譚延闓部屬魯滌平接任湖南省主席，李為了安撫湖南人心而同意，而程潛的基本部隊第六軍則遭到蔣、桂雙方瓜分殆盡。⓭

正因為有此前例，當投靠桂系的唐生智舊部、湖南清鄉會辦何鍵向李宗仁提供一項日後難以證實的情報：蔣最近祕密經由江西向魯滌平運送數百萬發子彈，似乎有意對武漢用兵時，李氏立刻便授意胡宗鐸、陶鈞等人進行「倒魯（滌平）扶何（鍵）」計畫，準備搶先造成既定事實，迫使南京追認。為了掩人耳目，也替日後保留迴旋餘地，李宗仁在編遣會議後便主動表示長住南京。⓮而之所以選在這時發動，是因為中國國民黨第三次全國代表大會召開在即，會中將裁撤各地政治分會，如不趁這時撤換與桂系不和的魯滌平，將來湖南聽命於南京，不利於湖北和桂系大本營廣西連成一氣。⓯

胡、陶發起軍事行動驅逐魯滌平當晚，李宗仁立刻離開南京，住進上海法租界。二十一日，李在上海發表通電，佯稱自己事前並不知情，願向中央負疚請罪，然而卻在電文中繼續抨擊魯滌平「濫用威權，把持中央稅收，紊亂行政系統」，實則將發生事變的責任歸咎於魯。⓰進入湖南的桂軍部隊，仍然繼續追擊。

當時閻錫山私下截譯各方密電，日後成為如山鐵證。根據國史館庋藏的《閻錫山史料》：三月二日，李宗仁致電北平白崇禧與漢口胡宗鐸、夏威等將領，稱桂軍楊騰輝、李明瑞兩旅追擊魯部，已進入江西省境，「現查贛朱（即江西省主席朱培德）對魯部已表示容納，」一如「我軍入贛，使朱不安，目前引起誤會擴大軍事，實於我方不利。」要求退出江西，並通報白崇禧知曉。⓱可見桂軍行動，李宗仁不但知情，而且完全掌握。李宗仁若指責蔣「激人成變」，則落入圈套的，正是李氏本人。

湘變發生時，蔣介石在奉化家鄉，當他得知魯滌平被桂系武力驅除後，即於二月二十四日到上海，試圖與李宗仁會晤。國民黨元老吳稚暉充當蔣氏信使，往見李宗仁，李對吳表示，這次衝突實為不幸，他願致電武漢，命令桂軍退回原防，而黨政問題，則聽候中央處置。[18] 但此次桂系動作，已給了蔣用兵的正當藉口，他在二十六日時，祕密對八個師下達動員令，限三月三日前完成出擊準備。二十七日，國民黨召開中央政治會議，決議由蔡元培會同李宗仁調查湘變。

這時蔣雖然強調以政治方式和平解決湘變，但他實際上已準備動武。張發奎從日本返國，途經上海，在蔣氏岳母倪桂珍府上與蔣見面。蔣對張表示，「他正準備壓制桂系」。[19] 二月二十八日，蔣在日記中分析道，如果對桂用兵，他擁有內部團結、交通便利、財力充裕、晉（**閻錫山**）奉（**張學良**）同情等多項優勢。況且蔣氏認為「釁自彼啟」，桂系既然動手在先，南京便具備討伐武漢的正當性。[20]

13 唐德剛（撰寫），《李宗仁回憶錄》，上冊，頁 504-505；申曉雲，《李宗仁》，頁 132-133。

14 程思遠，《白崇禧傳》，頁 117；申曉雲，《李宗仁》，頁 146-147；張慕先，〈何鍵與新桂系〉，《新桂系紀實》，冊上，頁 382。

15 陳進金，《機變巧詐：兩湖事變前後軍系互動的分析》（新北市：輔仁大學出版社，2007 年），頁 111。

16 國聞週報社（編），〈一週間國內外大事述評〉，《國聞週報》，第 6 卷第 8 期（1929 年 3 月 3 日），頁 3；陳進金，〈「兩湖事變」中蔣介石態度之探討〉，頁 51。

17 「李宗仁致白崇禧胡宗鐸夏威電」（1929 年 3 月 2 日），《閻錫山史料》，國史館藏，檔號：18.0372.42/0032-3，微捲第 43 卷；轉引自：陳進金，《機變巧詐》，頁 115。

18 「吳敬恆致蔣中正電」（1929 年 2 月 24 日），《蔣文物》，典藏號：002-020200-00002-005。

19 胡志偉（譯註），《張發奎口述自傳》，頁 254。

20 黃自進、潘光哲（編），《蔣中正總統五記——困勉記》，上冊（台北：國史館，2011 年），頁 184-185；吳淑鳳（編），《事略稿本》，第 5 冊，頁 153-154。

兩湖事變發生時，白崇禧似乎並不知情。

III

李宗仁授意胡宗鐸等人發動湘變，白崇禧事前似並不知情。三月五日，白氏在給李宗仁的密電中表示：「湘事起於倉卒，事前禧等並未預聞，事後得報深以為不幸，但事已至此，急宜另圖挽救。」[21]「這件事大錯特錯，」日後白氏回憶說：「魯滌平是中央派的省主席，固然歸武漢政治分會管轄，但不能由政治分會隨便免職，更不能隨便臨之以兵。」[22]

湘變發生時，白崇禧已稱病入醫院療養，將所部十萬大軍的指揮權，交由部將李品仙代為行使。[23]白氏的「病情」自然是一種政治姿態。在一月時他對蔣已起戒心，懷疑蔣將對桂系不利，因此以胞弟崇怙病故，自己悲痛過度、嘔血舊疾復發為由，婉拒蔣氏電召他入京，同時藉此表示對蔣積欠軍餉不發的抗議。[24]

白留在北平觀望時勢，他從政略和戰略研判，認為蔣氏雖有意削除強藩，但他正忙於召開編遣會議，一時之間不會對桂系用兵，因此桂系必須利用這段時間，趕緊修正戰略上由北到南一字擺開的不利態勢。是以，當一九二八年底，李宗仁派胡宗鐸與何鍵連

[21] 「李品仙白崇禧廖磊王季文致李宗仁電」（1929年3月5日），《閻錫山史料》，國史館藏，檔號：18.0372.42/0032-3，微捲第43捲；轉引自：陳進金，《機變巧詐》，頁144。

[22] 馬天綱、賈廷詩、陳三井、陳存恭（訪問、紀錄），《白崇禧先生訪問紀錄》，下冊，頁928-929。

[23] 「呈蔣總司令請撥欠餉電」，《白崇禧將軍北伐史料》，頁471。

[24] 「白崇禧致蔣中正函」（1929年1月12日），《蔣文物》，典藏號：002-080200-00041-016。

袂到北平徵詢白崇禧意見時，白氏建議李親自前往南京參加編遣會議，而何鍵則應該接受湖南清鄉會辦的職務任命，以示顧全大局；最後他對胡宗鐸再三叮囑：「武漢乃四戰之地，易攻難守，我主張第四集團軍在武漢的部隊，在必要時應全軍撤到湖南，緊靠兩廣為後方，以利於進攻退守，運用自如。」假使日後情況有變，桂系不得不與蔣兵戎相見，「也應當採取當年北伐的打法，由浙贛線進攻上海，切勿等在武漢挨打。」㉕

事件發生後，蔣於二月二十四日，也就是湘變發生後三日致電白氏，試探性地詢問「湘事應如何處置」，㉖白則於三月四日致電蔣，認為湘變之後，有人乘機造謠生事，蓄意破壞和平，並稱自己「身在病中，心憂黨國，鈞座（蔣）主持中央，懇請設法穩定大局，兩湖必能聽命中央也。」蔣在隔日立刻回電，希望派上海市長張定璠到北平，與白「面商解決大局之方。」白也覆電表示歡迎。㉗

雖然蔣向白保證，自己不會聽信謠言，「決不致為人搖動，請勿遠慮」，㉘但實際上他對白早生懷疑。北伐時兩人之間的種種舊隙當然是重要因素（參見本書第一章），另一個原因，是蔣派在北方聯絡活動的湖北籍將領、國民政府參軍長何成濬，在此時向蔣密報，研判白可能起兵南下，呼應武漢，或是與馮玉祥密商結盟，佔據北平、天津。㉙蔣於三月三日致電當時在北平的國民黨元老李石曾：「聞白劍生已回漢（口），確否？請代探詢電復。」㉚這通以白氏舊字稱呼的電報，顯示蔣十分注意白的動向。正當蔣氏考慮對武漢桂系用兵之際，白崇禧在北平手握雄兵，對蔣而言豈能放心？於是無論白是否有起兵事實，都必須先行瓦解河北白部。

IV

蔣氏私下動作，此時的白崇禧自然全不知情。對桂系內部，白仍安撫主戰派將領，要他們隱忍退讓，對外則希望各方出面調停。

三月四日，南京方面由何應欽、陳儀等人向李宗仁轉達蔣介石對湖南事件和平落幕開出的條件：一、改組兩湖省政府；二、武漢政治分會與第四集團軍總部，由李宗仁等自動呈請中央撤銷；三、湖北湖南各軍退回原防。何應欽等人還傳達蔣的意思：「若不能完全遵照辦理，寧以武力解決。」李密電徵詢白的意見。[31] 白氏於隔天回覆，表示自己與李品仙、王澤民等人連夜商議，一致認為：[32]

---

[25] 程思遠，《白崇禧傳》，頁 117-119。

[26] 「蔣中正復白崇禧電」（1929 年 2 月 24 日），《蔣文物》，典藏號：002-020200-00002-004。

[27] 「白崇禧致蔣中正電」（1929 年 3 月 4 日）、「蔣中正復白崇禧電」（1929 年 3 月 5 日），《蔣文物》，典藏號：002-020200-00002-009。

[28] 吳淑鳳（編），《事略稿本》，第 5 冊，頁 164。

[29] 「何成濬致閻錫山電」（1929 年 2 月 27 日），《閻錫山史料》，國史館藏，典藏號：116-010101-0070-013；「何成濬致閻錫山電」（1929 年 2 月 27 日），《閻錫山史料》，國史館藏，典藏號：116-010108-0650-025

[30] 「蔣中正致李煜瀛電」（1929 年 3 月 3 日），《蔣文物》，典藏號：002-010200-00001-046。

[31] 「李宗仁致白崇禧電」（1929 年 3 月 4 日），《閻錫山史料》，國史館藏，檔號：18.0372.42/0032-3，微捲第 43 捲；轉引自：陳進金，《機變巧詐》，頁 143。

[32] 「白崇禧致李宗仁電」（1929 年 3 月 5 日），《閻錫山史料》，國史館藏，檔號：18.0372.42/0032-3，微捲第 43 捲；轉引自：陳進金，《機變巧詐》，頁 143-144。

> 此次我方政略、戰略均處於不利地位，不如暫時忍恥接收〔受〕其條件，然後將北方各師以編遣為名，調回武漢，整理兩湖。

白氏表示，此乃萬全之策，希望李能速做決斷，「否則一旦決裂，我方兵力南北分離，未必能操勝算」。同一天，他又與部將廖磊、李品仙等人聯名致電李宗仁，籲請其盡量接受蔣介石提出的條件，使整起事件能和平落幕：「況四集將士誰非介公（蔣）部曲，應如何處分，何事不可從長計議。禧等已電請德公對介公所提條件，盡量接收〔受〕矣。」[33]

白氏力主桂系退讓，另還有一個重要理由。他在致胡宗鐸、夏威、陶鈞等人的密電裡表示：「此次風潮因挑撥者多，恐難避免，我若能萬分忍讓，預料三代大會必有風波，因馮二決不甘居人下也。」[34] 所謂「馮二」，指第二集團軍總司令馮玉祥。白崇禧研判馮玉祥與南京方面衝突勢所難免，如果桂系能夠在這次湘變中隱忍退讓，三月中旬召開的國民黨三全大會上，局面必定會出現變化，如蔣馮之間先爆發衝突，桂系便能好整以暇，居於「隔山觀虎鬥」的有利地位。三月六日，白氏再次敦勸李宗仁：[35]

> 以現在形勢論，從政略戰略兩方觀察，我方若與下游決裂，實難操勝算，兩敗俱傷，漁人得利而已，而民困未抒，何忍乎？兄等無論如何務須忍耐，以鎮靜處之，不必急急調遣部隊，先蒽謠言。

「漁人」所指，同樣是馮玉祥的第二集團軍。白顯然看出，此時如果與蔣開戰，桂系勝算不大，因此竭力主張戰略收縮，以待後續變化。

與此同時，白崇禧諸多動作，都在呼籲和平：三月七日，他接受報刊記者訪問，強調湖南事件「始終須服從中央」，並破除自己已由北方祕密潛抵漢口的謠言。[36] 同日連致閻錫山兩通電報，除了稱湘變自己事前不知情、願意接受中央處分外，還懇請閻出面主持調停。[37]

但情勢在八日出現重大變化，主要原因是李宗仁的態度強硬，不願讓步。三月三日，也就是當白崇禧正努力斡旋之時，李宗仁已經透過管道向蔣表示，南京所提各條件，「政（治）分會及總部取消尚易辦到，惟湘省軍隊回原防絕對難辦。」[38] 顯然不願放棄湖南。

李在三月八日這天通電辭去國民政府委員、軍事參議院院長職務，表面上為引咎請辭，實際上準備與南京決裂。[39] 李在隔日致電白，表示「某（指蔣）根本消滅我方，」而

---

[33] 「李品仙白崇禧廖磊王季文致李宗仁電」（1929 年 3 月 5 日），《閻錫山史料》，國史館藏，檔號：18.0372.42/0032-3，微捲第 43 捲；轉引自：陳進金，《機變巧詐》，頁 144。

[34] 「白崇禧致胡宗鐸夏威陶鈞潘宜之電」（1929 年 3 月 5 日），《閻錫山史料》，國史館藏，檔號：18.0372.42/0032-3，微捲第 43 捲；轉引自：陳進金，《機變巧詐》，頁 145。

[35] 「白崇禧致李宗仁電」（1929 年 3 月 6 日），《閻錫山史料》，國史館藏，檔號：18.0372.42/0032-3，微捲第 43 捲；轉引自：陳進金，《機變巧詐》，頁 147-148。

[36] 「就湘事答記者問」，《白崇禧將軍北伐史料》，頁 480。

[37] 「白崇禧致閻錫山電」（1929 年 3 月 7 日），《閻錫山史料》，國史館藏，典藏號：116-010101-0070-061、116-010101-0070-062。

[38] 「熊式輝致蔣中正電」（1929 年 3 月 3 日），《蔣文物》，典藏號：002-020200-00002-007。

[39] 陳進金，《機變巧詐》，頁 116、159。

武漢要打破眼前難關，「為自衛計必須與馮（玉祥）聯絡，不必顧慮將來。至兄（指白崇禧）在平，須與各方敷衍又當別論，但不宜對馮有不好表示，做事以變通為要，不比個人交友，可以求全責備。」❹⓿ 要白氏準備聯合馮玉祥共同反蔣。

李宗仁是桂系的頭號人物，主帥既然已決心與蔣開戰，白崇禧只好轉而為李籌畫戰略。「此次寧方（南京）小題大作，窺其計畫不僅奪取湘鄂，且欲飲馬珠江也，」白在致李的密電中表示：「將來我方主力似應用於大江南岸，進可以直取江寧，退亦足以佔領湘贛，與粵方緊為銜接，兵力集中似應本此要旨。」而江西贛州對於確保兩廣，具有重要戰略意義，所以戰事一開，桂系應由廣西出兵，先奪取贛州。「此著極關重要，望公早圖之。」白希望留守廣西的黃紹竑，開始祕密準備。41 至於武漢，白仍然認為「決不能守，更無所用其留戀。」他希望桂軍主力「在相當時機，應全師南返，」佔領湘南、贛南，與南京持久作戰，引誘敵軍深入，等到兩廣生力軍開到，「然後猛烈襲擊，一舉殲滅敵軍，勝算終屬於我。」42

按照白的策略，桂軍縱使未能一戰而勝，也能爭取戰略主動。可是這時桂系上下，瀰漫著一股浮躁求戰的盲目樂觀氣氛，不但主帥李宗仁態度強硬，前線將領胡宗鐸、陶鈞等人氣燄更盛，兩人都是湖北籍，如今衣錦還鄉，不願放棄湖北地盤，聲稱「決心死在武漢」、「敗也絕不移動」。43 白的籌畫，最後竟無法實施。

三月十一日，立場與桂系接近的廣州政治分會主席李濟深入南京調解，希望和平解決湘變，但蔣介石研判「武漢無真實之覺悟，中央不能不積極準備也」。44 所謂「準備」，就是派人到河北策反白崇禧部。

V

策反白崇禧部一事，蔣氏早已祕密籌畫許久。白部在編遣後轄四個師與一個獨立旅，除了獨立旅韋雲淞部為廣西部隊外，其他都是唐生智舊部，蔣即利用唐來瓦解白部。[45] 先是一九二八年九月三日，胡漢民由歐洲返國，抵達上海，蔣得知後非常緊張，以為李宗仁等將擁胡倒蔣，便找來與唐生智舊屬劉興，給一百五十萬元活動經費，要劉到天津、塘沽，把白崇禧指揮的部隊搶過來，並說：「如果可以把健生捉住，便殺了他。」[46] 這時白還在灤河前線，與直魯軍對陣！由此也可知白部糧餉遲遲不到（見本書第

---

40 「李宗仁致白崇禧電」（1929 年 3 月 9 日），《閻錫山史料》，國史館藏，檔號：18.0372.42/0032-3，微捲第 43 捲；轉引自：陳進金，《機變巧詐》，頁 158。

41 「白崇禧致李宗仁夏威電」（1929 年 3 月 8 日），《閻錫山史料》，國史館藏，檔號：18.0372.42/0032-3，微捲第 43 捲；轉引自：陳進金，《機變巧詐》，頁 160。

42 李守孔，〈國民政府之國家統一運動（民國十八年至十九年）〉，載中央研究院近代史研究所（編），《抗戰前十年國家建設史研討會論文集》，上冊（台北：編者，1985 年），頁 398-399。

43 「胡宗鐸夏威陶鈞致李宗仁白崇禧電」（1929 年 3 月 14 日），《閻錫山史料》，國史館藏，檔號：18.0372.42/0032-3，微捲第 43 捲；轉引自：陳進金，《機變巧詐》，頁 161。

44 吳淑鳳（編），《事略稿本》，第 5 冊，頁 170。

45 陶菊隱，〈編遣會議後蔣介石利用唐生智拆新桂系的台〉，中國人民政治協商會議廣西壯族自治區委員會文史和學習委員會（編），《新桂系紀實續編》，第 2 冊（南寧：廣西人民出版社，2005 年），頁 28。

46 汪瑞炯、李鍔、趙令揚（編註），《苦笑錄：陳公博回憶》（北京：現代史料編刊社，1980 年），頁 126-127。

一章），是蔣氏蓄意所為。根據唐生智派駐在上海的代表龔浩回憶：一九二九年一月間蔣派人與其接觸，之後又由何成濬居間聯繫，開出條件：「（白崇禧）部隊拉過來，官兵一次發三個月餉。」蔣的分化策反，效果良好，據一名此刻在北平白軍中的唐生智舊部向蔣密報：「自唐部歸白，湘桂歧視」，白又「年少喜事」，原籍湖南的官兵「既憂飢困，又恐從白陷於不義」，軍心極度動搖。[47]

這次策反行動，蔣百里是幕後軍師，蔣介石的左右親信張群、宋子文、朱紹良等均有參與。龔浩為唐生智打頭陣，於三月五日祕密抵達天津，約一星期後潛至唐山軍中，會見各級將領。他宣布兩點：各軍必須採取行動，脫離桂系，如果做到，他負責發放軍餉三個月。[48] 唐生智本人也在何成濬安排下，由上海搭輪船抵達天津。這時白崇禧對於何成濬的動向已有警覺，「何成濬到平召集一、二、三集團（軍）將領開秘密會議，出示蔣之密令，授一、二、三集團以監視我軍之任務，」白於三月十二日致李宗仁、胡宗鐸的電報中表示：「一、二、三集團態度已漸明瞭，且據確息我軍如南下，恐友軍必在途中截擊，何成濬更明白表示，禧須離開北平。」[49] 但蔣用唐生智來北方接收舊部，白全被蒙在鼓中，他日後回憶：「外面風聲一天天緊起來，我完全不知」。[50]

三月十四日，蔣方動作迫在眉睫。蔣致電何成濬，要求「白之行蹤，應追探明」，對於通過保定、天津與石家莊的車輛，均要嚴格檢查。[51] 十五日，國民黨三全大會召開，蔣氏決定對桂系用兵順序：「先解決唐山叛部，並調兵至德州布置，然後再在長江發動，解決武漢，並由江西入湘，解決湘局」。[52] 十六日，白崇禧接受記者採訪，尚表示「湘事發生，風雲緊急，余迭電請求和平，曾先後披露於報紙，現幸中央以寬大處之，湘事可以了結。」[53] 同日，蔣在給何成濬的密電中說，「據日本人消息，白有要求該部通過濟南之消息，」認為白起兵謀叛已有確據，因此要何「加速進行」驅逐白崇禧計畫，日後白部軍餉可由中央負責。[54] 何於十七日向蔣報告，「處置韋部及唐山白部已有妥善布置，毫無顧慮。四集在北各部驅白通電二、三日內可發出」，唐生智將到唐山接管部隊。十七、十八日，蔣又連電何成濬，要求何與東北張學良洽商，「負責監視唐山叛部」，「對白務須拘捕，並可懸賞若干」。[55]

但白崇禧搶先一步，於十六日潛離北平。原來，當晚，廖磊、李品仙突然求見白氏，表示部隊不穩，他們已無法控制，接著透露一個更驚人的消息：唐生智在南京策動下，即將抵達天津，白再不走，恐怕有殺身之禍。廖磊要白立即隨他離開，沿途已經布置妥當；白表示自己沒有盤纏，此時武漢方面的軍餉二十萬元恰好匯到，李品仙即拿出

---

[47] 「周震麟致蔣中正電」（1929 年 3 月 12 日），《蔣文物》，典藏號：002-020200-00002-014。

[48] 沈雲龍、賈庭詩、夏沛然（訪問），〈龔浩先生訪問紀錄〉，《口述歷史》，第 7 期（台北：中央研究院近代史研究所，1996 年），頁 104-105。

[49] 「白崇禧致李宗仁胡宗鐸夏威陶鈞電」（1929 年 3 月 12 日），《閻錫山史料》，國史館藏，檔號：18.0372.42/0032-3，微捲第 43 捲；轉引自：陳進金，《機變巧詐》，頁 173。

[50] 馬天綱、賈廷詩、陳三井、陳存恭（訪問、紀錄），《白崇禧先生訪問紀錄》，下冊，頁 930。

[51] 「蔣中正致何成濬電」（1929 年 3 月 14 日），《蔣文物》，典藏號：002-020200-00002-016。

[52] 黃自進、潘光哲（編），《蔣中正總統五記——困勉記》，上冊，頁 186。

[53] 「答新聞記者問」，《白崇禧將軍北伐史料》，頁 485。

[54] 「蔣中正致何成濬電」（1929 年 3 月 16 日），《蔣文物》，典藏號：002-010200-00001-061。

[55] 黃自進、潘光哲（編），《蔣中正總統五記——困勉記》，上冊，頁 186-187；「何成濬致蔣中正電」（1929 年 3 月 17 日），《蔣文物》，典藏號：002-090106-00007-258；「蔣中正致何成濬電」（1929 年 3 月 18 日），典藏號：002-010200-00001-067。

一萬元做為白的旅費。廖磊一路護送白到天津大沽口，登上日本輪船「大連丸」，先開往日本九州門司港，隔日船抵上海。白本欲和李宗仁會合，但接到上海市長張定璠傳來的消息：蔣要上海衛戍司令熊式輝登船捕人，於是緊急換船，轉往香港。[56]

白氏走得十分倉促，甚至來不及通知妻子馬佩璋，後者得到丈夫出走消息，方才趕緊攜尚在襁褓的長女先智，連夜雇車到塘沽搭船南下。[57]

三月二十日，李品仙等第四集團軍前敵將領通電擁護中央、聲討白崇禧，並懸賞五萬元捉拿；二十一日，唐生智重掌舊部，宣布就任原來白部改編而成的第五路軍總指揮，而廖磊因為掩護白氏出走，遭到唐撤職。

這次白崇禧因麾下部隊被蔣介石策反，不得不倉皇出走，在他心中留下一道極深的陰影。「我指揮的隊伍除韋雲淞一師外，都是唐生智舊部，我能運用這支隊伍，都是靠中央命令，中央要我西征，要我結束西征，要我北伐，要我肅清關內完成北伐，我都奉命而動。」白說道：「而中央堂堂正正派一個叛將來拆我的台，不要我，行動出我意外，」一九六六年十一月，白氏接受口述歷史訪問時，還是難掩憤慨：「蔣先生清黨時，唐生智被共產黨利用，成為反蔣的主角，後來蔣先生竟用他來拆我的台。」[58]

李品仙等人被迫通電聲討白崇禧，說他「陰主武漢，逆謀破壞中央威信，強令該軍撤退開灤，襲取平津，佔領徐海，進逼首都」，這當然是欲加之罪，是蔣陣營派給第四集團軍將領的說詞，因為沒有證據顯示，白曾制訂此一野心計畫。但這同時也反映出蔣對於白崇禧能力的清楚認識，奈何這樣的認識，全從猜忌和恐懼著眼。從蔣白關係來看，一九二七年八月蔣氏下野時，即起滅白之心；此次唐山部曲遭蔣策反，則讓白崇禧走上反蔣之路。

VI

在得知白崇禧出走、白部各軍將領通電討桂之後，蔣介石認為「是則北方問題已完全解決矣。」他立即以「密通桂軍，所為不義」罪名，將入京調解蔣桂衝突的李濟深扣押於湯山。[59] 李濟深臨行前原本將廣東軍政託付給陳濟棠、陳銘樞，但二陳也被蔣氏策反，於四月初宣告「服從中央，一致討桂」。[60]

約在同時間，蔣偵知湖北桂軍內部分裂，於是又利用李、白舊部俞作柏策反武漢桂軍師長李明瑞。原來胡宗鐸、陶鈞等鄂籍將領把持湖北軍政大權，作威作福、驕奢淫逸，麾下將士待遇很好，還有額外進項，油水甚多；反觀廣西子弟兵第七軍則只靠常費維持，日子很不好過。於是「廣西人拚命打仗，湖北人升官發財」的不平之鳴，遂到處

[56] 白崇禧從北平出走的情節與時間，根據下列資料寫成：《白崇禧先生訪問紀錄》（下冊，頁930、934-935）、程思遠《白崇禧傳》（頁126-127）、〈龔浩先生訪問記錄〉（頁104-105）、唐德剛，《李宗仁回憶錄》（下冊，頁552）、「傅作義致閻錫山電」（1929年3月20日），《閻錫山史料》，典藏號：116-010101-0071-073，以及「何成濬致蔣中正電」（1929年3月25日），《蔣文物》，典藏號：002-020200-00002-043。

[57] 白先勇，〈父親與民國：歷史照片中的身影〉，《傳記文學》，第100卷第6期，頁8。

[58] 馬天綱、賈廷詩、陳三井、陳存恭（訪問、紀錄），《白崇禧先生訪問紀錄》，下冊，頁930、943。

[59] 「蔣中正日記」（未刊本），1929年3月21日；吳淑鳳（編），《事略稿本》，第5冊，頁240-241。

[60] 吳淑鳳（編），《事略稿本》，第5冊，頁324。

流傳。[61]桂籍將領當中，李明瑞對胡、陶最為不滿。李明瑞先前因為爭取軍長一職，敗於陶鈞之手，從此對李、白存怨懟之心，蔣對其許以將來主持廣西軍政，於是三月中旬李派代表與南京接觸，表示「願俟相當時機，率部來歸」，同時並將桂軍作戰計畫，洩露給南京知曉。[62]

三月二十三日，國民黨三全大會授權蔣介石全權處置武漢事件；二十六日，國民政府對武漢明令討伐，稱李宗仁、白崇禧「把持軍隊，割據地方，汙衊中央，反抗政令」，兩人「著即免去本兼各職，聽候查辦」。[63]同一天，李宗仁緊急致電武漢，命何鍵、葉琪、夏威、胡宗鐸、陶鈞為一到五路軍司令，部署在黃陂到武穴一線，準備迎戰南京的討桂軍。此時夏威因病不能指揮，其第三路司令一職由李明瑞代理，李利用這個機會，於四月三日策動八個團的軍隊倒戈，聲言反對胡、陶，讓開防線正面，逕自向後撤退。[64]

三月二十九日，國民黨三全大會閉幕，蔣介石隨即親征，搭乘軍艦溯江而上督戰。三十日，蔣在九江下達總攻擊命令，但是前線並無激戰，目的在等待李明瑞部舉事。四月三日，李明瑞部倒戈，南京討桂軍長驅直入，胡宗鐸、陶鈞等人猝不及防，狼狽撤往宜昌。何鍵見桂系兵敗，立刻轉向擁護南京。[65]蔣氏遂於四月五日兵不血刃拿下武漢，發布安民布告，犒賞李明瑞部隊三十萬大洋。[66]

胡宗鐸等人退到鄂西以後，張皇失措，到了四月中旬，在無計可施之下，竟向蔣介石投降。蔣致贈胡、陶、夏等人旅費，讓其離開部隊，桂軍各部則集結繳械，大部分為朱紹良、張發奎所收編。[67]叱吒平津、雄視江漢的第四集團軍，至此被蔣氏完全瓦解。

桂系事後檢討，認為蔣以唐生智策反白崇禧部隊，扣押李濟深破壞兩廣合作，接著利用武漢內部不和策動李明瑞倒戈，三步驟次第發動，顯然設謀已久，不是臨時起意；

桂系方面除了對扣留李濟深先有警覺外，其餘一無所知。[68] 然而蔣籌畫策反白部的時間，遠早於湘變發生之前，由此可以得出一個推論：蔣氏無論與第二、三、四集團軍哪一部率先開戰，都必定先對駐防北平的白崇禧下手。換句話說，假使蔣馮、蔣閻之間先爆發衝突，南京極可能也會以「勾結馮玉祥」為罪名，先行奪取白氏麾下軍隊。

---

61 程思遠，《白崇禧傳》，頁 119-120。

62 「曹萬順致蔣中正電」（1929 年 3 月 16 日），《蔣文物》，典藏號：002-020200-00002-020；「蔣中正日記」（未刊本），1929 年 3 月 31 日。

63 「國民政府明令免李宗仁等人職」（1929 年 3 月 26 日），《國民政府檔案》，典藏號：001-072450-0001。

64 「蔣中正致朱培德電」（1929 年 3 月 31 日），《蔣文物》，典藏號：002-020200-00002-069。

65 肖自力，〈南京政府前期地方實力派的政治生存——以何鍵為中心〉，《歷史研究》，2014 年第 3 期，頁 105。

66 「蔣中正致李明瑞電」（1929 年 4 月 5 日），《蔣文物》，典藏號：002-020200-00002-097。

67 「蔣中正致胡宗鐸等電」（1929 年 4 月 17 日），《蔣文物》，典藏號：002-020200-00002-134；黃旭初，《李宗仁、白崇禧與蔣介石的離合》，頁 117-118；胡志偉（譯註），《張發奎口述自傳》，頁 257-258。

68 黃旭初，《黃旭初回憶錄——李宗仁、白崇禧與蔣介石的離合》，頁 113。

VII

且說白崇禧間關抵達香港，不久後李宗仁也在上海市長張定璠協助下脫身南返（**張氏不久後即為此遭到南京撤職**）。李、白等人到梧州與黃紹竑重逢，三人回想起三年以前，他們率領一萬廣西健兒揮師北伐，意氣至豪，現在竟然落得隻身逃回，都不禁感慨萬千。[69] 白崇禧本以為應該會有部分桂軍官兵陸續退回湖南，因此特地到柳州準備接應，但後來即得知胡、陶離部，各師遭到蔣收編、全軍瓦解的噩耗。

留守廣西的黃紹竑第十五軍是桂系碩果僅存的一支兵力，蔣有意分化桂系，李宗仁、白崇禧被南京開除黨籍、明令討伐，黃卻未列名其中。[70] 李、黃、白等人會商後，決定先由黃紹竑派員與廣東陳濟棠、陳銘樞等人接觸，探查南京後續動向。黃表示願就廣西區編遣特派員一職，但提出先恢復李濟深自由、撤銷對李、白等人查辦等要求。[71]

「季寬（**黃紹竑字**）今欲就職者，明知其為緩兵之計，中（**正**）料其不到兩月，則廣西內部可增多萬餘兵力，」蔣介石在回覆陳濟棠等人的密電中表示，此時蔣氏決心調動廣東、湖南、雲南各省進攻廣西，消滅桂系，畢其功於一役，「務使李白剷除之後，永無繼李白而起之叛徒」。因此對於黃紹竑繼續主持廣西編遣事務，開出以下三項條件：

> **一、必須遵編遣會議決議案辦理，只問廣西省內編遣之事。二、必須將禍首李白於十日內驅逐出桂，解交中央懲辦。三、如有武漢退桂之殘部，一律繳械，不得收編。**

如黃紹竑答應這三項條件，則可由中央任命為兩廣編遣副主任（主任為陳濟棠）。[72]

這三項條件由陳銘樞致電轉達黃紹竑。電報到時，黃紹竑與白崇禧正在對弈，黃的參謀長張任民與李宗仁在一旁觀戰。張任民先看過電報交給黃，黃閱後一語不發，白、李兩人接過來看後，同樣也悶不吭聲。[73]

但是沉默很快就化為怒火。「李、白回到廣西，對於將來如何打算，原無任何考慮，但蔣介石此電欺人太甚，終於逼上梁山，」桂系幹部程思遠後來說道。「廣西的民性是不輸最後一口氣的，你迫得他愈厲害，他就不顧一切的和你蠻幹到底。」稍後趕回參與討論的師長黃旭初也如此表示。黃紹竑雖然不願再啟戰端，但是見到眾人群情激憤，不便違逆，於是召集各部隊長到容縣討論下一步行動方針。[74]大家在憤怒的情緒下，決定先發制人，盡起所有殘兵攻打廣東，試圖以軍事上的勝利，打破政治上的困境。[75]

蔣見廣西不肯屈服，於五月四日免去黃紹竑廣西省主席之職，以廣東陳濟棠、湖南何鍵兩支軍隊夾擊廣西，又從湖北將李明瑞、楊騰輝兩個師船運回廣東。[76]「中央既決

[69] 唐德剛（撰寫），《李宗仁回憶錄》，下冊，頁 552-553。
[70] 程思遠，《白崇禧傳》，頁 127-129。
[71] 「陳銘樞陳濟棠致蔣中正電」（1929 年 4 月 14 日），《蔣文物》，典藏號：002-020200-00004-004；中曉雲，《李宗仁》，頁 154。
[72] 吳淑鳳（編），《事略稿本》，第 5 冊，頁 345-346、386-387。
[73] 張任民，《回憶錄》，頁 89；黃旭初，《黃旭初回憶錄——李宗仁、白崇禧與蔣介石的離合》，頁 122。
[74] 黃紹竑，《五十回憶》，頁 200。
[75] 程思遠，《白崇禧傳》，頁 132-133；黃旭初，《黃旭初回憶錄——李宗仁、白崇禧與蔣介石的離合》，頁 122。
[76] 「蔣中正致何鍵電」（1929 年 5 月 4 日）、「蔣中正致陳銘樞電」（1929 年 5 月 6 日），《蔣文物》，典藏號：002-020200-00004-008、002-070200-00001-012。

心要削藩，有機會先削了再說，這件事在政治上的是是非非很難說，在亂世各有各的主張，各站各的立場，很少有深明大義的出來斡旋化解，」白崇禧晚年回憶道：「我們被逼回廣西，何鍵、陳濟棠要打我們，俞作柏、李明瑞率兵要回廣西，我們被逼得無容身之地，求生存是現實的需要，於是我們組織護黨救國軍以為號召」。[77]

五月五日，李宗仁在梧州通電討蔣，稱蔣「動兵邦內，任用外戚，賄賂公行，凌亂度支，盈飽私壑，排除異己，殘害同胞」，宣布就「護黨救國軍」總司令職，以黃紹竑為副總司令、白崇禧為前敵總指揮，兩人各領一路軍隊攻向廣州，是為護黨救國軍第一次攻粵戰役。[78] 桂軍攻勢甚銳，陳濟棠一時間顯得手忙腳亂。「查桂逆攻粵兵力不過十團，」蔣氏得報後致電陳濟棠，指出李、白其實兵力有限：「如我軍能集中團結，攻破其一點，則其餘自瓦解。」[79] 十九、二十兩日，白氏指揮的一路在北江先連勝粵軍兩仗，但在二十二日總攻廣州近郊、粵漢鐵路附近之白泥時遭遇慘敗：師長黃旭初受傷、由廣東投靠過來的旅長王應榆被俘，收拾殘部，只剩下三、四千人，狼狽向廣寧潰退。[80]

這時，湖南何鍵見黃、白在廣東失利，便指揮所部三個師攻入廣西。防守桂林的張任民以眾寡懸殊，主動棄城後撤。白崇禧將退回廣西的剩餘殘部編成三個縱隊，決定在柳州抵抗湘軍。白崇禧誘敵深入，待湘軍迫進柳州城郊，突然全線發起反擊，大破何鍵部，隨即跟蹤追擊，收復桂林。但局勢繼續惡化：六月初，李明瑞部隊一萬餘人在廣東登陸，佔領梧州。[81] 白氏此時已經沒有兵力可以防堵，只好約同黃紹竑，將殘部交給師長呂煥炎、梁朝璣統率，自己辭職出走。黃紹竑因為在香港有房產，決定到香港住下，而白氏則搭小艇由龍州轉入越南。「黃白既遁，桂局底定，欣慰無已。」蔣在獲悉黃、白出走之後，認為中央已大獲全勝，他致電李明瑞，指示「凡與黃、白、李逆有深切關係者應亟去之，否則必貽後患。」[82]

此時的白崇禧，身無分文，有如逃犯；南京明令通緝李宗仁、黃紹竑、白崇禧等人，原先蔣氏言必稱「健生」、倚重有加的白參謀長、白總指揮，至此竟成「白逆」。

VIII

南京認為驅逐李、白等人是平定亂事，但廣西就此又陷入兵禍連結之中。俞作柏、李明瑞主持廣西軍政之後，舉措激進，大失人心，李、黃、白舊部開始私下密謀，將他們三人迎回廣西主政。[83] 這時國內政情已有重大變化：白預料得不錯，一九二九年五月，馮玉祥與蔣介石決裂，馮同樣以「護黨救國軍」名義起兵討蔣。然而一周之內，蔣即收

---

77 馬天綱、賈廷詩、陳三井、陳存恭（訪問、紀錄），《白崇禧先生訪問紀錄》，下冊，頁 940。

78 申曉雲，《李宗仁》，頁 155。

79 「蔣中正致陳濟棠電」（1929 年 5 月 9 日），《蔣文物》，典藏號：002-020200-00004-015。

80 「蔣中正致何應欽等電」（1929 年 5 月 22 日），《蔣文物》，典藏號：002-010200-00005-020；「蔣中正日記」（未刊本），1929 年 5 月 22 日；廣西綏靖公署（編），《第一方面軍護黨救國戰史》（台北：廣西文獻社，1997 年），頁 13-16。

81 陳存恭（訪問、紀錄），《徐啟明先生訪問紀錄》，頁 61-62。

82 「蔣中正致李明瑞電」（1929 年 6 月 2 日），《蔣文物》，典藏號：002-020200-00004-031。

83 張任民，《回憶錄》，頁 133-134。

這張照片是白崇禧下野流亡、入境安南時所攝。
昔日蔣介石倚重有加的「健生」，至此竟成他口
中的「白逆」。

買馮麾下大將韓復榘倒戈相向，使馮迅速失敗，避往山西。九月十七日，馮玉祥又與第三集團軍總司令閻錫山達成「討蔣」決議，隴海線上，一時間戰雲密布。[84]

就在同一天，駐防湖北的粵軍張發奎部，因有意響應汪精衛主張，察覺南京準備動手「解決」該部而不自安，於是通電「護黨」，部隊自由行動。張發奎是粵軍猛將，其麾下第四師就是原來稱為「鐵軍」的第四軍，和廣西「鋼軍」第七軍齊名。此前他已經和俞作柏秘密接觸，得知俞準備反蔣，因自身兵力不足，還未發難，特邀請張入桂合作，於是張率所部兩萬八千餘人渡江南下，經湘西前往廣西投靠。[85]

但是張發奎部隊才剛開拔南下，俞作柏、李明瑞已在九月二十七日於南寧通電反蔣。看來蔣氏對此早有防備，立刻故技重施，收買李部主力呂煥炎、楊騰輝兩個師「擁護中央」。俞、李沒有槍桿擁護，局面很快急轉直下，俞作柏亡命香港，李明瑞則帶領殘部退往左、右江，之後參加中共策動的百色暴動。廣西諸將群龍無首，他們透過汪精衛，設法找到蟄居香港的黃紹竑，要他回省收拾局面。黃得此良機，當即潛返廣西，聯絡各軍將領，並派人通知避居越南海防的李宗仁、白崇禧。李、白得訊後即刻返回。十月下旬，廣西重新回到李、黃、白之手。[86]

十一月二十四日，黃紹竑與張發奎在石橋（今屬梧州市蒼梧縣）會晤，確立第四軍與桂軍合作反蔣，組成「張桂聯軍」，企圖奪佔廣東。二十七日，李宗仁在南寧再次成

[84] 陳進金，《地方實力派與中原大戰》（台北：國史館，2002 年），頁 23-26、61-65。

[85] 胡志偉（譯註），《張發奎口述自傳》，頁 263-264。

[86] 申曉雲，《李宗仁》，頁 163-164；黃紹竑，《五十回憶》，頁 202-205。

立「護黨救國軍」，自任總司令，下轄第三、第八兩路軍，第三路軍為張發奎部，由張發奎、薛岳任正副總司令，第八路軍為桂軍，總司令由李宗仁自兼。同時李宗仁領銜，通電發檄文聲討「蔣逆中正」。[87] 這是張桂聯軍的第二次攻粵之役。

由於廣西甫經重大變故，黃紹竑希望張發奎部能稍事休整，再與桂軍會師東下。但張堅持一鼓作氣，趁敵不備，在敵方增援趕到以前拿下廣州。黃無法阻止，又不能袖手旁觀，只好與其一致行動。然而張發奎自信過度，又對敵軍戰力估計過低。張桂聯軍只有三萬兵力，而根據白崇禧在十二月初收得的情報顯示，陳濟棠已集結了六個師迎戰，每師至少有戰鬥兵員四千，蔣更派何應欽率中央軍三個師兼程趕來增援。[88] 十二月六日，李宗仁下令兩路發起攻擊，初時進展順利，但戰鬥到十二日，敵軍陸空協同反擊，張、桂之間聯絡不確實，桂軍進展遲緩，使得張軍孤軍深入，最後兩路攻擊軍損失慘重，十六日之後逐步撤回廣西整理，第二次攻粵又告失敗。

IX

桂軍第二次攻粵失敗，內亂外患隨即乘機而來：先是桂軍師長呂煥炎受蔣策反，接受南京委派廣西省主席名義，蔣要他「協同伯南（陳濟棠）總指揮，肅清李白，奠定桂柳」；接著中央軍及廣東、湖南等省軍隊也由朱紹良統領，攻入廣西省境。

處在如此危急關頭，李、黃、白和張發奎反而能團結一致，四面奮戰。他們先將敗退回廣西的部隊重新整編，撤銷第三、第八路軍名義，張發奎部恢復為第四軍，桂軍則是第七與第十五軍。李宗仁、黃紹竑分別擔任護黨救國軍正副總司令，白崇禧則仍為前敵總指揮。[89]

一九三〇年一月下旬，張桂聯軍先行瓦解南寧的呂煥炎部隊，迫其困守鬱林，接著兵分南北兩路，北路由白崇禧率領第七軍抵禦由湖南入境的中央軍，而黃紹竑、張發奎所部則於粵桂邊界迎戰廣東軍隊。黃、張這一路，在鬱林近郊北流遭遇粵軍陳濟棠、陳銘樞部，在準備不足的情況下投入戰鬥，慘遭痛擊。經此一役，張發奎第四軍屢遭大敗，死傷慘重，殘部不到六千人，只能縮編成三個團。而北路這一邊，白氏善於利用熟知地形的優勢，採游擊戰術，先誘敵深入，再用主力由兩側迂迴包抄，在平樂大破中央軍。南路粵軍失去北路湘軍策應，不敢孤軍深入，於是形成桂軍與粵軍隔江對峙的局面。[90]

在這段期間，廖磊、夏威、李品仙、葉琪等將領紛紛來歸，日後都成為桂軍的統兵大將。只有胡宗鐸，白崇禧認為他輕舉妄動，誤事不淺，以後不再重用。

---

87 申曉雲，《李宗仁》，頁 164；胡志偉（譯註），《張發奎口述自傳》，頁 269；黃旭初，《黃旭初回憶錄——李宗仁、白崇禧與蔣介石的離合》，頁 131-132。

88 「白崇禧報告」（1929 年 12 月 2 日），《蔣文物》，典藏號：002-080200-00046-014。

89 「蔣中正致呂煥炎電」（1930 年 1 月 6 日）、「蔣中正致朱紹良電」（1930 年 1 月 23 日），《蔣文物》，典藏號：002-110200-00001-050、002-010200-00021-038。

90 凌壓西，〈桂、張軍在北流戰敗經過〉，《新桂系紀實》，上冊，頁 252；黃旭初，《黃旭初回憶錄——李宗仁、白崇禧與蔣介石的離合》，頁 137；胡志偉（譯註），《張發奎口述自傳》，頁 274；唐德剛（撰寫），《李宗仁回憶錄》，下冊，頁 563。

這時在北方，馮玉祥、石友三等人起兵反蔣，接連被南京弭平，而唐生智又參與其中；此人反覆無常，先是反蔣，受蔣資助再起，然後竟又起兵討蔣。馮、唐等人接連失敗以後，終於逼出此時反蔣陣營當中最具實力的山西閻錫山。一九三〇年二月十日起，閻、蔣雙方先是隔空相互勸對方下野，進行一場「電報戰」，接著北方各將領、國民黨內反蔣派系大集結，在北平另立黨政中央，以閻錫山為「中華民國陸海空軍總司令」，馮玉祥、李宗仁、張學良為副司令（**張並未就任**）。北平反蔣陣營主力是閻錫山、馮玉祥所部，兵力約有五十餘萬人。[91]

李宗仁於一九三〇年四月一日通電就「陸海空軍副司令」職，並兼任第一方面軍總司令，李氏因為北方戰事已起，在南寧召集白崇禧、張發奎等人會議，討論今後戰略。大家認為目前張桂聯軍兵力不足，如要守住廣西根據地，就無法完成與北方閻、馮部隊會師中原的目標。於是決定孤注一擲，以全部主力進攻湖南，直取武漢。至於後方，只由少數部隊和地方民團留守。

攻擊在五月二十二日發動。第一方面軍參謀長白崇禧此次依舊兼任前敵總指揮，他對湖南何鍵部窮追猛打，湘軍無法抵敵，一路潰敗。六月二日，白攻取衡陽，五日，拿下長沙，收降湘軍兩萬餘人。李宗仁以李品仙任湖南省主席，由湘軍降部守衡陽，白氏率廣西部隊繼續北進，六月八日，攻陷岳州，武漢震動。[92]

桂軍節節勝利，使得此刻在隴海路與閻、馮激戰的蔣介石聞訊大為緊張。他以何應欽為武漢行營主任，專門對付廣西攻勢，由於湘軍不堪一戰，蔣又緊急調來粵軍蔣光鼐、蔡廷鍇部增援湖南。粵軍由廣西開拔，跟蹤桂軍，突然於六月十日攻陷衡陽，將桂軍截成兩半。

由於黃紹竑統領的後軍及輜重都還在全州，此時李、白等人有兩個選擇：一是不顧一切，繼續北進，拿下武漢，二是回師救援衡陽，以確保後勤補給。正計議未定，突然接到汪精衛轉來馮玉祥方面電報，表示馮自己要取武漢，希望桂軍不要北上，因此李宗仁拍板決定：回師攻衡陽。七月一日，桂軍在衡陽近郊的洪橋與粵軍決戰，血戰兩晝夜，結果慘敗，第七軍師長梁重熙與第四軍團長李漢炯都在是役中陣亡。李、白、張等人在潰軍中倉皇退回全州。此時全軍缺糧，彈藥補給也告中斷，官兵士氣低落，鬥志消沉，堪稱四面楚歌。「情況的艱窘，實我軍作戰以來所未曾遇過的。」李宗仁日後回憶道。[93]

李、白等人在湘、粵轉戰，一再遭遇挫敗，至此已經是窮途末路。然而後方有更惡劣的消息傳來：滇軍大舉犯境，兵鋒指向省會南寧。

---

91 陳存恭，〈李、馮、閻等亂事之平定〉，總頁 1545-1550。

92 「何應欽致蔣中正電」（1930年6月4日），《蔣文物》，典藏號：002-020200-00004-123；黃夢年，〈新桂系全力入湘策應閻、馮反蔣戰爭〉，《新桂系紀實》，上冊，頁 255-261；黃旭初，《黃旭初回憶錄——李宗仁、白崇禧與蔣介石的離合》，頁 140-141。

93 唐德剛（撰寫），《李宗仁回憶錄》，下冊，頁 568-569；黃旭初，《黃旭初回憶錄——李宗仁、白崇禧與蔣介石的離合》，頁 142。

X

蔣介石很早就有以雲南牽制桂系的構想。一九二九年四月一日，正當蔣與桂系在武漢兵戎相見的同時，他對雲南省主席龍雲拍發一通密電，先是稱讚龍擁戴中央，「吾兄精誠所至，必使叛逆落魄」，接著又表示「此後直搗巢穴、肅清八桂之責，請兄任之。」而雲南軍隊如出征廣西，「出發軍費可由中央匯奉」。[94]不過在龍雲出兵廣西之前，先是爆發滇黔戰爭，接著又發生雲南籍川軍將領胡若愚、張汝驥回省倒龍之役，龍雲應接不暇，一時無力出兵討桂。[95]

隔年，蔣舊事重提，希望滇軍配合粵軍陳濟棠部夾擊廣西。龍雲表面對蔣恭順，實際上早已探明蔣亟需雲南出兵廣西，以牽制李、白，因而漫天要價：先是託辭欠缺軍費，接著表示所部連年作戰，需要休整，最後又向陳濟棠預先索討三個月軍餉，並要求每個月匯款三十萬銀元做為開拔條件。蔣氏有求於龍雲，為了消滅桂系，竟一一接受，並開出由中央匯港幣一百萬元做為開拔軍餉、廣西納入雲南勢力範圍等誘因，敦促龍雲早日出兵。[96]在如此優渥的條件下，龍雲終於同意討桂，於四月中旬將滇軍三個師、三萬人編組為「討逆軍」第十路軍，由親信部將盧漢任總指揮，進軍廣西。[97]

滇軍入桂，遲遲其行，一路上販賣煙土、強拉民伕、收取保護費，軍紀廢弛，兵心散漫。直到七月十九日，各師才進抵南寧近郊，隨即切斷南寧與桂林、柳州的聯絡。[98]南寧守將是韋雲淞，也就是那位之前一路隨白崇禧打到山海關的廣西將領，他以七拼八湊而來、人數不足二千的部隊守城。面對十倍以上的強敵，韋雲淞卻能沉著應戰，布置防禦井井有條。當時桂軍新敗，主力退回桂林、柳州一帶，需要時間休整恢復，南寧必須獨力堅守一段時間。「我們下嚴令要他守一百天，百天以外失陷可不負責任。」白氏日後回憶。滇軍於八月七日開始攻城，白日有廣東空軍臨空炸射，晚間則由滇軍輪番攻擊，使守軍日夜不得休息。但是八、九月兩波大攻勢下來，滇軍死傷慘重，卻沒能攻進城內一步。南寧軍民同心，守禦嚴密。期間傷癒歸隊的軍長黃旭初，奉李宗仁命令，率領少數隨從，冒險突入圍城之中，與韋雲淞共籌戰守，守軍士氣為之大振。

到了九月下旬，南京成功爭取到張學良支持，東北軍開入山海關，北方反蔣集團已無勝算；[99] 為了因應這個局面，李宗仁在柳州召開軍事會議，認為在北方戰事告一段落後，南京必定會接著攻打廣西，不如先發制人，他主張先打侵入廣西的粵軍。「我反對此議，」白崇禧日後回憶道。當時他認為粵軍「沿河有海軍砲艦，天空有空軍飛機，彈藥接應不缺，」如果與其打野戰，無法討得上風；「而南寧已守了九十多天，我們原令其守百天，我們要守信用，解南寧之圍，固然滇軍能戰，但屯兵堅城之下三月，已是疲

94 「蔣中正致龍雲電」（1929 年 4 月 1 日），《蔣文物》，典藏號：002-020200-00002-078。

95 這段經過可以參見：楊維真，《從合作到分裂：論龍雲與中央的關係》（台北：國史館，2000 年），頁 95-108。

96 「蔣中正致龍雲電」（1930 年 3 月 27 日）、「蔣中正致龍雲電」（1930 年 3 月 28 日）、「陳銘樞致蔣中正電」（1930 年 4 月 5 日）、「蔣中正致張群電」（1930 年 4 月 10 日）、「蔣中正致陳銘樞陳濟棠等電」（1930 年 5 月 14 日），《蔣文物》，典藏號：002-020200-00004-112、002-070100-00004-058、002-090106-00008-032、002-010200-00026-022、002-010200-00028-050。

97 「蔣中正致龍雲電」（1930 年 4 月 18 日），《蔣文物》，典藏號：002-070100-00004-058。

98 楊維真，《從合作到分裂》，頁 112-113。

99 陳進金，《地方實力派與中原大戰》，頁 175-197。

累不堪，我們可內外夾攻，先敗滇軍。」[100]

此議被採納，白氏親自指揮解圍戰鬥，他將張桂軍分成三路縱隊，由李品仙指揮民團與少數正規軍，在賓陽向粵軍發動佯攻，牽制敵軍；第四軍、第七軍主力則暗渡陳倉，秘密向南寧近郊的武鳴集結。救兵銜枚疾走，輕裝潛行，依靠當地嚮導的指引，從崑崙關和高峰隘這兩個天險的懸崖峭壁中，找到三條連馬匹也無法通過的單人小徑，一下子來到南寧城郊的四塘附近。圍城的滇軍自以為切斷各路要道，見到援兵竟能飛渡關山，措手不及，以為敵從天降。[101]

但是救兵幾天以來一直無法和城內守軍取得聯繫，白崇禧一度以為南寧已經失守。原來守軍電台發報機的真空管故障，因此和外界通訊斷絕。省府建設廳長黃榮華是文職人員，自願留在城中助守，他寫了一封英文信，派人縋出城外，送到城郊小樂園德國醫院去要真空管，再爬城進來，修好發報機，才恢復了通信。

這時守軍糧食已經耗盡，只能以少許黑豆果腹，白氏與韋雲淞、黃旭初約定裡應外合，十月十三日內外夾擊，大破滇軍。滇軍撤圍，向右江退走，在平馬一帶又遇上白氏追兵，雙方苦戰五日，滇軍全被擊潰，殘部退回雲南。為了紀念南寧解圍，廣西全省後來就以接到救兵消息的國慶日這一天為「黑豆節」。[102]

南寧解圍戰，白崇禧以寡擊眾，出奇制勝，成為他畢生用兵最滿意的代表作。「護黨救國軍由湘回桂，湘軍自後跟蹤而來，滇軍盧漢由滇入桂圍南寧，粵軍自東來襲，呂煥炎又叛了，」時隔三十六年，白氏在受訪時仍津津樂道：「我派部佯攻賓陽，自率勁旅輕裝越過崇山峻嶺以解南寧之圍。」[103]黃紹竑也認為南寧解圍戰「真是戰爭史上又一個奇蹟，也是白健生指揮成功的一個傑作。」[104]

然而，此刻的廣西尚未脫離險境，其中一個危機，竟然出在黃紹竑的身上。

XI

南寧解圍戰勝利結束，李宗仁、白崇禧開始整頓內部。先是第七軍軍長楊騰輝被解除兵權，接著兵敗離軍的呂煥炎，又被李、白派人刺死於廣州。[105] 楊騰輝受蔣策反時，曾命第七軍一名司書擬稿致蔣回信。這名司書暗中留下底稿，

---

100 馬天綱、賈廷詩、陳三井、陳存恭（訪問、紀錄），《白崇禧先生訪問紀錄》，下冊，頁658-659；黃旭初，《黃旭初回憶錄——李宗仁、白崇禧與蔣介石的離合》，頁147-148；《黃旭初回憶錄——從辛亥到抗戰》，頁127。

101 廣西綏靖公署（編），《第一方面軍護黨救國戰史》，頁85-100；程思遠，《白崇禧傳》，頁154；李魄，〈廣西的民團〉，《廣西文獻》，第9期（1980年4月），頁24。

102 馬天綱、賈廷詩、陳三井、陳存恭（訪問、紀錄），《白崇禧先生訪問紀錄》，下冊，頁659；黃旭初，《黃旭初回憶錄——李宗仁、白崇禧與蔣介石的離合》，頁148-151；凌壓西，〈一九三〇年滇、桂軍的南寧攻防戰〉，《新桂系紀實》，上冊，頁277-278；廣西綏靖公署（編），《第一方面軍護黨救國戰史》，頁123-124。

103 馬天綱、賈廷詩、陳三井、陳存恭（訪問、紀錄），《白崇禧先生訪問紀錄》，下冊，頁814-815。

104 黃紹竑，〈我離開桂系集團的原因和經過〉，《新桂系紀實》，上冊，頁280。

105 呂煥炎之死，按白崇禧晚年回憶，是因呂御下過嚴，動輒打罵，呂的傭人懷恨在心，「結果這人出其不意將他打了，傷重而死，很是可惜。」（《白崇禧先生訪問記錄》，下冊，頁656）然而張任民在其回憶錄中，卻直指「呂氏被李白派陳雄賄買呂的衛士作凶手」殺害，並說「李、白為了斬草除根計，不惜對呂煥炎採用陰狠手段，行為殊欠光明，這使我常引為遺恨，亦是我不滿李、白的行為之一也。」（張任民，《回憶錄》，頁156）此說有呂煥炎舊部、親屬及桂系幹部佐證（楊義，〈俞作柏、呂煥炎兩個曇花一現的廣西省政府主席〉，《新桂系紀實續編》，第2冊，頁290；呂集義，〈呂煥炎之死〉，頁294-295；韋瑞霖，〈呂煥炎被新桂系刺死〉，頁297-298），似屬可信。

並將之密報李宗仁，此後一路受李提拔重用。這名司書就是程思遠，密報楊騰輝謀反，是他進入桂系核心的開始。[106] 但是接下來黃紹竑的求去風波，則使桂系領導人極為困擾，並且牽動廣西的權力布局。

黃紹竑對於桂軍全數北上、呼應閻馮之舉並不贊成，李宗仁在南寧召集會議時，黃正在右江清剿中共游擊隊，沒能參與討論；護黨救國軍北上湖南，黃率兩個師作為後隊跟進，但因為他態度消極，沒有疾行跟上白氏前鋒，致使衡陽遭粵軍佔領，被白崇禧嚴厲指責。桂軍回師衡陽兵敗之後，黃紹竑更顯得頹喪。在退到全州時，他對白透露出自己倦勤之意：「我覺得這幾年的內戰，是太無謂了！於國家有什麼益處？於自己又有什麼益處？於是我決心退出這個內戰的漩渦。」白聽後大驚，力勸他不要在這時候輕言離開，以免動搖軍心。黃回到桂林後，不再徵詢李、白意見，逕於八月將呼籲和平的電報發出。[107]

其實，黃紹竑真正的本意是想脫離桂系，到中央發展。「我們搞了十幾年，結果弄得這個樣子，同蔣介石爭天下，肯定爭不過了，」日後他如實托出此時心境：「我不如趁此藉著桂系的影響，憑著自己的手段，到外頭（**指蔣陣營**）去混，自己一定要混出個名堂來，或者於桂系間接作些幫助，至少我也可以圖得下半世的快活，何必在廣西挨苦？」[108]

桂林電報局接到黃紹竑呼籲和平的通電稿，覺得茲事體大，不敢發出，將電文內容轉報李、白知曉。李、白深感難以處置，一度想將黃扣押，又猶豫不決，便詢問「客卿」張發奎的意見。「我說，我們不宜扣押黃紹竑，否則我要解除一部分桂軍的武裝，黃紹竑的追隨者還不少呢！還可能激成內戰。」張對李、白表示：「另一方面，倘若我們讓他留在廣西，他會繼續鼓吹和平，對我們的部隊造成不良影響。」因此張發奎建議，同意黃離開廣西，待其離開後，便宣布其言論不代表團體立場。李、白採納了張的意見。[109]

十二月一日，桂系領導群與張發奎等將領齊聚南寧舊果園黃紹竑寓所，慶祝黃三十七歲生日，同時又算是為他的離去餞別。政見上的分歧，不影響眾人共患難多年累積的友誼。李宗仁首先致詞，他說人各有志，不能勉強，但希望黃出去之後，精神上能繼續與我們團結在一起。黃則表示自己往後的行動，一不破壞國家，二不破壞團體。白崇禧卻對黃此時臨危離去很不諒解，他說：「廣西人是不會投降的！不但現在不投降，即使將來的環境比現在更困難，也不會投降的！所謂為團體而努力的意思，就是在不投降的原則之下，使團體的力量，更大更強更堅固。」[110] 桂系三巨頭在這天的言行表現，清楚展現出他們的政治風格：李的發言意思模糊、依違兩可，黃以行動表明他有趨向強者的習慣，而白則態度剛強，立場堅定，處困境也不更改。

[106] 唐柱國，〈「戰神」禮讚：白崇禧晚年的一些故事〉，《僑協雜誌》，第 145 期（2014 年 3 月），頁 46-47。

[107] 黃紹竑，《五十回憶》，頁 213。

[108] 黃紹竑，〈我與蔣介石和桂系的關係〉，中國人民政治協商會議廣州市委員會文史資料研究委員會（編），《廣州文史資料》，第 7 輯（廣州：廣東人民出版社，1962 年），頁 74-75。

[109] 胡志偉（譯註），《張發奎口述自傳》，頁 278-280。

[110] 程思遠，《白崇禧傳》，頁 156-157；黃紹竑，《五十回憶》，頁 213。

離開廣西後，黃紹竑由安南轉香港，於一九三一年初到南京謁見蔣介石。黃的投靠對蔣氏而言，不啻又是一次瓦解桂系的新契機。可是一九三一年突生變故，促使局面產生出人意表的變化，蔣氏非但不能再對廣西用兵，自己也落得第二次辭職下野。至於出了什麼樣的變故？有待下一章分曉。

XII

從一九二九年四月蔣對桂系用兵以來，歷經李、黃、白「護黨救國軍」兩次進攻廣東、呼應北方馮、閻反蔣的湖南之役，一直到南寧解圍戰，廣義來說都算是蔣桂戰爭。在這些軍事行動之中，蔣介石通常居於主動優勢地位，他善用收買、分化招數，誘使敵手內部倒戈，布置鄰省圍攻廣西，幾乎無往不利。然而此舉卻在日後產生極為不良的影響。

「檢討中央這次的勝利，其得勝方式大有研究必要，」白崇禧日後回憶道：「以金錢、官職去買動人，以後成為風氣，而內戰果無已時。」[111] 白氏是從日後局面發展回顧，如果不是中央對桂系用兵，則不至於出現各軍系一致反蔣的中原大戰；而如果不是因為需要東北軍入關瓦解北方反蔣局面，造成東北空虛，日本關東軍很可能不敢發動九一八事變。更有後世學者認為，蔣桂戰爭原本是可以避免的，然而由於李宗仁與桂系湖北籍將領強硬主戰，加上蔣氏過於迷思中央集權式的國家統一，才使得內戰頻仍，穩定的政治制度無法建立，國家難有真正的統一。[112]

可是，如果考察這段期間的蔣白關係，可能會得出不同結論：北伐軍事結束不久，蔣介石已有運用唐生智奪取河北白部的動作，因此可以推斷，無論桂系是否在湖南發動湘變，或是馮玉祥先與中央決裂，蔣氏率先考慮瓦解的對象，都仍將是白崇禧部。由這個角度來看，蔣對白崇禧過於猜忌，不能善用桂系武力以為援助，反倒讓李、白由友軍變成對手，他應該要負起較大的責任。

黃紹竑出走後，廣西省主席一職由黃旭初接任，「李、黃、白」三巨頭就變成了「李、白、黃」。二黃的性格大不同：黃紹竑主見強，政治立場明確，常與白崇禧見解不一而起爭論；黃旭初則性格溫和，奉命唯謹，對李、白忠實，成了日後桂系的大管家。[113]

由此，李、白、黃收拾戰火摧殘之下凋零不堪的廣西，一面重建家園，一面開始一段與南京競合的歲月。

---

111 馬天綱、賈廷詩、陳三井、陳存恭（訪問、紀錄），《白崇禧先生訪問紀錄》，下冊，頁930。

112 陳進金，〈蔣桂戰爭的前因後果〉，頁42。

113 粟明德，〈廣西大管家黃旭初傳真〉，《廣西文獻》，第58卷第6期（1995年12月），頁19。

第三章 寧桂競合

健生統率天才，善謀匡濟，
卓越時流，足資信賴
——蔣介石，一九三三年五月

白逆巡視贛南，煽動部隊，
此逆不除，民族不安
——蔣介石，一九三四年九月

一九三四年一月二十七日上午，南京，廣西省主席黃旭初在黃紹竑的陪同下，晉見軍事委員會委員長蔣介石。

黃旭初是以出席四中全會的名義到南京，廣西三傑，李、白不來而黃來，自有緩和情勢的用意。這是他第一次與四年前還兵戎相見的蔣氏見面。陪同會見的黃紹竑，此時是內政部長，他既是桂系前領導人，又頗得蔣氏信任，有心促成廣西與中央和解，是溝通雙方的最佳橋樑。

雙方談話，一開始便暗藏機鋒。蔣委員長先開口問道：「德鄰、健生對政治有什麼主張？」黃旭初回答：「他們感覺外患日急，希望國內所有力量能夠團結一致去應付，否則，彼此摩擦，力量必至相消。」

蔣氏聽後表示：「劃清中央與地方的權限，則外交、軍事、財政應統一於中央，必須統一才能對外。廣西聲譽很好，望倡率擁護中央，則西南的力量，終須為國家負重大責任。統一後的交通、國防、經濟、中央都應負責，對地方補助，自不成問題。」

黃旭初立刻回應：「廣西和西南各省，現在都在中央命令之下，似不須另有何種形式擁護的表示。」

黃紹竑在一旁見氣氛有些僵持，連忙出來打圓場：「現在只宜互諒共信，否則形式表示，亦屬徒然。」

黃旭初準備告辭，最後向蔣請教：「德鄰和健生都衷心佩服委員長可擔當國家大任。但不知委員長對他們還有什麼不了解的地方？」

蔣氏回答：「比方米稅，何必故違中央的命令？」

談話到此告一段落。[1]

這段交談，兩邊都是話中有話：蔣希望廣西能與廣東劃清界線，表態擁護中央，廣西如果願意聽命，可以得到中央的補助。黃旭初則表明桂系的立場：李、白無意挑戰蔣的領導地位，但是期盼南京能團結國內力量，一致對外，不要存心對付廣西，也不願意改變目前兩廣合作的現況。結束時，黃旭初問蔣委員長，對廣西有何意見？蔣雖不願意撕破臉，但是以米稅違反中央政令一類小問題表達他對廣西的不滿。

這時廣西與中央的關係，正如黃紹竑緩頰時所說的，合作徒具形式，缺乏互諒共信。但是蔣已說廣西「聲譽很好」，此聲譽得來不易。白崇禧正是趁著這一段誰也奈何不了誰的時期，努力收拾家園，埋頭建設。

I

且回頭說一九三一年初，蔣部署廣東、湖南、雲南各省軍隊圍攻廣西，李宗仁、白崇禧等人四面奮戰，雖然勝多敗少，但終究只能保住桂林、梧州、柳州、南寧四座城池，械彈糧食愈打愈少，局面風雨飄搖。

在軍事滅桂不成後，蔣試圖以政治手段逼退李、白與張發奎：「**對桂軍，只要其解散張發奎所部，李白迅即離桂則可安置矣。**」❷他決定以黃紹竑出任廣西善後督辦，開出條件：只要李、白願意下野出洋，就撤回廣西境內的粵軍。❸

到了一九三一年二月，局面突然出現意想不到的變化：蔣介石與立法院長胡漢民政見多有不合，二月二十七日，兩人言語衝突，蔣一怒之下，將胡軟禁於湯山。胡漢民在廣東籍國民黨人當中地位甚高，他被蔣軟禁，第八路軍總指揮陳濟棠借此機會樹起反蔣大旗，聚集各反蔣派系，準備在廣州另組國民政府。四月下旬，廣西派出代表到廣州，和陳濟棠商議共同反蔣。❹

廣東既然決定反蔣，就不再繼續對廣西用兵。「槍口相向的兩廣軍隊，忽然又攜手團結起來了。」為了表示聯合廣西反蔣的誠意，五月初，陳濟棠將駐紮在廣西境內的粵

❶ 黃旭初，《黃旭初回憶錄——李宗仁、白崇禧與蔣介石的離合》，頁 172-173。
❷ 「蔣中正日記」（未刊本），1931 年 1 月 27 日。
❸ 「蔣中正致陳銘樞電」（1931 年 2 月 27 日），《蔣文物》，典藏號：002-020200-00004-148。
❹ 蔣永敬，《多難興邦》，頁 70-82。

軍全數撤回。五月二十二日，白崇禧和張發奎到香港拜訪自從去年北平擴大會議失敗以後，避往香港隱居的汪精衛，希望請他到廣州參加組府。五月二十七日，國民黨反蔣中央委員群集廣州，召開非常會議，決定成立「國民政府」，汪精衛、林森、唐紹儀、鄒魯、唐生智、李宗仁等十七人為國府委員。5 七月，廣州國民政府下令討伐蔣介石，九月初，兩廣聯軍進兵湖南，南京也不甘示弱，集結重兵於湘南，一時之間戰雲密布，新內戰眼看一觸即發。

九月十八日晚間日本關東軍進攻瀋陽北大營的槍聲，使南京與廣州之間的內戰突然消弭於無形。「九一八事變」爆發，東北大城在幾天內紛紛失守，全國輿論譁然；南京以國難當前，勸廣州停止內爭，廣州雖然贊成，但仍不改反蔣立場。十月十四日，蔣介石為了促成廣州合作，恢復胡漢民自由，胡旋即離開南京，轉赴廣州，被兩廣奉為共主。

由於胡漢民仍舊堅持反蔣，蔣為了團結，於十二月十五日辭去南京國府主席兼行政院長，這是他政治生涯當中第二次下野。二十八日，南京與廣州合開黨的中央執行委員會議，推選林森為國民政府主席，孫科為行政院長。孫科內閣既沒有財政實力，又缺乏蔣、胡、汪的支持，很快就宣告倒台。兩年前大力反蔣的汪精衛，此時謀求復出，與蔣一拍即合，達成合作默契。一九三二年一月二十九日，汪精衛出任行政院長，蔣復出擔任軍事委員會委員長，從此成為「蔣委員長」。6

廣州國民政府撤銷，改設黨中央執行委員會西南執行部、西南政務委員會與西南軍事委員會，依舊維持與南京分庭抗禮的半獨立狀態。兩廣奉胡漢民為共主，然而實際上不能同心。「西南的頭腦是胡漢民，左右手是廣東和廣西。但這兩雙手又不像是一個人身上長出來的，」廣西省主席黃旭初分析這種局面：「廣西的精神和胡氏較接近，而實力較小，不能獨行。廣東實力較大，而以保持既得利益為務，不願雙手合力以舉更重大的東西。」❼

陳濟棠內心對李、白並不信任，李宗仁為了幫助陳濟棠撐住兩廣合作的局面，也為了向廣東交涉援助，他決定親自擔任「人質」，長期居留廣州，將廣西軍政事務全部交由白崇禧掌管。❽自此白崇禧以第四集團軍副總司令身分主持廣西軍政，為了因應軍事上嚴峻的局面，他的首要之務是在各地組織民團。

II

一九三二年三月十日，第四軍張發奎部自廣西全州開拔，北上湖南，結束兩年餘與桂系合作的歲月。張發奎與桂系分手，表面上的理由，是支援黑龍江省主席馬占山抗

❺ 程思遠，《白崇禧傳》，頁160-162；黃旭初，《黃旭初回憶錄——李宗仁、白崇禧與蔣介石的離合》，頁155。
❻ 郭廷以，《近代中國史綱》（香港：中文大學出版社，1989年），頁609。
❼ 黃旭初，《黃旭初回憶錄——李宗仁、白崇禧與蔣介石的離合》，頁169。
❽ 闞宗驊，〈陳濟棠統治廣東時期與新桂系的關係〉，《新桂系紀實》，上冊，頁375；申曉雲，《李宗仁》，頁180。

建設廣西時期的白崇禧（右圖）。
左圖為德國顧問來訪時所攝，右一為李宗仁，顧問身後戴圓眼鏡者即是白崇禧。
桂系第一號人物李宗仁長期駐在廣州，因此廣西的軍事、經濟、文化建設，全由白崇禧主持。

日，不過這「自然都是煙幕彈，援馬只是離開廣西的藉口。」張發奎「真正憂慮的是被桂系吞併」，「有鑑於白崇禧一心想吃掉第四軍，它如果留在廣西，用不了幾年就玩完了。」❾

張發奎始終疑心白崇禧要吞併第四軍，實際上廣西財政拮据，連支持桂軍都成問題，更遑論援助張發奎部了。這也是第四軍全軍北上、接受蔣氏補助的真正原因。廣西傾全省之力，只能勉強維持一支十七個團、不到三萬人的正規軍，在這樣的困境下，對外要怎麼自保，使外敵不敢進犯，對內要如何綏靖地方，使盜匪、共軍匿跡，就成為白崇禧主持廣西省政最首要的任務。

白崇禧以編練民團作為對策。民團本來是地方自發組成的自衛武裝，一九三〇年南寧被滇軍圍困，桂軍新敗之餘兵力不足，只能倚靠民團堅守，結果證明民團是可戰之兵。白氏率軍解圍以後，對民團實力印象深刻，決定推行全省辦理。他從古代政治、軍事制度中得到啟發，編組地方基層，每戶出壯丁一名，十戶為一甲，十甲為一村，村長兼任民團分隊長，統率壯丁百人；村以上是鄉，鄉長兼任民團大隊長，有兵力千餘人。十鄉編為一區，區長就是萬餘兵力的指揮官。民團平時農忙之餘，一面召集訓練，臨到作戰時，立刻就是可用之兵。後來白崇禧將這樣的做法命名為「寓兵於團」。❿

民團組織的各項經費，除了縣級指揮部及常備隊費用由各縣自行籌措之外，都由省政府負責，年支出約三百九十餘萬元。由於廣西的財政極為窘困，這筆經費是從軍費項

❾ 胡志偉（譯註），《張發奎口述自傳》，頁 287、292。
❿ 白崇禧，〈三寓政策〉，《白副總司令訓話集》（梧州：梧州區民團指揮部，1933 年），頁 341-342。

目下節省而來的。⓫

一九三三年，白崇禧在訓話時，公開表示編練民團、推行國民軍訓，是為了抵擋蔣對廣西的迫害。他稱呼蔣為「野心家」：⓬

國內野心家向來嫉忌廣西的，民十八藉端摧殘四集團，使百勝有功的健兒，消滅殆盡，用金錢運動俞作柏李明瑞帶兵回桂，省外效忠黨國的軍隊，既被消滅，……視察野心家過去種種對本集團的袍澤，對本省的同胞，陰狠狼毒，無所不用其極，以過去測將來，野心家對我們之態度，可想而知了。

從國防戰略層面來說，訓練民團則有「全民皆兵」、做全國抗日先鋒的用意。「九一八」事變以後，日本謀中國益急，有識之士都認定中日必將一戰。一九三〇年代初期的中國，雖有二百多萬軍隊，但是武器貧劣、素養低下、後勤補給付之闕如，用來打內戰有餘，對外抵抗現代化的日本陸軍則顯然不足。白崇禧認為二十世紀的戰爭，已是比拚整體國力的總體戰，「現在世界上的強國，像日、法、德等國，都是通國皆兵」，譬如一次大戰時的德國，六千萬人口，能出兵七百多萬，佔人口九分之一，若非平日做到全民皆兵，戰時又怎能達成這一目標？他因此認為：⓭

我們廣西有一千二百七十萬人口，也應該有一百二十萬兵，但我們現在只有十七團兵，共兩萬多人，以之去打土匪，防禦共產黨，還勉強夠用，若以之去抵抗外侮，則兩萬多人，做前衛還不夠，實在是不堪一戰的。所以非趕快編練民團，使全省皆兵，以為國家民族的最後掙扎不可！

又說：⑭

> 我們廣西共有人口一千一百萬，其中壯丁有三百萬，如果把這三百萬壯丁訓練好了，我相信一定也可以和日本鬼拚命，我們民十五年出師北伐，也不過五萬人，終能北伐成功，難道訓練好了三百萬兵，還不可以救國嗎？

日後抗戰軍興，廣西出兵百萬，白氏這番壯志，終於得到印證。

為了組建民團，需要大批基層幹部。廣西於是大量招訓初、高中畢業生做為鄉村建設幹部，下鄉推行工作，並且讓農村行政人員兼任民團訓練學校教師，三位一體，使施政、治安及教育能相互配合。

「我們盡量接近民眾，教育民眾，領導民眾，」白氏表示，他以身作則，親自下鄉對百姓宣導。「我也是訓政推行人員，一年最少總有三四個月在鄉村跑，有一輛大車，裡面裝廣播器材及人員，自己坐小車，到了一個鄉村集合民眾說話，最初聽的人少，越到後來人越多，沒受召集的附近民眾也跑回來聽。最初各縣交通不便，後來都修了馬路，有興趣的民眾要來聽很方便。」⑮

---

⑪ 馮樹，〈黃旭初先生主桂政績〉，《廣西文獻》，第3期（1979年1月），頁14。

⑫ 白崇禧，〈發展教育聲中不要忘記了軍事〉，頁38-39。

⑬ 白崇禧，〈廣西為什麼要編練民團（在南寧公共體育場對邕寧城區民團後備隊舉行退伍典禮訓詞）〉，《白副總司令最近演講集》（南寧：國民革命軍第四集團軍總司令部，1935年），頁248-249。

⑭ 白崇禧，〈對桂林民團幹訓大隊訓話〉，《白副總司令訓話集》，頁5。

⑮ 馬天綱、賈廷詩、陳三井、陳存恭（訪問、紀錄），《白崇禧先生訪問紀錄》，下冊，頁902-903。

主政廣西期間，白崇禧跑遍全省各縣，編組民團，招攬人才，制定政策，鋭意將廣西建設成三民主義模範省。

民團很快就成為廣西各項建設的核心發動機。「有了這種組織後，推行什麼事都方便，」白崇禧晚年時回憶道。民眾被組織起來以後，以民團肅清匪患，維持地方治安，發動民工修路造橋，興辦公共設施，都取得良好效果。民眾自覺配合地方政府推行建設，行政效率隨之提高。汰除冗員，又可以節省經費。[16] 後來白崇禧將民團自衛政策命名為「寓兵於團」，這正是廣西以「三自」、「三寓」政策建設「三民主義模範省」的開端。

III

所謂「三自」政策，就是自衛、自治、自給的建設總目標。平時以民團訓練作為戰時正規軍的來源，稱「寓兵於團」；以軍訓教育養成基層連隊幹部，稱「寓將於學」；以漸進徵兵、募兵混合進至全面募兵制，稱「寓徵於募」。這三大方向，稱為「三寓」，和「三自」政策一道，成為廣西建設的核心思想。白崇禧主管民團訓練，他總結民團經驗，於一九三一年時率先提到「寓兵於團」，並分別提到「自衛」、「自治」、「自給」，李宗仁和黃旭初則到了一九三四年跟進提倡。[17]

建設廣西還有一層更崇高的意義，即以廣西一省，做為復興中國的先鋒。據白先勇

[16] 鍾文典（編），《二十世紀三十年代的廣西》（桂林：廣西師範大學出版社，1993 年），頁 81。

[17] 譚肇毅（編），《新桂系政權研究》（南寧：廣西人民出版社，2010 年），頁 22-23；白崇禧，〈三寓政策——二十四年三月四日講〉，《廣西文獻》，第 67 期（1995 年 1 月），頁 23。

回憶，其父最佩服十九世紀普魯士「鐵血宰相」俾斯麥（Otto von Bismarck），因為俾斯麥執政期間，以鐵腕政策富國強兵，終能將原來軟弱散漫的日耳曼諸國統一成為強大的德意志帝國。中國從晚清開始積弱已久，白氏希望能從自己家鄉做起，以一省而為全國之模範。[18]

桂系領導人很清楚，廣西的現代化建設必須有理論基礎。他們決定將自己包裝成孫中山的學生，將三民主義「廣西化」。[19]李、白等人以三民主義為建設最高原則，當中也有與南京較勁、爭奪國民黨意識形態正統的用意。一九三四年起，「三自」政策成為實現三民主義的基本途徑。「總括一句話，」白崇禧對省內公務人員講話時這樣說道：「三民主義是三自政策的理想，三自政策是三民主義的實行。」[20]李、白、黃等人主持制定《廣西建設綱領》，開宗明義表示：三民主義「乃中國革命唯一適當原則，廣西黨政軍同志及全體民眾之無上使命，即本此原則，以建設廣西、復興中國。」[21]

在這樣的指導原則下，廣西全省從上到下，力行樸素節儉，推崇尚武精神。下面兩則故事可以看出李宗仁對白崇禧的支持，以及白氏在推行政令時的鐵面無私：廣西由於實施軍事化訓練，全省男子都不准留髮，那時李宗仁大部分時間留駐廣東，留了個西裝頭，他在回省之前接到白崇禧的電報，稱「全省實施軍訓，皆不留髮，鈞座返桂，必為民表率。」李回來時，果然將頭髮剃去。[22]

廣西全省禁菸禁賭，但白氏卻接獲密報，得知李宗仁的兄長李宗唐竟在桂林城內開設地下賭場。白派人警告他：某日某時之前，若不收掉賭場，便抓他去遊街。李宗唐知道白言出必行，只好遵命照辦。李宗仁回省時，其兄對他訴苦抱怨。白知情後，準備在見到李時解釋一番，但李宗仁回來後卻彷彿沒事一樣，壓根不提此事。[23]

經過幾年的勵精圖治，廣西全省充滿蓬勃朝氣，在軍事、經濟、教育、文化各方面都有長足進步。廣西本是一個多民族混合的區域，自晚清以來內亂外患交加，省內各路勢力混戰，談不上任何建設。自從白崇禧、黃旭初等人編練民團，將地方政府、自衛武力和學校組成「三位一體」，實施軍訓教育，不到三年時間，匪患基本肅清，治安夜不閉戶，完成土地清丈，落實戶口調查，大力發展交通建設，識字人口達全省人口之半，一時之間政績蜚聲全國，使各界刮目相看。[24]

廣西建設的成就，連蔣介石也不得不正視。本章前面提到，蔣委員長對黃旭初表示「廣西聲譽很好」；一九三五年二月，他雖以手諭指示黨秘書長葉楚傖「以後對於桂方消息，應格外慎重，勿被其代為宣傳」；但在日記裡，他卻承認「**聞廣西政治進步，寸心愉悅。彼雖為統一之梗，然能努力自治，乃為國家之福。**」言下之意，顯然是肯定的。[25]

---

18 白先勇，《父親與民國——白崇禧將軍身影集》，上冊：戎馬生涯（台北：時報文化，2012年），頁84-85。

19 呂芳上，〈民國史上的桂系——擴張型地方主義的思考〉，《傳記文學》，第101卷第1期（2012年7月），頁75。

20 白崇禧，〈三自政策〉，《白副總司令最近演講集》，頁316。

21 「廣西建設綱領」（1935年8月10日），《新桂系紀實》，下冊，頁349。

22 韋永成，〈建設廣西，復興中國〉，《廣西文獻》，創刊號（1978年5月），頁36。

23 承白先勇教授告知這則故事。

24 冷觀（胡政之），〈粵桂寫影〉，《大公報》（天津），1935年2月19日；朱浤源，《從變亂到軍省：廣西的初期現代化，1860-1937》（台北：中央研究院近代史研究所，1995年），頁495。

25 「蔣中正致葉楚傖電」（1935年2月22日），《蔣文物》，典藏號：002-010200-00128-032；「蔣中正日記」（未刊本），1935年2月27日。

學界對廣西建設的評價，有逐漸上升的趨勢。一九七〇年代初期，研究桂系的加拿大歷史學者戴安娜（Diana Lary）認為桂系並不期望進行「根本性的變革」，因為李、白等人並未改變農村土地所有制和高利貸剝削，故只憑地方政府做為推動改革的力量，最終僅能使改革止於表面。[26]朱浤源對這樣經濟決定論的評價不以為然，他指出桂系以軍事力量（民團）帶動政治、再以政治延伸到社會、經濟、文化等層面，不失為一條可行的現代化途徑。從廣西的歷史來看，「一九三〇年代廣西的強盛，恐係該省有史以來之最。」[27]美國歷史學者蘭威奇（Eugine Levich）更提出中國現代化的「廣西模式」，在治理的實績上，足以和國民黨的南京模式和稍後中共的延安模式分庭抗禮。[28]

IV

廣西的強盛名聲，有很大一部分來自桂系的善於宣傳。自一九三四年起，廣西便廣邀國內輿論領袖與學者前來參訪。這裡以「五四」新文學運動領軍人物、北京大學文學院院長胡適的廣西之行為例，從他的筆下來看白崇禧銳意建設的新廣西樣貌。

一九三五年一月四日，胡適與友人一行抵達香港，接受香港大學名譽博士學位，隨後前往廣州。八日，收到白崇禧、黃旭初聯名電報，邀請他到廣西訪問：「尚希不吝賜教，惠然來游。」[29]由於胡適在香港反對讀經祀孔的言論不見容於廣東陳濟棠，原定在中山大學的演講被迫取消，一行人便於十一日搭機飛往廣西梧州。

胡適在梧州廣西大學作了兩場演講，十二日深夜與友人搭船夜遊漓江。十三日來到省會南寧，與白崇禧、黃旭初等人見面。胡適在南寧演說五次，於十九日前往柳州、桂林，在桂林演說兩次，乘暇遊覽獨秀峰和陽朔山水。二十五日搭機飛回廣州。總計他這次南遊，在廣西一共停留了十四天。

「廣西給我的第一個印象是全省沒有迷信的、戀古的反動空氣，」胡適把廣西和提倡讀經祀孔的廣東拿來作對比，兩廣有明顯差異。廣西不但不提倡修塔、祭孔和讀經，還將原有的廟宇改作其他用途。白崇禧對胡適說道，當他下令拆除桂林城隍廟時，地方仕紳劇烈反彈，甚至央請白的母親出面說情。但白氏不為所動。他對地方仕紳表示：「我可以出一張告示貼在城隍廟牆上，聲明如有災殃，完全由我白崇禧一人承當，與人民無干。」廟照拆不誤。「省城隍廟尚且不免打毀，其餘的廟宇更不能免了。」胡適寫道。

廣西全省上下生活儉樸，包括白崇禧在內，男女老少都穿著土產灰布縫製的衣褲。由於廣西入超嚴重，因此穿用土產布料具有樽節經費用於軍備的深遠用意。「我們在廣西旅行，使我們更明白：提倡儉樸、提倡土貨，都是積極救國的大事，不是細小的消極行為。」胡適如此表示。

---

26 Diana Lary, *Region and Nation: The Kwangsi Clique in Chinese Politics, 1925-1937* (London: Cambridge University Press, 1974), pp. 179-180

27 朱浤源，〈一九三〇年代廣西的動員與重建〉，《中央研究院近代史研究所集刊》，第 17 期下（1988 年 12 月），頁 353。

28 Eugene William Levich, *The Kwangsi Way in Kuomintang China, 1931-1939* (Armonk, NY: M. E. Sharpe. 1993), pp. 255-259.

29 「白崇禧黃旭初致胡適電」，中國社會科學院近代史研究所中華民國史研究室（編），《胡適來往書信選》，中冊（香港：中華書局香港分局，1983 年），頁 267-268。

廣西辦理教育，重視實質內容而不要求形式。每村希望都能設立一所國民學校。胡適看見唸書的孩子們襤褸赤腳卻精神昂揚，正表現出廣西教育的儉樸風氣，「這種的學堂是廣西人民負擔得起的，這樣的學生是能回到農村生活裡去的。」

桂軍正規部隊只有兩萬餘人，但全省平靖無匪患。胡適說起他們長途旅行，「半夜後在最荒涼的江岸邊泊船，點起火把來遊岩洞，驚起茅蓬裡的貧民，但船家客人都不感覺一毫危險。」沿路到處可見穿著灰布的少年持槍警戒，他們是民團的輪值守衛。

最讓胡適印象深刻的，是廣西的武化精神。他認為近來的廣西扭轉了中國長久以來重文輕武的積弱習氣，青年人崇尚壯健不喜文弱，固然有部分是因為「太平天國的威風至今還存留在廣西人的傳說裡」，更是由於「在最近的革命戰史上，廣西的軍隊和他們的領袖曾立大功，得大名，這種榮譽至今還存在民間。」廣西屢遭變亂，都是由李、白收拾整頓，故他們甚得民眾崇敬。

他發現廣西民眾樂於從軍。「中央頒布的兵役法，至今未能實行，廣西卻已在實行了；去冬剿共之後，軍隊需要補充，省府實行徵兵八千名，居然如期滿額。若在江南各省，能做到這樣的成績嗎？」

「在那獨秀峰最高亭子上的晚照裡，我們看那些活潑可愛的灰布青年在那兒自由眺望，自由談論，我們真不勝感嘆國家民族爭生存的一線希望是在這一輩武化青年的身上了！」[30]胡適以動人的文筆，描寫出這個時期廣西朝氣蓬勃、奮發圖強的景象，使廣西建設登上全國注目的舞台，不啻是最高的讚美，最好的宣傳。

然而胡適也在文章中點出幾處廣西的隱憂。首先是廣西以一省力量與中央為敵，財政確實吃緊。再者廣西年支出五千二百萬元當中，有百分之四十用於軍費之上，雖可說是用於自保，但終非國家之福。

最後胡適認為，廣西地處偏遠，人才還是太少。「我們觀察廣西的各種新建設，不能不感覺這裡還缺乏一個專家的『智囊團』做設計的參謀本部；更缺乏無數各方面的科學人才做實行計畫的工作人員。」[31]

這番話說出了廣西人才缺乏的實情。實際上，白崇禧對於延攬人才加入廣西建設行列非常積極，以下就介紹幾位效力於桂系的「智囊型」人物。

V

一九四七年五月十六日，台灣歷經「二二八」事件動盪後，行政院撤銷不得民心的台灣省行政長官公署，成立台灣省政府，以文人魏道明為首任省主席。省民政廳長一職，由省府委員朱佛定接掌。朱佛定不但是魏道明在上海法政學院任教時的舊識，更是深受李宗仁、白崇禧倚重的桂系智囊人物。

朱佛定，江蘇江陰人，清光緒年間畢業於蘇州高等學堂，朝廷賞給舉人銜。民國後得北洋政府教育部選派赴歐留學，先後取得巴黎大學法學碩士和日內瓦大學法學博士。

[30] 胡適，〈南遊雜憶〉，歐陽哲生（編），《胡適文集》，第5集（北京：北京大學出版社，1998年），頁640-645。

[31] 胡適，〈南遊雜憶〉，頁645。

一九二八年，朱佛定被李宗仁、白崇禧延攬，出任第四集團軍總司令部少將銜秘書長。建設廣西期間，朱擔任廣西大學文法學院院長、校本部秘書長，更是桂系內部團體「中國國民黨革命同志會」的執行秘書。32

如果朱佛定是禮聘來的謀士，那麼雷殷則是廣西本省的高材。一九三二年某日，白崇禧到南寧操場騎馬，突然看見一位中年人的身影，他定睛一看，這不是雷殷、雷渭南先生嗎！雷殷，字渭南，廣西邕寧人，早年經黃興介紹加入同盟會。雷殷在清宣統年間便出任廣西諮議局議員，一九一七年補選為北京國會議員，兼任民國大學校長。之後到東北，出任哈爾濱法政大學中文部校長。一九三一年「九一八」事變後，日本關東軍想請雷殷出山，擔任溥儀偽政權的法院院長，雷不願「落水」作漢奸，趕緊逃出東北。33

白崇禧巧遇雷殷，彼此理念契合，相談甚歡，白立刻將雷殷推薦給省主席黃旭初。黃請雷殷出任省府民政廳長，雷於一九三二年七月一日就職，實際主持全省民政，長達六年之久。廣西辦理民團、清查戶口、倉儲積穀等工作，「真正徹底執行的是雷殷，」白崇禧日後回憶道：「他熱情、負責、勤勞，常騎馬或徒步（不坐轎子）到各縣市巡視，每到一地，把公務員聚集起來會餐、討論，有時與父老聊天，探索民隱，是清明之官。他派的縣市長都是考選出來的，他自己考選，自己負責任用，不好的立加處罰，非常負責。」

之後在台灣出任內政部長、教育部長及國史館長的黃季陸（四川敘永人）也受邀到廣西，擔任民團幹部學校政治部長（校長為白崇禧自兼），主持民眾組織宣傳。34

雷殷推行倉儲積穀政策，既緩解佃農與地主間的緊張關係，也能積存戰備軍糧。然而李宗仁因屬下進言，對這項政策很有意見，認為是勞民傷財之舉，為此，雷殷曾六次請辭民政廳長。每次都是白崇禧出面挽留。白對李宗仁說：「德公，你不能罵他（雷般），先要聽大多數民眾說什麼，不能專聽左右少數人的壞話，何況我們要重用本省人才呀！」說服李不再反對。[35]

雷殷得以長期在位，要歸功於白能放手授權。曾任廣西省府秘書長、教育廳長的邱昌渭也是同樣的情形。邱昌渭，字毅吾，湖南芷江人，美國哥倫比亞大學政治學博士，曾任北大政治系主任，受邀前來廣西。邱氏從政實事求是、一絲不苟，選拔人才一律以成績為標準，不接受任何私下推薦關說，因此遭受許多人惡意攻訐。白崇禧極力維護邱，並表示：「我們要獎勵這種人，不能動他，人家認真辦事，我們要人辦事，便應給他用人行政權，分層負責，否則他就不能放手去幹了。」白氏安慰邱，要他放手做去。「我覺得人才難得必須加以護持，然後才智之士方能展其懷抱。」[36]

邱昌渭願意受邀到廣西服務，確實相當難得。廣西與中央在爭取知識分子方面也有一番競逐。一九三〇年代初，蔣介石便透過錢昌照（其盟兄黃郛連襟）、翁文灝、蔣廷

---

[32] 「朱佛定」，徐友春（主編），《民國人物辭典》，上冊（石家莊：河北人民出版社，2007 年），頁 342；周天固，〈朱佛定先生九十大壽〉，《江蘇文獻》，第 5 卷第 6 期（1978 年 5 月），頁 50。

[33] 黃新硎，〈雷殷先生傳〉，《廣西文獻》，第 3 期（1979 年 1 月），頁 77。

[34] 馬天綱、賈廷詩、陳三井、陳存恭（訪問、紀錄），《白崇禧先生訪問紀錄》，下冊，頁 660-661、669。

[35] 陳存恭（訪問、記錄），〈雷殷與民初內政——雷殷先生訪問記錄〉，《口述歷史》，第 1 期（台北：中央研究院近代史研究所，1999 年），頁 138-139；李宗仁在回憶錄中，則認為倉儲積穀是他於一九三三年所提出；見唐德剛（撰寫），《李宗仁回憶錄》，下冊，頁 584。

[36] 馬天綱、賈廷詩、陳三井、陳存恭（訪問、紀錄），《白崇禧先生訪問紀錄》，下冊，頁 668-669。

黻等人，廣泛邀請各層面專業人士參加政府工作。[37] 胡適所言非虛，廣西仍然欠缺專家。然而廣西地處邊陲，又只有一省之力，顯然落於下風。

VI

朱佛定、雷殷、黃季陸與邱昌渭是桂系延攬的行政人才與幕僚，至於在白崇禧帳下，則有前兩章已經登場過的潘宜之、張定璠與張任民等人。在這個時期，張定璠仍留上海，作為桂系與南京方面交涉的代表，蒐集各方政情消息。潘宜之到廣西負責政訓宣傳，張任民和下面即將介紹的劉斐一樣，作為使者，在雲貴川黔各省往返穿梭。

劉斐，湖南醴陵人，是白崇禧一手栽培出的軍事人才。一九一七年時白氏為桂軍模範營連長，參與護法之役，他駐防醴陵時認識軍醫鄒翼經，鄒為劉斐岳父，託白設法協助女婿深造。日後白送劉斐入西江講武堂，又到日本步兵學校攻讀、以優秀成績進陸軍大學深造，一九三四年畢業回國。

劉斐沒有帶過兵，一直都是參謀軍官，日後他長期主管國軍作戰，最大的爭議，是他涉嫌在國共內戰期間，將國軍方面機密情報洩露給共方，使中共提早獲悉國軍戰略意圖。更因為劉斐為白崇禧所栽培提拔，成為蔣介石歸罪於白氏的原因。[38]

「有人說他是共黨，說他洩漏機密，我不加辯解，」白崇禧晚年時回憶道：「從他的生活行動看不出他是共產黨，他言論是左的，享受是右的，他不滿現狀，但自己生活不嚴整，」但白也點出關鍵所在：劉斐之所以能長期主導國軍作戰，主要原因還是受到蔣介石的重用：「總統（蔣）對他賞識極了，軍令部有什麼事都找他」。[39] 劉斐的故事才剛開始，在後面的章節裡他還將陸續登場。

一九三六年，當時兩廣以抗日為名起兵反蔣，在李濟深的策動下，有一百五十六位青年軍官通電響應。當中有一人引來各方側目，因為此人乃是蔣介石的黃埔門生。李新俊，廣東梅縣人，黃埔五期畢業，保送日本明治大學攻讀政治經濟學，「九一八」事變後回國，出任防空學校政訓處長。

一九三二年，幾位蔣氏的黃埔心腹門生取得「校長」的同意，成立秘密團體「三民主義力行社」——也就是外界所稱「藍衣社」。李新俊加入這個秘密組織，擔任組織處助理幹事，這就表示，他是極接近蔣的黃埔學生。一九三五年二月，李新俊奉命到廣東從事情報工作。蔣曾密電李的直屬長官、力行社幹事酆悌，查詢李新俊的工作績效。酆悌認為李「人尚幹練」，又說他所探得的兩廣機密情報，概由戴笠轉呈給蔣。[40]

---

[37] 參見錢昌照，《錢昌照回憶錄》（北京：中國文史出版社，1988 年），頁 25、29。

[38] 蔣氏退到台灣後，於一九五一年二月二日的日記中提及對劉斐的懷疑，說劉投共後，「所作所為之行動一如為其共匪之老黨員者」，因罵道「桂系絕無忠貞之士，乃可斷言，」又說進用劉斐乃「白某害國之罪，甚於他逆也。」但實際上長年重用劉斐的人，正是蔣氏自己。

[39] 馬天綱、賈廷詩、陳三井、陳存恭（訪問、紀錄），《白崇禧先生訪問紀錄》，下冊，頁 666-667。

[40] 「酆悌致蔣中正電」（1935 年 2 月 11 日），《蔣文物》，典藏號：002-080200-00206-125、「蔣中正致酆悌電」（1935 年 6 月 18 日），典藏號：002-010200-00141-050、「酆悌致蔣中正電」（1935 年 6 月 21 日），典藏號：002-080200-00232-011。

廣西與南京的關係，有如在野黨執政縣市面對中央政府。圖為一九三五年，
白崇禧（右一）陪同前來廣西視察的內政部長蔣作賓（中左）。

然而李新俊竟以黃埔學生轉投桂系。有一種說法，是李新俊不滿蔣介石「先安內後攘外」的國策，憤而反蔣。但據張發奎回憶，李新俊其實是因為兄長李安定（黃埔一期）被戴笠部下殺害，才憤而投靠廣西。李新俊到廣西後，將南京布建的情報人員和盤托出，甚得白崇禧器重。[41]

李新俊日後留在廣西工作，擔任保安司令、省府委員、建設廳長等職。他的故事在三年後還留有一段插曲：一九三九年一月，李新俊等七名省府官員，奉省主席黃旭初之命到廣東視察，回程時經過衡陽，突然遭到憲兵拘捕。這時已是抗戰期間，桂系與中央合作抗日，副參謀總長白崇禧身兼桂林行營主任，負責西南軍事，軍書旁午之際，竟然還特地致電蔣委員長營救李新俊。「李新俊之被扣，恐為私人之仇，絕非委員長之命令，」白氏在電文中故意表示，他不信蔣會挾舊怨報復，「際斯抗戰嚴重之時，未有最高領袖命令，擅意拘捕高級將官，似屬非是。」他希望蔣氏「對李新俊不咎既往，從寬開釋，以示寬大」，以免破壞桂系與中央的團結。終於使得李盡速開釋。[42]

李新俊在蔣和他的親信門生眼中，自然是「叛徒」，一有機會就要將其逮捕。可是為了顧及中央和桂系表面上的團結，最後又不得不釋放。李新俊的案例可以看出從蔣桂戰爭以來南京與廣西外弛內張的競合關係。

---

41 胡志偉（譯註），《張發奎口述自傳》，頁 402-403。

42 「白崇禧致蔣中正電」（1939 年 2 月 7 日），《蔣文物》，典藏號：002-080200-00514-019。

VII

關於這個時期廣西與中央的互動關係，黃旭初做了一個生動的譬喻：他說廣西面對南京，有如今日在野黨執政的地方縣市面對中央執政黨。雙方之間並未斷絕往來：「行政院各部不只一次派員到桂省視察，省政府照常接受，並未拒絕。各部召集各省的人員赴南京會議，桂省府也照規定派員參加。陸軍大學由北平遷到南京後，廣西每期都送有學員入校。」雙方政治上雖然對立，行政上卻維持統一。[43]

廣西地狹民貧，旁邊有資源豐富、態度倨傲的盟友廣東，北邊是依附南京的湖南。面對這種局面，白崇禧一面加緊建設，一面小心翼翼的與各股勢力周旋。一九三二年時的廣西，雖沒有公開宣稱要閉門埋頭建設，卻有在五年之內富省強兵的計畫。[44]

這時日本已奪佔整個東北，一九三二年成立「滿洲國」，扶植前清末代皇帝溥儀為執政；一九三三年開始在華北製造事端，在長城一線與中國軍隊爆發激烈戰鬥，史稱「長城戰役」。這場戰事也使得原來在江西督師第四次圍剿中共「蘇區」的蔣介石，不得不北返坐鎮。蔣氏堅持認為不將中共勢力徹底蕩平，不足以抵抗日本侵略，因此在他授意之下，軍政部長何應欽與日方簽署「塘沽協定」，並很快開始部署對中共的新一次圍剿。

白崇禧等人自然與蔣氏觀點不同。一九三三年二月，兩廣和福建決定在西南政務委員會之下設立一個「國防委員會」，由各省軍事領導人組成，在軍事上協同一致，貴州和雲南也派代表參加。[45] 蔣氏得報後，在日記裡痛斥「李、白諸逆甚思乘倭寇之急難打劫，顛覆之意未殺」，又罵「胡漢民、白崇禧諸逆」，在國家危難關頭，還要「割據搗亂，是誠亡國滅種而不悟也。」[46]

話雖如此，南京兵力不足，必須請求兩廣出兵配合協剿，堵住西邊和南面缺口。蔣準備成立「湘粵贛閩剿匪總司令部」，自兼總司令，而設東南西三路軍司令官，「南路請白崇禧任之；東路蔡廷鍇任之；西路何鍵任之。」[47] 以用兵指揮的才能來說，白這一路顯然被預定為主力。內定出任參謀長的江西省主席熊式輝向蔣提議，為了使白崇禧消除「與中央一切隔閡，」他願意將參謀長讓給白出任，得到蔣的同意。[48]

雖然熊式輝願意虛位以待白崇禧，參謀長一職卻一直虛懸。兩廣對於出兵配合南京剿共興趣缺缺。陳濟棠推說「必待健生親率十二團出發之後」，他才肯發兵；而李宗仁則稱軍費不足，需要中央補助軍費，「非得款不出發」。[49] 廣西在中央撥發給兩廣的五十萬軍費補助款中，只領到九萬元，白氏對蔣厚此薄彼失去信任感，於是由李宗仁致電蔣氏，說白崇禧因肝病復發，無法統兵作戰，請另簡賢能。[50] 蔣獲報後非常生氣，在日記

---

[43] 黃旭初，《黃旭初回憶錄——抗戰前、中、後的廣西變革》，頁 47；《黃旭初回憶錄——李宗仁、白崇禧與蔣介石的離合》，頁 165。

[44] 「吳忠信致蔣中正電」（1932 年 11 月 18 日），《蔣文物》，典藏號：002-080200-00063-016。

[45] 《申報》（上海），1933 年 2 月 2 日，版 8。

[46] 「蔣中正日記」（未刊本），1933 年 1 月 29 日、2 月 4 日。

[47] 高明芳（編），《事略稿本》，冊 18（台北：國史館，2005 年），頁 257-259。

[48] 熊式輝，《海桑集：熊式輝回憶錄》，頁 146。

[49] 「汪精衛致蔣中正電」（1933 年 4 月 29 日），《蔣文物》，典藏號：002-080200-00081-075。

[50] 「李宗仁致蔣中正電」（1933 年 5 月 2 日），《蔣文物》，典藏號：002-080200-00084-005；「陳儀致蔣中正電」（1933 年 5 月 15 日），《蔣文物》，典藏號：002-080200-00086-152。

裡痛罵「桂逆得了出兵款項而不就職，此等禽獸，其心而不顧國家危亡、為天下笑。」不過實際上，他拿白毫無辦法，只能繼續婉言勸駕：「健生肝病甚念，現值強寇內匪前後夾攻，日益嚴重，黨國運命，不絕如縷，正吾人獻力報國之時，」蔣在回覆李宗仁的電報裡寫道：「健生統率天才，善謀匡濟，卓越時流，足資信賴」，仍希望他「抱病」出征。51

統率天才，善謀匡濟，說明了蔣介石理智上對白崇禧用兵才能的深刻了解；「禽獸」、「搗亂」等語，則可看出他情感上對白的厭惡忌憚。

白崇禧稱廣西對外的立場，是「抗日剿共，親仁善鄰」八個字，決不隨便附和人家。雖然與蔣對立，白卻始終保持冷靜，不輕易參加反蔣運動。這裡舉半年後「閩變」發生時白崇禧的態度為例。一九三三年十一月，蔡廷鍇、蔣光鼐、陳銘樞和李濟深等人，以派到福建剿共的粵軍第十九路軍起兵反蔣，在福州成立「中華共和國人民革命政府」，史稱「閩變」。

李宗仁一開始對福建頗為同情，陳濟棠則態度模稜，白崇禧知道後，特地前往廣州，向李宗仁分析局勢。白氏認為陳銘樞等人但憑衝動蠻幹，陳濟棠樂於坐觀成敗，福建形勢孤立，很快就會被南京以強勢兵力平定。目前內憂外患接踵而來，蔣窮於應付，平定閩變之後暫時不會向兩廣用兵，廣西對待廣東，應學習三國時代蜀漢對東吳那樣，堅守「可與為援而不可圖」的方針，一致聯合對蔣。李深以為然，遂打消與福建聯合的想法。52 福州政權果然如白崇禧所料，不到兩個月即被南京迅速平定。

VIII

時間來到一九三四年，在閩變落幕以後，廣西與中央的競合主要圍繞著對中共的追剿而展開。先是一九三三年下半，蔣介石改變之前長驅直入的圍剿戰略，以碉堡和經濟封鎖對付中共江西蘇區。到了一九三四年十月，中共中央率領紅軍約八萬六千餘人突破包圍圈，向西逃竄，開始日後「兩萬五千里長征」的第一步。[53]

蔣開始部署大軍展開追擊。在此過程中，他打算順道以武力平定各省勢力。當一九三四年二月，也就是前述黃旭初晉見蔣委員長不久後，蔣氏在日記裡列出他心中的各種「內憂」：[54]

> 注意：一、溥儀稱帝；二、德王勾倭；二、俄寇入伊犁。四、疏勒獨立。五、藏人勾英，如藩制不定，則不數年必盡失邊疆矣。本部政制亦應早定，其次西北孫匪（殷英），廣西李、白；粵陳、魯韓、晉閻、陝楊諸人，亦為邊藩之第二，可不慎乎？

---

51 「蔣中正日記」（未刊本），1933年5月6日；「蔣中正致李宗仁電」（1933年5月6日），《蔣文物》，典藏號：002-080200-00084-005。

52 程思遠，《白崇禧傳》，頁176。

53 郭廷以，《近代中國史綱》，頁624-626。

54 「蔣中正日記」（未刊本），1934年2月17日。

「粵陳」是廣東陳濟棠，「魯韓」是山東韓復榘，「晉閻」是山西閻錫山，「陝楊」則是陝西楊虎城。各路諸侯中，蔣對廣西最為在意：一九三四年四到六月，蔣在日記裡提到「桂」或「粵桂」共四十六次，幾乎每兩天就提到一次。[55] 蔣介石不斷在思考，究竟要聯合廣東打擊廣西？或先結合廣西壓制廣東？還是運用湖南對付兩廣？思來想去，蔣氏對白崇禧最感棘手，又苦無對付之法，所以在日記中留下不少謾罵的記載。如七月一日說「**白逆自大如故，誠不知自量之至。**」[56] 他對白的動向相當在意，八月底他接獲報告，白在廣州作長期停留，並視察廣東、江西交界陣地，蔣便在日記裡寫道：「**白逆巡視贛南，煽動部隊，此逆不除，民族不安，非先平兩粵，無以定國安民。**」甚至說：「**我遇世人最卑劣者莫過於桂系之李、白，其愚陋誠不可及也。**」[57]

白崇禧之所以頻往前線視察，乃是因為他看出蔣介石在圍剿中共紅軍時，始終沒有在西路布置堅強兵力，因此曾於十月初提醒蔣氏，西路軍主力「宜駐良口、贛州、南康之線」，防止紅軍突破包圍圈西竄。在電報末尾，白還鄭重表示「此舉關係國家民族生死存亡，」要蔣「當機立斷，速下決心」。[58]

實際上，白崇禧擔心蔣藉著跟蹤追擊共軍，實現以武力統一兩廣的意圖，因此不但要防禦「長征」紅軍的竄犯，更要防備中央軍可能的進攻。於是他做出以下部署：以桂軍兩個師在湖南、江西邊境堵截共軍，廣西北部共軍可能經過的要道，全由民團把守，沿途堅壁清野，使共軍在廣西無法站穩腳根，而中央軍也就失卻入省的藉口。[59]

十月初旬，紅軍蕭克部進抵湖南、廣西邊境，一度突入廣西的灌陽、文市，與桂軍追擊的兩個師發生激戰，雙方死傷都很慘重。廣西空軍一架偵察機遭共軍機關槍擊落，飛行員殉職。白崇禧這時正在廣州開會，得到消息後立刻返回南寧坐鎮。白研判共軍大隊主力還在後頭，必須加緊準備工作。[60]

十一月九日，白氏在桂林親自指揮作戰。桂軍與民團在廣西北境各要道附近加緊修築碉堡，主力則集結起來，準備迎擊共軍。[61] 二十八日，紅軍第三軍團果然進入省境，與桂軍第四十三師接觸，爆發激烈戰鬥。十二月一日下午四時，白氏將入境共軍擊潰。在他隔天給蔣介石的電報中，詳細說明戰鬥經過，以及今後的追擊部署。「綜合各種情報判斷，匪眾至少尚有五六萬人。」白在電報中研判。這次戰鬥，激戰五日，桂軍全部死傷七百餘名，擊斃共軍一千多人，俘虜兩千餘人，另有原李明瑞所部的廣西籍共軍五百多人投誠，繳槍兩千五百多枝。後續白又指揮民團搜剿落隊共軍，殘部在灌陽縣賀江源

55 分別是四月提到十五次、五月十四次、以及六月十七次：「蔣中正日記」（未刊本），1934年4月3日、5日、9日、10日、14日、17日、19日、20日、21日、23日、25日、27日、28日、29日、30日；5月1日、2日、3日、4日、7日、8日、9日、12日、20日、21日、23日、24日、25日、26日；6月3日、5日、6日、7日、8日、10日、11日、13日、15日、16日、18日、19日、20日、21日、22日、24日、30日。

56 「蔣中正日記」（未刊本），1934年7月1日。

57 「吳醒亞致蔣中正電」（1934年8月27日），《蔣文物》，典藏號：002-080200-00176-029；「蔣中正日記」（未刊本），1934年9月4日、6日。

58 「白崇禧致蔣中正電」（1934年10月5日），《蔣文物》，典藏號：002-090300-00096-129。

59 程思遠，《白崇禧傳》，頁178-180；張文鴻，〈桂北堵截紅軍記〉，《新桂系紀實》，上冊，頁358。

60 「戴笠致蔣中正電」（1934年10月15日），《蔣文物》，典藏號：002-080200-00186-122。

61 「白崇禧致蔣中正電」（1934年11月25日），《蔣文物》，典藏號：002-090102-00005-352。

被民團全數繳械。[62] 桂軍政訓處長潘宜之以此為藍本，主持拍攝劇情電影《七千俘虜》，大力宣揚桂軍戰績。[63]

白崇禧在戰後對民團的戰力與組織給予高度肯定。「這次剿共經過雖然只十幾天，然而在這短短的十幾天內，我們能夠把共匪擊退，收得這種效果的，還是全靠省政府平時把民眾組織好，」他在對各級幹部訓話時表示：「因為民眾的組織好，故我們能夠一下子即調了十多個民團聯隊，來參加戰線」。[64]

「我們在廣西那個地方受了很大損失，」一九七二年，周恩來在中共黨內一次會議上提到：「白崇禧用很厲害的辦法對付我們，他把我們走的路上的老百姓都趕掉，甚至把房子燒掉，使我們沒有法子得到糧食和住房。他在背後截擊我們，我們一個師被截斷了，得不到消息，犧牲了。經過多次挫折，到了遵義只有三萬多人。這麼大的損失！」[65]

日後桂系幹部程思遠作《白崇禧傳》，提到在紅軍全數離開廣西省境後，蔣介石來電指責白崇禧作戰不力、縱放共軍：「貴部違令開放黔川通道，無異縱虎歸山；數年努力，功敗垂成。設因此而死灰復燃，永為黨國禍害，甚至遺毒子孫，千秋萬世，公道謂之何！」白則不甘示弱，反唇相譏，說自己兵力只有十五個團，竭盡全力也無法擋下共軍主力，反倒是蔣氏「手握百萬之眾」，卻「遲遲不進」，顯然是「以桂為壑」！[66]

從蔣氏檔案裡看來，白每次用兵部署、進兵路線，事後都向蔣詳細報告，找不到程思遠所說的相互攻訐電報。程的記載反映出廣西在成見未解的情況下與中央彼此猜忌的心態。

十二月一日蔣在日記裡有這樣的思索：「對桂以置部於湘黔為備，一面授其指揮黔湘以慰之，是將欲取之必先與之之道乎。」隔天又記道：「桂事先從黔湘入手，先入黔後定湘，而後收桂，則得因利乘便之道。」[67]

看來蔣已經找出對付廣西的辦法，其改變西南現狀、乃至兩廣局面的關鍵點，就在貴州。

IX

貴州與廣西、湖南、四川、雲南等省毗鄰，統治貴州的「桐梓系」軍事集團基於地緣政治關係，一直和兩廣保持密切關係，對南京只以電報敷衍。一九三四年時，江西共軍突破包圍西走，貴州擔心中央以剿共為名，行「假道滅虢」之計，與兩廣簽訂〈三省軍事協定〉，約定若中央對三省任何一方用兵，便相互支援。[68]

---

62 「白崇禧致蔣中正電」（1934年11月28日）、「白崇禧致蔣中正電」（1934年12月2日）、「白崇禧致蔣中正電」（1934年12月9日），《蔣文物》，典藏號：002-090300-00076-305、002-090300-00076-346、002-090300-00028-263。

63 馬天綱、賈廷詩、陳三井、陳存恭（訪問、紀錄），《白崇禧先生訪問紀錄》，上冊，頁119。

64 白崇禧，〈實現均權制度及養成中下級人員與民眾的自動力〉，《白副總司令最近演講集》，頁273-274。

65 中共中央文獻研究室二部（編），《周恩來自述》（北京：解放軍文藝出版社，2002年），頁175。

66 程思遠，《白崇禧傳》，頁180-181。

67 「蔣中正日記」（未刊本），1934年12月1日、2日。

68 王家烈，〈貴州桐梓系與新桂系關係〉，《新桂系紀實》，上冊，頁370。

誰知共軍進抵貴州省境，黔軍竟一觸即潰，防線洞開，共軍於是在一九三五年一月四日強渡烏江，攻下黔北重鎮遵義。這時尾隨在後的中央軍追剿部隊九個師，由薛岳率領，並未向共軍發動進攻，而是於一月七日突然進佔省會貴陽，隨即控制貴州省政。整個西南局面，因此發生重大變化。[69]

白崇禧深知貴陽在全盤戰略中的重要性，所以當得知薛岳部中央軍正朝貴陽進發時，他也派出桂軍周祖晃師星夜向貴陽急進。周師到黔南都勻時，得知中央軍已進佔貴陽，於是急電向白氏報告，白得報大驚。[70] 白氏旋即派第七軍軍長廖磊到貴陽查探情形，廖磊回南寧後向白報告：中央軍並無北進追剿共軍的打算，而昔日曾在廣西與桂軍將領共患難的薛岳，「已一變為極圓滑之人」。中央軍不北進剿共，顯然是要對付桂系；薛岳投蔣之後，已與桂系立場不同，各為其主，因此只對廖磊說場面話。白崇禧召集幹部研商，認為中央軍進佔貴陽，在政治、經濟和軍事各方面，都對廣西造成非常大的威脅，必須設法去之。這正是本章開始時黃旭初與蔣氏會談的背景。[71]

然而不等桂系反應，佔得先機的蔣介石已經出招：二月十三日，蔣以手諭指示薛岳，設法統制管理鴉片，運銷路線改道四川、湖南，「勿使其再入他省」。所謂「他省」，其實就是廣西。[72] 運銷鴉片的關卡統稅是廣西財政收入大項，蔣氏這一舉措無疑是從經濟上對桂系攔腰一刀。誠如貴州籍的四川省政府秘書長鄧漢祥對蔣的策士楊永泰所說，只要控制貴州，則「積極消極皆可制某方（**指桂系**）死命」。[73] 蔣本來還準備讓貴州省主席王家烈留任，但在發現王仍與桂系密切往來後，便斷然於四月中旬將其撤換，由中央要員吳忠信接替。[74]

不過外有日本步步進逼，內有中共「長征」亟需圍堵，蔣不但無法對廣西用兵，還必須對桂系懷柔，希望白能出兵剿共。尤其一九三五年三、四月間，中共紅軍一度迴轉向南，貴陽大受威脅。蔣有求於廣西，於是將姿態放低，一面命薛岳「對桂只取防勢」，一面希望與李、白中一人會晤，目的在要求桂軍支援薛岳。白崇禧召集黃旭初、張定璠等人商議，認為「蔣氏對人對事，早晚時價不同，此時能從剿共軍事上先謀合作，也未嘗不是一個機會。」決定不與蔣氏見面，但遵命出兵，以廖磊第七軍配合追剿。[75]

69 楊維真，〈剿共與統一——論一九三五年中央改組貴州省政府事件〉，「辛亥革命九十周年國際學術研討會」會議論文（2001年10月），頁7-13。

70 沈雲龍（訪問），賈廷詩、夏沛然等（紀錄），《萬耀煌先生訪問紀錄》（台北：中央研究院近代史研究所，1993年），頁345。萬耀煌是中央軍進剿部隊第十三師師長。

71 「黃旭初日記」（未刊本），1935年2月6日、7日，廣西壯族自治區博物館藏。

72 「蔣中正致薛岳電」（1935年2月13日），《蔣文物》，典藏號：002-010200-00127-064。

73 「鄧漢祥致楊永泰電」（1935年2月16日），《蔣文物》，典藏號：002-080200-00208-017。

74 楊維真，〈剿共與統一〉，頁13-14、23-24。

75 程思遠，《白崇禧傳》，頁181；「蔣中正致薛岳電」（1935年2月22日），《蔣文物》，典藏號：002-020200-00029-042；黃旭初，《黃旭初回憶錄——李宗仁、白崇禧與蔣介石的離合》，頁182；「白崇禧致蔣中正電」（1935年4月3日），《蔣文物》，典藏號：002-080200-00218-050。

X

為了穩住桂系，不致使廣西局面生變，蔣介石做了若干安排與表示。接任貴州省主席的吳忠信長期追隨孫中山，為國民黨元老，在護法戰爭中曾在廣西與李、白並肩作戰七個月。由他出掌貴州省政，用意在免除桂系不安。[76] 一九三五年四月二日，蔣駐節貴陽督師，他對白崇禧派來晉見的桂系代表劉斐、張定璠表示：白遵令出兵，讓他甚感快慰。[77] 蔣致白的函電用詞客氣，稱白為「兄」或「副總司令」，除了告知自己駐節位置外，還不忘叮囑「若兄有卓見尚請詳告。」[78]

但在日記裡，蔣提及白時完全是另一種模樣。他在日記中稱白為「桂白」或「桂逆」，罵白「**惟利是圖，惟權是保**」、「**桂白地盤與權利之心灼見，**」因為白是回族，蔣還罵白為「**異類，誠不可以情理動也。**」四月十八日及二十日的日記裡，更指控白派刺客暗殺他本人：「**桂白密遣刺客謀暗狙，非我族類，其果不能以誠動也。**」「**桂白派刺客來黔謀狙擊，可鄙！**」[79]

廣西派刺客暗殺蔣介石一事，在桂系史料裡找不到相應記載。在蔣氏文物裡，收有一份一九三四年十一月二十九日的筆錄：有名叫蔡維坤、劉仲武者，向南京方面出首告變，表示西南組織一暗殺團，在上海設立行動據點，準備到南京刺殺黨政要員。另外根據雲南方面的情報，稱這時桂系在貴陽組織暗殺團，「以圖對國軍將領暗施毒手。」[80] 不過蔣氏很快就明白，所謂「刺客狙擊」，應是雙方猜忌之下激起的謠言。他在隨後日記中寫道，自己於十八日以吳忠信出掌貴州，桂系「**知我誠意，或漸諒解乎。**」而今後「**對桂方針，先以誠意感之，事事緩和，以慰其心。**」[81]

這時蔣收到情報，得知廣西與日本來往。一九三五年二月二十五日，他在日記中寫下：「倭寇與桂逆勾結甚急，當設法制之。」五月十三日，蔣又得到情報：日本關東軍特務機關長土肥原賢二密訪廣西，並要求白崇禧為其引介雲南省主席龍雲。「桂白介紹土肥原，倭寇使者來見志舟（龍雲字），威脅志舟附日叛亂，其言之暴蠻，直不視中國為有人，」他因而在日記中痛斥「嗚呼，桂倭之肉不足食矣！」又拿龍雲與白相比：「志舟明達精幹，深沉識時之人，而非驕矜放肆之流，桂白荒謬跋扈，適示其多行不義耳。」這還不解恨，再罵「桂白倒行逆施害人害己之獪計，未有一日覺悟也。」[82]

當時南京盛傳日本與兩廣簽訂密約，內容為兩廣應保護日本在華南之利益，日本則協助兩廣發展經濟，並接濟軍械。[83] 山西省主席徐永昌所得情資，是兩廣獲得日方接濟

---

76 丁劍，《吳忠信傳》（北京：人民出版社，2009 年），頁 106；陳布雷，《陳布雷回憶錄》（台北：傳記文學出版社，1967 年），頁 101。

77 黃旭初，《黃旭初回憶錄——李宗仁、白崇禧與蔣介石的離合》，頁 182。

78 「蔣中正致白崇禧電」（1935 年 4 月 22 日），《蔣文物》，典藏號：002-020200-00030-120。

79 「蔣中正日記」（未刊本），1935 年 4 月 1 日、2 日、4 日、18 日、20 日，本周反省錄。

80 「蔡維坤第一至第三次筆供及劉仲武筆供」（1934 年 11 月 29 日），《蔣文物》，典藏號：002-080101-00066-001；楊維真，〈剿共與統一〉，頁 21-22。

81 「蔣中正日記」（未刊本），1935 年 4 月 22 日、5 月 4 日。

82 「蔣中正日記」（未刊本），1935 年 5 月 13 日、14 日、18 日。

83 「吳鐵城致蔣中正電」（1935 年 6 月 20 日），《蔣文物》，典藏號：002-080200-00231-126。

三千五百萬元的軍用品，並將與北方同時發動倒蔣。[84]由於兩廣時常以「抗日」作為反蔣口號，這種與日本合作的行為，無異坐實了南京方面認為兩廣以抗日為名，行「割據賣國」之實的指控，直到現在都還有人抱持這種看法。[85]

還原當時時空背景，不只是兩廣購買日機日械、與日本經濟合作，南京也同樣如此。桂系與中央互指對方「賣國」，是相互猜忌之下的成見。

廣西與日本來往，白崇禧晚年曾經做過解釋。一九六六年九月十七日，訪問者問：「抗戰前廣西曾購日機日械，情形怎樣？」白氏坦然回答：「我們要買飛機，日本要賣，當然我們知道日本存心，但我們買了，送人到日本去受訓，增加實力，抗戰時全部貢獻給國家。」[86]

黃旭初日記裡還記錄下一個罕為後世所知的情節：一九三五年五月二十八日，日本眾議院議員松本忠雄偕同外務省情報部長河相達夫等訪問廣西，在南寧與白崇禧、黃旭初等人會談。日方知道廣西與南京對立，因此故意透露，南京國府在去年（**一九三四年**）欲向日本借款四億元，但日本「置之一笑」，南京又轉詢美國有無貸款可能，美國表示「凡從前借款，利息未清者，不願再借給之。」

接著松本帶著半抱怨的口氣感嘆道：中國應該對滿洲國的度量大些，如英國看待美國、德國對波蘭那樣。

白崇禧聽後，當即正色表示：「滿洲為日本以武力攫去，與美被迫而抗英獨立，及波蘭已亡國乘歐戰而復國者情形完全不同，不能以之為例。目前我國對滿洲大量說不上，不大量又如何，只要我國能自強，滿洲或許終將歸還於我耳。」[87]在堅守國家主權的立場上，一九三五年的白崇禧，與一九六六年受訪時並無不同。

XI

一九三五年五月六日，南寧。白崇禧召來桂軍參謀長葉琪、省主席黃旭初，密商當前局勢。

這是一次決定廣西生存戰略的重要會議。白氏等人首先分析廣西的環境，認為現在貴州完全被南京改造，湖南看出兩廣之間貌合神離，因此選擇投靠中央。雲南狡猾，其言不可盡信；廣東自私，不可依靠。對外方面，和日本的來往並無結果，而廣西自身實力仍嫌不足，即所謂「戰既不能，且亦無名」。因此只能和南京保持形式上的和平，減少摩擦，爭取時間猛力建設。「建設完成，則人莫能與之爭矣。」[88]

計議已定，白崇禧便在五月二十九日派葉琪到廣州向李宗仁建議：去年四川曾派代表前來會商合作，可由葉琪入川報聘，以示禮尚往來。同時，葉琪也可以藉由出使四川的機會，沿途和各軍政領袖商談，並順道晉見當時在四川督師剿共的蔣介石。李宗仁表示完全同意。[89]

---

84 徐永昌，《徐永昌日記》，第 3 冊（台北：中央研究院近代史研究所，1990 年），頁 312。

85 舉例而言，如段千木，〈李宗仁、白崇禧私通敵營戕害領袖的證據〉，《傳記文學》，第 99 卷第 5 期（2011 年 11 月），頁 99-115。

86 馬天綱、賈廷詩、陳三井、陳存恭（訪問、紀錄），《白崇禧先生訪問紀錄》，下冊，頁 914。

87 「黃旭初日記」（未刊本），1935 年 5 月 28 日。

88 「黃旭初日記」（未刊本），1935 年 5 月 6 日；黃旭初，《黃旭初回憶錄——李宗仁、白崇禧與蔣介石的離合》，頁 183。

89 程思遠，《白崇禧傳》，頁 182。

實際上，白崇禧給葉琪最重要的使命，是觀察陳濟棠、何鍵等各省實力派人物的動向，以作為廣西下一步的參考。他奉命觀察的人物裡，還包括了李宗仁。

葉琪在六月八日啟程，先飛往武昌，拜見當時擔任武昌行營主任的張學良。一九二八年白崇禧率軍北伐時，曾派葉琪為使者，出山海關拜訪張學良，商討合作掃蕩直魯軍殘部，葉與張因此而建立交情。六月十日葉琪飛抵成都，先晤見四川省主席劉湘，接著在十三日、十七日兩度晉見蔣介石。葉琪向蔣氏傳達李、白的政治訴求，希望中央與地方之間，能採取「均權」制度——具體而言，就是恢復北伐結束後的各地政治分會機構；另外要求南京限制各地特務活動。蔣聽後表示，設置政治分會無太大問題，不過派入西南各省的特務組織有實際需要，不能放棄。[90]

蔣介石與葉琪會談後，在日記裡寫下：「**葉琪來會作問，白逆來函恭順，可痛可恥。**」當時香港傳聞兩廣受日本鼓動，即將出兵反蔣，廣東進攻江西，廣西揮師湖南。蔣氏當日致電張學良，稱「**葉翠微（葉琪字）**本日來會，其詞含混，並無具體表示」，要求張學良加強戰備，顯然認為白崇禧故意放低姿態，以迷惑中央。[91] 到了六月十七日，吳忠信致蔣電報，表示白氏與黃旭初聯名致電，堅決否認有軍事行動計畫：「當茲華北吃緊，外患日亟，協同禦侮，猶恐不勝，何至喪心病狂，自絕國人？」蔣略感放心，對葉琪表示：「**與其真對倭屈服以亡國，何如對內委曲以救國，與其求敵，何如求己，**」他願意對廣西作更大程度的退讓，以換取兩廣聽命中央。[92]

七月五日，葉琪回到南寧，當天便向白崇禧、黃旭初等人簡報出使各省及見蔣的心得。葉琪說蔣介石平日對親信部屬不假辭色，見他時倒是相當客氣，態度誠懇，讓他頗能暢所欲言。在葉琪看來，湖南的何鍵、四川的劉湘與武昌的張學良雖然都對廣西友善，對蔣不滿，卻不可能登高一呼，起來領導反蔣。廣東的陳濟棠迷信保守，完全不是能成大事的模樣，葉琪對他不抱期望。

更令人吃驚的是，葉琪也直率說出他對李宗仁的觀察：「德公迷信日本可為助以倒蔣，且被左右所捧，自大而不覺。」[93] 這番觀察說明長期居留廣州的李對廣西現狀的隔膜，也清楚表明葉琪是奉白崇禧之命進行。

聽取葉琪此行觀察心得後，白崇禧似乎有意調整廣西的對外策略，既然反蔣缺乏外援（**日本決不可依靠**），轉為擁蔣抗日，或許適合廣西當前生存。葉琪原定三天後作更詳盡報告，卻不幸在八日清晨於上班途中墜馬，旋即傷重不治。日後有流言傳出，指葉琪出使歸來，建議白傾向中央，為李、白所忌，於是將其暗殺。黃旭初力闢謠言，指派葉出使的是白崇禧，白也深以葉的觀察為然，怎可能將其除去？退一步說，就算葉琪傾向中央，以黃紹竑當年投蔣，李、白都沒有痛下殺手，而是任其離去，此時怎會因葉琪的報告而殺人？因此「李、白殺葉」的說法純屬空穴來風。[94]

因為葉的建議，白確立了用「抗日」回應中央「統一」的基調。日本此時在華北步步進逼，迫使中央力量退出河北。「日人橫暴至此，使我啼笑皆非，是而可忍，孰不

---

90 黃旭初，《黃旭初回憶錄——抗戰前、中、後的廣西變革》（台北：獨立作家，2016年），頁43。

91 「蔣中正日記」（未刊本），1935年6月13日；高素蘭（編），《事略稿本》，冊31（台北：國史館，2008年），頁

92 「吳忠信致蔣中正電」（1935年6月17日），《蔣文物》，典藏號：002-080200-00231-030；「蔣中正日記」（未刊本），1935年6月17日。

93 「黃旭初日記」（未刊本），1935年7月5日。

94 黃旭初，《黃旭初回憶錄——抗戰前、中、後的廣西變革》，頁44。

可忍。」葉琪墜馬當天，白崇禧致電蔣介石：「禧愛護祖國，不敢後人，願鈞座早定對日方策見示」。十二日，白又致電蔣氏，說葉琪回來後講述蔣的意旨，知道中央正秘密準備抗日，廣西願意盡其所能，報效國家。「人雖云亡，然對鈞座所期許者，終有以報命，所以貢獻黨國，亦即所以慰死者英靈也。」希望中央決定對日本讓步的底線，過此限度則寧為玉碎，不為瓦全。[95]

蔣介石也明白，白崇禧與廣西軍勇猛善戰，如能與中央和平收場，等於是為將來抗日增加一支大軍。九月時，廣西駐南京代表黃建平回南寧述職，向白崇禧報告，據他探得情報，為了解決兩廣問題，蔣氏曾召開多次會議。蔣的親信部屬裡，吳忠信、顧祝同主和，陳誠、熊式輝主戰，而羅奇、甘麗初等廣西籍黃埔一期生則主張連粵討桂。最後蔣作結論，決定以和為貴：「今日情況不同，舊帳已算不清。廣西若能贊助和平，不啻增兵百萬。」[96]

但雙方猜忌仍然未解，始終沒能捐棄成見。蔣不肯撤出駐貴州的中央軍，李、白也不出席南京召開的五全大會。此後儘管雙方密使信差，往來不絕，卻形成僵持，直到兩廣「六一事變」發生，戰雲密布，這樣不戰不和的局面，才告打破。

XII

一九三六年六到九月間，兩廣發動「六一運動」，是廣西與中央最接近戰爭的一刻。先是五月十二日，被西南奉為精神領袖的胡漢民突然因腦溢血去世，兩廣頓失屏障。當時盛傳：蔣介石準備乘此機會對兩廣用兵。廣東陳濟棠惶恐不安，他對來廣州弔胡漢民之喪的白崇禧表示，與其任蔣宰制，不如先發制人，起兵反蔣。他請白出任兩廣聯軍前敵總司令，率桂軍進攻湖南。

白崇禧聽了，期期以為不可。白氏認為現在全國輿論厭惡內戰，兩廣興兵，師出無名，這是其一；再者南京已將粵漢鐵路株州到韶關段修成，中央軍可以利用鐵路運兵南下，比廣西更快搶佔戰略必爭要地衡陽。[97]

儘管白崇禧、李宗仁等人都勸陳濟棠必須慎重，但陳反蔣態度堅決，廣西不能自行其是，只好與廣東一致行動。但出兵的名義頗費思量。後來白崇禧提出，解決當前局面的辦法，在於「真抗日」。以抗日名義既能爭取國人同情，更可反襯出南京在應對日本侵略時的軟弱。[98]

決定大計後，西南政務委員會與國民黨西南執行部召開會議，通電全國，籲請國民政府及黨中央領導抗日，同時派兵北上，收復失地，聲言絕不打內戰，純粹對外。六月四日，西南將領數十人，由陳濟棠、李宗仁、白崇禧領銜通電響應，並將陳濟棠部粵軍改稱「中華民國國民革命抗日救國第一集團軍」，李、白所部桂軍改稱為「國民革命抗

95 「白崇禧致蔣中正電」（1935 年 7 月 8 日）、「白崇禧致蔣中正電」（1935 年 7 月 12 日），《蔣文物》，典藏號：002-080200-00455-118、002-080200-00455-158。

96 程思遠，《白崇禧傳》，頁 184；黃旭初，《黃旭初回憶錄——李宗仁、白崇禧與蔣介石的離合》，頁 185。

97 程思遠，《白崇禧傳》，頁 186。

98 「黃旭初日記」（未刊本），1936 年 5 月 30 日。

日救國第四集團軍」，共三十萬人，分道出兵，進逼湖南、貴州、江西、福建各省，而以主力進入湖南，志在攻取衡陽，窺伺武漢。這就是當時震動東亞的「六一事變」。[99]

蔣介石得知消息後，研判陳濟棠「其唯一目的在求自保，因此不能不謀叛中央，以推倒中央為其自保之地，」同時「挾廣西威脅中央，諉罪於廣西」，他決心調派重兵到廣東省境，「非收復廣東不能統一全國，亦不能鞏固革命基礎」。[100]

衡陽是兩廣北上的必爭要地。湖南省主席何鍵長期以來依違於南京與廣西之間，兩面要價；六月九日，他對白崇禧派來長沙的代表李品仙說，必須桂軍兵抵長沙，他才能明白宣布反蔣。[101]

同日下午，蔣派親信將領陳誠飛抵長沙，陳連夜與何鍵談話，稱南京將調來二十個師對付兩廣，震懾住何鍵，使其同意派出兩個師搶佔衡陽。這時桂軍前鋒已經抵達祁陽，距離衡陽只剩不到兩小時路程，卻錯失搶佔北進門戶的良機。黃旭初在日記裡寫道：「我對湘推動之計畫遂完全失敗」。[102]

兩廣北上之路受阻，白崇禧決定立即變更策略：將軍隊退回省境，採攻勢防禦；在政治上堅持抗日，在經濟上管理糧食，排斥日貨。人在廣州的李宗仁一度打算命桂軍朝貴州方向進攻，但是白崇禧約集廖磊、夏威、張任民、韋雲淞、劉斐等人商討結果，認為貴州不易攻取，決計作罷。期間陳濟棠背著廣西與南京交涉，桂系認為他不以理智決斷方針，「極難共事」。[103]

在戰火一觸即發的緊張氣氛中，雙方一面調兵遣將，暗中又頻頻接觸。到了七月初，南京對廣東的分化收買取得重大成就：七月四日，廣東空軍飛機四十餘架叛逃至南昌；八日，早已暗中「歸附」於蔣的粵軍主力第一軍軍長余漢謀秘密出走，次日在南京通電擁護中央；同日第二軍副軍長李漢魂也宣布服從中央。[104] 白崇禧見廣東局面危急，先後派黃旭初、李品仙與劉斐到廣州，勸陳濟棠掌握可靠部隊，向廣西方向靠攏，「以官、以地盤背城借一」。但是黃發現陳因為局勢惡化太快，舉止茫然失措，對於白氏的建議無一實行。[105]

陳濟棠迷信術士之言，他在決定起兵前派其兄到南京覷觀蔣介石面相，說是蔣氏印堂灰暗，年內將有大難，又曾扶乩，得「機不可失」一語，以為要把握時機。結果到了七月十八日，廣東空軍全部投奔中央，所謂「機不可失」，原來是指飛機不可失。陳至此已無鬥志，在這天辭職赴香港。[106]

---

99 劉斐，〈兩廣六一事變〉，《新桂系紀實》，上冊，頁 288-291。

100 「蔣中正日記」（未刊本），1936 年 6 月 2 日。

101 「黃旭初日記」（未刊本），1936 年 6 月 9 日；張慕先，〈何鍵與新桂系〉，《新桂系紀實》，上冊，頁 389。

102 何智霖（編），《陳誠先生回憶錄：北伐平亂》（台北：國史館，2005 年），頁 135-136；黃旭初，《黃旭初回憶錄——李宗仁、白崇禧與蔣介石的離合》，頁 193；「黃旭初日記」（未刊本），1936 年 6 月 9 日。

103 「黃旭初日記」（未刊本），1936 年 6 月 11 日、12 日、13 日、17 日。

104 「蔣中正日記」（未刊本），1936 年 7 月 11 日，本周反省錄；李毓樹（訪問）、周道瞻（紀錄），〈余漢謀先生訪問紀錄〉，《口述歷史》，第 7 期（台北：中央研究院近代史研究所，1996 年），頁 226；劉斐，〈兩廣六一事變〉，頁 292-293。

105 「黃旭初日記」（未刊本），1936 年 7 月 10 日、16 日、17 日。

106 程思遠，《白崇禧傳》，頁 185、189。

廣東瓦解，廣西形勢孤立，李宗仁由廣州回到南寧，與白崇禧等人商定，暫時對南京採低姿態，表態服從。七月十九日，李、白分別致電張定璠、吳忠信、何應欽、黃紹竑等人，表示抗日主張不變，如果中央真有抗日決心，廣西願意擁護。[107]此前南京已於十三日發表余漢謀為廣東綏靖主任，李宗仁、白崇禧為廣西正副綏靖主任，李、白在二十四日致電中央，決定於八月一日就新職，並請到牯嶺謁見蔣委員長，請示抗日大計。[108]

兩廣事變看來即將和平收場，可是就在這時，事情突然生變。

XIII

一九三六年七月二十五日，蔣介石突然以「久不到任」為由，撤銷原來李宗仁、白崇禧廣西綏靖公署正副主任的任命，改派李宗仁為軍事委員會常務委員，白崇禧為浙江省政府主席，另以原浙江省主席黃紹竑為廣西綏靖主任，同時命中央社「星夜發表消息」。[109]

蔣介石這一招「調虎離山」，刻意選在李、白呈報準備就職之後、就職之前發表，使桂系無法憑藉綏靖正副主任之職反抗，一般都認為出自向蔣建議「徹底解決廣西」的政學系策士楊永泰、熊式輝等人；[110]但是從蔣氏日記看來，此舉似乎不是蔣臨時變計，而是他本人暗中籌畫已久的決定。在日記七月「反省錄」裡，蔣氏如此寫道：[111]

對桂，調李、白新命雖冒幾分危險，但此命不下，則李、白陽示和平，而中央軍亦無機入粵，是則不僅桂逆不平，而粵事亦不能了也。此著之妙用，是世人不知其所以也。

可見蔣氏之調動李、白，看似準備徹底解決廣西，實際上是擔心新任廣東綏靖主任余漢謀成為下一個陳濟棠，因此藉防範廣西出兵為名，使中央軍得到進駐廣東的機會。「自思對於兩廣處置之方針與政治運用之步驟，幸無失算。」蔣不無自得地寫道。[112]

在桂系這邊，眾人獲悉蔣的新調令後，一致認為南京準備武力解決廣西。「廣西人是不能這樣被欺侮的，」程思遠後來回憶道：「你給他們壓力愈重，他們的抵抗力就越

107 「黃旭初日記」（未刊本），1936年7月19日；「吳忠信張定璠致蔣中正電」（1936年7月20日）、「黃紹竑致蔣中正電」（1936年7月20日）、「何應欽致蔣中正電」（1936年7月22日），《蔣文物》，典藏號：002-080200-00422-020、002-080200-00422-019、002-080200-00474-104。

108 「李宗仁白崇禧致蔣中正電」（1936年7月24日）、「錢大鈞致蔣中正電」（1936年7月25日），《蔣文物》，典藏號：002-080200-00474-153、002-080200-00422-027。

109 「蔣中正致魏懷等電」（1936年7月25日），《蔣文物》，典藏號：002-020200-00028-052。

110 劉斐，〈兩廣六一事變〉，頁294；王宏松，〈「兩廣事變」中蔣中正對兩廣的和戰態度〉，《國史館館刊》，第27期（2011年3月），頁20。

111 「蔣中正日記」（未刊本），1936年7月31日，本月反省錄。

112 羅敏，〈蔣介石與兩廣六一事變〉，《歷史研究》，2011年1期，頁96-97。

大。」[113]李、白於二十六日召集桂系文武幹部會議，都要和蔣「幹到底」，決定不接受南京七月二十五日的命令，同時變更軍事部署：將桂軍主力從湖南、貴州方向轉移至粵桂邊境，以防禦廣州方向陳誠率領的中央大軍。[114]

此後南京與廣西用電報進行攻防：蔣勸李、白速就新職，李、白則質疑新調令違反之前二中全會決議。[115]這時雙方陣營都在盤算彼此的強項和弱點。蔣介石陣營知道廣西因為軍費支出膨脹，造成財政極度困窘，只能以收取煙土過境稅謀求畸形的收入。而「六一事變」發生後，蔣氏接受黃紹竑建議，對廣西實施經濟封鎖，命令雲南、貴州兩省所產鴉片煙土不准經由廣西運銷，廣西收入為之暴減。蔣因此研判，廣西雖然態度強硬，卻已無法久持。[116]

但南京也無法一直與廣西長期周旋下去。日本此時在華北不斷挑釁，同時「長征」共軍已到陝西，而負責圍剿的張學良等將領卻傳出不穩，在在都使得蔣無法將中央軍主力長期擺在兩廣地區。假如桂系的抵抗曠日持久，超過三個月，政治局勢將會轉而對南京不利。[117]何況日本很可能乘此機會出手干預，使得南京陷入內外交困的境地。蔣氏很清楚這一點，他也曉得這正是李、白打的算盤。「李、白之期待：甲、粵軍內訌；乙、倭寇亂華。」蔣因而自問：「對桂未開戰以前，倭寇恐我國內團結與桂逆緩和之故，不先加壓迫乎？抑使桂逆易於負隅而首先壓迫乎？」[118]

進入八月，南京與廣西看來劍拔弩張，私下則接觸頻頻。八月七日，軍政部長何應欽與入桂斡旋的前北洋政府司法總長章士釗晤談，認為李、白決不會接受新任命離開廣西。如果中央對廣西動武，桂軍很可能會抵抗到底、玉石俱焚。鑒於廣西「軍民之組織，確可為抗日之用」，何應欽建議應採取政治解決途徑，他提議修改七月二十五日的任命，李宗仁為軍委會常委任命不變，但改任白崇禧為廣西綏靖主任。

但蔣介石立即回電：「兄切不可有此主張，且千萬勿與他人作此語氣。」[119] 何應欽的建議之所以碰釘子，關鍵在於他不了解蔣介石真正忌憚者，根本不是李宗仁，而是白崇禧。

蔣氏確實在考慮略做退讓，但相當堅持白必須下野，離開廣西。八月十二日，蔣接見李、白全權代表劉斐，提出經他親自修改過的和平條件，共分五項：一、廣西有相當自治權，中央軍可不進駐；二、李宗仁仍任廣西綏靖主任，以李品仙為副，白崇禧下野，李濟深離桂，黃旭初續任省主席；三、桂軍改編軍號番號，軍政軍令統一中央，但仍由李宗仁主持；四、黨政財加以整理，中央按月補助廣西建設；五、廣西新任黨政軍人員聯電，明確表示擁護中央完成統一。[120] 這五項條件形同由李宗仁接掌廣西軍政，看來蔣寧可讓李宗仁留任廣西，也要將白崇禧逼離他全力建設的家鄉。

113 「黃旭初日記」（未刊本），1936 年 7 月 25 日；程思遠，《白崇禧傳》，頁 190。
114 「黃旭初日記」（未刊本），1936 年 7 月 26 日；黃旭初，《黃旭初回憶錄——李宗仁、白崇禧與蔣介石的離合》，頁 195。
115 「李宗仁白崇禧致蔣中正電」（1936 年 7 月 30 日），《蔣文物》，典藏號：002-080200-00474-185；高素蘭（編），《事略稿本》，冊 38（台北：國史館，2010 年），頁 7-15、19-20、60-64。
116 葉健青（編），《事略稿本》，冊 37（台北：國史館，2009 年），頁 489-508；黃紹竑，〈新桂系與鴉片煙〉，《新桂系紀實》，上冊，頁 430；「蔣中正日記」（未刊本），1936 年 7 月 31 日。
117 劉斐，〈兩廣六一事變〉，頁 294。
118 「蔣中正日記」（未刊本），1936 年 7 月 31 日。
119 「何應欽致蔣中正電」（1936 年 8 月 7 日），《蔣文物》，典藏號：002-070100-00043-049。
120 高素蘭（編），《事略稿本》，冊 38，頁 78。

六年來既對立又合作的中央與廣西關係，在這五項和平條件提出後，走到了瀕臨決裂的邊緣，白崇禧進入風暴中心，是戰是和，在他一人。

XIV

劉斐將蔣介石提出的五項條件帶回南寧，桂系群情激憤，在連日會議後，於八月二十一日向蔣氏提出五項反要求，分別是：一、維持七月十三日李、白廣西綏靖正副主任的任命；二、桂軍非對外不能移動；三、取消對李濟深等人的通緝；四、迅速對日作戰；五、恢復第十九路軍。[121] 簡單來說，白崇禧拒絕下野，廣西不惜一戰。

在擺出強硬姿態的同時，桂系四處聯絡，集結大批反蔣人士，準備成立「國民救國委員會」一類政治組織以為號召；蔣則收到情報，指桂軍正積極行動，「李、白表示寧為流寇，不降中央」，將主力分為兩路，準備攻取粵桂邊境的欽州、北海，取得出海口，以補充械彈糧食。[122]

在獲悉廣西決定抵抗後，蔣不無失望的在日記寫下：「李、白頑逆，和平似已絕望」。白崇禧不願就範，使蔣必須重新思考對策。「中央軍對桂目的：甲、藉此派兵入粵；乙、使白離桂。故對桂之處置，以不違背此二大目的為要。」蔣在日記裡明確表示，白離開廣西是最重要的目標。為了達成這項目標，蔣認為不妨再做示弱退讓之舉：「桂所要求者，一保體面，二保實力，三保地位，」蔣寫道：「如能使白離而保其體面，暫不提減軍條件，且聲言撤兵，以馳其勢而墮其氣，總欲馳張得宜，進退自如，強弱兼用，以達到和平解決之目的也。」[123]

然而在試圖和平解決的同時，蔣介石也在考慮「以戰逼和」。蔣氏準備誘使廣西出兵，將其擊敗之後再談和。八月底，蔣在日記裡不斷思考各種方案，包括命令湖南何鍵假意投靠桂系，引誘桂軍進入湖南而擊之；或是以空軍轟炸機轟炸廣西主動挑釁，逼使李、白憤怒出兵。[124]

正當蔣在密集準備時，局面突然出現轉機：白崇禧力排眾議，決定接受蔣的要求下野，換得和平統一的局面出現。據劉斐回憶，白氏在八月三十日時決計去電廣州，歡迎中央大員飛抵南寧商談和平。李宗仁初時並不情願，不斷想要提出其他條件向南京喊價，並憤然表示「廣西是我們打得來的，打丟了就算了。」白氏勸解直到深夜，李才在翌日清晨對做為使者的劉斐表示：「算了罷，就這樣和了罷！」[125]

---

121 「黃旭初日記」（未刊本），1936年8月14日、21日；高素蘭（編），《事略稿本》，冊38，頁161-162。

122 黃旭初，《黃旭初回憶錄——李宗仁、白崇禧與蔣介石的離合》，頁196。

123 「蔣中正日記」（未刊本），1936年8月22日、23日、25日。

124 「蔣中正日記」（未刊本），1936年8月28日；「蔣中正致周至柔電」（1936年9月1日）、「蔣中正致周至柔毛邦初電」（1936年9月2日），《蔣文物》，典藏號：002-010200-00165-001、002-010200-00165-002。

125 劉斐，〈兩廣六一事變〉，頁299。

一九三六年九月二日，中央和談專使居正、程潛、朱培德飛抵南寧，
李宗仁、白崇禧（右一）與黃旭初到機場迎接。

為什麼八月二十二日時白崇禧還堅持留在廣西，九月初卻同意與中央妥協？學者認為原因有二，即南京對廣西的封鎖奏效，在此同時又對桂系展現若干善意退讓的表示，例如撤銷對李濟深等的通緝，以及中央軍奉令後撤若干里，如此才促成和平局面的出現。[126]

但是更重要的是白崇禧認為不應再打內戰，而應集合所有力量，一致對抗日本侵略。「內戰是自己兄弟打架，哪個打贏哪個打輸都沒有意義，」白勸李宗仁接受談和：「我們天天說抗日，既然都要抗日，何不講和不打。若要打，是打銀行的鈔票，叫來問銀行還有幾個錢，能打多久？兵有幾個？而且打下去於國家不好。」[127]

九月二日，中央和談專使程潛、居正、朱培德搭機由廣州飛抵南寧。程潛深望和談能夠成功，在機場對前來歡迎的桂系眾人表示，只要能和，「即使要我磕八個響頭我也願意。」[128] 三日全天，李、白在廣西省政府新建大樓召集桂系重要幹部會商和平方案。不少桂系成員回想起當年蔣桂戰爭往事，不願意就此與蔣妥協，像潘宜之就表示，一旦妥協，廣西怎麼對得起那些出錢出力的反蔣人士？白氏打斷他的發言，要大家從大局著想。最後由李宗仁總結，決定與蔣妥協。他表示廣西獨力抵抗，財政不易持久，加上各方之響應，終究難以依靠；此外還需擔心原來被蔣委任廣西綏靖主任的黃紹竑，難保不會逕自設置一個廣西綏署，造成桂系內部分裂。

[126] 王宏松，〈「兩廣事變」中蔣中正對兩廣的和戰態度〉，頁 38-39。
[127] 馬天綱、賈廷詩、陳三井、陳存恭（訪問、紀錄），《白崇禧先生訪問紀錄》，下冊，頁 673-674。
[128] 「黃旭初日記」（未刊本），1936 年 9 月 2 日。

一九三七年四月一日，李宗仁、白崇禧就任第五路軍正副總司令職，南京派參謀總長程潛（前排右四）前來監誓。

3
1

四日上午，白崇禧表示，為了和平，他決定下野出國考察。這裡可以看出白氏的冷靜務實以及愛國情操，使他願意在這個和戰關鍵，毅然放下與蔣介石的多年恩怨，讓廣西成為推動中央抵抗日本侵略的堅強力量。

桂系當即擬定和平方案：一、開放抗日救國運動及集會結社自由；二、撤退包圍廣西的中央軍；三、務求最短時間內實現抗日；四、李宗仁為廣西綏靖主任；五、白崇禧以軍委會常務委員名義出洋考察；六、廣西黨政照舊；七、桂軍保留三個軍，每軍兩個師，費用由中央補助。李、白將方案交給程、朱、居三代表，並派劉斐隨行，於同日下午飛回廣州覆命。劉斐於五日致電李、白，表示和平方案，蔣全盤接受。於是李、白發出通電，稱將在中央領導下，共同努力救國。[129]

自此，廣西與中央自一九二九年以來的對立局面，終告和平落幕。

九月十六日，白崇禧在南寧廣西省黨部就軍委會常委職。[130] 十八日，李宗仁前往廣州，與駐節當地的蔣介石會晤。蔣氏為表現誠意，先往見李。「德鄰此次來粵，一般人士必相慶，以為此係民國成立以來，最重大及最愉快事件之一。」蔣在日記寫道：「因廣西為最後歸附中央政府之省分，李氏之來粵，可表示全國之整個統一也。」[131]

實際上，蔣原先想見的並非李，而是白崇禧，然而他與白的會晤，前頭還有一段漫漫長路。

兩廣事變和平落幕後，蔣介石即開始不斷提出邀約，希望能與白崇禧見面，並請白氏入京任職。九月七日，蔣致函白，稱目前黨國多難，請白打消出洋考察念頭，「無時不望吾兄共同患難，始終其事，相予贊襄到底。是以亟盼兄入都佐理，俾大計得共籌商，而中（正）個人之獲益更非淺尠。」蔣還表示，如果白因為軍政事務交接繁忙，一時難以與他會面，「中儘可在粵稍待。」[132] 接下來又派黃紹竑、陳誠到南寧勸駕。[133]

蔣氏接連邀請白崇禧到南京，當然代表他對白能力與眼光的肯定。早在一九三六年初，蔣的愛將陳誠曾經在呈蔣的報告中評論過兩廣領袖。陳誠認為李宗仁為一「長者」；陳濟棠「目光短視，而無遠志，難當大任」；只有白崇禧「毅力才氣，有過人處」。將來對日抗戰，必是肩負大任的支柱，是以必須要改善與白的關係。[134]

[129] 程思遠，《白崇禧傳》，頁194；「黃旭初日記」（未刊本），1936年9月3日；劉斐，〈兩廣六一事變〉，頁302；高素蘭（編），《事略稿本》，冊38，頁465-467。
[130] 「白崇禧致林森電」（1936年9月17日），《國民政府檔案》，典藏號：001-032107-00032-007。
[131] 「蔣中正日記」（未刊本），1936年9月18日。
[132] 「蔣中正致白崇禧函」（1936年9月7日），《陳誠副總統文物》，典藏號：008-010202-00038-008。
[133] 「黃旭初日記」（未刊本），1936年9月14日、10月9日。
[134] 「陳誠致蔣中正電」（1936年1月17日），《蔣文物》，典藏號：002-080200-00467-041。

白崇禧自己對蔣介石要他入京也有一番精闢的分析。在陳誠到南寧促駕時，白對黃旭初等人說，蔣要他到南京，其用意約有以下幾點：「一、虎離山後，且常在我鎖鏈之下，將不復為患。二、可藉以嚇日本：廣西真正在我統一之下，而且助我，或可減輕日本之威嚇。三、可藉以鎮壓雜色部隊，說桂已如此，你們尚欲貳心乎？」[135]

但是白崇禧遲遲沒有啟行入京。關鍵之處，在於白對蔣缺乏信任。當一九三六年九月初，蔣表示希望在廣州與白會晤時，張定璠便從上海拍發密電勸阻，稱「時無齊桓，內無鮑子，難乎其為管仲！東行宜細酌」。[136] 意思是蔣並無誠意，也不是一位能讓白揮灑才能的領導人。陳誠在九月底致電何應欽，稱白崇禧之所以不敢到廣州與蔣介石見面，是因為「恐身命無保障，」而且「到京後恐無事可做，反致進退兩難」。[137]

就這樣，白崇禧以軍事委員會常務委員、第五路軍副總司令**（一九三七年四月任命）**身分滯留廣西，直到一九三七年六月，才出現轉圜契機。當時由南京通往雲南的京滇公路通車，為了檢視通車情況，行政院組織「京滇公路周覽團」，由各部會派員參加。軍事委員會由陳舜畊代表。陳舜畊是浙江奉化人，叔父為蔣氏同窗，陳本人於北伐時任職總司令部，與白崇禧、潘宜之均有交情。

陳舜畊在周覽團抵達廣西時，前往桂林與白崇禧見面。他回南京後，向蔣介石呈上一份祕密報告，詳細記述了他與潘宜之、白崇禧的交談內容。潘宜之對陳表示：「希望蔣先生以後對於白先生絕對信任，且能加以重用。因為我覺得白先生真是幹才。白先生能為李用，亦必能為蔣用。且白先生絕對無野心，也決不能與蔣先生爭領袖。如蔣先生推心置腹，視李、白如一家人，我敢擔保李白絕對擁護蔣先生。」

白崇禧約見陳舜畊時，彼此寒暄過後，陳便直接向白表示：「我們希望副總司令**（白）**能到中央去，為全國努力苦幹。」

「此點差不多是一般人的心理。」白崇禧回答：「但是我到中央去，有何事可做。委員長命我到浙江去當主席。浙江很富足，地方又好，又是委員長本鄉，我非常感激。但我對於政治是門外漢，沒有經驗，恐怕有負委員長之好意。又治理一省，至少要有三年功夫，方才可有成績，不過誰亦不能擔保我在浙江能做三年主席。還有作戲要有配角，做主席也是如此。倘若我做主席，所有配角不能同我合作，我就非坍台不可。所以我不敢就，曾向委員長再三辭謝。至於到中央去，恐怕也沒有實在事情可幹；我是一天不得閒的。所以還不如在廣西培植一些實力」。

陳舜畊又說：「目前委員長為全國一致推崇之領袖，副總司令亦為一般人所景仰，全國民眾大都懷著一個疑問，為什麼副總司令不能與委員長合作，甚至疑副總司令對委員長有不解之私怨。我以為副總司令與委員長面談之時候太少。如果副總司令能到中央與委員長痛談數次，必能給國人以一極大之安慰。」

白表示：「從前對委員長實在有不諒解的地方，但是年來在精神與事實兩方面誤會皆漸漸消去了。至於晉見委員長，公誼私情，皆應早見。」他隨即談到當前的局面：「目前我相信中國再不致有內戰，各省決不敢作亂，中央亦不至隨便下討伐令。至於國際形勢，各國均備戰，而不敢開戰。中國對日本作戰，勢非聯英或聯美，或聯俄不可，

135 「黃旭初日記」（未刊本），1936 年 10 月 9 日。
136 程思遠，《白崇禧傳》，頁 196。
137 「陳誠致何應欽電」（1936 年 9 月 29 日），《陳誠副總統文物》，典藏號：008-010101-00003-066。

但英美俄恐不至輕易和我國聯合。希望委員長乘此時間，領導我們復興中國成功。如中央真是需要我，我擬於國防會議時，赴京一行。」[138]

八年以來，白崇禧的真實聲音從來沒有像這份報告一樣，清楚完整的傳遞到蔣介石的眼前。這份經蔣氏披閱的報告，應該對蔣、白之間重新建立起互信，起到很大的作用。

XVI

一九三七年七月七日深夜，河北宛平盧溝橋上，日本華北駐屯軍與中國軍隊爆發激烈衝突。全面抗戰的時機終於來到。蔣委員長決心凝聚全國共識，舉國一致對日抗戰，於是邀請包括中共在內的地方實力派軍政人物到南京共商大計。

廣西的李、白自然也在受邀之列。八月二日，蔣致電白，表示即將召開國防會議，請他到南京襄贊戎機。桂系內部開會討論，對於蔣氏是否真心投入抗戰，或者是又一次藉機「削藩」？許多幹部仍然抱有疑慮。[139]有些幹部仍然勸阻李、白入京，認為他們若去了，會「一去不復還」。李宗仁也有同感，要白崇禧先觀望情勢再說。

白崇禧不以為然。現在全面抗戰的時機已到，對蔣介石信任與否，「削藩」與否，都已經無關宏旨。他再次獨排眾議：「我們以抗日為號召，今日人家以抗日號召，你不去，證明抗日是假的；（蔣）以全國領袖召你，你不去，懷疑你，打不起了。至於一去不復還，是不會的。」決定覆電，答應到南京共赴國難。[140]

一九三七年八月四日上午九時，白崇禧與劉斐、黃季陸、潘宜之等人，分乘數輛汽車由桂林舊藩署出發，抵達二塘機場，李宗仁親自到場送行，沿途商店民宅紛紛懸掛國旗、燃放鞭炮，南門外有黨政軍各機關及民團學生共三萬餘人列隊歡送。南京派來接白崇禧一行的水陸兩用飛機，已在機場等候。十時十分，白氏向李宗仁舉手敬禮，並與送行者握別後，便登機啟程。[141]

當日桂林大雨，飛機起飛後，很快消失在濃重的烏雲之後，但機上的白心中明白：全面抗戰即將展開，他的事業及與蔣介石的關係，也要邁入一個新的階段。

[138] 「陳舜畊呈蔣中正函」（1937年6月3日），《蔣文物》，典藏號：001-045859-00001-003。

[139] 「毛慶祥呈蔣中正情報」（1937年7月25日），《蔣文物》，典藏號：002-080200-00488-023。

[140] 馬天綱、賈廷詩、陳三井、陳存恭（訪問、紀錄），《白崇禧先生訪問紀錄》，下冊，頁674；「李宗仁白崇禧致林森電」（1937年8月2日），《國民政府檔案》，典藏號：001-072470-00019-004。

[141] 南京四日下午十時專電，〈白崇禧昨到京謁蔣／蔡廷鍇亦啟程北上／秦德純昨抵京劉湘即到〉，《大公報》（上海），1937年8月5日，版3。

第四章 入京佐元戎

健生上將於廿六年八月飛寧，遂定攻倭之局

——徐悲鴻

一九三七年八月五日，上海《大公報》在三版頭條刊出昨日白崇禧抵達首都消息。文中描述，白氏一行人搭乘的水陸兩用專機，於四日下午四時三十分，降落於南京下關江面上。國府軍政要員張群、何應欽、程潛、王寵惠、錢大鈞、張嘉璈、梁寒操等數十人，早已先在下關津浦路碼頭迎接。據在場記者形容，白氏「精神飽滿，勇尤勝當年」，他下機後與前來歡迎者一一握手致意，隨即驅車赴位於中山陵園的原張學良公館略事休息，於晚間六時許與蔣委員長見面，並共進晚餐。「蔣白睽違瞬逾八載，晤面傾談，異常歡洽。」社會各界對白氏入京「均極重視，並感興奮。」[1]

[1] 南京四日下午十時專電，〈白崇禧昨到京謁蔣／蔡廷鍇亦啟程北上／秦德純昨抵京劉湘即到〉，《大公報》（上海），1937年8月5日，三版。

(C)朝日新聞社 聞蔵IIビジュアル 1937年8月6日 東京 朝刊 2P ★(アジア・台湾)国立政治大学

東京朝日新聞

事實上の宣戰布告
南京政府の大勢支配
時局收拾遂に不能か

抗日軍總司令に
白崇禧氏任命か
組織的戰備愈々深刻

中央軍二十萬
冀察兩省に集結配備

增稅案事件追加豫算
けふ衆院を通過
貴院も七日中に議了

不擴大方針に對應
藏相增稅方針說明

我軍に空爆された支那町

東京《朝日新聞》八月六日報導，認為白崇禧到達南京，很可能出任參謀總長，成為實際執掌兵符者。

在日本這邊，同樣極度關切白崇禧的進退行止。東京《朝日新聞》八月五日便報導了白氏抵達南京的消息，次日更在頭版以顯著標題刊出：與蔣介石闊別八年之久的白崇禧，此番來到南京，受到各方面的極度重視，山西閻錫山甚至特地在南京多停留一天，等待白氏到達後與其晤面；《朝日新聞》推測，白崇禧很可能出任蔣氏嫡系中央軍的參謀總長，甚或執掌兵符，擔任「抗日軍之總司令」。這篇報導也判斷，白崇禧、閻錫山、韓復榘等當代中國的「最高軍事實力者」，已和南京中央達成一致抗日的協議。❷

顯然，日方報刊知道白崇禧入南京的意義與其他「各路諸侯」大不相同，白氏到達首都，不僅表示廣西對中央抗戰國策的支持，他本人更可能成為中國對抗日本戰略的設計者。白崇禧到達南京，象徵中日全面戰事一觸即發。

I

蔣、白這次在大敵當前時晤面，彼此都有盡釋前嫌、共抗強敵的誠意。白崇禧率先入京，促成全國一致抗日的大團結形勢。❸「白健生到京，團結可喜，其形態皆己改正矣。」蔣在兩人重見的當晚如此寫道。❹八月七日，白崇禧和山西閻錫山、湖南何鍵、廣東余漢謀、四川劉湘等到京的地方領導人出席擴大召開的國防聯席會議。會議進行到深夜，討論最重要的議題：是否對日本作戰？蔣對與會人員表示，一旦決定作戰，戰爭時機，由中央決定，「各省與中央須完全一致，各無異心，各無異言。」要求出席人員以起立表決，白崇禧等人聞言，全體起立贊成，一股嚴肅悲壯的氣氛，瀰漫在會場之中。❺幾天以後，白崇禧對左右表示，他來南京前最大的擔憂，是蔣介石的身體狀況與抗戰決心，經連日來與蔣氏晤談，這種憂慮已完全冰釋，現在他對抗戰局面極為樂觀：「敵武器雖較我為優，然我如恢復北伐精神，不難一舉粉碎敵人。」❻

❷ 上海五日特電，〈抗日軍總司令に／白崇禧氏任命か／組織的戰備愈々深刻〉，《東京朝日新聞》，昭和12年8月6日，版2。陳嫻若女士協助翻譯，特此感謝。

❸ 程思遠，《白崇禧傳》，頁199。

❹ 「蔣中正日記」（未刊本），1937年8月4日。

❺ 林美莉（編校），《王世杰日記》，上冊（台北：中央研究院近代史研究所，2012年），頁29-30。

❻ 南京九日電，〈白崇禧語壯天下：抗敵大計極表樂觀〉，《公教周刊》，第9卷第21期（1937年8月），頁17。

所謂「恢復北伐精神」，透露出連日來蔣白會商之後對白個人以及桂系的安排：這次廣西與中央攜手抗日，就是回復到北伐開始時的格局。廣西的陸、空軍，兵工廠和軍校，由何應欽與白崇禧商定統一辦法。❼廣西領袖「李白」二人，李宗仁率軍到前線作戰，白崇禧則在中央，擔任蔣氏的最高軍事幕僚。在白崇禧抵達南京的前一日，蔣已在思考「**白之用法**」。八月六日的日記裡，蔣氏又在「注意」項目中寫下「**健生願任參長之意**」。❽看來蔣準備按照北伐時的前例，以白崇禧為新組建的大本營副參謀總長，實際行使參謀總長職務。

大本營是抗戰初期設立的最高統帥部，由蔣介石出任陸海空軍大元帥，統率國軍，以指導全民，抵抗日本侵略。大本營設正副參謀總長各一員，「指揮大本營各部，輔助大元帥策畫全局」；下設第一到第六部，分別主管軍令、政略、財政、經濟、宣傳與訓練。❾大本營成員的人事安排，大致由蔣氏主導。蔣先以在軍界資歷甚深的程潛為參謀總長，隨即出長第一戰區司令長官，負責平漢線戰事，參謀總長職務交由白崇禧代行。為了讓白能順利行使幕僚長的職權，蔣又任命同屬桂系的黃紹竑為主管軍令的第一部部長。❿

然而，蔣對於是否以大本營指揮作戰，仍有諸多顧慮。「現在統籌戰時一切事務的大本營各部已經開始辦公，大家應以前方將士抵死拚戰的精神來辦理後方的一切事情，」九月一日，蔣在最高國防會議上報告：「關於大元帥的名義和大本營的組織，經中正再三考慮，在日本未正式宣戰以前，不必發表。仍以軍事委員會委員長的名義和已成立各部的組織，執行一切職權。」⓫

統帥部的人事之後略有更動，先是黃紹竑被派往山西視察，並出任第二戰區副司令長官，軍令部由閻錫山舊部徐永昌接掌。一九三八年初，蔣又以軍政部長何應欽兼任參謀總長一職。何應欽雖然是中央軍當中地位僅次於蔣氏的人物，但是他長期處在蔣這位強勢主帥積威之下，「參而少謀」，多半順從蔣的意志，為其傳達命令，幾乎沒有自己的聲音，反倒是副總長白崇禧，補足了何在出謀劃策上的不足。由此也能看出白在蔣身邊的角色和作用。⓬

至於蔣介石為何仍然規劃白以副總長代行總長職權，而非直接任命其為參謀總長呢？核心的原因恐怕是雙方的互信此時還未建立，而這一點將在稍後的淞滬與南京戰役中造成負面的影響。

⓻「蔣中正致何應欽條諭」（1937年8月18日），《蔣文物》，典藏號：002-010300-00003-030。

⓼「蔣中正日記」（未刊本），1937年8月3日、6日。

⓽「大本營頒國軍戰爭指導方案訓令」（1937年8月20日），收於：中國第二歷史檔案館（編），《抗日戰爭正面戰場》（南京：江蘇古籍出版社，1987年），頁11-12。

⓾程思遠，《白崇禧傳》，頁199。

⓫蔣中正，〈最近軍事與外交〉（1937年9月1日），收於：秦孝儀（編），《總統蔣公思想言論總集》，卷14：演講，頁626。

⓬蘇聖雄，《戰爭中的軍事委員會：蔣中正的參謀組織與中日徐州會戰》（台北：元華文創，2018年），頁60。

II

時間回到一九三七年八月四日，蔣委員長在宴請白崇禧當晚，便向白提出疑問：

倭寇內多矛盾，外成孤立，暴行醜態，畢露無遺矣；惟我應先取攻勢乎？其利害如何？

白氏怎麼回答，不得而知；蔣則自答：「尚當研究之。」⓭然而這番話裡的「先取攻勢」一語，實際上已透露出一項絕密作戰計畫：蔣決定在上海對日軍發動攻勢。由於盧溝橋事變以來，南京始終無法完全掌握華北宋哲元等地方軍系領導人的動向，蔣氏因而準備主動進攻，擴大戰事，將戰爭拉到長江下游進行。況且，在上海這座大都會作戰，也可以在國際矚目之下，展現中國的抗戰決心。

這場在上海發動的攻勢，其實已經秘密準備三年之久。蔣委員長暗中指令淞滬警備司令張治中擬具「上海圍攻計畫」，預備調集精銳部隊，配合空軍、砲兵，一舉掃蕩駐上海日本租界的日軍海軍陸戰隊，取得緒戰勝利。⓮八月十一日，中央軍受德國顧問訓練、編制，並配備德製武器的第八十八、八十七師抵達上海近郊；十三日，八十八師的先頭部隊在上海閘北與虹口交界的八字橋處與日軍交火，淞滬會戰爆發。

國軍突然採取攻勢，確實造成上海日軍極大壓力，然而八十八、八十七師雖然號稱德式訓練的精銳，卻缺乏攻破日軍堡壘的重武器，致使久攻不下上海日租界。八月二十三日，增援日軍兩個師團在上海派遣軍松井石根大將率領下，於長江南岸強行登陸，軍事委員會也劃定上海為第三戰區，檄調各省軍隊馳援。淞滬戰事於是從市區的攻

白崇禧出任副參謀總長，隨即前往上海前線視察。

防，進入大規模的陣地戰階段。

戰事擴大初期，白崇禧經常奉蔣介石的指令到前線視察，對前方將領傳達命令，並了解戰況。為求行動迅捷，白氏的副總長辦公室編制極為簡單，只有兩名秘書和幾位隨從參謀。⓯據白日後回憶，由於日軍完全掌握戰場制空權，國軍部隊人員交通備受威脅，因此他在接奉命令後，天未破曉就從南京驅車出發。有一次，白氏於拂曉時分抵達崑山，為防敵機掃射，當即命隨行人員取下座車的車篷，由他監視正前方上空，其他人員分別監看左、右、後方情況。說時遲那時快，數架日機突然從雲層裡急降而下，白崇禧等人早有準備，見狀立

⓭ 黃自進、潘光哲（編），《蔣中正總統五記——困勉記》，下卷（台北：國史館，2011年），頁570-571。

⓮ 李君山，《上海南京保衛戰》（台北：麥田出版，1997年），頁38、40。

⓯ 何作柏，〈白崇禧當副參謀總長兼軍訓部長〉，《新桂系紀實》，中冊，頁415。

刻跳車，快步奔跑到公路兩旁的稻田或樹叢中掩蔽。剛一離車，車身就遭到敵機掃射命中，所幸損害不大，白氏一行等敵機過後，又繼續向上海前進。⓰據白崇禧的觀察，上海國軍「無制空權，仗無法打。我官兵日間因飛機不能動，夜間因探照燈亦不能動。」白因而向蔣介石力陳：「長期抵抗，須另有打算。」⓱

八月二十九日，國軍發動反攻，但是戰況不利，此時蔣委員長獲報：他的心腹愛將、前敵總指揮陳誠竟不在前線坐鎮，已經返回蘇州，蔣氏大為訝異，立刻要白崇禧到前線視察。⓲白氏這一去，便看出第三戰區指揮體系上的大問題。

III

根據陳誠日記，八月二十九日這一天，他在嘉定以東的施相公廟督戰，因為戰事甚為激烈，待到部署停當，已是傍晚六時。他趕往蘇州處理各種大軍後勤事宜，不禁抱怨道：「此次組織之不健全，系統之〔不〕清楚，各級因人設位，而應負責者僅掛名而已，而實際負責者則無名義。以予個人言，前方部隊之指揮固須負責，同時後方勤務，如交通、衛生、給養等均集予一人之身，而又無名義與組織，其困難可想而知矣。」而到了晚間，蔣的電話又至，要求陳去敦請第三戰區司令長官馮玉祥到蘇州主持戰局。陳誠在日記裡繼續埋怨道：「馮僅在無錫之南橋通過一次電話，僅及虛偽之套語而去，戰事殊可嘆也。」⓳

第三戰區司令長官馮玉祥不在前線坐鎮，正是白崇禧看出的一大問題。據白氏之後回憶，他第一次抵達前線視察，禮貌上先往指揮部拜會戰區長官，但馮不在，只見到副長官顧祝同。白以為馮出巡在外，因此和顧交換戰況、敵情意見之後就告辭到前線視察。怎知第二次到前線視察，照例去拜會馮司令長官，馮還是不在。

「委員長要我前來慰勞他，並聽取他的意見，何故二次不見？」白崇禧終於忍不住詢問副長官顧祝同。

顧祝同告訴白崇禧，原來馮玉祥因為害怕敵機空襲，白天不在戰區長官部，而在距上海一百五十里外的宜興一處岩洞中。馮只偶爾在夜間到長官部，私章交給顧，公事也由顧代為決行。白聞言後，便驅車兩小時到宜興與馮見面。他見到馮，傳達蔣慰問之意，但馮聽後沒有任何表示。白在內心忖度，「是否第三戰區之部隊都是中央部隊與西南部隊，馮指揮不靈而不到戰區？」[20]

白崇禧料想得不錯，馮玉祥確實因為與戰區部隊沒有淵源而態度消極。據馮的老部屬、當時任三戰區參議的葛雲龍回憶，八月二十六日，馮自嘲地說：「我們只要能抗日，不必軍隊一定要聽我的指揮。我們只要能救國，不必一定自己處很高的地位。此間軍隊，我都不甚熟悉。若必處處聽我指揮，必致敗了大事。」[21]

---

[16] 馬天綱、賈廷詩、陳三井、陳存恭（訪問、紀錄），《白崇禧先生訪問紀錄》，上冊，頁 146。

[17] 《徐永昌日記》，第 4 冊，頁 98。

[18] 「蔣中正日記」（未刊本），1937 年 8 月 29 日；黃自進、潘光哲（編），《蔣中正總統五紀——困勉記》，下卷，頁 574。

[19] 林秋敏、葉惠芬、蘇聖雄（編校），《陳誠先生日記》，冊 1，頁 155。

[20] 馬天綱、賈廷詩、陳三井、陳存恭（訪問、紀錄），《白崇禧先生訪問紀錄》，上冊，頁 146-147。

[21] 葛雲龍，〈馮玉祥出任第三戰區司令長官見聞〉，收於：中國人民政治協商會議全國委員會文史資料研究委員會《八一三淞滬抗戰》編審組（編），《八一三淞滬抗戰：原國民黨將領抗日戰爭親歷記》（北京：中國文史出版社，1987 年），頁 9-10。

白崇禧認為，不能坐視這一情形繼續惡化下去。他回到南京後，與參謀總長何應欽一同向蔣介石建議，將宋哲元、韓復榘、孫連仲等西北軍約十五萬兵力撥交馮玉祥指揮，並在黃河以北、山東北部地境，增設第六戰區，以馮氏為司令長官。這一建議當即被蔣採納，馮玉祥也欣然從命。

沒想到馮剛從津浦路乘車北上準備履新，預定編入新戰區的馮氏舊部便群起反對，其中又以山東的韓復榘態度最為激烈，甚至以請辭相要脅。蔣於是召見白，表示「解鈴還是繫鈴人」，授意由白氏向馮玉祥委婉轉達舊部對他的不信任，希望他自行辭職。當白崇禧向馮玉祥說明時，馮無異議接受，此後即專任軍事委員會副委員長，沒有再出來帶兵。[22]

「馮玉祥所以失掉部隊信任，主要因為他御將之術太壞。」白氏日後說道。馮昔日對部將動輒斥罵，少施恩惠，所以舊部大多離心離德。白崇禧建議為馮增設新戰區，原是一番好意，誰知竟差點壞事，所幸各方都以抗戰大局為重，彼此退讓。九月二十日，蔣親自兼任第三戰區司令長官，而白崇禧與顧祝同、陳誠等將領，則共同負起第三戰區決策指揮的重任。

IV

對於這場馮玉祥與舊部之間的風波，日本軍方似乎並不知情，但是他們認定「目下南京政府內有指導勢力者，為馮玉祥、孫科、宋子文、白崇禧、陳誠及胡宗南等」。[23]和本章開頭引用的日本報刊一樣，日本軍方認定白崇禧為中國抗日的最重要人物。為了分化、裂解抗戰陣營，日本特務機關甚至準備策動白崇禧從南京叛逃。在淞滬戰場的「血肉磨坊」之外，一場無聲的諜影暗鬥正悄然上演。

根據戴笠密呈蔣介石的報告：日本上海派遣軍松井石根大將試圖誘使白崇禧離開南京，由日本供應軍械、資金，讓白回到廣西，繼續反蔣。日方駐上海特務機關長楠本實隆，秘密派其代表森政一和桂方人員接觸。此一情資被戴笠領導的軍統局截獲，於是戴笠將計就計，以手下能員假冒桂系代表，於十月一日在上海秘密與森政一等日方人員晤面。軍統人員故意對森政一等人表示，白崇禧在南京已遭蔣氏軟禁，對蔣多有怨望。日方代表對此信以為真，相當振奮，不但拿出楠本致白氏的親筆密函，更表示白如能藉口到淞滬前線視察，脫離南京控制，日方將立刻致贈美金一百萬元，並負責護送白氏返回廣西。

儘管日方看似已經中計，戴笠卻隱約感到懷疑不安。「生（戴笠自稱）謹詳細研究本案經過，」他向「校長」蔣介石分析其中關竅：「日方之目的，不外繼續其分化政策，以分散我抗戰力量。」日方代表對於軍統假冒的桂系代表，毫不查證，很可能日方意在分化，使白崇禧「見疑於中央，使白處於不利之地位，不得指揮前線部隊，以遂其反間之陰謀。」而在楠本實隆致白崇禧的密函中，還多次提及一位「文先生」，由於軍

22 馬天綱、賈廷詩、陳三井、陳存恭（訪問、紀錄），《白崇禧先生訪問紀錄》，上冊，頁 147-148。

23 「毛慶祥呈蔣中正日本電報情報譯文十三則」（1937 年 9 月 14 日），《蔣文物》，典藏號：002-080200-00489-014。

統方面對於此人毫無所知，戴笠甚為懷疑，「文先生」是松井石根與白崇禧之間約定的暗號。因此他除了請示蔣氏，是否繼續佯裝桂系和日方接觸，同時並建議「此事似不宜使白知道。」[24]

在硝煙烽火中奔走視察的白崇禧，顯然不知道有這麼一場與他密切相關的諜戰。蔣介石在制止戴笠進一步與日方接觸的同時，看來始終對白保密。十月五日，蔣才在日記中提醒自己「**對白應精誠相待**」，[25]和上述戴笠報告比照，就可以明白，蔣氏實際上仍然對白崇禧留了一手。

但是日本方面確實小看了白崇禧抗日的決心。檢視蔣氏此時日記，對白崇禧共赴國難的赤誠一直讚譽有加。譬如在十月四日，蔣於日記中寫道：「**季寬（黃紹竑）自私太重，不如健生遠矣。**」九日，又記：「**健生心神皆能開誠相應，殊堪嘉慰，於此憂患之中得內部團結，為最可慰之事。**」[26]

大約就在日方企圖離間蔣、白關係不成的同時，國軍在淞滬戰線上，態勢也漸趨不利，究竟要戰略撤退，還是繼續堅守？已經來到了抉擇的關頭。

V

自從八月下旬日軍增援師團在長江出海口登陸之後，雙方攻守易勢，日軍進攻，國軍主守。上海戰事的重心移往市區以北的羅店。中日兩軍爭奪羅店，戰況空前慘烈，日軍攻勢猛烈，希望中央突破，攔腰切斷中國防線；國軍前仆後繼，死戰不退：許多陣地一日之間易手高達十次之多，往往白天被日軍數次猛攻後拿下，入夜後又被國軍逆襲奪回。

為了向地方實力派展示抗日決心，蔣委員長將其嫡系部隊大量投入戰場。根據學者統計，戰前整訓完成的三十個中央軍「整編師」，投入淞滬戰場的就有二十一個師。除此之外，還有來自四川、廣東、東北、西北、湖南、福建等系統的地方部隊加入作戰，前後共計七十個師，七十餘萬人。由於運輸條件的限制，這些部隊只能逐次進入火線。這種屢次添加兵力的情況，使得國軍無從發揮人數優勢，只能被動堅守陣地，逐次增援，逐次消耗。[27]

日軍的進攻有一定程序：天亮前先以艦砲、飛機、野戰火砲炸射，接著燃起煙霧，由坦克打頭陣，步兵、工兵在後方跟進，一步步朝國軍防線進逼。面對日軍陸海空多重打擊的立體戰爭，國軍火力貧弱，為了頂住戰線，只能以血肉之軀硬拚，因此傷亡極其慘重，有的師甚至上火線還不到二十四小時，就因為死傷殆盡，必須撤下休整。

九月下旬，日軍在北線取得進展，中國軍隊被迫收縮戰線，退到瀏河、廣福與蘊藻濱南岸一線，從而讓南線的市區突出，成為「S」型的態勢。日軍以主力的一部向南迂迴，準備切斷北線守軍的後路，兩軍在蘇州河兩岸鏖戰。

---

24 「戴笠呈蔣中正報告」（1937年10月6日），《蔣文物》，典藏號：002-080102-00037-001。

25 「蔣中正日記」（未刊本），1937年10月5日。

26 「蔣中正日記」（未刊本），1937年10月4日、9日。

27 李君山，《上海南京保衛戰》，頁89-91。

白崇禧與蔣介石於蘇州會商桂軍使用。蔣頗寄望以廣西生力軍投入，一舉扭轉淞滬戰局。（國史館提供）

大約在此時，白崇禧向蔣介石進言，勸蔣不要孤注一擲。白氏認為淞滬戰場夾處在長江與黃浦江之間，港灣河道，交錯縱橫，敵軍以陸空聯合作戰，容易發揮威力，反觀我軍在這樣的地形環境下作戰，不容易集中兵力，更難以發動大規模反擊。應該選擇有利地形，才能發起攻勢，扭轉戰局。言下之意，是希望淞滬作戰能適可而止，保存我軍精銳主力。「如果『八一三』上海保衛戰，我軍為向國人交代，只作輕微抵抗，將主力撤至南京，」二十多年後，白氏在接受口述歷史訪問時，做出這樣的設想：「深溝高壘，由沉著之將領指揮，敵人海、空軍不能放肆，如此以守上海之精神守南京，雖南京終久必失，但其效果一定較大，敵人之損失也必更大。」[28]

劉斐此時擔任大本營第一部的作戰組組長，根據他的回憶，在十月初，蔣似乎已採納白崇禧的建議，準備將守軍主力及時轉移到戰前修築的「吳福線」國防工事，命令已經下達至前線各部隊，蔣卻在第二日臨時喊停。原來美國總統羅斯福（Franklin Roosevelt）在十月五日於芝加哥發表措辭強硬的「隔離演說」（The Quarantine Speech），主張以經濟制裁「隔離」侵略國家。這一演說使蔣委員長對國際社會制裁日本重燃希望。蔣氏對白、劉等人表示，現下《九國公約》各國正在開會，只要國軍在上海繼續支持下去，《九國公約》很可能會出面制裁日本。蔣隨即要白在當晚一起到前線巡視。[29]

[28] 程思遠，〈我所知道的白崇禧——在淞滬會戰中〉，《學術論壇》，第 2 期（南寧，1988 年），頁 100-101；馬天綱、賈廷詩、陳三井、陳存恭（訪問、紀錄），《白崇禧先生訪問紀錄》，上冊，頁 154。

[29] 李君山，《上海南京保衛戰》，頁 128-129。

蔣要白隨赴前線，有重要原因。淞滬前線苦戰的部隊，死傷耗損極其嚴重，蔣對此自然心知肚明。「**決調桂軍加入滬戰，不能放棄上海。**」蔣在日記中寫道。[30] 為了要在上海繼續堅持下去，蔣準備將廣西軍作為生力軍，增援淞滬戰場。

VI

抗戰爆發之後，桂軍開始進行大規模擴編，從原本的兩個軍五個師、共十五個團，增員為五個軍十五個師、共六十二個團。這十五個師分別編成第十一（**總司令李品仙**）與第二十一集團軍（**總司令廖磊**）。桂軍快速擴充，白崇禧早有計畫，並且一手主導主要人事安排。五個軍（**第七、第三十一、第四十六、第四十八、第八十四**）的軍長、副軍長，即由原來五個師的師長，以及廣西派赴南京陸軍大學將官班受訓的中將級學員充任；師長以原來第七軍、第四十八軍的團長升任。這十五個師採用中央「乙種師」二旅四團編制：也就是一個師下轄兩旅，每個旅轄兩個團，旅長一級則由原來上校團長和廣西民團指揮官擔任。[31]

白崇禧為了快速充實兵員，除了以原來民團改編為正規軍之外，還鼓勵本省壯丁入伍從軍。白氏甚至親自為一首抗敵歌曲作詞，名為〈勤夫從軍〉，鼓勵廣西子弟參軍抗日。如白崇禧這樣的高級將領居然還會作詞譜曲，加拿大歷史學者戴安娜（Diana Lary）對此大感驚奇。「很難想像英國或美國的資深政治人物寫得出流行歌曲，」她表示：「更別提像蒙哥馬利（Bernard Montgomery）或巴頓將軍（George Patton, Jr.）這樣的粗莽武夫了。」[32]

十月初旬，桂軍原定開往徐州、海州、連雲港一帶布防，歸第五戰區指揮，經過蔣介石與白崇禧緊急磋商，決定將第二十一集團軍廖磊部改調淞滬戰場。第二十一集團軍轄第七軍（**軍長周祖晃**）、第四十八軍（**軍長韋雲淞**），於十月十一日前後陸續抵達上海。[33]

蔣委員長親自拍板定案，由新到戰場的廣西軍隊擔任主力，發動一次大規模攻勢作戰。白崇禧、陳誠、顧祝同三人共同擬定攻勢決策，由陳誠實際主導實施。[34] 根據陳誠的「陣中日記」：十月十一日上午九時三十分，蔣介石來電和陳誠「研究廣西軍之用法」，陳向蔣報告，關於進攻地點，目前已擬三案，第一案是廣福、陳家行之間，第二案是蘊藻濱北岸，第三案則先站穩蘊藻濱南岸陣地，再興攻勢。陳誠表示，顧祝同較贊成第三案，也就是先求站穩陣腳，再圖進攻。[35] 隔日凌晨四時，白崇禧與顧祝同來到陳誠

---

[30] 「蔣中正日記」（未刊本），1937 年 10 月 8 日。

[31] 藍香山，〈抗戰初期第二十一集團軍在滬浙皖戰場〉，《新桂系紀實》，頁 158-159。

[32] Diana Lary, *The Chinese People at War: Human Suffering and Social Tranformation, 1937-1945* (New York: Cambridge University Press, 2010), p. 55.

[33] 李君山，《上海南京保衛戰》，頁 297。

[34] 余子道，〈陳誠在淞滬會戰中的歷史地位〉，收於：周惠民（主編），《陳誠與現代中國》（台北：政大出版社，2017 年），頁 41。

[35] 「淞滬戰役陣中日記（一）」（1937 年 10 月 11 日），《陳誠副總統文物》，典藏號：008-010204-00001-026。

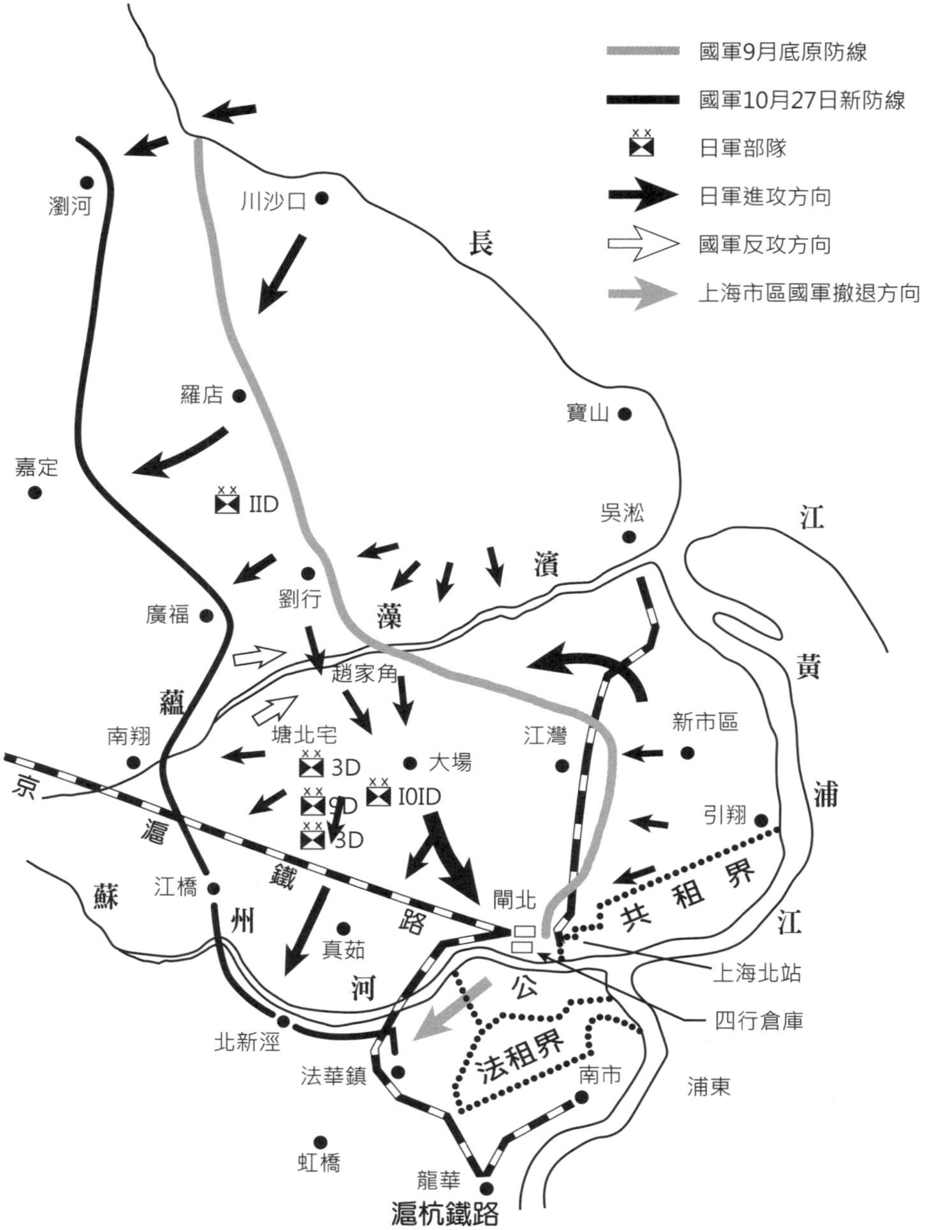

國軍蘊藻濱反攻（一九三七年十月十九日至二十三日）
資料來源：李君山，《上海南京保衛戰》，頁115。

位於宜興安亭的指揮所，會商如何使用桂軍，決定採用第三案。[36]蔣介石則於十七日前往蘇州，「議決出擊部署。」[37]

十九日，攻勢發動如箭在弦。德國軍事總顧問法肯豪森（Alexander von Falkenhausen）前往蘇州，和白崇禧、顧祝同「縝密商討攻擊準備。」[38]第一線指揮官廖磊已經就定位。[39]然而這時陳誠接獲作戰命令，卻發現與原來商議的方案有所出入。出擊軍分為三路：桂軍第四十八軍（另配屬第七軍一個師）為第一路、粵軍第六十六軍為第二路、中央軍第九十八師為第三路，由蘊藻濱南岸由西向東一字排開，朝東北方進擊。[40]顧祝同在電話中向陳誠說，原定方案「只能做預定照此準備，屆時仍以變化程度如何而定」。陳誠從命令和顧氏的口氣觀察，覺得顧「似無堅決決心」；他又認為白崇禧「要爭桂軍面子」，但是對於攻勢沒有把握，「故將左翼軍向右靠。」陳誠顧慮出擊地點是敵軍正面，日軍已經構成強大火網，強攻必定造成極大犧牲。[41]白崇禧原本希望等桂軍集結完畢，由羅店以北出擊，向右迴旋，包抄日軍側背。然而戰場形勢變化太快，側翼迂迴作戰已經無法實現，只能沿蘊藻濱兩岸正面強攻。[42]

---

[36] 林秋敏、葉惠芬、蘇聖雄（編校），《陳誠先生日記》，冊 1，頁 169-170。

[37] 張世瑛（編），《事略稿本》，冊 40：補編，頁 568。

[38] 「福根豪森呈蔣中正報告」（1937 年 10 月 19 日），《蔣文物》，典藏號：002-020300-00009-130。

[39] 「廖磊致蔣中正等電」（1937 年 10 月 19 日），《蔣文物》，典藏號：002-090106-00003-152。

[40] 「第三戰區淞滬會戰經過概要」（1937 年 8 至 12 月），《抗日戰爭正面戰場》，頁 379-380。

[41] 林秋敏、葉惠芬、蘇聖雄（編校），《陳誠先生日記》，冊 1，頁 172。

[42] 李君山，《上海南京保衛戰》，頁 114。

二十一日晚間八時，三路攻擊軍全線出擊，立刻遭遇日軍熾盛火力封鎖與戰車逆襲，桂軍一往無前，拚死力戰，將戰線向日軍後方推進數百至兩千公尺。[43]當夜正逢日軍同時朝蘊藻濱發動攻擊，雙方人馬到處混戰，使得國軍建制被打亂，甚至自相攻擊、誤認敵軍施放的煙霧為毒氣，恐懼驚擾。[44]二十二日清晨，日軍大舉進攻陳家行桂軍第一七三師陣地，先以飛機重砲掃射轟炸，再由大隊步兵猛衝，經過三度爭奪，陳家行失陷。[45]二十三日，桂軍第一七〇師接手反攻陳家行，戰況極為慘烈，只配備迫擊砲等輕武器的廣西士兵，為求摧毀日軍戰車，竟不惜全身綑綁手榴彈，向坦克進行自殺攻擊。[46]「本日敵之陸空步砲、戰車、毒瓦斯等諸種火器，如狂風驟雨急劇向我軍陣地進攻，」第二十一集團軍的〈戰鬥詳報〉這樣寫道：「亦為本集團軍參戰以來最為慘烈的抗戰之日。」[47]第一七〇師五一一旅旅長秦霖少將、五一〇旅旅長龐漢楨少將、六位團長與二千餘官兵，都在這天的戰鬥中殉職。[48]到了晚間，桂軍傷亡過大，後方混亂，陳誠認為「至此桂軍力量已失，」於是命其後撤整理。[49]「連日各師兵員之損失概數悉在百分之六十以上，武器損壞亦約如上數，」第四十八軍日後統計時悲嘆道：「回念往日締造之艱難，實不勝其痛惜也。」[50]

VII

蔣介石原來對廣西軍隊加入淞滬戰場寄予厚望，然而桂軍第一次面對日軍現代化戰爭，雖然拚死奮戰，卻未能扭轉戰局。「**滬局以桂軍挫敗，頓形動搖，**」蔣氏在日記中難掩其失望之情：「滿擬以桂軍加入戰線為持久之計，不料竟以此為敗因也。」51

即使戰線動搖，蔣氏為了向九國公約傳達抗戰決心，還是企圖守住蘇州河南岸陣地，繼續在上海堅持下去。十一月五日，日軍第十軍增援部隊在杭州灣北部金山衛登陸，中國大軍的後路有被切斷、致使全軍覆沒的危險，於是戰局急轉直下，已經到了不得不撤退的時候。何應欽、白崇禧再次勸蔣，立即將上海大軍後撤至戰前修築的「吳福線」永久國防工事。蔣氏自承「猶豫不決」，擔心撤退會影響九國公約開會結果，經權衡再三以後，在當天下令中國軍隊自上海蘇州河南岸撤退。52

---

43 「陳誠致蔣介石密電」（1937年10月21日），《抗日戰爭正面戰場》，頁370-371；

44 「第三戰區淞滬會戰經過概要」，頁379-380。

45 「戴笠致蔣介石密電」（1937年10月22日），《抗日戰爭正面戰場》，頁371。

46 沈治，〈寸土不讓，尺地必爭〉，《八一三淞滬抗戰》，頁249-253；劉維楷，〈洛陽橋血戰記〉，頁260-264。沈、劉當時都是桂軍團長。

47 《第二十一集團軍戰鬥詳報》，引自戴峰、周明，《淞滬會戰：一九三七年中日八一三戰役始末》（台北：知兵堂，2013年），頁113。

48 「韋雲淞致蔣中正等電」（1937年10月28日），《蔣文物》，典藏號：002-090200-00032-262。

49 「淞滬戰役陣中日記（一）」（1937年10月23日），《陳誠副總統文物》，典藏號：008-010204-00001-027。

50 〈第四十八軍蘊藻濱戰鬥詳報〉，載上海松滬抗戰紀念館（編），《桂軍與松滬抗戰》（上海：上海人民出版社，2011年），頁211。

51 「蔣中正日記」（未刊本），1937年10月22日、23日，本周反省錄。

52 「蔣中正日記」（未刊本），1937年11月7日、8日。

但前線的中國軍隊已經因苦戰過久，損耗慘重，士氣低落；撤退命令一下，各軍奪路而逃，秩序頓時土崩瓦解，前方部隊還沒有通過，後方工兵已將橋樑爆破，人員器材損害嚴重，難以繼續組織抵抗。日軍小部隊在難民與潰兵當中穿插追擊，原定節節抵抗的國防線，全都輕易失守。首都南京的防衛，就成為迫切的問題。

十一月十二日，白崇禧返回南京，向蔣介石報告前線戰況。蔣本來準備以川軍和桂軍防衛首都，[53]但是白顯然並不同意。一來桂軍在淞滬戰場死傷過於慘重，二來白認為死守南京並無太大的戰略意義。[54]後來桂軍第二十一集團軍調往吳興線，掩護大軍撤退。十一月十九日起，桂軍與日軍追擊部隊在吳興短兵相接，第七軍一七二師副師長夏國璋在二十一日的戰鬥中，親自率部與敵軍爭奪陣地，奮戰殉難。第七軍在吳興一戰之後，人員死傷高達六成，遂退往淮南收容整頓。[55]

十一月十四日，正當淞滬大軍後撤之際，蔣介石在陵園官邸召開軍事會議，討論南京防守事宜。白崇禧並不贊成防守南京。但凡守城，必須外有強大的野戰軍，與守城部隊裡應外合，才有成功的希望，不致淪為「守死」。但這時的南京不但形勢孤立，而且也無足夠兵力可供防守。「我因為常至前線視察深知淞滬會戰撤下之部隊殘缺不齊，疲憊萬分，」白崇禧日後說道。他本打算提出建議，宣布南京為不設防城市，以主力退至城郊西南一帶，防止敵軍西進襲取武漢；一部分兵力集結於浦口，監視南京，並掩護徐州，保留實力，待機打擊敵人。[56]

但是蔣委員長在會議一開始時就宣示，南京為我國首都，總理陵寢所在，必須堅守。在蔣環顧在座高級將領，詢問有誰願意擔負守城重任時，眾人一片沉默，只有訓練總監唐生智起立發言，慷慨激昂，說開戰至今基層官兵多有犧牲，可是還沒有高級將領為國捐軀，他願意與南京共存亡。蔣見到唐生智毛遂自薦，很是高興，當即任命唐為南京衛戍司令長官。

白崇禧見蔣氏決心已下，也就不再多說，但他和與會眾人一樣，對唐生智守南京不抱信心。一來唐已近十年沒有帶兵，自己並無班底，和留守部隊毫無淵源，而這些部隊，又都是從淞滬戰場上潰退下來的敗兵，早已殘破不堪；二來唐當時身體有病，會議後蔣委員長要白崇禧協助唐視察南京內外陣地防務，唐、白二人率領參謀人員，搭乘汽車巡視城內外各處陣地，這年南京初雪來得甚早，天空白雪飄飛，兩天巡視下來，白氏發現唐生智的身體羸弱，「身著重裘，至平地猶可下車看看；爬高山，便託我代為偵察。」寒風白雪中，白崇禧看著唐生智虛弱的身影，不禁暗暗為南京的防守擔憂。

十二月七日，白崇禧隨蔣介石離開行將合圍的南京，前往江西廬山。南京守城官兵有十五個師，約八萬餘人，都是淞滬戰場撤退下來的部隊，戰鬥兵員僅有半數。激戰至十三日上午，南京城破，日軍第六師團率先入城，自此對城內軍民展開長達四十餘天的暴虐屠殺，死難者數十萬人，史稱「南京大屠殺」。聲稱要與城共存亡的司令長官唐生

---

53 「蔣中正日記」（未刊本），1937年11月12日。

54 藍香山，〈桂軍淞滬參戰見聞〉，《八一三淞滬抗戰》，頁254。

55 陳存恭（訪問、紀錄），《徐啟明先生訪問紀錄》，頁82、86。

56 馬天綱、賈廷詩、陳三井、陳存恭（訪問、紀錄），《白崇禧先生訪問紀錄》，上冊，頁153；程思遠，《白崇禧傳》，頁202-203。

智，已於前一日自行突圍，渡江西去。國軍在南京城預先囤儲、可供守城三月之久的糧食、彈藥、薪餉，全部資敵。對於當時沒能向蔣提出宣布南京為不設防城市的建議，白氏「事後回想，心有未安，雖委員長已有決定也應提出，以供參考，才算盡了部屬之責任。」[57]

VIII

一九三七年十一月十八日，正當淞滬戰場大軍撤退之時，白崇禧向蔣介石呈上一份報告，陳述建立持久抗戰體制的重要。這篇報告開宗明義表示，既然要抗戰到底，獲得最後勝利，已經是既定國策，對於全國戰區須加以緊急改編，以形成能持久的堅強組織；對於外交立場應更加堅定，爭取外援，並聯合國際社會制裁日本。此外，「民眾運動之策動，戰時財政之籌措，以及兵員兵器之補充，均屬至要，尤必須有縝密計畫與充分準備。」[58]

白崇禧建議，戰區司令長官應兼任戰地政務委員會主任委員，統一處置戰區內黨政軍一切事宜，以收協同作戰之效。戰區內的省主席為政務委員會的當然委員，同時延攬戰區內有聲望、資歷的人物參加。對於各戰區的劃分，以及正副司令長官人選，白崇禧也提出具體建議如下：

第一戰區（河北豫北）	正：程潛；副：鹿鐘麟 前敵總司令：宋哲元
第二戰區（晉察綏陝）	正：閻錫山；副：蔣鼎文 前敵總司令：衛立煌
第三戰區 （江南浙贛、閩北皖南）	正：顧祝同；副：陳誠 （蔣親筆改為正：蔣中正，顧祝同代理；副：何鍵，前敵總司令：陳誠）
第四戰區（閩南廣東）	正：何應欽；副：余漢謀
第五戰區（山東江北皖北）	正：李宗仁；副：韓復榘
第八戰區（甘寧青）	正：蔣自兼；副：朱紹良 （加上前敵總司令：傅作義）
總預備軍司令長官	劉湘（後病故）
南京衛戍司令長官	正：唐生智；副：

蔣對第三、第八戰區的主官人選親筆改動，可以看出蔣氏對這份報告的重視。日後，除了第四戰區司令長官由張發奎出任、第八戰區由朱紹良扶正之外，抗戰前期的戰區大致依照這份報告進行分劃。

57 馬天綱、賈廷詩、陳三井、陳存恭（訪問、紀錄），《白崇禧先生訪問紀錄》，上冊，頁 153-156。

58 「白崇禧呈蔣中正報告」（1937 年 11 月 18 日），《蔣文物》，典藏號：002-080103-00048-001。

在外交政策方面，「現階段之國際情勢，已構成和平陣線與侵略陣線之顯著對立，尤以最近日德義之防共協定之成立，使英美法蘇等國更感受嚴重威脅，兩大陣線之衝突更趨尖銳，」白崇禧因此認為，中華民國須採取更積極的多邊外交，以爭取國際援助，孤立日本。其具體作法是：（一）遴派與蘇聯及法國感情素洽之大員，分赴蘇聯、法國協商中蘇、中法互助協定；（二）以自動自主之外交手腕，促進英美法蘇和平陣線之確立，並進而建立太平洋集體安全制度。

白氏建議：擴大民族革命運動，組織民眾，發動游擊戰以配合正規軍作戰；為了因應長期作戰的巨大財政開支，白甚至主張按照財產比率，強制派銷救國公債，對外應以邊區國有省有之各種財產或權益，向各友邦抵押或讓與，以換取鉅額貸款，而海外僑民存儲於國外銀行之巨大款項，亦可由政府指定，做為借款之保證。

最後，在兵員與兵器補充方面，白崇禧特意強調空軍的重要性。這次淞滬會戰，國軍因失去制空權，受到很大的損害，白建議無論如何，應有打造一千架飛機的雄心壯志，才能與敵軍爭奪制空權，進一步越洋轟炸日本工業中心。而航空人員的養成更是刻不容緩，應立即選派優秀學生，隨帶翻譯人員，分赴英美法蘇等國學習，尤其應廣收各國航空志願人員助戰。

「以上各項，係概略原則，請委座核示後以便擬詳細辦法。」在報告結尾，白崇禧如此寫道。

對於各項建議，蔣委員長逐項批示，大致採納。只有強制攤派救國公債、以海外僑民資產作借款保證一項，蔣氏寫道「此恐理想不能實現」，其他各項大多批示「照改正辦理」、「已照此進行」、「當即照辦」。這份報告清楚呈現了白崇禧在抗戰初期奠定持久戰爭體制的重要作用。

IX

然而，儘管戰時體制有了雛形，「抗戰要如何持久進行下去？」仍然是一個無可迴避的問題。在淞滬會戰和緊接其後的南京保衛戰當中，蔣介石在戰前苦心培養、預備作為未來國防軍骨幹的中央軍三十個師，幾乎已經損失殆盡；而從盧溝橋事件開始算起，不但北平、天津、上海等大城相繼陷落，首都南京也被日軍攻佔，國軍被迫退入還處在明清時期社會狀態的廣大內陸；明裡暗裡，日本不斷對中國進行分化與誘和，蔣委員長的抗戰意志固然極為堅強，但是面對強大的日本侵略軍，如何才能將這場戰爭繼續打下去？採取什麼樣的戰略才能夠獲得最後勝利？

就在這個時候，白崇禧從戰略的高度，提出了清楚明確的指導要領，成為此後抗日戰爭的最高方略。

一九六三年十二月十一日，白氏在接受中研院近史所口述歷史訪問時說：一九三八年初，軍事委員會在武漢召開會議，檢討全盤戰略。當時山西省會太原甫告失守，第二戰區的部隊有少數南渡黃河，進入河南第一戰區境內。白崇禧見此情形，便正式提議二戰區全體官兵，不得因太原失守而退過黃河或其他戰區，而我軍以劣勢裝備對抗優勢火力之敵，戰術上應多採用游擊戰與正規戰配合，積小勝為大勝，戰略上則以空間換取時間，以獲得最後勝利。這就是著名的「游擊戰與正規戰配合，積小勝為大勝，以空間換時間」戰略。

一九六四年四月二十一日，白氏又進一步說明，當時他建議「應採游擊戰與正規戰配合，加強敵後游擊，擴大面的佔領，爭取淪陷區民眾，擾襲敵人，使敵侷促於點線之佔領。同時，打擊偽組織，由軍事戰發展為政治戰、經濟戰，再逐漸變為全面戰、總體戰，以收『積小勝為大勝，以空間換取時間』之效。」[59] 白氏私下曾和子女說，他就讀保定軍校期間，就悉心研究各國戰史；「以空間換取時間」的戰略，便是參考拿破崙征俄之役而來：面對拿破崙六十萬大軍，俄軍堅壁清野，後退決戰，拉長法軍的補給線，並以游擊戰襲擊法軍側翼，終於扭轉態勢，反敗為勝。[60]

但是到了一九八〇年代，桂系成員程思遠在回憶這段史事時，卻說白氏「積小勝為大勝，以空間換時間」的十二字方針，是受到毛澤東〈論持久戰〉一文的影響。先是軍事委員會遷武漢後，白崇禧便常邀中共駐武漢代表周恩來研究抗戰戰略。[61]「毛澤東《論持久戰》剛發表，周恩來就把它的基本精神向白崇禧作了介紹，」程思遠如此寫道：「白崇禧深為讚賞，認為這是克敵制勝的最高戰略方針。後來白崇禧又把它向蔣介石轉述，蔣也十分贊成。」[62]

照程的說法，國軍抗戰的最高戰略是白崇禧提出，而白氏又受到中共毛澤東持久戰思想的影響。這段回憶無異是在說：是中共指導了國軍的抗戰最高戰略。由於程思遠曾經是桂系要員，他的這番說法因此長久以來被認為是中共持久戰思想「指導」國民黨人抗戰的鐵證。

不過，程思遠的回憶是曲筆寫史。歷史學者楊天石指出，國民黨人對於「持久戰」思想，有自身的發展淵源與進程，與毛澤東〈論持久戰〉無關，程思遠的說法，與史實不符。單以「積小勝為大勝，以空間換時間」的十二字方針來說，此說最早出現的時間，可追溯到一九三八年二月初，較毛於同年五月二十六日至六月三日在延安演講「論持久戰」，足足早了三個多月；再者，白氏「積小勝為大勝，以空間換時間」的方略，當中明確談到「小勝」與「大勝」、「空間」與「時間」的關係，和毛澤東〈論持久

一九三八年二月，白崇禧率先提出「積小勝為大勝，以空間換時間」的對日戰略方針，立刻得到蔣介石採納。（徐宗懋提供）

59 馬天綱、賈廷詩、陳三井、陳存恭（訪問、紀錄），《白崇禧先生訪問紀錄》，上冊，頁231、352。

60 承蒙白先勇教授告知。

61 程思遠，《白崇禧傳》，頁206。

62 程思遠，《我的回憶》（北京：華藝出版社，1994年），頁131。

戰〉談論「敵之戰略進攻」、「我之戰略防禦」、「我之戰略反攻」、「敵之戰略退卻」等的階段論，完全不同。[63]

白崇禧提出「積小勝為大勝，以空間換時間」的對日戰略方針之後，蔣介石極為欣賞，立刻採納。一九三八年二月七日，蔣在武昌中樞紀念週演講時表示：「我們就是要以長久的時間，來固守廣大的空間，要以廣大的空間，來延長抗戰的時間，來消耗敵人的實力，爭取最後的勝利。」[64] 三月五日，蔣在日記中寫道：「**作戰方略以廣大之空間土地，求得時間持久之勝利，積各路小勝而成全局大勝。**」[65] 隔日，又以這項戰略原則電令第二戰區，要求各官兵遵令實施，不得退避：「總之，我軍此後作戰方略，在利用我廣大土地之活動，以求得時間持久之勝利，無論大小部隊，皆須立於主動地位，無論勝利大小，收穫多寡，只要處處襲擊，時時擾亂，即可積各處之小勝，而成最後之大勝。」[66] 蔣的構想受到白崇禧戰略思想的影響，可說清楚無疑。

實際上，很多國府要員都明白，對日抗戰必須打一場「持久戰」，包括蔣中正、陳誠、蔣百里、乃至於李宗仁等人，對於「持久戰」都有各自的見解。然而儘管眾人的觀點分別觸及了戰術、戰略等層面，卻沒有人能像白崇禧這樣，以「積小勝為大勝，以空間換時間」十二個字，簡要明白的為抗戰指出一條通往勝利前景的道路。

白崇禧是國民黨人中少數極具戰略高度的軍事家。

X

「雷霆走精銳，行止關興衰。」一九三七年九月，淞滬會戰正激烈進行，畫家徐悲鴻得知白崇禧入京參加抗戰，眼見國運伸張，心緒高亢激昂，於是運筆揮毫，寫下這十個擘窠大字，向白氏致敬，並在旁題辭：[67]

> 健生上將於二十六年八月飛寧，遂定攻倭之局，舉國振奮，爭先效死，國之懦夫，倭之頑夫，突然失色，國魂既張，復興有望，喜躍忭舞，聊抒豪情，抑天下之公言也。

這段話極富感情的說出了時人對白崇禧入京襄助蔣介石謀劃抗戰大計的觀感，以及白氏在抗戰初期扮演的重要角色。

---

63 楊天石，〈國民黨人的「持久戰」思想〉，收於楊天石，《找尋真實的蔣介石：蔣介石日記解讀（二）》（香港：三聯書店，2010年），頁121-125。

64 蔣中正，〈抗戰必勝的條件與要素〉，秦孝儀（編），《總統蔣公思想言論總集》，卷15：演講，頁123。

65 「蔣中正日記」（未刊本），1938年3月5日。

66 葉健青（編），《事略稿本》，冊41（台北：國史館，2010年），頁234-235。

67 白先勇，《父親與民國——白崇禧將軍身影集》，上冊：戎馬生涯，頁112。

徐悲鴻以「雷霆走精銳／行止關興衰」向白崇禧致敬。

在團結禦侮的大旗號召下，白崇禧毅然放下從前諸多恩怨，飛抵南京，和蔣介石回到北伐時期「統帥與參謀長」搭檔合作的關係，共同為抗戰奮鬥。白氏的到來，不但具有地方實力派和中央攜手同心的象徵意義，他本人更是抗戰初期戰爭體制與最高戰略的擘畫者。而蔣介石能不計蔣桂戰爭以來的各種芥蒂，虛心折節，借重白崇禧的專才，同心抗日，也展現出超乎尋常的氣度。

在淞滬會戰期間，白以副參謀總長身分，為蔣委員長出謀劃策，他時常巡視前線、視察戰況，協助解決戰區長官馮玉祥指揮消極的問題，並且慨然允諾將桂軍調上戰場，充當反攻主力。南京撤守之後，由於接連的失敗，國軍精銳幾乎消耗殆盡，就在人心猶疑徬徨、不知如何將這場仗打下去的關頭，白崇禧提出「積小勝為大勝，以空間換時間」的方略，為全國軍民繼續奮戰，架構出根本戰略。

不過，雖然蔣介石高度看重白崇禧的戰略見解，但是在淞滬會戰及隨後的南京保衛戰期間，卻沒能對白言聽計從。之所以如此，主要的原因在蔣氏因為遷就政略的緣故，屢屢犧牲軍事。為了「九國公約」可能對日本施以制裁，蔣不聽從白崇禧的建議，堅持在河灣縱橫的上海市區苦撐，不但造成參戰各軍的慘重傷亡，更錯過了及時轉移主力於國防線的時機，導致後來的全線崩潰。上海撤退之後，首都南京在戰術上已是絕地，戰略上沒有可守的價值，然而蔣氏再一次為了同樣理由，決定堅守南京，結果蔣氏戰前苦心培養的嫡系精銳，為了政略而幾乎全部斷送，只換得九國公約的一紙譴責空文。

淞滬、南京之役接連失敗，沿海大城相繼淪陷，並不能擊垮中國的抗戰決心。在一九三八年春季的津浦線上，蔣介石、白崇禧與其他國軍將領們合力奮鬥，努力在各種不可能之中，尋找那希望渺茫的一次戰機——甲午戰爭以來，中國軍隊在戰場上第一次擊敗日本陸軍的可能。

第五章

鏖戰台兒莊

時間是一九三八年五月二十一日或二十二日的深夜，地點在安徽蒙城東南三十五公里處黃龍集附近。夜深沉，霧迷茫，漆黑的夜色中，有一隊人數約三百人的中國軍隊，正在沉默地趕路。

他們是第五戰區長官部的直屬部隊，日軍已經從東、南、北三面包圍徐州，十九日起各軍分途突圍。為了避免日本飛機偵查掃射，這隊人馬於日間佔領陣地、構築工事，深夜專挑偏僻少有人煙的荒地野村趕路，朝阜陽前進。這支小部隊原本帶有無線電發報機，但是在宿縣附近與日軍探哨遭遇，一陣混戰之下，通信器材全部損失，與各方聯絡遂告中斷。

突然間，隊伍前排一位戴圓框眼鏡的高個頭軍官，因為連夜趕路太過疲憊，在馬背上熟睡了起來，竟然直挺挺的從坐騎上摔落，栽到小路旁的麥田裡。

這一下驚動了所有人，隊伍停下，大家趕緊過來扶起這名軍官，檢查他的傷勢。因為落馬者不是別人，正是本書的主角，副參謀總長白崇禧。

出乎眾人意料之外，白副總長毫髮無傷。或許是因為過分疲倦，導致熟睡全身放鬆，白氏墜馬，竟然得以安然無恙。「醉者之墜車而不傷者，其神全也。」二十七年後，白崇禧回憶起這段往事，想起幼年時讀《莊子》，曾說到酒醉之人墜車而不傷，是因為死生驚懼不入其胸中，這次他親身為之印證。[1]

白崇禧在前線作戰長達兩月，幾乎參與整個徐州會戰的過程，包括當時震動全中國的「台兒莊大捷」，不過晚年他憶述往事時卻極為謙遜，將功勞歸於第五戰區司令長官李宗仁指揮有方，他本人「於戰場中不過備員一名，實不敢貪天之功。」[2]

然而白崇禧在徐州會戰中的角色，決不只是「備員一名」而已。究竟白在抗戰初期最重要的徐州、武漢兩大會戰裡有何作為？這段時期蔣介石與白崇禧的關係如何進展？且先從南京失陷之後白氏的行程說起。

I

一九三八年一月四日上午七時，江西省主席熊式輝在南昌車站迎接前來江西視察的副參謀總長白崇禧。白氏旋即在熊的陪同下驅車往勵志社，以「黨政軍工作在戰時發現之缺點」為題，對軍警人員講話。白崇禧認為，抗戰開始以來，黨政軍的工作都忽略了基層幹部，對於青年尤其沒有盡到爭取的責任，這是戰時急需改正的缺點。最後，白氏還向聽眾報告日軍在上海、南京的暴行。

講話完畢後，白接著前往江西飛機場、製造廠參觀，並且在青雲譜與航空委員會主任周至柔會談。白崇禧囑託周草擬重建空軍計畫，重新培養空軍生力軍。白此次到南昌視察行色匆匆，赴空軍烈士公墓瞻仰之後，於下午四時半搭機飛返武漢。

自從廣西與中央對立以來，熊式輝已有多年不見白崇禧，此次重見，熊感覺白「頗表現出一種吸引人才力量」，其講話內容「頗為扼要」，對空軍、黨政的見解則與他「不謀而合。」❸

白崇禧在過境南昌以前，已經先往金華、皖南等地視察，和第三戰區司令長官顧祝同、浙江省主席黃紹竑、第五戰區司令長官李宗仁等人會面。白到這些地方，除了布置前線軍務，還與顧祝同磋商，將原屬於第三戰區的桂軍第七、第八十四軍北調第五戰區增援。❹

而白氏此行另有一項迫切任務，就是與李宗仁商討如何處置韓復榘。原來第五戰區副司令長官韓復榘兼任山東省主席、第三集團軍總司令等要職，統率兩個軍的兵力，卻在一九三七年十二月二十七日，不戰而退、放棄省會濟南，接著又於一月二日放棄大汶口，逕向山東西部撤退，使得津浦路門戶洞開，魯南戰局形勢，一時突然變得極為嚴

❶ 突圍小部隊的時間、地點，依據李宗仁、白崇禧發給蔣介石的電報判定，見「李宗仁、白崇禧致蔣中正電」（1938年5月22日），《蔣文物》，典藏號：002-020300-00010-057；白崇禧墜馬，見馬天綱、賈廷詩、陳三井、陳存恭（訪問、紀錄），《白崇禧先生訪問紀錄》，上冊，頁179；「醉者之墜車而不傷者，其神全也。」原句出自《莊子．達生》：「夫醉者之墜車，雖疾不死。骨節與人同而犯害與人異，其神全也，乘亦不知也，墜亦不知也，死生驚懼不入乎其胸中，是故物而不慴。」

❷ 馬天綱、賈廷詩、陳三井、陳存恭（訪問、紀錄），《白崇禧先生訪問紀錄》，上冊，頁180。

❸ 熊式輝，《海桑集》，頁208-209。

❹ 黃旭初，《黃旭初回憶錄——李宗仁、白崇禧與蔣介石的離合》，頁211；程思遠，《白崇禧傳》，頁205。

峻。韓復榘還將公私物資轉移往第一戰區，李宗仁去電勸韓重返泰安布防，但是韓氏竟復電稱：「南京失守，何有於泰安？」依然故我。李宗仁看到韓如此態度，便建議殺一儆百，整飭軍紀。

白回到武漢，將此事向蔣介石報告，蔣氏極為重視。他召集何應欽、白崇禧、陳誠等人開會，研商如何懲處韓復榘。❺ 與會的高級幕僚都認為，如果繼續容許韓部自由進退而不加以制裁，則不但喪失民心，更使得參加抗戰的各路軍隊無法約束，一致同意嚴懲韓復榘。❻

II

由於韓麾下的第三集團軍號稱有四萬兵力，為防生變，逮捕韓復榘的行動極度保密。一月十日下午，蔣、白等人由武昌飛抵開封，隔日在開封召集第一、第五戰區高級將領會議，無作戰任務者一律參加。會議之前，蔣氏乘個別召見將領談話的機會，下令逮捕韓復榘。同一時間，軍委會派軍事參議院院長陳調元上將宣慰韓部，第三集團軍則委由韓的部將孫桐萱帶領，在第五戰區繼續作戰。❼ 韓復榘以「違反命令，擅自撤退」罪名被押往漢口收監，❽ 旋即送到武昌，一月十九日受軍事審判，二十四日槍決。

韓復榘正法，在津浦路作戰的中國軍隊紀律為之一振。據白崇禧後來回憶，在韓復榘被逮捕之前，黃河北岸各軍作戰多不出力，輕進輕退，對於軍委會和戰區的命令陽奉陰違，韓伏法後，各軍無不奮力完成命令，甚至連韓原來帶領的第三集團軍，後來也在孫桐萱指揮下鼓勇作戰，軍紀軍令得到貫徹。[9]

這次白崇禧隨蔣介石飛往開封，還發生一段插曲：當白崇禧隨同蔣到機場準備登機時，蔣對白表示：「最好二人各乘一機。」白氏立刻會意：蔣擔心飛行時若遭遇敵機襲擊，軍委會重要成員同乘一機，統帥部有被整個摧毀的危險，因此白自願搭乘一架空軍運輸機先行前往。

不料，飛機到達開封上空準備降落時，地面突然警報大作，守軍的防空高射砲竟開始射擊。原來，開封守將劉峙為了迎接蔣委員長，全城戒嚴，清空街道，命令防空司令部發布空襲警報，使市民走避。但是劉峙發布戒嚴，卻沒有通知機場防砲部隊，後者因此誤以為敵機來襲，緊急進入作戰狀態，對來機開砲射擊。直到飛機降低高度，地面守軍可以清楚目視機翼上的青天白日國徽，才慌忙停火。

白崇禧降落之後，劉峙前來迎接，知道差點誤擊白副總長，驚惶失措，頻頻道歉，懇求白不要將剛才發生的事情報告蔣委員長。

---

5 「蔣中正日記」（未刊本），1938 年 1 月 11 日。

6 唐德剛（撰寫），《李宗仁回憶錄》，下冊，頁 643；馬天綱、賈廷詩、陳三井、陳存恭（訪問、紀錄），《白崇禧先生訪問紀錄》，上冊，頁 164-165。

7 馬天綱、賈廷詩、陳三井、陳存恭（訪問、紀錄），《白崇禧先生訪問紀錄》，上冊，頁 165。

8 「戴笠致宋子文電」（1938 年 1 月 13 日），《戴笠史料》，國史館藏，典藏號：144-010101-0002-042。

9 馬天綱、賈廷詩、陳三井、陳存恭（訪問、紀錄），《白崇禧先生訪問紀錄》，上冊，頁 166、174。

「幸而高射砲兵訓練不精，不然命中機身矣！」白崇禧剛在生死關頭走了一遭，還能保持幽默感，他對劉峙說道：「若是命中，我不能向委員長報告；既未命中，我無報告之必要。」[10]

劉峙在北伐時是第一軍的師長，向來有「福將」之稱，作戰仰賴運氣，沒有善戰名聲。這次蔣到開封召集諸將開會，他預先抵達布置，卻險些釀成誤擊我方高級將領的烏龍事件，可以看出此時的國軍在迎戰訓練有素、戰力堅強的日軍時，內部仍處在七拼八湊、各部門間缺乏協調的窘態。

III

韓復榘被軍法處置，雖然使得前線各軍紀律為之一肅，但是津浦線上此時仍舊是黑雲壓城城欲摧，壓力絲毫沒有減輕。當時國軍高層都研判日軍在攻下南京後，下一步就是南北夾擊，打通津浦鐵路。「津浦情勢危急，」二月三日，蔣介石在日記裡寫道；[11]二月九日，德國總顧問法肯豪森同樣也研判日方「企圖由南北兩方沿津浦路進攻，以佔領該重要路線，俾華北與長江下游兩戰區打成一片，已甚明顯。」他進一步指出，日軍打通津浦路，就等於是打開進攻武漢的門戶。「須知武漢不能直接防禦，而須在蚌埠、徐州、安陽等處防禦。倘敵能佔據津浦路線，則可得一寬廣基線，不難由此進取鄭州。如此，則武漢即感受包圍威脅。」[12]

防守津浦路的，正是李宗仁指揮的第五戰區。李宗仁於一九三七年十月十二日飛赴南京，隨即接獲五戰區司令長官的任命，在徐州組織指揮部。但是一九三八年初的五戰區，實在是兵微將寡：除了前面提到原來韓復榘率領的第三集團軍之外，還有桂軍第三十一軍、屬於東北軍系統的第五十一、第五十七兩軍、江蘇保安團隊改編的第八十九軍、以及屬於西北軍系統的第三軍團（**實際上只有一個師**）。這些部隊都屬地方軍系，屬於七拼八湊的「雜牌」軍，武器老舊駁雜，士氣不高。李宗仁自覺除了第三十一軍「指揮起來可以得心應手」之外，對其他各軍是否奉命，都沒有把握。[13]

在此情形下，白崇禧積極調度可用的兵力，加入第五戰區戰鬥序列。首先是在二月初調來桂軍第二十一集團軍（**總司令廖磊**）、第十一集團軍（**總司令李品仙**），接著又陸續從第一戰區調來川軍第二十二集團軍（**總司令先後為鄧錫侯、孫震**）和西北軍第五十九軍（**軍長張自忠**）；三月中旬，津浦線上大戰一觸即發，軍事委員會再急調中央軍第二十軍團（**軍團長湯恩伯**）與原屬西北軍的第二集團軍（**總司令孫連仲**）歸第五戰區指揮。[14]

---

[10] 馬天綱、賈廷詩、陳三井、陳存恭（訪問、紀錄），《白崇禧先生訪問紀錄》，上冊，頁 177-178。

[11] 「蔣中正日記」（未刊本），1938 年 2 月 3 日。

[12] 「法肯豪森呈蔣中正報告」（1938 年 2 月 9 日），《蔣文物》，典藏號：002-020300-00010-008。

[13] 唐德剛（撰寫），《李宗仁回憶錄》，下冊，頁 635-636。

[14] 唐德剛（撰寫），《李宗仁回憶錄》，下冊，頁 652-655、657-658；馬天綱、賈廷詩、陳三井、陳存恭（訪問、紀錄），《白崇禧先生訪問紀錄》，上冊，頁 166-168；國防部史政編譯局（編），《抗日戰史：徐州會戰（一）》（台北：編者，1963 年），頁 16-17。

川軍加入第五戰區的經過，最能看出白崇禧從中穿針引線的作用。抗戰之前四川內部軍閥林立，互相攻戰，戰事爆發之後，四川各軍紛紛請纓出省參加抗戰。鄧錫侯所部川軍，原本駐紮於成都，由中央編成第二十二集團軍，下轄兩個軍，步行北上到山西，加入第二戰區。等到這支部隊好不容易抵達山西，太原已經失守，川軍還來不及參戰，就被潰兵衝散，匆匆隨其他部隊後撤。從四川到山西千里迢迢，沿途沒有兵站可以補給，川軍官兵於是擅自打開晉軍的軍火庫，「就地補給」，形同劫掠，因此名聲很差。第二戰區司令長官閻錫山要求將他們調出山西，而第一戰區也不願意收留。蔣介石聞訊後非常憤怒，揚言：「把他們調回去，讓他們回到四川去稱王稱帝吧！」

白崇禧在旁聽見，便好言勸解道：「讓我打電話到徐州去，問問五戰區李長官要不要？」取得蔣的首肯後，白隨即去電徐州，對李宗仁說明前後因由。李宗仁正愁無兵可用，連聲答應：「好得很啊！我現在正需要兵，請趕快把他們調到徐州來！」

「他們的作戰能力當然要差一點，」白氏擔心李期待過高，忙又在電話裡補充道。

「諸葛亮紮草人做疑兵，他們總比草人好些吧？請你快調來！」李宗仁回答。後來這批部隊抵達第五戰區後，深感李氏「恩高德厚」，作戰相當勇敢。[15]

開封軍事會議，除了懲處韓復榘外，還做出一項重要決定，即「軍政合一」，由戰區司令長官兼任省主席。後來行政院於一月二十五日明令李為安徽省主席。[16] 據李回憶，他原本認為自己難以兼顧戰區指揮與省政推動，準備婉拒；但是白崇禧由漢口打來電話，勸李趕快到六安就任（當時安徽省政府撤退至六安），李只好答應。[17]

李宗仁接任安徽省主席，就此開啟了安徽的桂系統治時期。抗戰爆發以前，安徽省主席一職，原來是國府用來安置地方軍事領袖的位置。一九二七到一九三七年十年之間，僅省主席就更動九次之多，省內建設更是無從談起。[18] 李宗仁兼掌安徽省政，之後武漢撤守，他將省主席之職移交給預定留在大別山區的廖磊。廖於一九三九年底積勞病逝，省主席由五戰區副司令長官李品仙繼任，從這時開始，一直到一九四九年為止。學者申曉雲考察李宗仁、廖磊、李品仙三任省主席的任期，稱李宗仁時期是安徽省政改革的新生階段，廖磊時期為成長階段，李品仙接任後則為充實時期。桂系將安徽當作「第二個廣西」來經營。[19]

---

[15] 唐德剛（撰寫），《李宗仁回憶錄》，下冊，頁 654-657；黃旭初，《黃旭初回憶錄——李宗仁、白崇禧與蔣介石的離合》，頁 213-214。

[16] 「國民政府令渝字第四十九號」（1938 年 1 月 25 日），《國民政府檔案》，國史館藏，典藏號：001-032220-00078-040。

[17] 唐德剛（撰寫），《李宗仁回憶錄》，下冊，頁 645。

[18] 申曉雲，〈抗戰時期新桂系治皖〉，收於：申曉雲，《民國史實重建與史論新探》（北京：三聯書店，2014 年），頁 176 註 1。

[19] 申曉雲，〈抗戰時期新桂系治皖〉，頁 177-193。

李宗仁、白崇禧在台兒莊前線合影。台兒莊戰前，白崇禧為第五戰區調度可用兵力，找來川軍和西北軍加入戰鬥序列。（徐宗懋提供）

第五戰區對於日軍動向的研判和軍委會一致，同樣認為日軍將從南北兩路發動打通津浦路的攻勢。[20] 李宗仁先是以桂軍第三十一軍擔任南路守備，後來又加入第十一集團軍。第五戰區原本在徐州以南並未布防，三十一軍星夜馳赴淮河北岸設立防線。三十一軍軍長劉士毅認為，與其死守淮河北岸，不如在南岸進行機動作戰，更能與日軍長期周旋。於是他將全軍分成五個縱隊，以「敵來我走，敵退我擾」的運動戰法，襲擊日軍第六、第一〇三師團的側背。[21] 李宗仁日後回憶，認為三十一軍執行命令相當徹底，「敵退我進，始終釘住津浦線，使敵軍不能北進。」雙方在淮河一帶形成對峙局面。[22]

在津浦線北段，李宗仁將龐炳勳的第三軍團擺在徐州東北方的臨沂，川軍第二十二集團軍部署在西側鐵路沿線，以張自忠第五十九軍為戰區預備隊。孫連仲的第二集團軍善於防守，布防在運河沿岸的韓莊、頓莊閘、台兒莊一線。至於湯恩伯的第二十軍團七個師，配屬有十五公厘口徑德製野戰榴彈砲一個營，是淞滬會戰之後中央軍僅存的精

[20] 「徐州會戰史稿」，〈第五戰區編徐州抗日會戰史稿〉（1937-1938），《國軍檔案》，檔管局藏，檔號：B5018230601/0026/152.2/2829。

[21] 郭廷以（訪問）、沈雲龍、陳三井、馬天綱（記錄），〈劉士毅先生訪問紀錄〉，《口述歷史》，第 8 期（台北，1996 年 12 月），頁 59-116。

[22] 唐德剛（撰寫），《李宗仁回憶錄》，下冊，頁 640。徐永昌也有類似看法，見《徐永昌日記》，第 4 冊，1938 年 2 月 14 日，頁 228。然而根據後世學者的研究，進攻淮河方向的日軍之所以未能深入進擊，並非受到國軍壓迫，而是受東京大本營不擴大方針約束所致；參見：蘇聖雄，《戰爭中的軍事委員會》，頁 157。

鋭，則作為機動打擊力量，在鐵路線與臨沂中間的山地伺機而動。

然而，日軍的作戰意圖卻與中國方面的研判不盡相同。此時日軍正陷入東京大本營參謀本部與前線將領之間的拉扯。

東京大本營始終將蘇聯視為假想敵，而不願意擴大中日戰事、長期陷入中國戰場。按照參謀本部攻陷中國首都南京以後擬定的作戰指導綱領，準備在一九三八年七月之前編成六個新師團，預計到了一九三九年，再於中國戰場發動大規模攻勢，一舉解決「支那事變」；而在新軍編成之前，不實施新的作戰。一九三八年二月十六日，這一指導綱領在御前會議上獲得通過，決定在狀況允許之前，日軍在中國不擴大戰面、不發動新的作戰。[23]

這項決定遭到前線將領的反對。日軍北支那方面軍司令官寺內壽一大將力主發動徐州攻略作戰，認為實施這一作戰計畫，可以將華北、華中打成一片。北支那方面軍第一軍即以「掃蕩」作戰、擊滅運河以北國軍的有限度作戰計畫，請求大本營的許可。三月上旬，第一軍取得東京的同意之後，便以麾下第五、第十兩師團編組兩個支隊，向前方進行掃蕩作戰。第十師團的瀨谷支隊，由瀨谷啟少將指揮，兵力約一萬餘人，攻擊運河以北之敵。第五師團的坂本支隊，由坂本順少將指揮，兵力約六千餘人，進攻臨沂。三月十四日，瀨谷支隊發起攻擊，揭開這場日後被稱作「台兒莊戰役」的序幕。[24]

---

[23] 防卫厅防卫研修所战史室，《支那事变陆军作战（2）：昭和十四年九月まで》（東京：朝云新闻社，1996 年），頁 3-6。

[24] 防卫厅防卫研修所战史室，《支那事变陆军作战（2）：昭和十四年九月まで》，頁 26-31；馬仲廉，〈台兒莊戰役的幾個問題〉，《抗日戰爭研究》，1998 年第 4 期，頁 129-130；蘇聖雄，《戰爭中的軍事委員會》，頁 151-155。

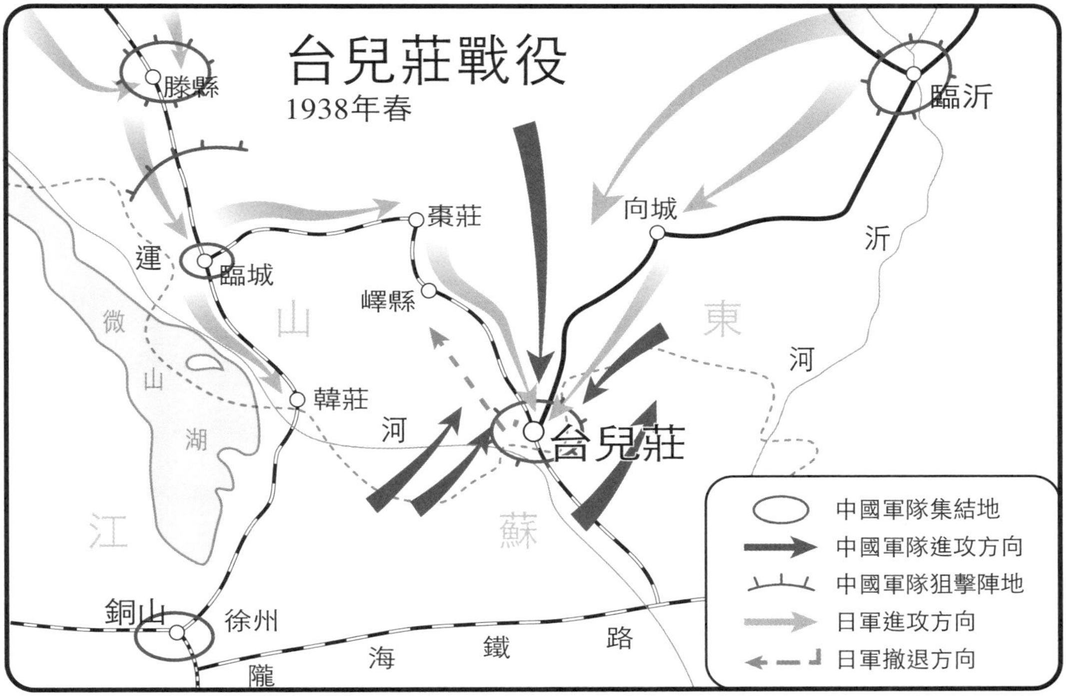

台兒莊戰役圖
資料來源：王逸之，《徐州會戰：台兒莊大捷作戰始末》（台北：知兵堂，2011年），頁30。

V

三月十六日，第十師團瀨谷支隊進攻滕縣，遭遇川軍第四十一軍第一二二師的猛烈抵抗。瀨谷支隊強攻三日，在付出大量傷亡後於十八日佔領滕縣，守軍三千人全軍覆沒，師長王銘章力戰殉職。與此同時，瀨谷支隊分兵一部，超越滕縣地境，攻擊南邊的官橋、嶧縣，與趕來救援滕縣的湯恩伯軍團爆發激烈戰鬥。湯軍團主力第八十五軍倉促應戰，立足未穩，被迫後撤，嶧縣守將、湯軍團第四師第二十三團團長陳鈍一戰死。[25] 嶧縣於二十日被佔領。[26]

在臨沂方面，坂本支隊於三月十二日開始攻打臨沂，國軍第三軍團憑藉臨沂城牆奮力抵抗。李宗仁調張自忠第五十九軍前往救援，由於擔心張自忠和同樣出身西北軍的第三軍團長龐炳勳曾有過節（**中原大戰時龐被蔣介石收買，倒戈突襲張部，張自忠僅以身免**），不能和衷共濟，又派五戰區參謀長徐祖詒居間協調指揮。張自忠奉令之後，全軍日夜疾行，迅速抵達沂河西岸，隨即兵分兩路渡河，猛攻坂本支隊側背。龐炳勳軍團見援兵到來，士氣大振，立刻開城出擊。坂本支隊遭到張、龐兩部內外夾攻，被逼退卻。[27]

三月二十日，輕敵冒進的日軍第十師團長磯谷廉介，下令瀨谷支隊一面警備臨城、嶧縣等地，和臨沂方面的第五師團坂本支隊取得聯絡，並且朝韓莊、台兒莊運河之線攻擊前進。這道命令實際上已經超越原先「掃蕩」作戰的規定界線（**臨沂、滕縣**），台兒莊這座大運河沿岸的村寨，就此成為日軍攻取的重要目標。[28]

由於津浦路戰事愈發激烈，蔣決定前往前線查明戰況。三月二十三日，白崇禧隨同蔣氏，以及軍令部長徐永昌、軍令部次長林蔚、作戰廳長劉斐等人，搭乘火車抵達鄭州，與第一戰區司令長官程潛、副長官宋哲元、劉峙等人商討作戰方略。白崇禧、徐永昌等人都主張採取「攻勢防禦」，以主動攻擊代替消極防守；但是蔣卻獨排眾議，認為日軍已經佔領臨城、嶧縣三、四天之久，防禦工事想必已修築堅固，湯恩伯軍團如果強攻而不能攻克，之後若敵軍包夾難以撤退，「敵人另以一軍攻魯西，我無兵應援，隴海被截，徐州危矣！」主張停止進攻，要白崇禧立刻以電話通知李宗仁，並決定親赴徐州部署。[29]

三月二十四日上午，黃淮平原大霧瀰漫，無須顧慮敵機空襲，蔣、白、徐等一行人抵達徐州車站，與第五戰區高級將領在鐵道四號室召開聯合作戰會報。蔣對李宗仁重申停止進攻的命令，可是李以「攻堅命令既下」為由，反對停止攻擊，蔣看到李宗仁如此堅持，也就不再阻止：「**姑照舊進攻懌〔嶧〕、棗（莊），如攻不奏效，則令其撤至懌縣東北山地待機也。**」[30] 蔣氏在離去時，指示五戰區參謀長徐祖詒再次到臨沂指導作戰，並留下白崇禧、林蔚、劉斐、高參王鴻韶等人，組成臨時參謀團，協助李宗仁策畫會戰。[31]

---

25 「湯恩伯致蔣介石密電」（1938年3月18日），《抗日戰爭正面戰場》，頁575；馬天綱、賈廷詩、陳三井、陳存恭（訪問、紀錄），《白崇禧先生訪問紀錄》，上冊，頁168-169；王仲廉，《征塵回憶》（台北：作者自印，1978年），頁210-213。

26 「李宗仁致蔣介石密電」（1938年3月20日），《抗日戰爭正面戰場》，頁578-579。

27 國防部史政編譯局（編），《抗日戰史：徐州會戰（一）》，頁22-23。

28 蘇聖雄，《戰爭中的軍事委員會》，頁164。

29 「蔣中正日記」（未刊本），1938年3月23日；《徐永昌日記》，第4冊，1938年3月23日，頁249。

30 「蔣中正日記」（未刊本），1938年3月24日。

31 「徐州會戰史稿」，〈第五戰區編徐州抗日會戰史稿〉（1937-1938），《國軍檔案》，檔管局藏，檔號：B5018230601/0026/152.2/2829。

一九三八年三月二十四日，台兒莊大戰前夕，蔣介石率白崇禧等人飛抵徐州，與李宗仁會商後合影。蔣於當天離開，命白留下協助李策劃會戰。蔣、李、白三人此時正同心協力，在萬千困難中尋求抗戰的第一次勝利。

蔣氏臨時派遣身旁的高級幕僚或得力親信「協助」前線主帥，是他為求掌握戰況的習慣做法，在之前淞滬會戰與之後的各次戰役中屢見不鮮。這種做法實際上有指揮權責不容易釐清的問題，前來協助指揮者也帶有「監軍」意味。不過上述問題全然未出現在台兒莊大戰前夕的第五戰區，因為白崇禧雖然代表中央，他本人卻和李宗仁搭檔多年，兩人分工合作早有默契，這次蔣的派遣「下對了一著高棋」。[32]

VI

三月二十四日晚間，白崇禧、林蔚和劉斐等人抵達戰火前線的台兒莊視察。台兒莊（現屬棗莊市）是山東南端的一個小村寨，位處山東、江蘇、安徽三省交界，大運河與津浦鐵路也在此交會。台兒莊四面有夯土地基磚砌城牆圍繞，莊內水道交錯，除了車站、文昌閣、清真寺等磚造建築以外，民居也多半是石造房屋。防守台兒莊的軍隊，是第二集團軍的第三十一師。白崇禧等人先來到位於運河南岸韓家寺的第二集團軍總部，聽取總司令孫連仲的簡報，然後從渡橋過運河，到達設在台兒莊南站的第三十一師師部了解情況。

這時日軍瀨谷支隊以步兵第六十三聯隊為主力組成的「台兒莊派遣隊」，以步騎

[32] 王逸之，《徐州會戰：台兒莊大捷作戰始末》（台北：知兵堂，2011年），頁48。

二千、火砲二十門，對台兒莊及周圍發動進攻，並有飛機臨空助戰，國軍第二集團軍所屬三個師奮力反擊。[33]白崇禧看到台兒莊外，平原村落，火光燭天，全是日軍砲火。[34]第三十一師師長池峰城在隆隆砲火聲中向白副總長報告，他認為目前台兒莊已經成為國軍攻守的旋轉軸，假使日軍拿下台兒莊，在嶧縣山地機動攻勢作戰的湯軍團將失去迴旋的軸心，攻守兩個集團就會進退失據，因此研判，日軍對台兒莊乃是勢在必得。

白崇禧同意池峰城的看法，接著詢問第三十一師的武器裝備，當他得知該師欠缺火砲等重武器，只憑迫擊砲和輕重機槍作戰時，立刻轉身對孫連仲道：「仿魯兄（孫連仲字仿魯），敵主力有南下之企圖，台兒莊一線對整個戰局的發展至關重要，我應採取攻勢防禦的戰術，拒敵於台兒莊以外。沒有大砲是不行的，我即刻與李長官商量，請調五戰區直轄之砲七團一部及鐵甲車第三中隊馳援台兒莊。此外，估計敵戰車、坦克將協助攻擊台兒莊，我也馬上與開封程長官聯繫，商請調撥戰車防禦砲速來，以增強你部作戰能力。」

白語畢，立刻在三十一師師部以電話向各方接洽聯絡，為第二集團軍調來重砲與反戰車武器增援。白氏又對孫、池說道：「將調來的戰車防禦砲，國家還不多，我裝甲兵團剛剛配備調汴（開封），即轉此使用，說明台兒莊戰局之重要。台兒莊乃徐州屏障，從整個戰局視之，它已非湯軍團之旋轉軸，乃戰區旋轉軸也。貴部應堅守殲敵，能守三日，使戰區獲得充裕時間，敵可就殲也。」[35]

這番布置對戰局產生巨大影響。根據孫連仲在台兒莊之役後作的檢討報告，日軍進攻以裝甲車、坦克打頭陣，撞塌城牆突入莊內，並掩護其步兵前進。我軍無法有效反制，「不得已挑選勇敢士兵，以手榴彈圍滿全身，預伏道上，作壯烈犧牲；」不料「坦克車經過，雖壓炸爆發，仍不能損壞絲毫、阻止其前進。」[36]直到反戰車砲於二十六日自開封趕到投入戰鬥，[37] 短短數小時內就摧毀日軍裝甲車、坦克十一輛，逼使日軍坦克不敢在台兒莊戰場活動，[38] 守軍因此而能在日軍數次猛烈攻勢下，繼續艱苦支撐下去。

VII

白崇禧要台兒莊守軍再堅守三日，而原本已呈不支的日軍台兒莊派遣隊，經過增援後，在三月二十七日上午又發動大規模攻勢。台兒莊和周遭陣地，全線進入敵我短兵相接的激烈戰鬥。日軍集中火砲射擊，轟破台兒莊北寨門，步兵在坦克掩護下攻入莊內，守軍拋擲手榴彈猛烈還擊。[39]「敵戰車往返衝擊，激戰甚烈。我傷亡團附八員，連長以下

---

[33] 「李宗仁致軍令部密電」（1938 年 3 月 25 日），《抗日戰爭正面戰場》，頁 587。

[34] 萬福增，〈血戰台兒莊——兼記孫連仲將軍〉，《傳記文學》，第 107 卷第 1 期（2015 年 7 月），頁 7。

[35] 張學繼、徐凱峰，《白崇禧大傳》，上冊，頁 331-332。

[36] 孫連仲，「魯南戰鬥之經驗教訓（二）」，〈第五戰區編徐州抗日會戰史稿〉（1937-1938），《國軍檔案》，檔管局藏，檔號：B5018230601/0026/152.2/2829。

[37] 萬福增，〈血戰台兒莊——兼記孫連仲將軍〉，頁 9。

[38] 中央社記者，〈台兒莊收復後視察記〉（1938 年 4 月 10 日），收於：國史館（編），《第二次中日戰爭各重要戰役史料彙編：台兒莊會戰》（台北：國史館，1984 年），頁 109。

[39] 姜克實，〈台児庄派遣部隊の再戦——第二回攻城〉，《岡山大学文学部紀要》，第 67 卷（2017 年 7 月），頁 21-23。

緊張中之津浦南段戰事

淮河前線

ON THE HWAI RIVER FRONT

Heavy fighting has been going on round this section between the Chinese and Japanese troops. The Chinese have re-captured numerous lost grounds and inflicted heavy loses to the enemies.

Villagers and civilians help the soldiers to dig trenches in anticipation of an assault from the Japanese.

在皖北一帶，軍即是民，民即是軍，淮河南北之民眾，除擔任游擊協助正規軍作戰殺敵之外，還自動替軍隊構築工事

在淮北前淺之哨兵藉天然掩蔽物守望

A Chinese soldier in camouflage to hide from aerial bombs.

五路軍××軍軍章長在前線指揮作戰

Chinese military leader directing operations at the front.

淮南大戰五路軍統帥李品仙將軍親赴前線視察

General Li Pun-hsin of the 5th Route Army, on the Hwai River front.

在第一線上督戰之我軍將領

Chinese army officers in conference.

懷遠附近我方前鋒衝擊銳進

Chinese troops pushing forward near Hwai Yuen.

桂軍負責津浦路南線作戰，成功牽制日軍第六師團等部隊，使其無法北進。

傷亡二、三百名。」孫連仲在給李宗仁的戰報裡表示：「北寨門被毀，敵步兵二百餘由破口衝入，我守寨王團及工兵營奮勇與敵巷戰，卒將侵入敵人大部解決。刻台兒莊仍在我手中。」[40]

三月二十九日晚間，白崇禧再次到台兒莊前線督戰。莊內三十一師守軍將房屋逐間打通，以刺刀和據守莊北的日軍肉搏。[41] 晚間二十時，城西破口處又衝入三百餘名日軍，和原在莊內據守的部隊會合，與守軍混戰。[42] 瀨谷支隊於三十日調集主力進攻台兒莊。[43] 日軍一度佔領台兒莊城區的四分之三，但守軍仍背靠運河，頑強死戰。

白崇禧抵達運河南岸的孫連仲總部，見到總司令孫連仲正在與三十一師師長池峰城通話，池向孫報告，所部已傷亡殆盡，請求增援，並讓三十一師後撤到運河南岸休整。孫連仲因為奉有李宗仁死守陣地的嚴命，不准許池峰城撤退，他指示池，應以所有可用的人力投入戰鬥，必須與陣地共存亡。他對池表示：「士兵打完了你就自己上前填進去。你填過了，我就來填進去。有誰敢退過運河者，殺無赦！」池在電話中諾諾奉命。「孫指揮部隊堅決嚴肅毫不寬假，部下都有能死之精神。」白氏日後回憶起這一幕時感慨言道。[44]

40 「李宗仁致蔣介石等密電（三）」（1938年3月27日），《抗日戰爭正面戰場》，頁593。
41 「林蔚劉斐致蔣介石等密電」（1938年3月29日），《抗日戰爭正面戰場》，頁595。
42 「李宗仁致蔣介石及何應欽等密電（三）」（1938年3月29日），《抗日戰爭正面戰場》，頁597-598。
43 防卫厅防卫研修所战史室，《支那事变陆军作战（2）：昭和十四年九月まで》，頁32-35。
44 馬天綱、賈廷詩、陳三井、陳存恭（訪問、紀錄），《白崇禧先生訪問紀錄》，上冊，頁179；孫連仲與池峰城的對話，參見唐德剛（撰寫），《李宗仁回憶錄》，下冊，頁660-661。

池峰城於是將台兒莊內警衛、勤務、雜役兵，以及還能動彈的傷兵編成敢死隊，由副師長康法如率領，在二十九、三十日發動多次逆襲。「本師昨夜作最後之攻擊，」池峰城在由戰區轉報軍令部的電報中說：「官兵勇敢用命，冒最大犧牲，卒將城西北角盤據之敵殲滅大半。」康法如率隊衝殺，身被重創，敢死隊員三百餘人非死即傷，其他官兵見狀，「百餘人義憤填胸，自報〔告〕奮勇復仇殲寇，不成功即自殺以報國家，決不生還見我長官，悲壯激昂。」敵我徹夜肉搏，白刃拚殺，屍骸枕籍，都已經到了捨生忘死的程度；台兒莊內刀皆見血，人均帶傷。「師今夜為沉痛之格鬥。」戰報結尾，如此悲壯宣告。[45]

攻入台兒莊的日軍，在守軍將士冒死反撲之下，逐漸不支，但是仍然據守西北面陣地，負隅頑抗。蔣介石接獲各方戰報，對台兒莊日軍敗而不退感到疑惑不解：「台兒莊之敵，敗而不退，其後方亦無援軍，究有何待。」[46] 連日激戰，第二集團軍已經將兵力使用到最大限度。據孫連仲在四月五日給蔣的報告中說，該部參戰三個師加上一個獨立旅，還能作戰的官兵只剩五千餘人。[47]

實際上，日軍在台兒莊的攻勢也已經難以為繼：數日來在嶧縣、棗莊外圍機動奔襲的湯恩伯軍團，先擊破從臨沂方向前來救援瀨谷支隊的坂本支隊，然後全軍回師，三面圍攻台兒莊日軍。[48] 李、白於四月六日晚間抵達運河南岸，親自指揮孫連仲集團軍反守為攻，與湯軍團合力夾擊敵軍。[49] 至此瀨谷支隊不但彈藥將盡，而且形勢孤危，於是不及收殮陣亡官兵屍骸，連忙拋棄輜重裝備，向嶧縣方向匆匆撤退，國軍全線展開追擊，是為「台兒莊大捷」。[50] 中方宣傳國軍於此役「殲敵三萬」，國軍傷亡約略與日軍相等。[51] 西方軍事觀察家稱台兒莊之戰是「自日本建立陸軍以來第一次顯要的戰敗。」[52] 日本「皇軍無敵」的形象就此打破。捷報傳至武漢，十餘萬民眾上街徹夜遊行，鞭炮響徹全城，並以卡車高舉李宗仁、白崇禧兩人巨幅肖像，慶祝勝利。[53]

蔣介石於隔日接獲捷報。「接台兒莊捷報，即令宣傳部勿事鋪張，免敵不得下場也。」此刻他憂慮的，是「敵以台兒莊慘敗必圖報復，其攻俄計畫因此停頓，轉以全力攻我乎？」當天下午，武漢全城響起慶祝勝利的鞭炮聲，到夜晚仍不絕於耳。李、白這兩位昔日被蔣明令討伐的「叛將」，此時卻成為民眾心目中的抗日英雄，蔣氏對此應該感觸良深。但他同樣也認為「台兒莊勝利，不僅戰局將來之成敗所關，實為民心與士氣振作之轉移也。」[54]

---

45 「李宗仁致軍令部密電（三）」（1938年3月31日），《抗日戰爭正面戰場》，頁602-603。

46 「蔣中正日記」（未刊本），1938年3月31日。

47 「孫連仲致蔣中正電」（1938年4月5日），《蔣文物》，典藏號：002-090200-00038-068。

48 馬天綱、賈廷詩、陳三井、陳存恭（訪問、紀錄），《白崇禧先生訪問紀錄》，上冊，頁170。

49 「李宗仁致蔣中正電」（1938年4月7日），《蔣文物》，典藏號：002-090200-00026-056。

50 中國方面為了鼓舞淞滬撤退、南京失陷以來消沉的士氣，對台兒莊告捷自是大做宣傳；而日本戰後對於台兒莊戰敗的認識和爭論，見姜克實，〈日本軍の戦史記録と台児庄敗北論〉，《岡山大学文学部紀要》，第63卷（2015年7月），頁31-46。

51 過去學界一般認為，日軍在此役中死傷數字近一萬二千人；旅日歷史學者姜克實以日軍內部紀錄考證，指出第五、第十兩師團日軍的傷亡總數應為五千一百四十五人，日方在此役中被擊毀的輕、中型戰車共計十一輛，則與中方統計數字相符。見姜克實，〈台兒莊戰役日軍死傷者數考〉，《歷史學家茶座》，2014年第3輯，頁58-74。姜克實，〈台児庄の戦場における日本軍の装甲部隊〉，《文化共生学研究》，第15号（2016年3月），頁58-74。

52 轉引自黃仁宇，《從大歷史的角度讀蔣介石日記》（台北：時報出版，1994年），頁202。

53 馬天綱、賈廷詩、陳三井、陳存恭（訪問、紀錄），《白崇禧先生訪問紀錄》，上冊，頁180。

54 「蔣中正日記」（未刊本），1938年4月7日、5月1日，雜錄。

台兒莊大破敵軍

Chinese troops rushing to attack on Taierchang.

JAPANESE DEFEAT AT TAIERCHWANG

Taierchwang, which formerly was only a small Shantung town composed of yellow mud huts having a city wall and railway station, a town with less than 4,000 families, has now suddenly become a sort of mythical symbol because of so much publicity attached to its name in the recent Sino-Japanese war. The Japanese have suffered a severe knock, at least several divisions being more or less annihilated, while some fled in such disorder that they left almost all its accoutrements behind on the field, from tanks and artillery pieces to rifles and ammunition. Even water bottles were thrown away in the hurried retreat, as can be seen in the photos. From the military point of view, the Chinese success was only a small incident in the present battle on the Tientsin-Pukow Railway, meaning the temporary success of one counter-attack; while, morally speaking, the success should give China ample power to turn the present war in its favor.

Gen. Pei Chung-hsi (rt.) and Gen. Li Chung-jen, seen at Taierchang after Chinese troops captured the town.

Chinese mechanized units ready to cross the Grand Canal for an attack.

The town of Taierchwang, on the southern border of Shantung.

《良友》畫報特刊：台兒莊大破敵軍！自甲午戰爭以來，中國陸軍第一次在戰場上擊敗日本皇軍。

台兒莊大捷後，李宗仁、白崇禧成為家喻戶曉的抗日英雄，一九三八年五月號的《良友》特別以白為封面人物。

台兒莊告捷，日後白崇禧回顧起來，認為李宗仁、孫連仲、湯恩伯都居功厥偉。白氏首先讚揚李宗仁指揮若定，善結軍心，使得五戰區出身、來歷各異的各路軍隊，都能在他的指揮下奮勇殺敵。其次是孫連仲部克盡職責，沉著應戰，固守台兒莊，即使受到敵軍強大壓迫，死傷殆盡時仍然頑強掙扎，浴血苦鬥，使得湯恩伯軍團的迂迴攻擊收到巨大效果。最後則是湯恩伯用兵適宜，運用機動攻勢作戰，反包圍攻擊台兒莊之敵，並使用其主力兩個軍，先擊破由臨沂前來解台兒莊之圍的坂本支隊，再迅速回師台兒莊，攻擊當面之敵，用兵靈活、合宜。[55]

VIII

台兒莊勝利後國軍展開追擊，日軍退入嶧縣、棗莊固守，國軍攻擊一時無法奏效。蔣介石於四月十日致電李宗仁、白崇禧，表示「台莊之捷已逾五日，」而國軍尚無法攻下嶧縣、棗莊、韓莊、臨城等日軍據守的城鎮。「躊躇審顧，焦慮至深。以乘勝之軍更加主力部隊追援絕潰僨之寇，不急（及）限期殲滅，一旦敵援趕至，死灰復燃，是無異隳已成之功而自貽將來之患，」因此要求李、白督促將士，「務於一、二日內將殘寇完全殲除」。[56] 四月十三日，蔣在日記中又寫下：「**嶧縣未下，此心懸如不安也。**」[57]

李、白則於同天聯名致電蔣，說明進攻困難：「現敵改攻為守，憑藉嶧縣附近山地為據點，以棗莊為犄角。我因陣線過廣，處處薄弱，連日攻擊，甚難成效，欲徹底消滅敵人，事實上恐難如願。」為了貫徹第二期抗戰「積小勝為大勝」的方針，李、白準備改採運動戰，「在包圍陣線上僅配置少數監視兵，將主力分別集結於便於機動之位置，一面破壞敵後方交通，一面以小部先游擊，誘致敵人於陣地外求決戰」。蔣於十五日覆電同意，[58]不過在具體的兵力部署上，仍然不願放棄任何據點。[59]

然而就在此時，由於台兒莊一役受挫，東京參謀本部發現湯恩伯軍團等國軍主力在徐州戰場現蹤，於是一改原先不擴大方針，決定調集主力發動徐州作戰，給予中國軍隊重大打擊。其主攻採鉗形方式，北面以北支那方面軍的四個師團由魯西荷澤以東渡過黃河，截斷隴海鐵路，南面以中支那派遣軍的兩個半師團策應北面作戰，並以第十四師團（**師團長土肥原賢二**）往河南歸德方向國軍之退路進攻。另以第二軍在津浦路發動攻勢，牽制徐州國軍主力。攻勢於四月下旬發動，日方參戰總兵力為二十萬人。[60]

包括蔣介石與李、白在內的國軍高層，仍然誤以為日軍將在津浦路上採取南北夾攻，所以繼續往第五戰區添注兵力，準備在徐州周圍持久作戰。四月中旬時李宗仁向蔣氏報告諜報，雖然曾一度提及「現時敵軍在華北之移動，似有戰事重心轉移魯西，以犯商丘、蘭封等地之模樣，」但之後則又判定「日軍攻徐州，主力仍置於津浦北段」。[61]蔣

55 馬天綱、賈廷詩、陳三井、陳存恭（訪問、紀錄），《白崇禧先生訪問紀錄》，上冊，頁174。
56 「蔣介石致李宗仁等密電」（1938年4月10日），《抗日戰爭正面戰場》，頁618。
57 「蔣中正日記」（未刊本），1938年4月13日。
58 「李宗仁等致軍令部密電」（1938年4月13日），《抗日戰爭正面戰場》，頁618-619。
59 劉斐，〈徐州會戰概述〉，收於：《正面戰場：徐州會戰——原國民黨將領抗日戰爭親歷記》（北京：中國文史出版社，2013年），頁29-30。
60 防卫厅防卫研修所战史室，《支那事变陆军作战（2）：昭和十四年九月まで》，頁45-46、52-61；蘇聖雄，《戰爭中的軍事委員會》，頁173、176。
61 「李宗仁致蔣中正電」（1938年4月16日）、（1938年5月9日），《蔣文物》，典藏號：002-020300-00010-021、002-020300-00010-032。

則提醒白崇禧，應注意津浦路南段的防禦，嚴防其採取攻勢。[62]對於魯西有遭到截斷的可能，卻沒有做妥善防備。「人人以敵攻魯西以斷我徐海戰線之交通為慮，」甚至到五月初，蔣仍在日記裡寫道：「余認敵軍如無獨立兵團，非有十分把握時，決不用此著。」[63]

但是日軍截斷隴海路的南北兩路攻勢，矛頭甚為鋒銳。五月九日，南路日軍攻陷皖南蒙城，桂軍第一三八師副師長周元力戰殉職。[64]「周元畢業廣西軍校高級班，很年輕，善戰，」第七軍副軍長徐啟明說道：「蒙城宿遷一線為徐州後退之路，因此（周）死守蒙城終於殉國。」[65]十二日，徐州西側的永城失守。「戰局已陷危境，」蔣得報後非常著急，在日記中批評「**桂軍太不得力，殊失所望也**。」但是同時又寄希望於白崇禧，認為「**健生可與言戰也**。」[66]十四日，北路日軍佔領魯西荷澤，第二十三師師長李必蕃殉難。這時蔣氏仍對戰局抱持樂觀，希望李、白能死守徐州，督率各軍反守為攻，以打破日軍的戰略大包圍。[67]研究者認為，當時自蔣以下的軍委會高層，都受到第一線將領誇大戰果的誤導，從而對戰局研判過度樂觀，影響其部署。[68]

IX

反倒是這時李、白研究戰局，認為形勢嚴峻，必須立即全面撤退，分路突出日軍的包圍圈，否則將重演淞滬會戰後期潰退的慘況。五月十六日，白崇禧決定，不向徐州西側突圍，而先由東側日軍兵力薄弱處衝出，再折向西行。第二軍第九師戰車砲兵連連長安占海日後回憶：他於此時到徐州長官部地下指揮室領受任務，見到一個戴眼鏡的高個頭長官，命令麾下參謀拉開地圖布幛，地圖上符號顯示：徐州外圍大部分地區都已被日軍佔領，只有在安徽、河南交界處，永城以北地區還有一缺口。這位高個頭長官命令安占海連前往蕭縣南門部署。後來安占海才知道，這位長官正是白崇禧。安占海到達蕭縣後，受第六十八軍指揮，往西南方向撤退，順利完成任務。[69]

十七日，蔣致函李、白，研判日軍主力仍在魯西，國軍各地皆可固守無虞，並指示白崇禧親自率師收復徐州西側的黃口、碭山。但徐州電台入夜後便無法叫通，蔣甚為憂慮。[70] 軍委會因為徐州電台徹夜中斷，於十八日派飛機到徐州上空查探，發現徐州只剩下孫連仲總部駐防。[71] 當晚，長官部電台恢復通訊，李、白聯名致電蔣表示：「為指揮

62 「蔣中正致白崇禧電」（1938年4月20日），《蔣文物》，典藏號：002-020300-00010-025。
63 「蔣中正日記」（未刊本），雜錄，1938年5月5日。
64 凌雲上，〈蒙城抗戰記〉，《新桂系紀實》，中冊，頁212-213。
65 陳存恭（訪問、紀錄），《徐啟明先生訪問紀錄》，頁93。
66 「蔣中正日記」（未刊本），1938年5月12日。
67 「蔣中正日記」（未刊本），1938年5月14日；秦孝儀（編），《總統蔣公大事長編初稿》，卷4上，頁214。
68 蘇聖雄，《戰爭中的軍事委員會》，頁187。
69 安占海，〈徐州突圍片段〉，《正面戰場：徐州會戰——原國民黨將領抗日戰爭親歷記》，頁324-325。
70 「蔣中正致李宗仁、白崇禧電」（1938年5月17日），《蔣文物》，典藏號：002-020300-00010-043；「蔣中正日記」（未刊本），1938年5月17日。
71 《徐永昌日記》，第4冊，1938年5月18日，頁300-301。

便利計，擬於今晚移動指揮位置，此間仿魯（孫連仲）接駐」。[72]「徐州自昨日李、白離城後，軍心必動搖，恐不能久保矣。」蔣氏得知李、白撤出徐州後非常不滿，在日記裡批評道：「如此重鎮，正可固守，緊急之時，主帥更不能移動，只要主帥鎮定，必可轉危為安。今擅自棄移，亦不奉命，何以抗戰？何以立身？」[73]從這段文字可以看出蔣對一城一地之得失相當計較，與白「全軍為上」、「以空間換時間」的戰略觀頗有出入。蔣要李、白堅守徐州，也可能有複製台兒莊大捷「堅守反擊」的用意，但台兒莊之役，日軍只是偏師「掃蕩」作戰，加以輕敵冒進，因而遭到挫敗；這次進攻徐州，則是志在必得的主力作戰。倘若李、白死守徐州，難保不會重蹈南京保衛戰的覆轍。「徐州撤退恰合機宜，早則未能達成消耗兵力之目的，遲則將受圍於敵，」白崇禧日後說：「國軍之完整撤退，未蒙任何重大損失」。[74]

日軍於十九日攻入徐州市區。李宗仁、白崇禧率長官部直屬人員，已先於十七日到宿縣孫家寨指揮作戰，之後朝阜陽前進，沿途曾遭遇日軍小股部隊襲擊，馬匹與通信器材都在亂軍中被衝散，長官部人員每到一處，白日構築防禦工事，晚間辨認方位趕路，極為辛苦。[75]本章開頭白崇禧墜馬一節，就發生在這段期間。五月二十四日，李、白等人平安脫險抵達阜陽，蔣介石在隔日致電慰勉。[76]二十七日，蔣氏召白崇禧、林蔚等人盡速返回武漢。[77]

白崇禧決不是徐州戰場上的一名「備員」。他既是軍事委員會副參謀總長，和何應欽、徐永昌等人同為蔣介石高級幕僚，共同策劃津浦路作戰，並為第五戰區調集兵力，南北迎戰日軍。他又是前線大軍指揮官，受命到徐州協助李宗仁指揮作戰。白氏幾次在砲火聲中親自視察台兒莊前線，他發現守軍火力薄弱，無法反制日軍坦克的衝擊，立刻調來戰車防禦砲增援；在日軍壓迫台兒莊守軍最嚴峻的關頭，他親自到孫連仲指揮所督戰，目睹孫與池峰城浴血苦撐，最後更與李宗仁同赴前線，指揮孫連仲、湯恩伯聯合追擊日軍。從參戰規模及雙方的戰爭意圖來看，台兒莊一戰並不是大型戰役，但是這場勝利對當時的中國軍民來說卻價值非凡，因為這是一群七拼八湊、來源各異的軍人，面對優勢之敵強大壓迫之下，把握住戰場上一瞬即逝的機會，締造出自甲午戰爭以來第一場結結實實的勝仗。

在台兒莊鏖戰期間，發生了一件影響桂系與中央關係的大事。一九三八年三月二十九日，國民黨在武漢召開臨時全國代表大會，會中除了推舉蔣介石為黨總裁，並且決議成立三民主義青年團。[78] 日後白氏回到武漢，蔣要白推舉幹部參加三青團的籌備工作，白氏於是推薦程思遠和當時第五戰區政治部主任韋永成兩位。蔣在召見後，內定程思遠為三青團中央團部組織處副處長，去年八月隨白崇禧入南京的黃季陸則預備派任宣傳處長。桂系「文班底」至是進入中央。「為了團結抗戰，」白對程思遠表示：「廣西與中央的關係，應力求從混合達到化合。」[79]

五月二十九日，白崇禧返回武漢。徐州會戰至此告一段落，中日雙方調兵遣將，武漢大會戰即將上演。

---

72 「李宗仁、白崇禧致蔣中正電」（1938年5月17日），《蔣文物》，典藏號：002-020300-00010-046。
73 「蔣中正日記」（未刊本），1938年5月18日。
74 馬天綱、賈廷詩、陳三井、陳存恭（訪問、紀錄），《白崇禧先生訪問紀錄》，上冊，頁175。
75 「李宗仁、白崇禧致蔣中正電」（1938年5月22日），《蔣文物》，典藏號：002-020300-00010-057。
76 「蔣中正致李宗仁、白崇禧電」（1938年5月25日），《蔣文物》，典藏號：002-020300-00010-061。
77 「蔣中正致白崇禧電」（1938年5月27日），《蔣文物》，典藏號：002-020300-00011-012。
78 秦孝儀（主編），《總統蔣公大事長編初稿》，卷4上，頁191-192。
79 程思遠，《白崇禧傳》，頁210。

第六章

武漢會戰 回教協會

一九五七年八月二十八日夜，台北松江路白寓。

書案昏燈下，白崇禧在端楷繕寫呈給總統蔣介石的辭職報告。他要辭去的職務，是中國回教協會理事長。

雖說是辭呈，白氏字裡行間卻有一股不平憤慨之氣：文章一開頭先說及回教協會的成立，是「鈞座（蔣）鑒於敵人分化陰謀，辱承召見並指示，中國回胞在宗教方面應有統一組織，增加團結，協助抗戰。」白秉照蔣的指示，於武漢召開全國回教代表大會，恭請蔣委員長主持，並致訓詞。二十餘年來，回協始終擁護政府，配合國策，最後隨政府播遷台灣。然而近年以來，黨中央對回協顯然相當不信任，非但派駐協會、負責與黨溝通的黨團幹事會長年不開會，近年來在黨中央的扶植下，竟然另有一個名為「中國回教青年會」的組織出現，在台北市、台灣省皆設立分會。這個「回教青年會」還取代了正牌的回協，成為麥加朝覲團的人選。

至此，白崇禧終於明白：始終擁護政府的回協之所以受到有意無意的冷落，黨中央另外扶植回教青年會以謀瓜代，問題全在於二十年來他白健生始終擔任回協理事長，蔣

武漢時期的蔣白關係仍然相當密切，時常有如圖片中同桌共餐的畫面。

忌憚白，唯恐他以這個職位累積政治能量。「本會自成立以來，職承歷屆常務理事會同仁不棄，推選為本會理事長，迄今已屆二十年矣。」白在報告裡寫道：「第念本會因在抗戰時期職秉鈞座意旨而成立，今因會務無力推進，不敢尸位，經向協會辭職，謹報鈞察。」❶

回協一案正是白崇禧與蔣介石關係凶終隙末的寫照，而故事的源頭，則開始於一九三八年的武漢。

I

話說國軍撤出徐州以後，先是在河南發動蘭封會戰，企圖消滅土肥原第十四師團，未能成功，隨即在花園口掘開黃河大堤，造成氾濫，阻止日軍前進。日軍主力於是兵分南北兩路，繞開氾濫區，向武漢進攻：北支那方面軍第二軍四個師團沿平漢鐵路南下，中支那派遣軍則動用五個師團又一個混成旅團，配合海軍萬噸以下兵艦一百多艘、飛機四百餘架，沿長江南北兩岸溯江而上進攻。❷日軍目標在佔領武漢，逼使國民政府停戰；國軍則採取「以空間換取時間」的持久作戰方針，在武漢外圍和日軍周旋。中日雙方動員兵力合計達百萬以上，武漢會戰的序幕就此揭開。

❶「白崇禧致蔣中正函」（1957年8月31日），油印原件，白崇禧專檔，美國史丹佛大學胡佛研究所藏。

❷ 馬天綱、賈廷詩、陳三井、陳存恭（訪問、紀錄），《白崇禧先生訪問紀錄》，上冊，頁181-182。

軍事委員會認為，長江沿岸將是日軍主攻方向，因此白崇禧於六月時奉命督導長江中游防禦。蔣介石於六月十三日下達手令條諭：由白氏負責長江及鄱陽湖的防禦計畫，並親自檢閱沿江各座要塞。❸

在各座要塞中，以位於江西彭澤的馬當要塞最為重要。為了防止日軍兵艦沿長江進犯，中國海軍在馬當自沉多艘船艦，布置水雷，組成封鎖線。國軍在馬當依照天然岩山地形，築有堡壘工事與砲台。而馬當要塞的外圍則有江防軍第十六軍的一六七、五十三兩個師守備。倘若馬當失守，後方的九江無險可守，也就打開了通往武漢的水路大門。

白崇禧於六月十九日視察湖口、馬當兩要塞。當晚他便致電蔣介石報告視察心得，白對於沿江要塞的防務非常憂心。「該地區砲位，及野戰工事尚可，永久工事，正著手構築，殊嫌遲緩。台兵方面之訓練及精神，均欠良好。」而防備要塞外圍的兵力不足，「則我布雷線易被敵人由北岸掃除」。白氏還發現「一六七師薛蔚英部，分防湖口、馬當兩地，對於作戰指揮，殊感不便，且湖口正面廣大，最低限度，亦須以完整之一師兵力防守，如准薛師歸還建制，則馬當防務，應派有力部隊接防」。❹

蔣雖然在白的建議上批示「速辦」，但已難阻止馬當要塞的陷落。由台灣旅團組成的日軍波田支隊，於六月二十四日進攻拱衛馬當要塞外圍的香山、香口等據點。此時白崇禧正在江北田家鎮要塞附近視察，得報之後，立即致電蔣：「以目下形勢論，南岸危迫萬狀，」第十六軍恐怕抵擋不住日軍陸海空立體攻勢，而白氏日前雖然已調一六七師全師增援，但該師師長薛蔚英（黃埔一期）「位置不明」，因此「其部隊無法調動」，「為今之計，只能請第三戰區派部隊連夜前往馳援，「俾可挽救危機於萬一也。」❺然而馬當要塞即於次日失守。

根據第三戰區司令長官顧祝同於七月十七日呈蔣的報告，稱日軍進攻要塞時，江防軍正舉辦「抗日軍政大學」訓練班結業式，連長以上軍官都出席參加，結果竟使得前線防禦戰鬥無人指揮。而本該增援要塞外圍據點的第一六七師，「原限兩日趕到馬當，增厚兵力，該部七天始到，」要塞早已陷落。一六七師的武器「曾經德顧問檢查，機槍迫砲全係廢鐵，步槍堪用者不及半數。」❻ 一六七師師長薛蔚英被蔣介石下令拿問，之後因「貽誤戎機」遭到槍決。

II

在顧祝同呈蔣報告的同一天，白崇禧則在河南商城城北的岳家祠堂正式就職，代行第五戰區司令長官職權。❼ 徐州會戰後第五戰區西移，作戰地境為安徽西部、湖北北部及河南南部。為了迎戰日軍的武漢攻略，軍事委員會將保衛武漢的五十多個軍，編組為四個兵團，武漢衛戍總司令部（**總司令陳誠，之後改組為第九戰區**）指揮第一（薛岳）、第

❸ 「蔣中正致何應欽白崇禧條諭」（1938年6月13日），《蔣文物》，典藏號：002-020300-00011-022。
❹ 「白崇禧致蔣中正電」（1938年6月19日），《蔣文物》，典藏號：002-020300-00011-023。
❺ 「白崇禧致蔣介石密電」（1938年6月25日），《抗日戰爭正面戰場》，頁677-678。
❻ 「顧祝同致蔣中正電」（1938年7月17日），《蔣文物》，典藏號：002-020300-00011-035。
❼ 馬天綱、賈廷詩、陳三井、陳存恭（訪問、紀錄），《白崇禧先生訪問紀錄》，上冊，頁186。

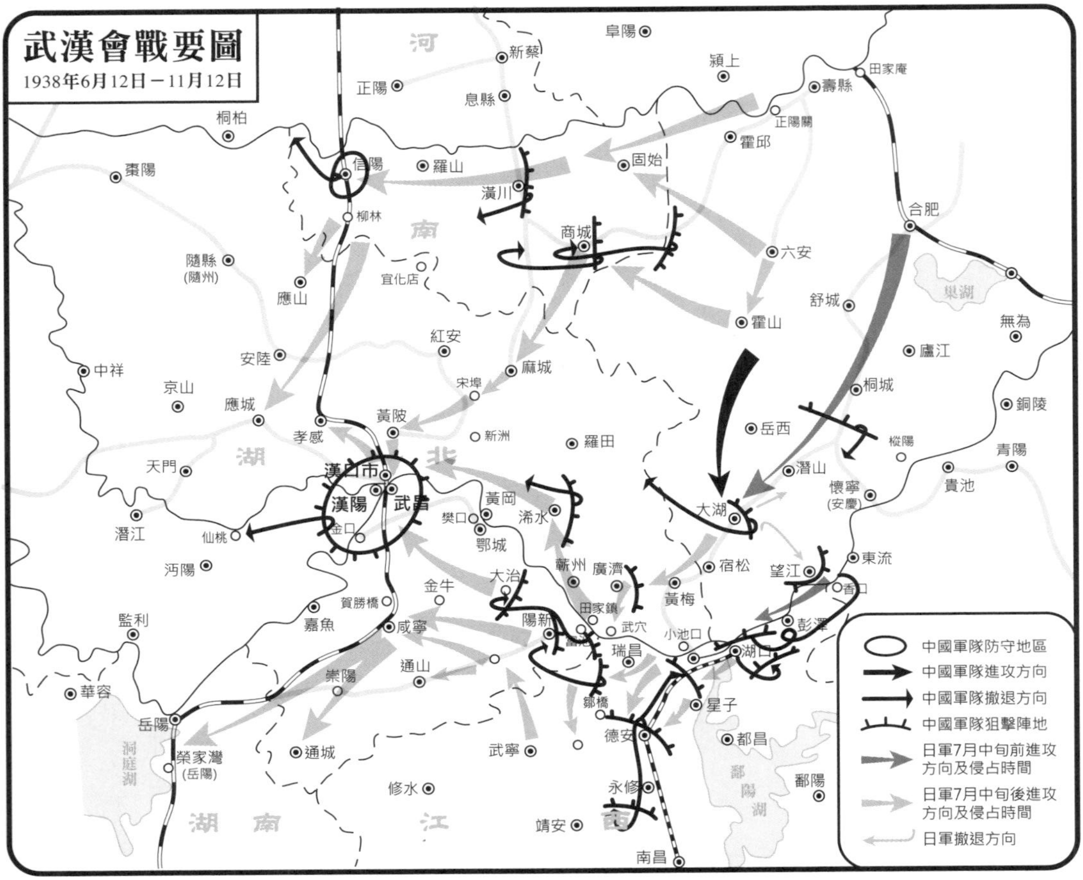

武漢會戰過程圖

資料來源：愛瀾，《武漢會戰》（台北：知兵堂，2012年），頁186

二（張發奎）兵團，在長江南岸作戰；第五戰區指揮第三（孫連仲）、第四（李品仙）兵團，在長江北岸迎敵。

這時，李宗仁因為自徐州會戰以來日夜辛苦，引起早年在湖南作戰時牙床舊傷復發，右臉浮腫，一眼不能見物，無法支撐下去，只好住進武漢東湖療養院，施用手術治療，戰區司令長官職務，交由白崇禧代理。[8]

白崇禧接掌指揮之後，判定長江北岸日軍攻勢為支線作戰性質，其主力部隊集結在懷寧、合肥，將沿著公路，朝皖南的潛山、太湖、宿松、英山、六安、霍山等地，一路攻擊前進，牽制江北國軍，並與長江南岸的主力作戰互相呼應。[9]白崇禧的布陣分為左、中、右三路，由李品仙、廖磊和孫連仲指揮，分別以大別山脈為依託，構成縱深陣地，面對敵軍攻勢，節節抵抗，且戰且退，並伺機反攻。[10]

這種部署充分體現出白崇禧靈活多變的用兵特色：他不尋求正面與敵人決戰，而是利用地形地障，塑造有利形勢，結合陣地與運動戰，然後反守為攻，由側翼出擊，截斷日軍後方補給線，逼使敵軍不得不後撤。用白氏自己的話來說，他「身臨前方，深思對敵之策，」發現國軍憑藉劣勢裝備，要持久對抗訓練與火力堪稱精良的日軍，「惟有取機動姿勢，求敵側背相機攻襲，而不限以一地一城之死守。如此，則能常保持有用之力量，獲得作戰之自由。」[11]

---

[8] 申曉雲，《李宗仁》，頁 244。

[9] 「作命第十五號」（1938 年 7 月），《抗日戰爭正面戰場》，頁 651-652。

[10] 馬天綱、賈廷詩、陳三井、陳存恭（訪問、紀錄），《白崇禧先生訪問紀錄》，上冊，頁 186-188。

[11] 「白崇禧致蔣介石密電」（1938 年 9 月 6 日），《抗日戰爭正面戰場》，頁 724。

桂軍是白崇禧實施機動作戰的發動機。第七軍集結在商城、六安一帶，開始接收廣西送來的新兵團，補充自淞滬、徐州等役造成的損失。白崇禧指示徐啟明等將領說：「趕緊設法改編，敵人一定要攻武漢，整編後保衛武漢。」徐啟明此時升任第二十一集團軍參謀長，原來由他兼任師長的第一七〇師，奉命將有作戰經驗的老兵全數撥給第一七一、一七二兩個師，一七〇師番號調回廣西整補。[12]第三十一軍此時在大別山區作戰，軍風良好，和民眾相處融洽，士兵善於山地作戰；另一支新調上前線的第八十四軍參加之後的廣濟戰鬥，主力第一八八、一八九兩師防守龍頭寨、匯烟寨一帶，鏖戰十天，犧牲大半，廣濟當地的民謠唱道：「軍隊要學一八九、一八八，到處有人誇」。[13]

八月二十七日起，白崇禧下令第五戰區展開反擊作戰。「我部隊埋伏於山區，」徐啟明回憶道：「從山上俯瞰敵人潛山太湖宿松黃梅廣濟公路補給線一目瞭然，常乘其不備從山裡頭出而襲擊敵之側背。」[14]皖南的潛山、太湖等地很快就被國軍收復。不過白氏並未被眼前取得的戰果所眩惑，他明白此時連日大雨，加上瘟疫流行，各軍戰鬥力都已不比徐州會戰之時，日軍從潛山、太湖撤退，一方面是由於該地公路不斷遭到中國軍隊破壞，無法利用，另方面則是第三十一軍所部持續襲擊側背，因此放棄，「節省兵力，以宿松、黃梅為據點進攻廣濟」。而日軍主攻方向將是長江南岸，「利用陸海空聯合作戰之優越條件沿江西上，用蠶食政策取漸進主義」，逐步逼近武漢。[15]八月三十日，正當日軍大舉進攻湖北廣濟時，蔣介石致電白崇禧，要求以孫連仲第二集團軍，配屬中央軍第七十一軍宋希濂部向安徽六安、霍山一線出擊，以收拊擊敵軍側背的效果。[16]九月二日，廣濟戰況激烈，蔣又電白崇禧，指令以西北軍劉汝明部、川軍王纘緒部、桂軍覃連芳部（即第八十四軍）「死守」廣濟主陣地。[17]但廣濟終在九月九日失守。

此時李宗仁已經病癒歸來，白崇禧於是交卸代長官職務，回到中央供職。國軍此後繼續與日軍周旋，直到十月下旬，廣州失守，軍事委員會認為武漢已經失去戰略意義，主動撤出。日軍遂在十月二十六日佔領了已是空城的武漢三鎮。

III

這次臨危受命到五戰區指揮作戰，在前線耳聞目睹，讓白崇禧產生諸多感想。白氏並不贊成蔣嚴令「死守」一城一地的做法。他在九月六日時致電蔣氏，建議日後作戰「利用大別山山地，改取機動配置，正面仍以一部守禦，主力集結敵之側背，求其弱點，相機攻擊，斷其後方聯絡線，以此廣大地域，運用廣大面之運動戰。如此，則易死路為生，機變被動為主動，將士樂於效命，抗戰可期長近延迭。」[18]

[12] 陳存恭（訪問、記錄），《徐啟明先生訪問紀錄》，頁 94。
[13] 〈廣濟地區的阻擊戰〉，收錄於「抗日戰爭紀念網」，網址：http://www.krzzjn.com/html/12194.html（2018 年 8 月 11 日點閱）；申曉雲，《李宗仁》，頁 244。
[14] 陳存恭（訪問、記錄），《徐啟明先生訪問紀錄》，頁 97。
[15] 「白崇禧致蔣介石等密電」（1938 年 8 月 27 日），《抗日戰爭正面戰場》，頁 706-707。
[16] 「蔣中正致白崇禧電」（1938 年 8 月 30 日），《蔣文物》，典藏號：002-020300-00011-068。
[17] 「蔣介石致白崇禧等密電稿」（1938 年 9 月 2 日），《抗日戰爭正面戰場》，頁 717。
[18] 「白崇禧致蔣介石密電」（1938 年 9 月 6 日），《抗日戰爭正面戰場》，頁 724。

白也認識到國軍部隊作戰缺乏韌性，對於陣地構築、火網編成都欠缺認識，因此「守城時，每因城垣一部被敵轟破，即告不守；守陣地時，亦因一線被突破，致全軍退卻，不知利用陣地內火網編成，與縱深配備，用逆襲恢復陣地。」反觀日軍，在台兒莊、晉南會戰垣曲等戰役中，即使陣地被國軍攻入，日軍仍然能憑藉陣地縱深繼續抵抗，或是斷然實施逆襲，一舉扭轉局勢。白認為「國軍之戰鬥，不能僅以裝備低劣為口實，而對於此等陣地帶之攻守，關於技術上及精神上之忽略，實為戰鬥脆弱之主因。」[19]這些看法，是日後白致力於軍訓教育的先聲。

身兼航空委員會常務委員，白崇禧對於空軍運用也有獨到見解。徐州與武漢會戰時，制空權幾乎全被日軍掌握，國軍地面部隊的行動，大幅度受到敵方空軍的限制。「欲謀作戰之自由，在某一時間與空間必須具有相當空軍，掌握制空權，始可掩護陸軍，或與陸軍協同」，才有可能反守為攻。而為了奪取制空權，必須厚集兵力，在預期的陸空兵力整訓未完成前，避免與敵人決戰，或是逐次使用兵力。[20]白崇禧對錢大鈞表示：空軍「應咬緊牙關，不輕使用，如能積至五百架至少二百架時，方集中使用，以期奏效，又使用時，不以掩護都市為標準，需陸空連合，在某一區轉攻勢時方有效力。」[21]也就是將空軍看做發動攻勢作戰時的戰略單位，而不僅是支援地面作戰的空中武力。可惜空軍戰略為蔣所獨斷專行，白的建議未蒙採納。

---

[19]「白崇禧致蔣中正電」（1938年9月17日），《蔣文物》，典藏號：002-080200-00502-120。
[20]「白崇禧呈蔣中正函」（1938年10月29日），《蔣文物》，典藏號：002-080200-00620-014。
[21]錢世澤（編），《千鈞重負：錢大鈞將軍民國日記摘要》，第2冊，頁674。

白崇禧臨危受命，代理第五戰區司令長官指揮武漢保衛戰。（徐宗懋提供）

IV

一九三八年的夏秋之交，長江中游陰雨霏霏，悶熱異常，經常出現近攝氏四十度的高溫，濕度在百分之九十以上。第五戰區的國軍各部隊，多半是轉戰各地的疲憊殘破之師，每個師能參加戰鬥的士兵，都不到三千人。[22] 這些部隊，不但士兵體力衰弱，軍中醫藥設備更是欠缺，紛紛爆發霍亂、痢疾等疫情。尤其在湖北東部一帶，瘧蚊猖獗，遭到叮咬者，體溫忽冷忽熱，發燒時高達攝氏四十餘度，並帶有血尿等症狀。症狀輕微者無法行動，重症者則衰竭死亡。

第五戰區各軍，以第五十五軍曹福林部的疫情最嚴重。曹軍是西北軍班底，都是初到長江流域的北方籍士兵，罹患瘧疾的比例最高，超過全軍的三分之一。而這時國軍還無法大量供應治療瘧疾的奎寧丸，使得患者好幾個月不能痊癒。患者無法行動，需要健康士兵搬運照料，折損戰力的情形甚至比和敵軍激戰造成的傷亡還嚴重。[23]

白崇禧對此有痛苦的親身體驗，他代理戰區司令長官，不幸也感染時疫。八月下旬，白突然感到體溫高低無常，時而發燒，時而打顫畏寒，他初時自恃體魄健壯，不以為意，繼續支撐指揮作戰，不料之後高燒不退，服用奎寧丸也毫無效果。蔣介石知道後非常關切，特地致電白氏，表示「長江西岸秋初有一種瘟症，初起發熱類似瘧疾，然其用藥卻與瘧疾相反，」若罹患此症，不能服用奎寧，要軍醫特別注意診斷。隨即派軍令部次長熊斌偕同醫師到前線探視。[24] 據醫師診斷，白崇禧確實罹患瘧疾。在服用醫師攜來的抗瘧疾藥物後，白在八月二十五日晚間退燒，「本日經醫生檢查瘧疾確已痊可，惟心臟稍弱，稍養幾日，必可復原，請紓鈞廑。」[25]

然而白崇禧的身體其實並沒有完全痊癒。九月十九日，白氏返回漢口晉見蔣介石，到了當天晚間，突然又發高熱。隔天早上白起床時，發現早年左大腿與臀部連接處的舊傷部位脹痛異常，行走困難，到了下午一時，已到了寸步難行的地步。這時漢口已是前線，各醫院大部分都已疏散，白別無選擇，只好入住東湖療養院，請美國醫師米勒（Harry W. Miller）診治。經過X光照射及各項檢查之後，米勒診斷白崇禧股骨部神經炎，認為日來白的身體連發高熱，是引發股骨部神經發炎的主因。[26]

「以前在戰場上此病未發生，殆為作戰精神壓倒病魔，故未感覺。」白氏日後回憶道：「之後回到武漢，精神稍一放鬆，此病即發作，可見精神力量之重要。」[27] 連白崇禧這樣的高級將領也罹患惡疾，即可想像當時衛生條件之落後，而成千上萬的中國官兵處在這樣惡劣的環境裡，還要與強敵惡戰，更是艱難萬分。

---

[22] 以曾在八、九月間奉調加入第五戰區作戰的第二十六軍為例，據該軍軍長蕭之楚在十月初呈蔣中正的報告，第二十六軍當時實有官兵一二〇九三人，戰鬥員僅四九五五人。第二十六軍轄三二、四四兩個師，可見每個師可投入戰鬥的士兵，不足兩千五百人。見「蕭之楚致蔣中正簽呈」（1938年10月6日），《蔣文物》，典藏號：002-020300-00011-097。

[23] 馬天綱、賈廷詩、陳三井、陳存恭（訪問、紀錄），《白崇禧先生訪問紀錄》，上冊，頁198。

[24] 「蔣中正致白崇禧電」（1938年8月25日），《蔣文物》，典藏號：002-010300-00015-073。

[25] 「白崇禧呈蔣中正函」（1938年8月27日），《蔣文物》，典藏號：002-080200-00620-016。

[26] 「白崇禧致蔣中正電」（1938年9月22日），《蔣文物》，典藏號：002-080200-00503-017。米勒院長即有「中國醫生」（China Doctor）之譽的米勒（1879-1977）早年在美國提倡蔬食，一九五〇年來台創辦台灣療養院（即今日之台安醫院）。見：George Dugan, "Dr. Harry W. Miller, 'China Doctor,' Dies," *New York Times*, Jan. 9, 1977, p. 36.

[27] 馬天綱、賈廷詩、陳三井、陳存恭（訪問、紀錄），《白崇禧先生訪問紀錄》，上冊，頁201。

白崇禧代理五戰區司令長官時，不幸感染時疫，經美國米勒醫師救治方得痊癒。米勒醫師懸壺濟世，有「中國醫生」稱號，後在台灣創辦醫院。圖為白崇禧（左二）與米勒醫師（左三）晚年在台北合影。

十月十六日，蔣介石夫婦連袂來到東湖療養院探視白崇禧。[28] 白趁蔣前來探視的機會，呈上致蔣氏的親筆函，提出幾個自己休養時思索已久的重大問題：一、武漢陷落之後，敵人必定極力切斷我西北、西南兩條補給路線，必須思考如何應對；二、兵員補充，應特准徵募並行，應一次徵集三四十萬以上之兵員，以便隨練隨補，但千萬不可將新徵募來、未受充足訓練的壯丁，一次全部耗用在武漢決戰之中，以免重蹈上海、南京的覆轍；三、國際局勢變幻無常，必須做好獨力抗戰三年以上的準備，軍事決策切不可再因為外交而遷就。[29] 這一次，蔣氏應該認真參酌並採納了白崇禧的建議。日後武漢果斷撤守、新徵集兵力並未耗用在後期決戰。

V

武漢作為抗戰司令台的時間不到一年，卻產生許多重大的影響，中國回教協會在這時於漢口成立，就是其中一項。

一九三八年六月間的某日，穆斯林馬漢三經營的漢口宏昌皮貨局裡眾客雲集，來者都是中國回教界的領袖人物，如北平的王靜齋、天津的時子周、蒙藏委員唐柯三、孫繩武等人。[30]

[28]「蔣中正日記」（未刊本），1938年10月16日。
[29]「白崇禧呈蔣中正函」（1938年10月13日），《蔣文物》，典藏號：002-080200-00620-017。
[30] 丁明俊，〈白崇禧與中國回教救國協會〉，《回族研究》，2015年第3期（總第99期）。

他們都是應白崇禧的號召，來漢口商議成立全國性回民抗日救亡團體事宜。原來日本先是在北平成立「中國回教聯合總會」，又以回族阿訇馬良出任「山東省長」，白崇禧見此時日本軍方有利用回民分化西北的企圖，認為我方應該成立一個全國性質的回教組織，不但能反制日方分化，進一步也能為抗戰做出貢獻。他將這個想法向蔣介石報告，得到蔣氏的支持，於是白氏約集唐柯三等知名回教耆宿，大家一致同意將教民組織起來，於是在武漢成立中國回民救國協會，蔣委員長出席成立大會，會中推選白崇禧為理事長，一九三九年召開全國代表大會時，又改回民救國協會為回教協會。回教協會於十月時隨政府西遷重慶，很快在有回民聚居的地方開展會務，成立各省市的分會、支會，並組織西北抗敵救國宣傳團、戰地工作隊等，從事抗戰工作。[31]

白氏從前在廣西時，平常生活並未完全嚴格遵守清真教規，有一份英國情報即稱這位出身南方的中國回民領袖是「既飲酒又食豬肉的穆斯林」。但現在白既擔任回教協會的理事長，要為人表率，遂徹底禁食豬肉與飲酒。[32]

實際上，白崇禧在這一年中負責辦理的回教事務，不單是成立中國回教協會而已。根據白崇禧在十月二十一日以密電向蔣報告「處理回教團體經過情形，及今後應辦事項」，[33] 他先後組織了中國回教近東訪問團、甘寧青抗敵救國宣傳團，在國內外從事抗戰外交與宣導工作，[34] 並且奉准以設於桂林的中央軍校第六分校招收西北回教學生，施以正式軍官教育，預備在學成之後分發西北各軍，培養回教軍事幹部人才。

白崇禧對回民教育極為重視。他設法將原來設於北平、上海的西北公學、成達師範，伊斯蘭師範學校等回教院校，遷設到大後方，例如將西北公學分別遷設到成都、蘭州，成達師範到桂林，伊斯蘭師範於平涼，並將這些原來私人興辦的學校，都改為國立院校，由教育部提供資金，使得烽火連綿時，伊斯蘭教育得以維繫下去。此時各地清真寺都收有學習《可蘭經》經文的學生，稱為「經生」。白崇禧請准軍事委員會，由西安行營每月撥發經費，委託平涼伊斯蘭師範學校校長達浦生，廣為收容淪陷區域流亡經生，並施以相當訓練，投入抗戰事業。

最後則是領導華北淪陷區域的情報聯絡：白氏運用回教青年幹部，分別派赴北平、天津、察哈爾、綏遠等地，蒐集情報，聯絡日本佔領區內不願依附敵方的教民，並且由孫繩武親自到上海，召集工作人員，指示方針。

在抗戰以前，中國伊斯蘭教處在全國視野的邊陲位置，發展衰頹不振。教內雖然有達浦生、唐柯三等有識之士提倡教育，興辦學校，但是多集中於上海、北平等大城市，彼此之間各自為政，步驟並不一致。西北地方的廣大教民，仍然停留在晚清時期的回漢對立認知裡，不少阿訇竟連中文都不會寫，[35] 沒有現代國家民族觀念，更遑論抗日救國。

這一切在白崇禧以身兼政府要員、穆斯林登高一呼之後，大為改觀。白氏倡導成立回教協會，並出任理事長，使得伊斯蘭教有了推動、發展教務的全國性組織。在中日戰爭的烽火之中，白崇禧以種種具體作為，促成了西北廣大回教軍民與內地的融合，凝聚

31 馬天綱、賈廷詩、陳三井、陳存恭（訪問、紀錄），《白崇禧先生訪問紀錄》，下冊，頁 574-577。

32 Levich, *The Kwangsi Way*, p. 14; 何作柏，〈「小諸葛」白崇禧〉，《新桂系紀實續編》，第 2 冊，頁 247。

33 「白崇禧致蔣中正電」（1938 年 10 月 21 日），《蔣文物》，典藏號：002-080200-00503-211。

34 定中明，〈追懷白健公〉，《雪泥鴻爪》（台北：作者自印，1994 年），頁 400。

35 白崇禧曾提到有位教長獲得出國許可，行前向他致敬，其名片皆以阿拉伯文寫成，完全不會中文。參見馬天綱、賈廷詩、陳三井、陳存恭（訪問、紀錄），《白崇禧先生訪問紀錄》，下冊，頁 584。

出戰爭底下的現代國家認同意識，因而被公認為中國回教的領袖人物。[36]他對改革、復興中國伊斯蘭教做出的貢獻，值得後續研究者進一步的探索。

VI

十月下旬已是武漢會戰的尾聲，蔣介石於十月二十五日清晨搭機離開武漢。白崇禧等蔣氏離開之後，才乘汽車到鄂北五戰區與李宗仁晤面，回程往長沙與蔣等人會合。行經半路時，發生一段插曲：白氏搭乘的德製吉普車突然發生故障，只好下車等駕駛修理。這時，後方有一輛汽車隨後趕至，車中人赫然是擔任政治部副部長的周恩來。周一見是白，立刻下車說道：「敵人騎兵先頭部隊已離我等所在地不遠！」邀他同車前往長沙。白心念電轉，思忖再三，決定上車與周同行。

漫長車程中，兩人談天說地，相談甚歡。周恩來侃侃而談，從早年他在南開唸書說起，講到法國留學往事，最後帶到國共合作與抗戰等問題。白崇禧在一旁聽其談吐，知道身旁此人常識豐富。他笑著對周說道：「你們未到我們廣西，我很感激！」周回答：「你們廣西做法，像民眾組織，苦幹窮幹之精神，都是我們同意的，所以我們用不著去。」[37]

這時中央與桂系攜手抗日，雙方雖然都有合作誠意，但是彼此之間互信還沒有完全建立。幾個月前，李宗仁因舊傷復發，住進武漢東湖療養院施用手術，適逢黃紹竑、李濟深等人也來院檢查身體，白崇禧回武漢述職時，也會到此避暑乘涼。此時武漢就傳出謠言：李、白、黃等桂系要員，患的是「政治病」。某日，兼任第九戰區司令長官的政治部長陳誠來看他們，半開玩笑地說：「我來趕你們出院，你們幾個廣西佬住在一起，外面發生很多閒話，聽起來有些刺耳。」[38]

桂系內部對於中央也暗存疑慮：他們擔心蔣委員長在武漢撤守之後，很快便會與日本停戰談和。十一月四日，廣西省主席黃旭初與省府委員李任仁到長沙，與白崇禧密商如何因應今後時局的變化。白氏對黃旭初等人剴切說道：「我們應以赤心輔助蔣氏抗戰到底，如其中途改變決心，自召敗亡，吾人的責任及良心已盡，可以無愧。我們更應注意勿再像民〔國〕十六七年間造成猜忌的惡因，致演成其後數年分裂的惡果，故對蔣氏及其部屬，應一概推誠相與。」[39]

在抗戰初期的激戰階段，白崇禧以一身扮演多種角色，承擔多項任務。在武漢會戰前期，白氏接替李宗仁指揮第五戰區各軍作戰，與日軍鏖戰於大別山麓。對於桂系內部猜疑中央抗戰決心的質疑，白則是鼓舞眾人信心，支持蔣介石抗戰到底。在伊斯蘭教的復興上，白更扮演登高一呼、振衰起敝的關鍵角色。

在蔣介石心中，對白崇禧的才能有清楚的認識，從日記裡觀察，他一直思考白氏

---

[36] 丁明俊，〈白崇禧與中國回教救國協會〉，頁

[37] 馬天綱、賈廷詩、陳三井、陳存恭（訪問、紀錄），《白崇禧先生訪問紀錄》，上冊，頁 201-202。

[38] 唐德剛（撰寫），《李宗仁回憶錄》，下冊，頁 681；黃旭初，《黃旭初回憶錄——李宗仁、白崇禧與蔣介石的離合》，頁 220。

[39] 黃旭初，《黃旭初回憶錄——李宗仁、白崇禧與蔣介石的離合》，頁 224。

在抗戰之中的角色。二月二十四日，蔣準備改組航空委員會，以白為常務委員。三月八日，他考慮親自兼任武漢戰區司令長官，而以白為副手、陳誠任參謀長。二十五日，正當台兒莊戰事激烈進行時，蔣氏在日記裡寫下：「**信用健生，使之為國效忠。**」四月十三日，決定讓白加入新成立的三民主義青年團，擔任中央常務幹事。八月二十二日，他則準備「**籌備國防部，健生與辭修任之，**」十二月十八日，蔣再次提醒自己：「**信任健生與改組內部。**」[40] 這是戰後蔣任命白為國防部長的先聲。

綜觀徐州、武漢兩大會戰期間白崇禧與蔣介石的相處，是兩人關係裡平順的一段：蔣雖然在若干部署上與白扞格，但在大致上尊重白、採納他的建議，願意放手讓白指揮，白則盡心力輔佐蔣，使國軍撐過抗戰初期最艱辛危殆的歲月。

武漢撤守之後，日軍的兵力使用已達極限，一時之間無力發動像武漢會戰這樣大規模的作戰，中日戰爭進入戰略相持階段。這時蔣委員長心中不斷思考發起全線反攻的時間與前線統帥人選，他準備以白崇禧出任指導西南各戰區的要職，而白氏即將在這個位置上，締造抗戰以來首次攻堅克敵的崑崙關大捷。

[40] 「蔣中正日記」（未刊本），1938年2月24日、3月8日、3月25日、4月13日、8月22日，雜錄、12月18日。

第七章

桂林行營

位於台北市貴陽街的國軍歷史文物館，收藏有一件名為「竹林遺書」的特殊文物，背後是一段桂南會戰時的悲壯歷史。

時間約莫是一九三九年底、一九四〇年初，地點在廣西南寧近郊的莫陳村，一個中隊的廣西學生軍遭遇大批日軍。學生軍的槍械窳劣、成員大多只受過基本戰鬥教練，完全不是訓練有素、裝備精良的日軍對手。經過短暫交火，學生軍被迫退入一片竹林之中。日軍將他們團團圍困，數次喊話招降，但是無人響應，於是開火進攻，竹林內所有學生軍無一倖免，全部戰死。

在打掃戰場時，日軍發現一具遺體旁的竹節刻有文字，趨前一看，上面鐵劃銀鉤刻著：「終有一天將我們的青天白日旗飄揚在富士山頭！」這位至今不知姓名的廣西學生軍，身處絕境，明知見不到勝利的那一日，卻將凌雲沖霄的壯志，刻在竹節上，至今仍垂示後人。

即使身為敵人，見到如此壯烈的遺言，在場的日軍官兵也深為感動，於是將這節竹幹鋸下，帶回日本，供奉於寺廟神龕之內。一九六六年二月，當年的士兵、九州宮崎宮

白崇禧就任桂林行營主任，騎著愛駒「烏雲蓋雪」在八桂亭前留影。此時蔣對白「信任之專，一時無兩。」

的宮司（住持）田村克喜參加神道友好代表團訪問台灣，將這節「竹林遺書」歸還中華民國。❶

廣西學生軍是白崇禧所號召成立，桂南會戰則是白氏擔任桂林行營主任親自指揮之役。白崇禧既然於崑崙關一役血戰克敵，締造抗戰以來第一次攻堅戰的勝利，卻又為何因為桂南會戰而遭受降級的處分？此處我們先從桂林行營的成立說起。

I

武漢撤退之後，軍事委員會遷設重慶，對於西北和東南各戰區的作戰指揮，認為難以遙制，為了鞏固重慶、確實掌握西北、西南兩翼，而有成立西北、西南行營，負責節制跨戰區作戰指揮的構想。一九三八年十一月二十五日，軍事委員會在長沙召開南嶽會議，會中決定在桂林設置行營。根據〈軍事委員會委員長行營組織大綱〉第一條開宗明義指出：「軍事委員會為顧慮爾後作戰訓練及交通通訊補充經理之便利，在桂林、漢中各設行營。」桂林行營節制第三（**江蘇、安徽、浙江、福建**）、第四（**廣東、廣西**）、

❶ 吳靈芬，〈六、廣西學生軍悲壯竹林遺書：專訪抗戰老兵盧增祖〉，收於行政院國軍退除役官兵輔導委員會（編），《不朽的戰魂：紀念抗戰勝利暨台灣光復七十周年專輯》（台北：編者，2015年），頁87-89。

第九（湖北南部、湖南全境、江西）等三個戰區，主持管轄戰區內的作戰、軍政、軍訓、軍法、組訓民眾與後勤經理等各項業務。❷

行營主官為主任，另有負責軍事的正副參謀長、主管政務的文職秘書長，由蔣委員長呈請國府任命。桂林行營主任，蔣屬意由白崇禧兼任，因為蔣認為白能妥為處理當時廣東軍界複雜的局面。❸十一月時，蔣氏多次徵詢白崇禧出任此職的意見。「當時委員長徵詢我出任行營主任，仍兼軍訓部與副參謀總長，」白崇禧日後回憶時說：「論才實不敢就；論義，則不容辭，乃接受此任務。」❹桂系成員程思遠認為，桂林行營主任位高權重，蔣以此職授白，「顯然把半個中國交給他了，信任之專，一時無兩。」❺

不過，歸桂林行營管轄的第四戰區司令長官張發奎卻有不同看法。張認為「白崇禧必須遵循與傳達中央的命令，可以說他並無實權，只是代表中央。」桂林行營的設置，只是在組織層級上疊床架屋，對於指揮作戰並無幫助，即廣東諺語所說「多隻香爐多隻鬼」。❻張發奎的看法雖然略顯偏頗，但不為無因。桂林行營日後在實際作戰上面臨到的問題與困難，稍後將會逐步提到。

一九三八年十一月三十日，蔣介石偕宋美齡由衡陽飛桂林視察，白崇禧在機場迎候，將蔣氏夫婦迎入舊藩署八桂閣下榻。十二月三日，白氏在疊彩峰前舊師範大院就桂林行營主任職。十五日，行營正式辦公。❼行營參謀長由陳誠人馬林蔚出任，秘書長則由梁寒操接掌。林、梁來桂林任職，寓有對白監視的意味，白氏對此當然也心知肚明。❽為了避免與中央發生不必要的矛盾，對於行營高層人事，白崇禧並不堅持己見。例如行營秘書長一職，白原本屬意由曾任廣西師範校長的楊東蓴出任，但因為楊有中共背景，蔣介石委婉向白表示不贊成，此一人事案便告作罷。❾

II

免去人事的紛擾，白崇禧希望將力量集中在戰略部署規劃之上。經過三個月密集到各戰區視察、並與幕僚研議之後，白崇禧向蔣介石呈報一份桂林行營機密作戰腹案。這份腹案開宗明義即研判，日軍企圖為「貫通粵漢鐵路，及截斷我西南聯絡線之目的」，為了粉碎此一企圖，白氏計畫在第九戰區厚集兵力，在日軍沿粵漢路北上時「迎頭擊破之」。

腹案中對於日軍主力進攻，進行五種可能情況的想定。第一種可能，是設想日軍在主力進攻以前，以偏師對浙江、江西，或西南方面先進行牽制攻擊，此時第三、第四戰區應以現有兵力應付，非到萬不得已，不可以輕易動用第九戰區預備發動攻勢的主力。

---

2 〈軍事委員會委員長行營組織大綱〉，「桂林行營主任白崇禧與軍委會有關桂南會戰的來往文電」（1939 年 12 月至 1940 年 3 月），《國防部史政局及戰史編纂委員會》，二檔館藏，檔號：787/8872。

3 「蔣中正日記」（未刊本），1938 年 10 月 27 日、11 月 2 日。

4 馬天綱、賈廷詩、陳三井、陳存恭（訪問、紀錄），《白崇禧先生訪問紀錄》，上冊，頁 202。

5 程思遠，《白崇禧傳》，頁 216。

6 胡志偉（譯註），《張發奎口述自傳》，頁 396-397。

7 「白崇禧致林森電」（1938 年 12 月 14 日），《國民政府檔案》，國史館藏，典藏號：001-032107-00042-021。

8 倪仲濤，〈軍事委員會桂林行營的矛盾〉，《新桂系紀實》，中冊，頁 41。

9 程思遠，《白崇禧傳》，頁 216-217。

如日軍主力從粵漢路北段向南進攻，而另外以一部發動對西南的牽制攻擊，則第三戰區，應使用最少限度的兵力，採取守勢，並極力牽制敵之兵力，第四戰區方面，應以現有兵力，與企圖切斷西南對外聯絡路線的敵軍對抗。此時第九戰區方面的國軍主力，應集結優勢之兵力，對南犯之敵，乘機由右側面轉移攻勢，予以擊破。

假設第九戰區的攻勢未能奏效，則大軍應退至湖南丘陵地帶，憑藉地形，在湘陰、長沙、萍鄉等地設下三道防線節節抵抗，並在衡山一帶設置部隊收容點，以利再次集結兵力，發動反攻作戰。

倘若敵軍沿粵漢路南段向北攻擊時，第四戰區應憑藉現有陣地固守，待增援部隊趕到時，兵分兩路，一路由廣東龍門，向增城、從化（**廣州以北**）進擊，攻擊敵軍側背；另一路則由清遠、四會（**廣州西北**）方面予以側擊。

而如果敵軍以主力兵分兩路，同時攻擊廣西的桂林、柳州及南寧時，第四戰區應固守陣地，遏止敵軍由廣州周圍出擊，待增援部隊到達後，即轉守為攻，向廣州外圍發起攻擊，牽制北海方面。同時，以二個師的兵力，配合當地民眾武力，以持久戰、游擊戰，拒止當面之敵。萬一戰況不利，則退守廣西邕江北岸，確保南寧，並立刻以一支部隊在陽江附近佔領陣地，阻擋後續敵軍的登陸。[10]

綜觀這份作戰腹案，雖然主要設想日軍沿粵漢鐵路南下或北上時的對應部署，但是也考慮到日軍一旦以主力進攻南寧、桂柳時的方案，日軍在這之後至一九四四年在華南一帶的軍事行動，可以說都沒有脫離其想定範圍之內。然而真正難以預料的變數，反而來自國軍內部。譬如在此時，因為汪精衛脫離重慶而在西南各省、特別是兩廣造成的衝擊，就是行營主任白崇禧面臨的政治變數。

III

自汪精衛由重慶出走之後，蔣即憂慮「廣東軍人是否受汪影響」、「政府內部受汪影響之人幾何」；⑪當時謠言紛起，素來敬仰汪的第四戰區司令長官張發奎，以及雲南省主席龍雲，都有呼應汪氏和平運動的傳聞。謠言甚至還及於白崇禧，說他「將在重慶諒解之下，設立西南非戰區，與汪協力促進中日全面妥協。」⑫因此，向蔣表態、向廣東將領說明汪案始末，並穩定其情緒，就成為白崇禧坐鎮桂林行營之後，必須迫切進行的政治任務。

一九三九年一月二日，白崇禧致電蔣介石，指日方元旦廣播，稱汪精衛自行主張議和「違背國策，動搖人心，似應嚴予制裁，以肅紀綱」。這封電報用意在向中央表明他堅守抗戰國策、不受汪氏出走影響的立場。⑬一月七日，白氏偕同陳誠，由江西吉安抵達廣東韶關，與第四戰區高級將領張發奎、余漢謀、李漢魂等會晤，解釋「汪案始末」。白、陳兩人並準備邀集第三、四、九戰區各將領聯名通電中央，對於汪精衛除了開除黨

⑩「白崇禧呈蔣中正桂林行營第二期作戰腹案」（1939年2月4日），《蔣文物》，典藏號：002-080200-00288-008。

⑪「蔣中正日記」（未刊本），1938年12月23日。

⑫「陳布雷張治中呈蔣中正情報」（1939年7月24日），《蔣文物》，典藏號：002-080200-00523-045。

⑬「白崇禧致蔣中正電」（1939年1月2日），《國民政府檔案》，典藏號：001-103100-00001-011。

籍以外，應「予以緝拿懲辦」，明令通緝，以阻止其後續政治活動。[14]不過，中央對於各戰區將領聲討汪精衛一事另有考慮：蔣希望能暫為汪保留餘地，前線將領不需「橫生枝節、自作主張」，發布通電一事於是遭到擱置。[15]儘管如此，白崇禧、陳誠已成功穩定廣東將領的軍心，消弭汪氏出走帶來的衝擊。雖然白崇禧等兩廣將領，在抗戰之前與中央多有恩怨，此時卻絕不因為汪的主和而藉機反蔣。諸將之中，又以白崇禧抗戰到底的意志最為堅決，據戴笠呈蔣介石的一份情報，汪精衛出走後曾暗中聯絡西南各省實力人物，「惟白健生難望合作。」[16]張發奎之前曾支持汪，但此時並未隨汪出走。「我敢毫無疑問地說，薛岳、余漢謀、白崇禧與我不是反蔣人士。」他日後回憶道：「因我們寄信心與希望於蔣先生。我們不顧及蔣先生的各種缺失，仍然不轉向反對他，是因為他堅決抗日。」[17]

一九三九年二月三日，白崇禧銜命飛往昆明，代表蔣委員長邀請雲南通志館館長周鍾嶽到重慶任職。周鍾嶽是雲南政壇前輩，曾經在蔡鍔與唐繼堯主政時期兩度出任省府秘書長，很受省主席龍雲敬重。白崇禧此次到昆明，乃是為蔣介石查探、穩住龍雲而來。龍雲自汪精衛出走之後，在舉國撻伐汪氏的聲浪中，始終保持沉默；一月十五日，更公開表示：「自抗戰開始後，汪先生壹志在主和，國人盡知」，顯然對汪極寄同情。[18]抗戰之前，白崇禧為西南領袖之一，與雲南也曾兵戎相見，他到昆明，雖然表面上只是邀請周鍾嶽參加中央政府，但是實質上為蔣傳達的警告意味，龍雲必定能夠體會。

周鍾嶽託白崇禧帶回致蔣氏回函，稱「白部長蒞滇備述尊旨」，自己雖欲「勉效馳驅，稍竭駑鈍」，但身體多病，暫時無法遠行，因此請求稍作調養之後，再到重慶。[19]周以身體需調養為由推託，顯然是龍雲授意，因為後者此時仍在蔣、汪之間觀望風向。白氏於二月八日飛返重慶，向蔣報告在昆明觀察的心得，並和蔣多次商談「滇事」。[20]後來周氏終於在四月十四日飛往重慶，出任考試院副院長一職，並代表龍雲，將汪精衛來函呈繳中央，以表明態度。

IV

而在此時，白崇禧已經趕往江西前線督戰。江西省會南昌，由於具備切斷日軍長江交通線的地理優勢，因此成為日軍勢在必得的目標。一九三九年三月中旬，日軍以第一〇一、一〇六兩個師團發動攻勢，突破國軍防線，二十三日佔領南昌外圍的奉新、安義等地，二十七日攻佔南昌。國軍以三、九兩戰區的兵力，在四月中旬時發起反攻。四月十二日，白崇禧在吉安（**江西臨時省會**）和廣西省主席黃旭初通話，稱日軍此次南昌外圍作戰，死傷在六千以上，依現有兵力，無法進犯長沙。[21] 二十三日，白結束在浙江、江

[14] 「白崇禧致蔣中正電」（1939年1月7日），《蔣文物》，典藏號：002-080200-00513-059。
[15] 張世瑛（編），《事略稿本》，冊42：補編（台北：國史館，2015年），頁62。
[16] 「戴笠呈蔣中正電」（1939年3月11日），《蔣文物》，典藏號：002-080103-00009-019。
[17] 胡志偉（譯註），《張發奎口述自傳》，頁395。
[18] 楊維真，《從合作到決裂》，頁182。
[19] 「周鍾嶽致蔣中正函」（1939年2月6日），《蔣文物》，典藏號：002-080114-00021-036。
[20] 張世瑛（編），《事略稿本》，冊42：補編，頁272。
[21] 黃旭初，《黃旭初回憶錄——李宗仁、白崇禧與蔣介石的離合》，頁230。

西兩省的視察回到吉安，以電報向蔣報告：三、九兩戰區已經遵令發動反攻作戰，日軍沿撫河、贛江沿岸設置許多小據點，國軍缺乏火砲，難以擊破，經白氏以電話與第三戰區司令長官顧祝同緊急研商，決定以小部隊監視這些一時難以攻克的據點，大部隊超越前進。[22]

四月二十七日，白崇禧到達南嶽，向湘江西岸第九戰區各軍師長訓話，並以急電向蔣報告最新軍情：第九戰區各軍已經收復位於南昌西南的高安，正在三面圍攻奉新之中，而上官雲相的第三十二集團軍也於同日下午全線發動攻擊，由南面進逼南昌。白崇禧和兼任九戰區司令長官的陳誠、實際指揮作戰的代長官薛岳會商，決定令王陵基第三十集團軍所部掩護羅卓英集團軍，而由羅部掩護進攻南昌主力的上官雲相部。[23]

國軍雖然一度攻入南昌市區，突擊車站，但是同樣因為缺乏重砲，無法攻克敵人堅固防禦工事，最後仍然功虧一簣，並且在日軍以步、砲、空聯合反擊時傷亡慘重。五月六日，在南昌市郊激戰時，第二十九軍軍長陳安寶中彈殉職，師長劉雨卿身負重傷，九戰區不得不於九日停止攻勢。[24]

五月十六日，蔣介石以「諸事待商」，召白崇禧返回重慶。[25] 但白因為半年以來風塵僕僕，不斷奔走於各戰區前線視察、督戰，回到桂林不久便病倒了。蔣氏得知以後，於十九日致電白崇禧，說此間「尚無急事」，「望兄靜養，待復元後再來」，要他務必珍重。[26] 六月二日，蔣接見桂林行營秘書長梁寒操，詢問白的病況，「知貴恙未癒，且唇沿發泡，此必惡性瘧疾內火未清所致」，很是關切，再次要白靜養。[27]

白崇禧痊癒以後，在七月時飛返重慶。在這段期間，蔣白之間關係融洽。七月三十一日，蔣在日記「本月反省錄」裡對宋子文、孔祥熙、陳誠等人大加責備，並說自己因此「**心情操急，時用忿怒**」，惟有「**健生此來，相知益深，此為內部和愛，最足自慰**

也。」[28]八月十九日，蔣在上午九時半與白談話，兩人相談甚歡，竟一路聊到下午三時，白崇禧還向蔣氏介紹其先祖伯篤魯丁公（蔣記為「柏魯圖丁」）的事蹟。「**健生此次在渝相知漸深，形跡漸消，**」蔣後來自記感想道：「**凡以誠感者，無不能動也。**」[29]

V

為了鞏固武漢外圍形勢，日軍在奪取南昌之後，仍繼續向西進兵，有窺伺長沙的企圖。在此戰雲密布之際，白崇禧經常到第九戰區，視察駐軍戰鬥演習。沒想到，有次竟然差點送命。

原來白氏承薛岳招待，下榻省府於岳麓山新建的招待所，當時已近初冬，天氣寒冷，房間裡以火盆升火燒炭取暖，白整日視察演習，非常疲倦，回房後未檢查門窗便上

[22]「白崇禧致蔣中正電」（1939年4月23日），《蔣文物》，典藏號：002-080200-00289-021。
[23]「白崇禧致蔣中正電」（1939年4月27日），《蔣文物》，典藏號：002-090200-00053-072。
[24]馬天綱、賈廷詩、陳三井、陳存恭（訪問、紀錄），《白崇禧先生訪問紀錄》，上冊，頁243-244。
[25]「蔣中正致白崇禧電」（1939年5月16日），《蔣文物》，典藏號：002-010300-00023-034。
[26]「蔣中正致白崇禧電」（1939年5月19日），《蔣文物》，典藏號：002-010300-00023-040。
[27]「蔣中正致白崇禧電」（1939年6月2日），《蔣文物》，典藏號：002-010300-00024-006。
[28]「蔣中正日記」（未刊本），1939年7月31日，本月反省錄。
[29]「蔣中正日記」（未刊本），1939年8月19日，上星期反省錄。

一九三九年七月九日，蔣委員長主持國民革命軍北伐誓師紀念大會時合影，左五起分別為白崇禧、蔣介石、何應欽。這段期間，蔣與白相處融洽，兩人還有過暢聊近六小時的紀錄。
（國史館提供）

床就寢。到了凌晨二時左右，因為感覺內急欲下床，竟一陣頭暈，摔倒在地，一時全身無法動彈。他心中明白：這是一氧化碳中毒所致。白氏幾次試圖起身開窗，都告失敗，只好使盡氣力拖著身軀，爬行到房門口，以手勉強打開門栓，呼吸了二十分鐘新鮮空氣後才能站起開窗，又接著睡到天明。這次經驗讓白因此得到教訓，從此「無論天氣多冷，皆不燒火就寢。」[30]

國軍高層於九月下旬接連召開會議，研判湘北敵情，商討迎擊策略，陳誠、白崇禧等將領也從前線趕回重慶參加。據軍令部長徐永昌的日記所載：連日會議，眾人意見分歧：張治中意見頻出，劉斐態度激烈，兩人大起爭執；陳誠贊同九戰區代司令長官薛岳的策略，主張後退決戰，以長沙為核心陣地，設置口袋埋伏，逆襲日軍；而白崇禧則判定日軍在湖南、江西的行動，並非主力作戰，我軍宜以游擊戰應付，不宜打硬仗、守死地，爭一城一地之得失，徒遭無謂犧牲。徐永昌從來堅持國軍應該處處設防，節節抵抗，給予敵人重大打擊，故而他不贊成白氏的見解，「健生忽略了現在軍隊絕對不會與敵決戰，過去令死守某地事多矣，何嘗有一死守來？縱令之犧牲，亦不至犧牲；今教之避，教之滑，軍事前途尚堪問爾？」但徐也看出，蔣介石傾向按照陳誠、薛岳的策略實施，準備在長沙逆襲日軍，因此他悲觀認為，此策「恐亦想像而已。」[31]

白崇禧見與會諸人多不贊同其策，也只好勉從蔣氏意旨，制定對第九戰區的作戰指導：鑒於日軍在湖北南部、湖南、江西北部，三路發動攻勢，第九戰區以一部牽制贛北之敵，主力迎擊湘北之敵，以新牆河、汨羅河、撈刀河、瀏陽河為天然河川障礙，預設數線陣地；長沙構築複廓陣地，岳麓山以優勢砲兵支援長沙，以備逐漸消耗敵人；並力行「空室清野」，使敵人補給困難，適時轉移攻勢，向敵包圍而攻擊殲滅之。[32]白氏與陳誠等人也趕赴前線坐鎮，就近指導第九戰區作戰。

湘北日軍於九月中旬發起進攻，到二十九日時已兵抵長沙外圍，形勢一度緊張。本日夜間白崇禧偕同陳誠，由衡陽抵達淥口與薛岳會晤，商討戰局，白對薛「大談其組織民眾」，而薛氏對桂林行營的指導部署早多有抱怨，在陳、白面前「大發牢騷，誓不再做軍人」。陳誠在兩人之間排解，但內心傾向薛岳。[33] 但各路國軍隨即在十月初於日軍側背紛紛出現，截斷補給線，並破壞交通。日方主帥第十一軍司令官岡村寧次警覺情勢不妙，於是下令全軍徐徐撤退。國軍展開追擊，十月三日下午，進駐衡陽的白崇禧、陳誠以電話和薛岳交換意見，「咸認應集中主力，消滅敵軍三十三師團。」[34] 全線於十月八日恢復戰前態勢。

在長沙會戰中後期，陳誠在湘北的行程大多與白崇禧重疊，因此上述陳的日記很能釐清白氏在本次會戰當中扮演的角色。首先，「後退決戰」、以長沙作為攻勢轉移發動處的決策，是經軍事委員會拍板定案；陳誠、薛岳等人雖然對桂林行營的若干指導有一定程度的不滿和抱怨，這只能說是各將領之間戰略構想仍有分歧。其次，作為指導戰區的行營主任，白氏在會戰前後進駐衡陽，和陳誠全程參與決策指導，而由薛岳負責前敵指揮作戰。至於薛氏日後回憶：對白氏「撤退至衡陽」的指令當面抗命不遵、並以長途

---

30 馬天綱、賈廷詩、陳三井、陳存恭（訪問、紀錄），《白崇禧先生訪問紀錄》，上冊，頁 256-257。

31 《徐永昌日記》，第 5 冊，頁 128。

32 馬天綱、賈廷詩、陳三井、陳存恭（訪問、紀錄），《白崇禧先生訪問紀錄》，上冊，頁 250-251；「第九戰區關於戰前最高統帥部之作戰指導概要」（1939 年 10 月），《抗日戰爭正面戰場》，頁 1031。

33 林秋敏、葉惠芬、蘇聖雄（編校），《陳誠先生日記》，冊 1，頁 292。

34 同前註，頁 295。

電話向蔣夫人宋美齡要求死守長沙的情景，與事實應有出入。[35]

此次長沙會戰，第九戰區宣傳為大捷，號稱消滅敵軍四萬二千餘人，但日方只承認是有組織的自動退卻，於此役傷亡三千五百多人。白崇禧日後回憶時，則認為此役「敵兵戰上雖未失敗，而心戰上則不可不承認失敗。」[36] 白氏在南昌、長沙兩次會戰時，僅是以桂林行營主任身分指導督戰，而在一九三九年底的桂南會戰中，則親赴第一線，調動大軍，指揮攻堅。

VI

時至一九三九年，邁向第三個年頭的中日戰爭已經演變為日本最不願見到的長期戰事。根據日方評估，武漢會戰開始之後，由中南半島進入中國的物資運輸量增加四倍以上。顯然，這條路線對於國民政府持久抗戰的重要性，已經大為提升。一九三九年中，日本海軍內部開始出現「攻略南寧」的聲音，認為以精簡兵力佔領廣西南寧，切斷中方西南補給線，就能逼使中華民國屈服，從而結束中日戰事。新上任的大本營作戰部長富永恭次少將，更大力鼓吹進兵廣西，揚言「此乃日中戰爭最後一戰」！這種意見於九月時得到大本營的重視，尤其在德國進攻波蘭之後，西歐戰雲密布，英法等國無暇顧及亞洲，如果在這個時候佔領南寧，就是獲得向中南半島進軍的跳板。再者，桂系是重慶抗戰的重要支柱力量，奪取南寧，或許可以打擊李宗仁、白崇禧等人的抗戰意志。

出於節省兵力的估算和對中國軍隊戰力的輕視，日軍此次在南寧用兵，只投入一個半師團。除了駐守海南島的台灣混成旅團（在台灣組建，官兵皆為日人）之外，此次攻擊南寧的主力部隊，正是白崇禧在徐州會戰時的老對手：第五師團（師團長今村均）。此時該師團駐紮於滿洲齊齊哈爾，為了實施南寧攻略作戰，祕密往南調動，並於沿途接受登陸作戰與山地戰訓練。[37]

一九三九年十一月十五日，日軍分乘七十餘艘登陸艦，在欽州灣上岸，分三路縱隊，向廣西內陸快速推進。此時第四戰區境內，只有桂軍第十六集團軍（總司令夏威），下轄第三十一、第四十六兩個軍，共六個師。按照黃旭初的說法，這些部隊都是桂軍調回後方整補的殘餘，只剩建制空殼，優秀官兵皆就地撥補給出省作戰的第七、第八十四等軍了；此時這幾個師「連武器也是七拼八湊頗為雜亂的；訓練的日子既短，作戰經驗更說不上」。第五師團登陸後，當面之敵為第四十六軍新十九師的兩個團，戰鬥不到兩小時，就全被擊潰。[38] 桂軍的其他幾個師分布既散，素質又欠佳，雖然極力抵抗，

35 陳壽恆等（編著），《薛岳將軍與國民革命》（台北：中央研究院近代史研究所，1988年），頁338-341。某些參戰人員日後回憶時，指稱白氏意在搶功：「敵人進攻時，他不來，敵人退卻時，他來了。我們幾夜沒睡好覺了，剛睡好，他來找麻煩。」應該亦非事實。見趙子立、王光倫，〈以「後退決戰、爭取外線」取得會戰勝利〉，全國政協《湖南四大會戰》編寫組（編），《湖南四大會戰：原國民黨將領抗日戰爭親歷記》（北京：中國文史出版社，1995年），頁20-21。

36 馬天綱、賈廷詩、陳三井、陳存恭（訪問、紀錄），《白崇禧先生訪問紀錄》，上冊，頁269。

37 日本防衛廳防衛研修所戰史室（編）、廖運潘（譯），《歐戰前後之對華和戰》（台北：國防部史政編譯局，1987年），頁61-64。

38 黃旭初，《黃旭初回憶錄——從辛亥到抗戰》，頁136；黃炳鈿，〈抗日戰爭中的桂南戰役〉，《新桂系紀實》，中冊，頁108。

蔣總統與白將軍攝于桂林白府

一九三九年十一月六日，蔣介石偕妻子宋美齡
造訪桂林白府，並拜見白氏老母親。

無奈完全抵擋不住第五師團的猛烈攻勢。到了十一月二十四日，日軍中路縱隊第二十一旅團在未受嚴重損失的情形下，便佔領南寧。[39]

第五師團主力進入南寧之後，為了鞏固佔領，繼續向北面山地擴張戰果。南寧北面有兩處形勢險要的關隘，分別是居於邕賓路要衝的崑崙關，以及位於邕武路的高峰隘，各有箝制公路通行的作用，是南寧北面的屏障。崑崙關是載於史冊的雄關古戰場，北宋名將狄青於元宵夜大破儂智高之役，就發生於此。十二月四日，中村正雄少將指揮的第二十一旅團，以一個大隊兵力，成功奪佔崑崙關，並且留兵據守。

桂林行營主任白崇禧當時正在重慶參加國民黨五屆六中全會，因為軍情緊急，奉命立刻趕回桂林坐鎮。十一月二十日，白氏飛返桂林，當晚前去探望因瘧疾復發而住院治療的省主席黃旭初。他對黃旭初透露：「我方集中兵力，計需三個星期以上，預料只能在邕江北岸和敵決戰了。」[40] 對於擔當反攻南寧、奪回崑崙關任務的主戰部隊，白崇禧已有成算；他所等待的，是新成立不久的第五軍。

VII

第五軍的前身，是德國顧問於一九三八年一月，按照德國裝甲師編制協助建立的陸軍第二百師。同年十月，二百師與另外兩個步兵師合編為新編第十一軍，駐湖南湘潭，由資歷較深的軍訓部機械化兵監徐庭瑤出任軍長，二百師師長杜聿明（黃埔一期）兼任副軍長；一九三九年一月，杜升任軍長；八月，全軍整訓完成，改番號為第五軍。軍部直轄一個裝甲兵團，有蘇俄製T-26戰車、義製CV33機槍坦克等八十餘輛；軍以下則有第二百（師長戴安瀾，黃埔三期）、新編第二十二（師長邱清泉，黃埔二期）、榮譽第一師（師長鄭洞國，黃埔一期）等三個機械化步兵師，全軍共四萬餘人。三個師當中，新二十二師的軍官大多由留洋歸國的黃埔學生組成，而榮一師則是由傷癒歸隊的官兵編成，戰技嫻熟而士氣高昂。第五軍整訓完成之後，作為軍委會直屬戰略預備隊，開赴廣西全州待命。[41]

白崇禧對一手組建起第五軍的杜聿明十分賞識，認為他「練兵作戰均有成績」，白氏以校閱委員會主任委員身分校閱各軍（參見第八章「軍訓部長」），曾親自檢閱杜聿明部，在戰鬥教育與戰鬥訓練上，第五軍的成績均被評為第一。杜聿明對白氏也有相當好感，「時常說白主任這樣好那樣好」，據說還因此遭到陳誠的責備。[42]

39 巢威，〈抗戰在桂南〉，中國人民政治協商會議全國委員會文史資料研究委員會《粵桂黔滇抗戰》編審組（編），《粵桂黔滇抗戰：原國民黨將領抗戰親歷記》（北京：中國文史出版社，1995年），頁208-209。南寧守軍為第一三五師第四〇五團，團長伍宗駿以擅自棄守南寧，遭桂林行營撤職查辦，判處五年徒刑。南寧被圍時，二百師的第六百團已經抵達南寧近郊，伍宗駿曾提議兩團共同守城，但是遭到六百團團長邵一之拒絕。論者認為，南寧失守「暴露出中央軍和桂軍之間嚴重缺乏協調，寧可互相推托責任，不願協同抗敵。」見馮杰，〈蔣介石、白崇禧與桂南會戰〉，《抗戰史料研究》，2017年第2期。

40 黃旭初，《黃旭初回憶錄——李宗仁、白崇禧與蔣介石的離合》，頁235。

41 王立本，《烽火中國的裝甲兵：1925~1949》（台北：軍事文粹，2002年），頁174-177；滕昕雲，《決盪崑崙關：中華民國對日抗戰桂南會戰崑崙關大捷》（台北：軍事文粹，2017年），頁2-21。

42 馬天綱、賈廷詩、陳三井、陳存恭（訪問、紀錄），《白崇禧先生訪問紀錄》，上冊，頁303；下冊，頁535；藍香山，〈白崇禧在軍訓部和校閱委員會〉，《新桂系紀實》，中冊，頁426、430；倪仲濤，〈軍事委員會桂林行營的矛盾〉，頁41。

但是如何使用第五軍，卻在蔣、白之間造成嫌隙。早在一九三九年二月間、也就是前面提到白崇禧呈蔣「桂林行營作戰腹案」時，便曾向蔣表示，廣西南路兵力不足，敵軍有突襲攻取南寧的可能，希望能派遣新十一軍（即後來的第五軍）調防該處。但是遭到蔣氏拒絕。[43] 三月時，白再次請求令第五軍向廣西南部推進，以固守南寧、策應西江方面作戰。但蔣仍然回覆：「第五軍此時仍以暫駐原地為宜。」[44]

到了十一月十五日敵軍登陸後，日方目標指向南寧，已經毫無疑問，甚至有威脅柳州的企圖。二十日，白崇禧趕回桂林坐鎮，他審視全局後，致電蔣介石，表示根據歷次會戰經驗可知：國軍六個師，才能對抗日軍一個師團，因此以第五軍投入南寧作戰，已是最小增援限度，而此時該軍只有一個團（第六百團）已用汽車運輸，趕到南寧近郊，主力仍停留在桂林北面的永福。[45] 白氏認為，據情報研判，進攻南寧的敵軍至少已有第五師團和飯田旅團（「飯田」應為台灣旅團長鹽田定市之誤），以其所在位置，在一星期之內，就可以對南寧發動進攻，而我第五軍主力即使立刻自永福開拔，需要三個星期，才能全部集中於南寧近郊。因此白請求蔣下令第五軍即刻開拔，增援南寧。[46]

然而在簽呈下方，侍從室主任張治中代蔣批示道：「奉諭：仍暫在永福附近集結待命，並以電話通知白主任矣。」此時蔣介石仍不願意將第五軍主力投入南寧保衛作戰，希望由桂軍先行抵擋，爭取大軍集結時間。

南寧於十一月二十四日失守。白崇禧於當日下午密電致蔣，報告「南寧失陷後，我軍未集中前之緊急處置」，全盤部署，以防止敵軍繼續北犯為著眼：一、已經陸續開到之第二百師的兩個團，偕同桂軍一七〇與一三五兩師各一部，防守崑崙關附近；二、以一七〇與一三五兩師的主力，守備高峰隘；三、發動各地民眾，編組任務小隊，協助軍隊作戰；四、四十六軍的一七五師在敵軍西北側背，以游擊戰阻遏其北進，同時破壞公路交通。白崇禧本人，則由桂林出發，向前線前進中。[47] 蔣氏於隔天覆電，認為敵軍佔領南寧以後，下一步必定是打通西江，而我軍任務便在阻止敵人修復公路、打通西江。他指示白對此「切實研究，穩妥部署，是為至要。」[48]

與此同時，白崇禧發動廣西省各級民團組織和學生軍，協助正規軍，搬運糧食、破壞道路、實施「空室清野」，發揮相當大的作用。「學生軍是一支能文能武輕武裝特殊部隊，」一名學生軍政治指導員日後回憶道：「在戰時，為一支結合民眾，刺探情報，破壞敵人交通，打擊敵人的游擊隊。」學生軍甚至還組織敢死隊，潛入日軍佔領下的南寧從事破壞與伏擊，本章開頭提及壯烈的「竹林遺書」正是出現在這段期間。[49]

桂軍各師雖然已經奉命力戰，但是正如前面所提到，他們的戰力裝備與素稱精銳的第五師團相差懸殊。「南寧失陷之快，桂軍脆弱至此，令人心神與夢魂皆不能安。」蔣在日記中，對於廣西軍的表現與白崇禧的部署相當不滿：「健生取巧與宣傳騖外之病不

[43] 「白崇禧致蔣中正簽呈」（1939 年 2 月 4 日），《蔣文物》，典藏號：002-080200-00288-022。
[44] 張世瑛（編），《事略稿本》，冊 42：補編，頁 381，1939 年 3 月 8 日。
[45] 鄭洞國、鄭庭笈，〈崑崙關攻堅戰親歷記〉，《新桂系紀實》，中冊，頁 112。
[46] 「白崇禧呈蔣中正電」（1939 年 11 月 20 日），《蔣文物》，典藏號：002-080200-00517-175。
[47] 「白崇禧呈蔣中正電」（1939 年 11 月 24 日），《蔣文物》，典藏號：002-020300-00012-091。
[48] 「蔣中正致白崇禧電」（1939 年 11 月 25 日），《蔣文物》，典藏號：002-020300-00012-092。
[49] 陳崢，〈第三屆廣西學生軍與桂南會戰中的軍民合作〉，《抗戰史研究》，2014 年第 2 期，頁 76-83；黃嘉謨、朱浤源（訪問）、鄭麗榕、周素湘（紀錄），《潘宗武先生訪問紀錄》（台北：中央研究院近代史研究所，1992 年），頁 45、47-48。

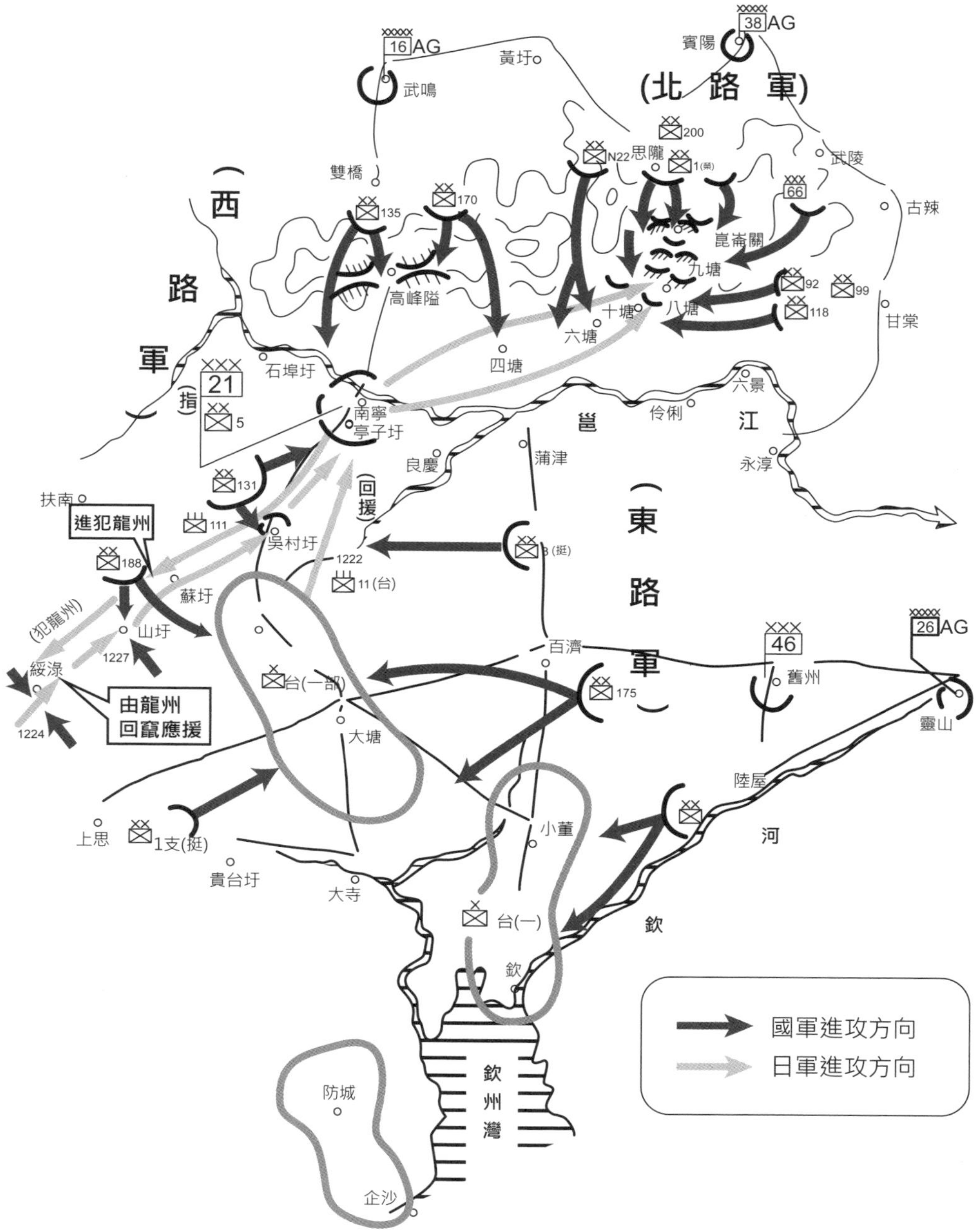

崑崙關戰役全過程（一九三九年十二月十八日至一九四〇年一月十二日）
（資料來源：滕昕雲，《決盪崑崙關》，頁89。）

改，終不能成事也，可憂之至。」[50] 所謂「鶩外」，指別有追求而其心不專，似乎指責白坐等中央援軍。二十六日，白崇禧進駐南寧北面的遷江，在一處大岩洞中設立前進指揮所。蔣以電報指示白：桂軍六個師，應以三個師在邕欽公路兩側，破壞交通，阻止敵軍後續部隊北進；第五軍可以投入一個師的兵力，掩護大軍集結，其餘主力仍應集結在大塘附近。[51]

二十七日中午，蔣和白崇禧通長途電話，感覺白「倉皇無主，可慮也」。[52] 他對白的信心，正快速下降之中。

VIII

白崇禧於十一月二十八日以密電向蔣介石報告其作戰指導和最新部署。白氏的作戰指導要領，是「國軍待第五軍集中完畢後，乘敵對高峰坳、崑崙關地攻擊頓挫之際，全線轉移攻勢，以第五軍主力從崑崙關以東地區配合機械化部隊，一舉將北犯之敵包圍殲滅之，並相機進而收復南寧。」國軍預備從東南西北四路圍攻南寧，而以北路第五軍為

[50] 「蔣中正日記」（未刊本），1939年11月25日，上星期反省錄。
[51] 「蔣中正致白崇禧電」（1939年11月26日），《蔣文物》，典藏號：002-020300-00012-093。
[52] 「蔣中正日記」（未刊本），1939年11月27日。

主力，桂軍則在兩側翼支援。[53] 十二月五日，白又致電蔣氏，說明第五軍參戰的優勢，在於火砲與機械化部隊：「增加第五軍，就步兵未必較敵劣勢；若更益以重火器與機械化部隊，則大優越於敵。」[54]

然而蔣內心對白的部署極是不滿。「南寧失陷，乃在意中，不可為罪。」他在日記十一月反省錄裡寫道：「但健生謊報敵情，稱敵第一與第四師團參加攻邕；對於余手令死守邕寧之命則陽奉陰違，屆時不戰而退出邕城，並使第五軍出頭兩頭，單獨犧牲，此種取巧投機與損人利己之劣性，毫未改正，如何能望其大成，不勝為黨國無才歎矣。」[55]

這段文字可說圖窮匕見：原來蔣對白的批評，是因為後者執意要動用第五軍投入反攻南寧作戰。第五軍是中央軍的王牌，國軍僅有的精兵，蔣似乎不捨得讓該軍為了反攻南寧而犧牲。白氏準備藉由第五軍的戰車與火砲優勢，攻破日軍防線，因此招來蔣氏的指責與「投機取巧」的猜疑。

但是遍查蔣氏檔案，找不到任何白聲稱日軍第一、第四師團增援桂南的敵情報告。推斷蔣之所以有如此記載，很可能是白因為蔣遲遲不肯投入第五軍，而在與蔣通話時特意強調日軍還有後援。況且，以我精銳之師，對敵方張之寇，是極為合理的決定。白氏有此請求，在情理之中，因此蔣雖然不滿，卻無法表露出來。十二月一日，他電覆白崇禧，稱「所定作戰指導與新部署皆甚妥」，但是開入桂南各軍，最快要等到十二月十五日才能集結完畢，所以蔣指示白，十五日之後才能使用總預備隊。「至於前方各部隊，由兄審查實地情勢，相機運用，以期不失時機可也。」[56] 同日，蔣在日記裡提醒自己：「對健生違忤，應以仁愛處之，慎勿輕動剛腸」；隔天，卻又不點名批評白氏道：「稍有才幹者，多取巧投機，只知自私。欲求一為大局、顧大體，而為黨國可以托信無罣者，實無半人。」後來，蔣在日記中甚至一改原先稱呼白氏「健生」，直寫「桂白」：「桂白

對反攻南寧之部署自用私心，不肯遵令處置，」57 此時在遷江指揮作戰的白崇禧恐怕還不曉得，由於堅持投入第五軍攻擊日軍，他已經遭受蔣如是之指責。

十二月六日，蔣氏致電白崇禧：準備在十五日對南寧之敵展開攻擊，到時「即以第五軍全部加入」，並「仍由兄親自統一指揮」。58 但是到了十二月中旬，蔣介石已打算派陳誠趕赴桂南，協助白崇禧指揮作戰。59 陳誠被派赴廣西，一方面固然是扮演「監軍」角色，另方面也表示蔣準備親自主導桂南會戰。他在日記中下了決心，不顧白可能的反彈：「**桂中戰局應由我自主，白如有誤會，待後亦易解釋也。**」60

就在此時，各路大軍已經集結完成，白崇禧決定對崑崙關發動進攻。

---

53 「白崇禧呈蔣中正電」（1939 年 11 月 28 日），《蔣文物》，典藏號：002-020300-00012-094、002-020300-00012-095。

54 「白崇禧致蔣介石何應欽密電」（1939 年 12 月 5 日），《抗日戰爭正面戰場》，頁 869。

55 「蔣中正日記」（未刊本），1939 年 11 月 30 日，本月反省錄。

56 「蔣中正致白崇禧電」（1939 年 12 月 1 日），《蔣文物》，典藏號：002-020300-00012-096。

57 「蔣中正日記」（未刊本），1939 年 12 月 1 日、2 日，上星期反省錄、12 日。

58 「蔣介石復白崇禧等密電稿」（1939 年 12 月 6 日），《抗日戰爭正面戰場》，頁 870。

59 林秋敏、葉惠芬、蘇聖雄（編校），《陳誠先生日記》，冊 1，頁 318，1939 年 12 月 14 日。

60 「蔣中正日記」（未刊本），1939 年 12 月 18 日。

桂南會戰，桂林行營主任白崇禧（右前坐者）
親臨前線視察。

崑崙關攻堅戰前，白崇禧（右一）正在
視察官兵準備。

IX

崑崙關位在南寧東北面，地勢險要，日軍佔領之後，在這裡築設二十多座大小堡壘式堅固據點，國軍如果要反攻南寧，必須先拿下此處。白崇禧將圍攻崑崙關的部隊分為東、西、北三路：邕江南岸的桂軍第四十六軍為東路軍，負責阻擊日軍增援部隊，並牽制台灣旅團；桂軍第三十一軍之一三五、一七〇兩師為西路軍，向高峰隘駐守的日軍進攻，一八八師則在大塘一帶擔任阻擊任務；北路軍是整個攻勢的主力，由第五軍第二百師、榮一師擔任崑崙關正面強攻任務，而新二十二師與軍直屬第一、第二補充團，則迂迴至南寧到崑崙關中間的五塘、六塘之線，截斷敵軍後路。中央軍第九十九軍（轄第九十二、第九十九、一一八師）協同第五軍作戰，向七塘發動攻擊，封鎖邕賓公路。

十二月十七日夜間，埋伏於邕賓公路兩側的國軍部隊，已和守備崑崙關的日軍四十二聯隊二大隊交火。十八日拂曉，全線開始進攻。第五軍砲兵以德製、法製山砲和榴彈砲，向當面之敵進行彈幕覆蓋射擊，在四十餘分鐘的砲戰後，二百師、榮一師的官兵交替掩護，頂著熾盛火網，向關隘日軍實行仰攻。崑崙關日軍乍然面臨國軍強大攻勢，傷亡慘重，周圍據點，一一丟失，僅在三門山砲的支援下，維持住崑崙關主陣地不失。但是接下來數日，戰況陷入膠著，敵軍第五師團不愧有「鋼軍」之稱，官兵訓練有素，陣地布置完善，掩蔽確實，頑強抵抗，死守待援，與國軍反覆爭奪各據點。國軍往往在日間攻取某據點，夜間就遭日軍逆襲而再告易手。[61]

二十日上午，日軍第二十一旅團長中村正雄親自率領援軍一個大隊，分乘汽車四十餘輛，自南寧出發救援崑崙關，在七塘、八塘之間，遭到中央軍新二十二師、第九十二師的截擊，雙方激戰整日，日軍未能衝破防線。[62] 二十一日，蔣介石致電白崇禧，指示所有前方部隊，包括砲兵及各特種兵在內，「如有不積極努力進攻或不能如限達成任務者，應即以抗命畏敵論罪」。[63] 二十二日，崑崙關內日軍的糧彈將盡，日方對守軍實施空投補給，但有許多降落傘落入國軍陣地。二十四日，榮一師師長鄭洞國向蔣報告：在激戰七晝夜之後，榮一師已經接連攻克仙女山、老毛嶺、六五三高地、枯桃嶺各要點，鹵獲輕重機槍多挺。榮一師在該日夜間十九時發動衝鋒，經過兩小時激烈的白刃戰，攻下羅塘南端高地，擊斃日軍軍官十餘名、士兵二百餘名，全師士氣大振。羅塘既下，攻方就可以瞰制守軍陣地，「此為敵之致命點線，攻陷不難全滅。」[64]

敵率軍增援的第二十一旅團長中村正雄少將，在二十四日傍晚戰鬥時，遭榮一師第一團的狙擊手洞穿腹部，經緊急搶救無效，在隔日凌晨死亡。

二十五日午後，白崇禧偕第五軍軍長杜聿明到前線視察戰況。本日上午，榮一師、二百師已經發起十次衝鋒，但是敵軍利用反斜面陣地及副防禦設施拚命抵抗，攻擊無法奏效。白氏觀察周遭，見敵陣左側的幾處高地已被克復，於是命令砲兵指揮官邵百昌，立即將法製山砲及蘇聯製山砲數門，搬上高地，對敵陣反斜面陣地實行側射，壓制敵軍火力，破壞鐵絲網等防禦工事，此時國軍再次衝鋒，果然一舉成功奪取陣地。[65]

[61] 鄭洞國、鄭庭笈，〈崑崙關攻堅戰親歷記〉，頁 114-117。
[62] 「督戰參謀秦維亞等有關桂南會戰文電」（1939 年 12 月），《國防部史政局及戰史編纂委員會》，二檔館，檔號：787/8865。
[63] 「蔣中正致白崇禧電」（1939 年 12 月 21 日），《蔣文物》，典藏號：002-020300-00012-102。
[64] 「鄭洞國致蔣介石密電」（1939 年 12 月 24 日），《抗日戰爭正面戰場》，頁 878。
[65] 馬天綱、賈廷詩、陳三井、陳存恭（訪問、紀錄），《白崇禧先生訪問紀錄》，上冊，頁 274-275、285。

攻堅戰鬥現在來到了最後關頭，第五軍將開戰以來一直在日軍後方交通線迂迴運動的新二十二師召回，加入對崑崙關正面的攻擊。三十一日上午，第五軍全軍不顧傷亡，集中所有火砲兵力，猛攻日軍剩餘據點。終於在十一時五十分，完全佔領崑崙關。[66]

抗戰開始以來，中國軍隊大多居於守勢作戰，崑崙關之役是國軍攻堅克敵獲得的第一場勝利。「特別是在桂南崑崙關之戰，我軍創造攻堅勝利的新紀錄。」一九四〇年二月十六日，白崇禧在桂林對文化界講話時表示：「敵軍雖一度竄擾龍州（我們在龍州的物資，早已疏散完了），中途被我軍伏擊腰斬，損失慘重，所謂最精銳的第五師團，經此兩役的消耗，戰鬥力已完全瓦解消失了。」[67] 日軍第二十一旅團在此戰中傷亡應在四千人以上，軍士官戰死者高達百分之八十五。只是，這場勝利得來相當不易。第五軍各師傷亡極為慘重，滿編一萬三千人的榮一師，此時還能持槍立即投入戰鬥的兵員，已經不足千人！[68]

崑崙關之役也是國軍步、砲協同攻擊作戰的首次成功範例。「現代戰爭是以火力壓倒火力，以速度壓倒速度，以縱深突破縱深。」白崇禧日後回憶道：「此次崑崙關勝利，是我重、山、野各砲威力壓倒敵火力，毀其副防禦，此乃步砲聯合攻擊陣地奏功之重要關鍵。」[69]

[66] 「杜聿明致蔣介石密電」（1939年12月31日），《抗日戰爭正面戰場》，頁881。
[67] 白崇禧，「快到了的勝利時機——在桂林招待文化界工作同志席上講」，黃嘉謨（編），《白崇禧將軍抗戰言論集》（台北：編者自印，2002年），頁377。
[68] 「督戰參謀秦維亞等有關桂南會戰文電」（1939年12月）。
[69] 馬天綱、賈廷詩、陳三井、陳存恭（訪問、紀錄），《白崇禧先生訪問紀錄》，上冊，頁285。

抗戰兩年半來，中國軍隊的愈戰愈勇，從這次崐崙關爭奪戰的大勝利以後，又得一證明。為了要割斷中國的西南國際交通綫，日本派了有名的精銳第五師團，準備控制邕寧的外圍，於去年十二月二十一日起，開始用猛烈的砲火直撲邕賓路上的要塞崐崙關。

崐崙關地勢險要，是歷史上兵家必爭之地。宋代元祐間，蠻皇儂智高叛亂，佔據雲南，僭號大南國，進兵兩廣，師次南甯，分兵抵守崐崙關，被狄青用計擊破。清朝劉元清曾有詩歌詠這個有歷史價值的古戰場，其中有「粵之西兮有崐崙，嶙峋聳拔勢獨蹲，一山兩路賓邕界，不減秦行與劍門。」之句，可見這個關隘的險要，是自古有名的。

參與這次崐崙關大戰的日軍，除第五師團外，還有二十八師團，都是極强悍的隊伍。從十二月二十四日起，三日之間，華軍以神勇的姿態，三度攻入崐崙關。因為中國將領的運籌策劃，兵士的健勇善戰，人民的合作，空軍的助威，終於在第三次攻入關口時，佔領全關，把青天白日旗飄揚在滿佈金黃色陽光的山頭之上，作了抗戰史上二十八年度光榮的結束。

這場血戰，日方損失之大，簡直無從統計。就崐崙關附近的傷亡者來說，第五師團傷亡五六千人，而戰利品的俘獲，為數更巨。這些戰利品，在一月十五日運到桂林，共裝二十一卡車，由崐崙關起運。一路上高揚着國旗和黨旗，迎風飄揚，象徵着無限的光輝，沿路上貯足民衆，都鼓掌歡賀這新年的禮物。

「血戰崑崙關」：白崇禧（前左）與第四戰區司令長官張發奎（前右）在戰前於某岩洞召開軍事會議，會畢正各返防線。桂南會戰期間，為了避免敵軍空襲，白崇禧常駐遷江的大岩洞內指揮作戰，岩洞內濕氣甚重，使得白氏戰後風濕大發，痛苦不堪。

X

日軍雖然從崑崙關敗退，卻據守八塘、九塘等村落，猛烈反擊國軍追擊部隊。有鑑於正面日軍抵抗強烈，白崇禧覷破南寧後方空虛，於是制訂出一道「圍魏救趙」、繞攻南寧的計策。他在十二月底致蔣介石的電報中表示，應乘日軍崑崙關新敗、援軍未至的時機，繼續迅速攻略。但是原先擔任主攻的第五軍傷亡過重，實力不及戰前的二分之一，九十九軍更只剩三分之一，而桂軍第一三五、一七〇兩師的裝備、訓練均無法擔負重任，因此白崇禧建議從柳州後方調用總預備隊第三十六軍，配合第五軍的機械化部隊，由高峰隘、武鳴一線山巒地帶實施迂迴，突襲南寧，則勝利「似有相當公算」。[70]

這項攻勢計畫頗有一九三〇年滇軍侵桂之役，白崇禧自叢山峻嶺中突出奇兵、解圍南寧的故智（參見第二章「蔣桂戰爭」）。但蔣介石得報之後大驚失色，極力阻止此計畫的實施。他先是回復白「卅六軍應控置於柳、宜各地區，不能調動。」[71] 接著在白氏以長途電話陳述構想時，蔣對白連續提出三個尖銳的問題：「一、問其有否襲擊南寧之把握；二，襲得南寧後能否固守；三、即使南寧得手，邕賓路敵軍不能使之後退，而我軍兵分力薄，九塘正面陣線恐難維持矣。」[72] 對這三個疑問，我們不知道白崇禧如何回答，但顯然白氏的解說，無法打消蔣的反對。

此時蔣已在考慮，是否由陳誠或張發奎取代白崇禧，接手指揮南寧戰事。[73] 蔣本人於一月七日由重慶飛抵桂林，十日乘汽車抵達遷江指揮所和白崇禧晤面，「在防空洞內談政治與外交、軍事近情。」下午，蔣在動身返回桂林前，勸白「不可躁急求速，更不可畏難圖易，」必須穩紮穩打，全力以赴。[74] 十二日，陳誠在桂林晉見蔣氏，蔣對陳表示「健生因爭面子、求急功，對於指揮諸多錯誤，」因此準備將白調回桂林，而由陳誠在遷江以桂林行營副主任名義，負責南寧軍事，「並認為此為最妥當之一法。」陳誠表示願意負責，但不願出任副主任。[75]蔣在和陳誠談話後飛返重慶，留侍從室主任張治中在桂林協調高層人事。同日稍後，蔣致電白崇禧，認為攻取南寧「爭速之時間已過，故不必求速」。接著，蔣氏委婉地寫道：「南寧不僅為兄（白）之鄉土，亦為全局之重心，故兄之操勞急切必甚，」但在蔣看來，白氏似乎「心身過勞，而且傾注於一隅，決非持久之道」。所以蔣勸白「切勿求急，更不可以僥倖求成。軍事必須先求穩當，次求變化。正面未有穩當以前，切不可遽求變化」。[76]白崇禧於隔日覆電，表示將會遵照蔣的意旨，妥善部署。[77]

70 白崇禧，〈謹具重加修訂作戰指導管見當否請察由〉，「軍委會和白崇禧李廷秀等關於冬季攻勢作戰指導等經驗總結文電及聯絡參謀報告講評表」（1939年、1940年），二檔館，檔號：787/9089。

71 「蔣介石復白崇禧密電稿」（1939年12月28日），《抗日戰爭正面戰場》，頁880。

72 「蔣中正日記」（未刊本），1940年1月3日。

73 「蔣中正日記」（未刊本），1940年1月8日。

74 「蔣中正日記」（未刊本），1940年1月10日。

75 林秋敏、葉惠芬、蘇聖雄（編校），《陳誠先生日記》，冊1，頁326，1940年1月12日。

76 「蔣中正日記」（未刊本），1940年1月12日；「蔣中正致白崇禧電」（1940年1月12日），《蔣文物》，典藏號：002-020300-00012-109。

77 「白崇禧致蔣中正電」（1940年1月13日），《蔣文物》，典藏號：002-020300-00012-109。

從一月十三日到二十五日之間，桂南國軍各部除了繼續監視八塘、九塘的日軍之外，並沒有發起任何大規模軍事行動。推測箇中原因，可能是原定主攻的部隊傷亡過重，必須調至後方休整，增援的各軍陸續開到，而蔣氏「先求穩當」的命令，也讓白崇禧不得不重新部署。然而就在此時，日軍已先發制人：駐廣州的日軍第二十一軍司令官安藤利吉，因為第五師團在崑崙關的敗績，決定提前結束在廣東北部的作戰，抽調第十八、二十八師團及近衛旅團的各一部，仍然從欽州灣登陸，一月二十五日開抵南寧，同日即兵分兩路展開作戰，以第十八、廿八師團各一部從邕賓公路以北的石燈嶺攻擊國軍陣地正面，以近衛旅團向永淳、甘棠、繞出賓陽，迂迴包圍崑崙關。

白崇禧則分兵三路迎戰日軍：中路軍以第三十八集團軍徐庭瑤總司令指揮第二、三十六、九十九各軍確保崑崙關要地；右路軍以甘麗初軍長率其第六軍向三莊嶺北敵軍攻擊；左路軍以葉肇總司令指揮第六十六軍向甘棠；另以第卅五集團軍鄧龍光總司令指揮第六四軍和桂軍一七五師北渡邕江，協同左路軍攻擊由永淳北上敵軍。[78]

陳誠與張發奎、李濟深等人於二十七日抵達遷江指揮所。二十九日，白崇禧、陳誠、林蔚等人研商情勢。陳誠在日記裡認為白「判斷敵情，完全錯誤。處置更無道理。」一因為白氏將重兵置於右翼，而此處萬山重疊，敵軍必不會從右翼來攻；從地形來看，以地勢低緩的甘棠最有可能，「如不計及此，有全盤潰敗之可能。」殊不知白氏原來計畫襲取南寧，正是從萬山重疊處突出奇兵。

由於日軍近衛旅團的進展非常快速，崑崙關守軍的後路有被切斷可能。到了三十日，陳誠感覺「大勢已去」，與白崇禧、林蔚等緊急研商，做出三項處置：一、所有部隊機動使用，全力固守崑崙關；二、在右路牽制消耗敵軍；三、在左路採取攻勢。[79]但是左路軍、奉調前來廣西參戰的粵軍葉肇第三十七集團軍，卻不肯奉令進攻甘棠。白崇禧請同屬粵軍系統的張發奎打電話給葉肇下令，張對葉說，進攻甘棠「是我的命令。」但葉肇竟回答：「我還是不服從。」[80]「桂南之永淳與甘棠圩為敵佔領，崑崙關側背又受威脅，我軍第二次集中未完，布置不妥，只有攻敵計畫，而未防為敵先攻，而且側背要點毫不注意。」三十一日，蔣氏在日記中寫道：「桂軍與民眾之懦弱，比其他各省之軍民為尤甚，此全由廣西平時虛偽宣傳之所誤也，可不戒乎。」[81]

二月二日，蔣研判「敵進攻甘棠，其目的在賓陽，我軍惟有固守崑崙關據點，其餘四周部隊與敵混戰，能硬戰三日，則敵必潰敗。健生心志動搖，即欲退卻，非計也。」[82]但日軍已經在當天佔領位於崑崙關後方的賓陽，崑崙關正面國軍突然陷入重圍，必須緊急在敵前撤退，大軍陷入混亂，第九師師長鄭作民在混戰中陣亡。崑崙關得而復失。

賓陽失陷以後，蔣介石仍然在二月四日致電白崇禧等前線將領，要求「我軍遷江附近主力應即向當面之敵開始猛攻，佔領賓陽，與我崑崙關各軍夾擊在崑崙關附近之敵軍

---

[78] 黃旭初，《黃旭初回憶錄——李宗仁、白崇禧與蔣介石的離合》，頁 237-238。

[79] 林秋敏、葉惠芬、蘇聖雄（編校），《陳誠先生日記》，冊 1，頁 330-332，1940 年 1 月 29、30 日；〈賓陽戰役經過〉（1940 年 2 月），《陳誠副總統文物》，國史館藏，典藏號：008-010701-00067-001。

[80] 胡志偉（譯註），《張發奎口述自傳》，頁 425。

[81] 「蔣中正日記」（未刊本），1940 年 1 月 31 日。

[82] 「蔣中正日記」（未刊本），1940 年 2 月 2 日。

而殲滅之。」[83]但局勢已無可為。增援日軍突襲賓陽、切斷崑崙關國軍後路的目的，在於解除第五師團正面的壓力。日軍迫使崑崙關國軍撤退後，在九塘留下布告，聲稱「璧還九塘於蔣軍」，從容而退，所有攻佔據點全部放棄，依舊由欽州灣登船返回廣東，第五師團仍據守南寧近郊。

XII

桂南會戰，國軍先勝後敗，蔣憤怒不已，在日記中對白崇禧、陳誠大加指責。「本週桂南失敗，以主將疏忽大意，處置不當，乃致被圍隔絕，紛亂無緒，此為自開戰以來最可恥之醜事。」二月三日，蔣在當周反省錄中寫道：「辭修驕傲、健生虛浮，致此大敗，是必然之道，未知其本人能否自知羞恥耳。可痛。」隔天，又責怪白崇禧道：「戰敗至此，而健生仍說其部署不差，而獨責備部下，此誠可為浩歎痛哭者也。自是之人，其能有成乎，果能不敗乎。」[84]

二月二十二日，蔣氏到柳州，親自主持軍事會議，檢討桂南會戰得失。蔣在開幕致詞時說，本次會戰失敗的原因，在於「我們上級指揮官戰鬥意志薄弱，而且大家驕慢怠忽，竟至精神頹喪，決心毫無，乃致遭此失敗的恥辱！」並警告說：「我們如果沒有精神，沒有決心，不能發揚我們戰鬥的意志，那末，日汪密約，就要實行了，我們有了軍隊保有實力，也沒有用處，雖未至亡國，也無異於已作了亡國奴！」[85]會議結束後，即席宣布賞罰：桂林行營主任白崇禧督率不力，政治部長陳誠指導無方，兩人均降級為二級上將；四戰區司令長官張發奎記過；第三十七集團軍總司令葉肇「違令避戰，貽誤全局」，撤職交軍法審判；第三十八集團軍總司令徐庭瑤、第三十六軍軍長姚蒓、第六十六軍軍長陳驥，均撤職查辦；第九十九軍軍長傅仲芳降級。第九師師長鄭作民陣亡，部屬未能救援，該師番號撤銷，改為無名師，「以明廉恥，而整紀律」。[86] 桂軍第四十六軍軍長何宣，「能遂行命令，達成任務，無虧職守」，應予獎賞。[87]

程思遠說這次懲處，「主在白氏，陳誠不過奉命陪同受懲而已。」[88] 日後侍從室主任張治中說出內情：懲處是他說服白、陳主動提出。「在崑崙關戰役後，我辦了一件比較得體的事，即厲行嚴明的賞罰。為整飭軍紀，不能不有所表示。」張治中說道。他約集白崇禧、陳誠、林蔚等人「開了一個小組會議，說服白、陳以身作則，厲行賞罰」，擬出處分，由他面呈蔣氏。張認為「自此項命令頒布後，士氣為之一振。」

不但如此，張治中更進一步主張撤銷桂林行營，也得到蔣的採納。「因當時我看到一種不好的趨勢，如崑崙關戰役，桂林行營主任本來應該站在統帥的立場指揮部隊，

---

83 「蔣中正致白崇禧陳誠張發奎電」（1940年2月4日），《蔣文物》，典藏號：002-020300-00012-113。
84 「蔣中正日記」（未刊本），1940年2月3日，上星期反省錄；2月4日。
85 「柳州軍事會議訓詞（一）」，秦孝儀（主編），《總統蔣公思想言論總集》，卷17：演講（台北：中國國民黨中央委員會黨史委員會，1984年），頁47。
86 「蔣中正致何應欽徐永昌等電」（1940年2月22日），《蔣文物》，典藏號：002-080103-00040-001。
87 「柳州軍事會議閉幕訓詞」，秦孝儀（主編），《總統蔣公思想言論總集》，卷17，頁88。
88 程思遠，《白崇禧傳》，頁225。

但事實上，誰來當行營主任，誰就站在部隊的立場，這樣就要損傷統帥的權威，關係很大。」張氏日後回憶道：「在行營主任方面，這個地位也不大方便，因為他指揮部隊作戰時，一方面站在部隊立場，向統帥部提出要求；另一方面又站在統帥部立場，向部隊提出要求。」張還表示：「就是白崇禧本人，也有這種感覺。」[89]

張治中這番話，點出了行營夾處在中央與戰區之間兩面為難的尷尬處境。按說行營主任作為蔣委員長的派出代表，指導三個戰區，具有跨戰區協調大軍的高度，然而從戰區司令長官的立場來看，任何作戰計畫不能直接請示軍委會，而要先經過行營，不免有疊床架屋之感（**如前文引張發奎之語**）；在中央看來，行營主任指導半壁江山，一旦重慶的控制與威信下降，恐將尾大不掉，成為一方藩鎮，因此事事提防留意，不敢讓行營放手一搏。

桂南會戰後期，蔣派陳誠「協助」白氏指揮，但是白、陳兩人，究竟誰聽從於誰？蔣卻沒有明確指示。因此張治中私下找陳誠談話，指稱白、陳兩人兼職過多，「尤其是桂林行營，健生負主任之名，而不能指揮，而余（**陳誠**）則本身原有職務，不能兼顧，而實際指揮桂林行營所轄各戰區，實在太矛盾。」[90]是以，柳州軍事會議後，桂林行營奉命撤銷，改設軍事委員會桂林辦公廳，由李濟深擔任主任，不再具有指導各戰區作戰的職權。

奇襲南寧被蔣扼止，戰後受到懲處，行營也告取消，白崇禧心中不快可想而知。他私底下認為，張治中先意承旨，揣摩蔣氏意圖，然後搶先提出，以討蔣氏歡心。張身為高級幕僚，而行此妾婦之舉，自此之後白對張更加鄙夷。[91]

XIII

軍事委員會在遷入四川重慶之後，決定設立西北、西南兩行營，指導轄境各戰區作戰。白崇禧受蔣介石之命，以副參謀總長之職兼任桂林行營主任，統轄第三、四、九等戰區作戰事宜。白崇禧手中的兵權，在此時達到頂點；行營主任一職，也代表蔣委員長對白氏的器重與賞識。此時蔣、白之間，關係頗為融洽。白崇禧就職之後，席不暇暖，奔走於前線視察，了解各軍實況，同時也充當蔣氏的信使，在汪精衛出走之後飛抵昆明，警告龍雲不可異動。

身為行營主任，白崇禧在反攻南昌戰役、第一次長沙會戰時，均前往前線督戰；而在桂南會戰時，更親自統領大軍反攻南寧。崑崙關之戰，白崇禧運用新組建的第五軍機械化部隊，猛攻入侵的日軍第五師團，締造抗戰史上第一次攻堅成功的勝利。

然而白崇禧因為桂南會戰遭到懲處，卻也是起因於崑崙關戰役。蔣氏對於白執意使用第五軍參戰，內心早有不滿，先是不斷阻延第五軍投入廣西戰場，又認為白讓該軍「單獨犧牲」，這時已埋下桂林行營取消的伏筆。等到崑崙關戰役獲勝、第五軍傷亡過半，而白崇禧提出以中央軍第三十六軍迂迴繞攻南寧之計時，蔣介石終於無法忍受：他

89 張治中，《張治中回憶錄》，上冊，頁 296-297。

90 林秋敏、葉惠芬、蘇聖雄（編校），《陳誠先生日記》，冊 1，頁 327-328，1940 年 1 月 15 日。

91 提到「妾婦之舉」，還有另一則例子：白崇禧晚年時曾對其子女憶述，北伐時他隨蔣往某地視察，張治中亦同行，途經一段泥濘道路，蔣的鞋面濺上泥水，張立刻單膝下跪，自懷中掏出手絹為蔣擦拭，這是白氏親見，此後白即看不起張。承蒙白先勇教授告知這則故事。

一面勸阻白，要他不可行險，應求穩當，再考慮變化；同時派心腹將領陳誠趕往桂南前線「協助」白氏作戰，實際上是準備要陳接替指揮，架空白氏。

蔣介石和陳誠都指責白崇禧在崑崙關戰勝後的部署，謂只有進攻計畫，將重兵置於崑崙關右翼重山險峻地帶，而沒有顧慮到敵軍有先發制人的可能，更忽略崑崙關左翼平緩地帶的防禦。然而檢視日軍在一九四〇年一月二十五日發動的賓陽作戰，其設計構想和白崇禧的「繞攻南寧」之計，實有異曲同工之妙，差別在於日軍迅速有效的執行此一作戰計畫，而白氏的構想卻受到蔣的干預與反對，很快胎死腹中。綜觀賓陽戰役，日軍佔領賓陽，切斷崑崙關國軍後路，旨在解除第五師團正面所受的威脅。而按照白氏的奇襲南寧構想，著眼於斷敵後路。倘若第三十六軍扮演「奇兵」，由崑崙關右翼山地居高臨下、突襲南寧，在八塘、九塘負隅頑抗的日軍必定進退失據；崑崙關正面國軍，則可擔當「正兵」，徐徐朝南寧推進。如果日軍對南寧的防守嚴密，一時不易強攻，則右翼國軍便成為「正兵」，由崑崙關正面國軍包抄九塘第五師團後路。兵無常形，正奇相濟，如果當時能夠實施這套計畫，或許能迫使日軍在一九四〇年初便退出南寧。「繞攻南寧」是白崇禧用兵機變百出的一個顯例。但這種風格卻和蔣氏「先求穩當，再求變化」、寧拙勿巧的觀點大相鑿枘。不過，除了戰術見解南轅北轍之外，究竟蔣氏有何情報根據，認為反攻南寧必須緩緩進圖？還需要更多的史料才能釐清。

桂南會戰期間，蔣介石和陳誠對桂軍、廣西民團有許多指責。「這是中央的人的心理，事實上並非如此。」白崇禧曾解釋：「廣西的所有，無論軍事、政治、經濟、文化，都已悉數貢獻中央，僅對用人一事，還沒盡量由中央任意直委，而保留著一點推薦權。」[92] 黃旭初則認為，中央諸人對廣西的譏評，代表廣西「滿招損」，受盛名所累：「因廣西在抗戰前那幾年，實在是虛名過盛了。」[93]

XIV

桂南會戰期間，白崇禧常駐遷江的大岩洞內指揮作戰。洞內岩壁滴水，濕氣甚重，使得白在戰後風濕大發，關節疼痛，夜晚無法入睡，手不能握拳，極為痛苦。[94] 因而在桂林行營奉命取消之後，仍然留在桂林接受電療，一時沒能返回重慶。

蔣介石對於白崇禧的病情十分重視。此時蔣認為白很可能因行營取消而情緒低落，故須加以安撫。一九四〇年三月四日，蔣致電白，指行營取消後的各項職務調整，與整個人事結構有密切關係，須等白氏病癒後到重慶「切商」方能定案。「貴恙如何？不勝繫念，惟望靜心調養，期早勿藥為盼。」[95] 在日記中，蔣也不斷提及「**健生病狀甚念**」、「**健生心理**」、「**健生之病因**」。[96] 到了四月中旬，蔣似乎下定決心，盡速結束桂林行營，不再顧慮白可能的感受：「**對取消行營之舉，猶豫不決，既經提議，則必斷行。健生心理如何，不必過慮也。**」[97]

五月十二日，蔣介石拍發親筆密電給白崇禧，很能表達蔣氏的性格與領導統御的特色。電報主旨雖是詢問「行營經費有無特別需用款項，請實告以便批發」，但隨即關切

---

92 黃旭初，《黃旭初回憶錄——李宗仁、白崇禧與蔣介石的離合》，頁 240。
93 黃旭初，《黃旭初回憶錄——從辛亥到抗戰》，頁 139。
94 馬天綱、賈廷詩、陳三井、陳存恭（訪問、紀錄），《白崇禧先生訪問紀錄》，上冊，頁 287。
95 「蔣中正致白崇禧電」（1940 年 3 月 4 日），《蔣文物》，典藏號：002-010300-00032-004。
96 「蔣中正日記」（未刊本），1940 年 3 月 9 日、13 日、14 日。
97 「蔣中正日記」（未刊本），1940 年 4 月 19 日。

「兄病狀如何？」並詳細提及「若電療無甚效力，不如用自然療法，即每晨與每晚步行自一百步至一千步，其初效雖遲而結果必好，且毫無危險，不比電療與人工之或有錯失也，望勉強而有恆行之。未癒以前仍駐桂林為宜，暫勿前往各處巡視，以期根本治癒為盼。」[98]

對於蔣如此關懷，以及鉅細靡遺的健康指導，白崇禧回電表示感謝：「賤恙仍照常電療一次，用鹽水沐浴一次，每早晚練習太極拳，有時騎馬補助運動。今承示有恆的步行，謹當遵行，請釋廑注。」至於行營辦理結束，則不需要用款。[99] 幾天以後，蔣氏又來一電，指出「歐戰局勢大變，國際形勢更加複雜，以後南洋與安南將皆成問題。我軍以後戰略與國際政策，望兄在桂靜思熟慮，隨時詳告所得為盼。」[100] 除了表明亟需倚重白崇禧、希望白盡速返回重慶，又隱約透露出對白長期停留桂林的不安。

蔣、白關係似乎又趨向和緩。不久之後，白崇禧回到重慶，返回副參謀總長任上，並實際負責他的另一個兼職：軍訓部長。

[98] 「蔣中正致白崇禧電」（1940 年 5 月 12 日），《蔣文物》，典藏號：002-010300-00034-028。
[99] 「白崇禧致蔣中正電」（1940 年 5 月 16 日），《蔣文物》，典藏號：002-080200-00525-033。
[100] 「蔣中正致白崇禧電」（1940 年 5 月 20 日），《蔣文物》，典藏號：002-010300-00034-040。

第八章

軍訓部長

吾兄天資超群，見理明達，
實為儕輩所不及
——蔣介石致白崇禧函

一九四一年五月二十六日上午十一時三十五分，在空襲警報聲中，十六架中國空軍驅逐機陸續降落甘肅天水機場。

這十六架戰鬥機是蘇聯援華的I-15雙翼式機，隸屬空軍第五大隊。由於日本從一九四〇年開始，在中國戰場部署最新型的零式戰鬥機，俄製I-15、I-16性能完全無法與其對抗，因此空軍作戰總指揮毛邦初下令機群採取保存實力、避免和日機交戰的「空中疏散」策略：只要得到日軍飛機大舉進擊的情報，空軍各大隊機群就先行飛走。❶這日第五大隊便先由成都機場飛漢中，再由漢中經成縣轉飛天水降落加油。

❶ 毛邦初的「空中疏散」策略，參見〈徐康良先生回憶錄〉，《口述歷史》，第8期（台北：中央研究院近代史研究所，1996年），頁257-258；徐康良當時是第一大隊副大隊長。

幾乎就在機群降落的同一時間，雲層中突然竄出九架日軍零式戰鬥機，旋即俯衝而下，對甫降落地面的飛機掃射攻擊。地面飛機無一倖免，轉眼間全數摧毀，連同疏散途中被擊落在內，共損失十八架戰機。[2]

蔣委員長獲報之後憤怒至極，「**昨日我新機十八架全為敵機擊毀，我空軍將領之幼稚卑劣，思之髮指，實有淚無從流也。**」他於隔天日記中痛斥毛邦初「狡猾輕浮」，甚至欲令「**其帶隊負責者自殺，以立空軍廉恥**」。[3]蔣氏於二十八日以嚴峻語氣，對航空委員會主任周至柔、總指揮毛邦初下達手令：限期一周之內，要求本次事件相關人員自行檢討、承認過失，以使未來「不再有此種最痛心最恥辱之事發生」。他尚且預想到空軍人員可能會以虛詞敷衍、搪塞了事，因此要求「勿得以指揮錯誤、任憑處治一語了之也。」[4]

毛邦初於六月五日呈上責任追究檢討報告，自稱「顧慮欠周」、「既無以對委座託付之重，復無以對友邦援助之殷，死罪。」空軍第三路司令張有谷、第五大隊大隊長呂天龍、當日機群實際領隊五大隊中隊長余平想、以及天水航站站長何祿生等人，也都在報告中逐項自承過失，責任極為重大。[5]

六月三日，蔣介石已經接到蘇聯駐華軍事總顧問崔克夫（**Василий Иванович Чуйков，或譯崔可夫**）對此案的調查報告。崔克夫批評第五大隊飛行員「避免與敵機衝突」，即使在我機數量佔優勢的情況下，「只圖脫逃」。崔克夫又稱第五大隊長呂天龍「不知何故，留在成都」，將機群交由中隊長余平想指揮；余平想率機群抵達成縣之際，才收到第三路司令官張有谷電報，命機群經天水改飛往蘭州，余以起飛在即，沒有向其他飛行員宣達轉飛命令，結果機群在飛抵天水上空之前遭遇日機攻擊，余平想座機被擊中起火，遂棄機跳傘，其他飛機群龍無首，而且不知轉飛蘭州的最新命令，於是在

天水落地加油，遂釀成這次十八架飛機全毀的慘劇。❻

根據崔克夫的調查報告與涉案空軍人員的自我檢討，蔣介石在六月七日對本案作出殺氣騰騰的批示。總指揮毛邦初「玩忽職務，處置不當」，使得空軍機群作毫無意義的犧牲，蔣決定將其「記大過二次，再觀後效。」第三路司令官張有谷，對於大隊長未親自帶隊一事毫無所知，「其罪實甚於故意犯罪，應即槍決勿貸。」第五大隊長呂天龍「擅自逗留後方，任令全部機群損毀，此種失職避戰之行為，不殺何待，應即槍決。」中隊長余平想「不僅傳達命令不周不實，且帶領如此大隊，不顧任務，先自跳傘，此乃臨陣脫逃，有意避戰，應即槍決。」❼

參謀總長何應欽於六月十一日簽呈蔣介石，稱「各級人員所供認者，其愧悔之深切，言詞之坦直，均極率真，實無異知過自首」，由於空軍人才培養不易，請求將張有谷等三員改判十五年徒刑，戴罪立功。但蔣氏盛怒之下，絲毫不顧何之顏面，逕批「不准」。❽何又敦請素來為蔣敬重的黨國元老吳稚暉說情，同樣無效。

❷「胡宗南致蔣中正電」（1941年5月28日），《蔣文物》，典藏號：002-090200-00067-002。

❸「蔣中正日記」（未刊本），1941年5月27日。

❹「蔣中正致周至柔毛邦初手令」（1941年5月28日），《蔣文物》，典藏號：002-010300-00043-053。

❺「毛邦初報告」（1941年6月5日），〈張有谷等廢弛戰務案〉，《教育部》，檔管局藏，檔號：A305000000C/0026/1572.21/11234080。

❻「蘇聯總顧問崔可夫報告」（1941年6月3日），《蔣文物》，典藏號：002-080102-00095-008。

❼「毛邦初報告」（1941年6月5日），〈張有谷等廢弛戰務案〉，《教育部》，檔管局藏，檔號：A305000000C/0026/1572.21/11234080。

❽「何應欽簽呈」（1941年6月11日），〈張有谷等廢弛戰務案〉，《教育部》，檔管局藏，檔號：A305000000C/0026/1572.21/11234080。

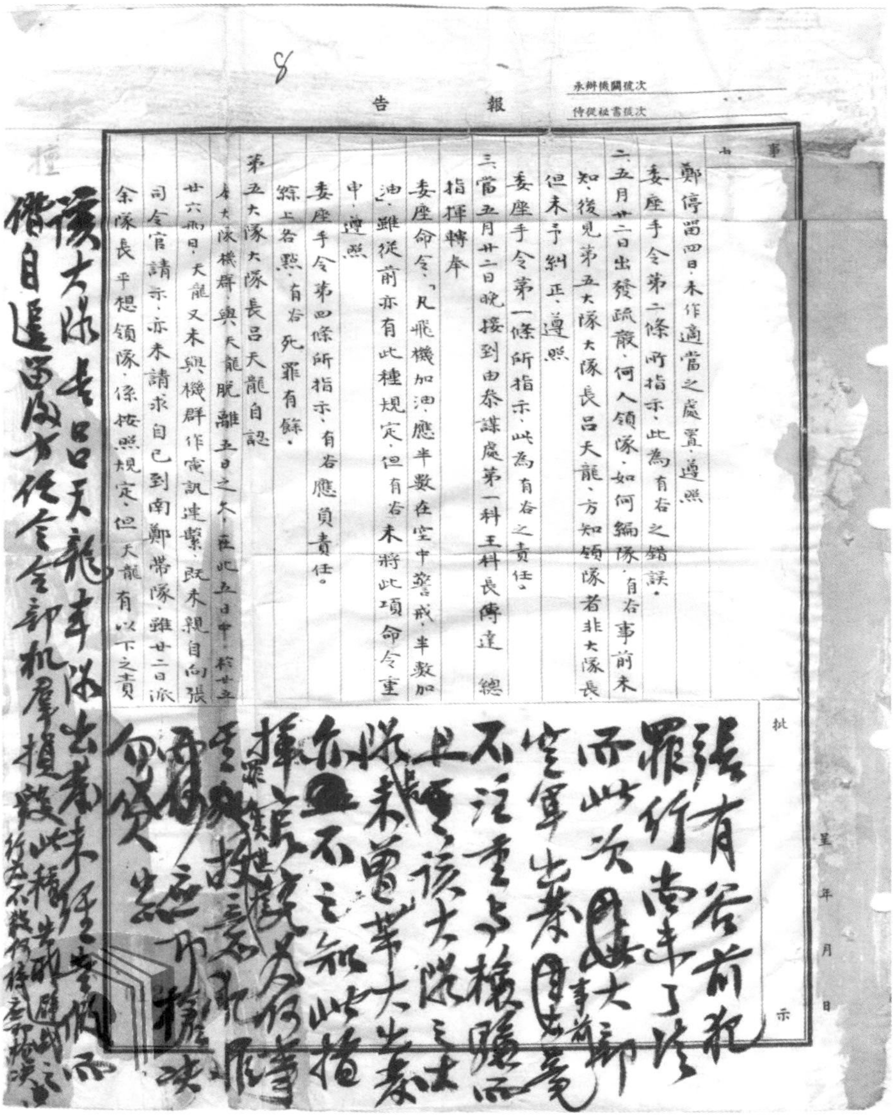
次長關係辦承
次長侍從秘書

報告

事由

鄭停留四日，未作適當之處置，遵照
委座手令第二條所指示，此為有咎之錯誤。
二、五月廿二日出發疏散，何人領隊，如何編隊，有咎事前未
知，後見第五大隊大隊長呂天龍，方知領隊者非大隊長，
但未予糾正，遵照
委座手令第一條所指示，此為有咎之責任。
三、當五月廿二日晚接到由參謀處第一科王科長傳達 總
指揮轉奉
委座命令，「凡飛機加油，應半數在空中警戒，半數加
油」，雖從前亦有此種規定，但有咎未將此項命令重
中，遵照
委座手令第四條所指示，有咎應負責任。
綜上各點，有咎死罪有餘。
第五大隊大隊長呂天龍自認
各大隊機群與天龍脫離五日之久，在此五日中，於廿五
廿六兩日，天龍又未與機群作電訊連繫，既未親自向張
司令官請示，亦未請求自己到南鄭帶隊，雖廿二日派
余隊長平想領隊，係按照規定，但天龍有以下之責

批示

空軍天水毀機案，蔣介石批示：空軍第三路司令張有谷「應即槍決勿貸」；第五大隊長呂天龍「此種失職避戰之行為，不殺何待，應即槍決。」（行政院國家發展委員會檔案管理局提供）

何應欽無奈之餘，只好以長途電話召回在外視察的副參謀總長白崇禧，要他立刻飛返重慶。白到重慶後，何即將案情原委說過一遍，要白向蔣求情。白崇禧聽後問道：「你已講情在先，又有黨國元老說情於後，兩次都未准，我何能為力？」何應欽回答：「你是最後的希望，不妨試試。」白氏略作沉吟，對何說：「等我考慮一晚，明早再覆你。」[9]

白崇禧考慮的結果如何？他怎樣應對盛怒的蔣介石？如何在蔣決意殺人立威時救下張有谷等人？本案的後續究竟如何發展，且容後再敘；這裡先調轉筆頭，從軍訓部成立時說起。

I

一九三八年一月十七日，國軍最高統帥部進行改組，修改軍事委員會組織大綱。除了正副參謀總長外，軍委會原有秘書廳和第一至第六部取消，改設軍令、軍政、軍訓、政治四部。[10]軍訓部即由原先的訓練總監部改組，在武漢成立。軍訓部職司全國各部隊的訓練、整理、校閱，軍事院校（陸軍大學除外）的整頓、建設，以及國民軍訓的教育規

[9] 馬天綱、賈廷詩、陳三井、陳存恭（訪問、紀錄），《白崇禧先生訪問紀錄》，上冊，頁 438-439。
[10] 秦孝儀（編），《總統蔣公大事長編初稿》，卷 4 上，頁 164-168。

劃。⓫白崇禧以副參謀總長兼任軍訓部首任、也是唯一一任部長，由於白氏在廣西辦理民團、組訓民眾，卓有成效，成為蔣介石推行部隊軍事訓練和學校軍事教育的最佳人選。雖然白崇禧經常奉派到前線視察，或是臨危授命、指揮戰區大軍作戰，但在整個抗戰期間，卻以在軍訓部的時間最長。

軍訓部設有政務、常務次長各一人，分別由劉士毅、黃琪翔出任，黃外調擔任集團軍總司令後，由步兵監阮肇昌、王俊接任。次長以下分設步兵、騎兵、砲兵、工兵、輜重、通信兵、機械化兵等各兵監。另有國民兵教育處和軍學編譯處。

武漢會戰前，軍訓部遷往湖南祁陽，之後隨著白崇禧出掌桂林行營，再移至桂林辦公，直到一九四〇年四月，方才遷設重慶，是軍委會最晚抵達重慶的部級單位。

軍訓部在重慶的辦公處所，初時設在國府路大溪別墅第二號與二八二號附一號兩處，由於這裡重要機關雲集，時常遭受日機轟炸威脅，白崇禧呈准到市郊選擇新址，他選定距離重慶一百公里、約一個半小時車程的璧山（**原璧山縣，今重慶市璧山區**）作為軍訓部的新辦公處所，該處原有屋舍很少，軍訓部同仁砍竹造屋，修建多排房舍；各兵監則分散到鄰近村落裡辦公，沒有電燈，只以桐油和蠟燭作為照明。白氏更在璧山附近的銅梁西溫泉設置寓所，除了赴重慶開會外，大多時間都留在璧山。「我們不只避免轟炸，也是避免應酬，」白崇禧日後回憶道：「我們本是學術研究機構，遷到此地後，更可專心研究。」由於白氏於軍訓部長任內經常主持會議，研討軍事理論，因此被戲稱為「開會專家」。⓬

II

接連開會正是軍訓部遷到重慶後的首要任務。開會的目的，是統一制定全國陸軍的典範令。典範令又稱作「操典」，也就是操練教範，以步兵操典為例：內容由單兵徒手基本教練、持槍基本教練、戰鬥技術，到班、排、連、營的隊伍教練，包括基本動作、個人戰鬥技巧、部隊戰鬥隊形、工事構築等課目。民國建立以來，教範始終沒有統一，各省軍隊各自為政，多數使用日本陸軍操典，少數遵照德國操典，也有部隊（**如馮玉祥的國民軍**）引進蘇俄典範令。軍訓部成立後，特別注重典範教程的統一。各兵種典範令先由各兵科起草草案，經過該兵科兵監審查，接著發至各戰區，請富含實務經驗的軍官簽註意見，匯總到軍訓部，將教範修正稿交到各兵種學校，逐條實地演練，最後由軍訓部召集各兵科代表開會，逐條討論定案，頒布施行。軍訓部在抗戰期間頒布的各兵科的典範令，合計有四十八種之多。

白崇禧對於教範的修正討論相當看重，除非另有要公，否則一定親自主持會議。他要求出席會議人員，不分階級，踴躍表示意見，歡迎提出不同看法，彼此辯論；雙方意

⓫「軍事委員會修正軍訓部組織法」，中國第二歷史檔案館（編），《中華民國史檔案資料匯編》，第五輯第二編：軍事二（南京：江蘇古籍出版社，1998年），頁137-141。

⓬ 馬天綱、賈廷詩、陳三井、陳存恭（訪問、紀錄），《白崇禧先生訪問紀錄》，下冊，頁525、530-531、548、550-551；何作柏，〈運籌軍訓部〉，文思（編），《我所知道的白崇禧》，頁106-108；藍香山，〈白崇禧在軍訓部和校閱委員會〉，《新桂系紀實》，中冊，頁424-425。

見相持不下時，再請教部外的專家，態度嚴謹。二十多年以後，白氏在接受口述歷史訪問時，還記得當討論到操典中「防禦」一項時，日本教範主張消滅敵人於陣地之前；蘇聯教範則認為應待敵人衝入陣地，憑藉斜射、正面火力，消滅敵人於陣地中。兩種看法辯論很久，發函陸軍大學與國防研究院，也沒有得出結論。最後還是由白做出結論：若有足夠的陣地縱深，固然可以憑藉火力，將敵人消滅於陣地之前；但如果敵人已經突入我軍陣地，自然仍需全力消滅。由此可知消滅敵人於陣地前或是陣地中，應該視情況靈活運用。13

結合豐富的臨陣作戰經驗，使得白崇禧對於當代軍事操典的認知，遠非紙上談兵的專家可比。有一次，參謀總長何應欽召集兵器相關人員開會，請白氏主持，會中討論國軍應採用的山砲與輕重機槍等問題。與會人士都認為，火砲以德製山砲、機槍以丹麥式兩用機關槍為最佳。專家們要主席也講幾句話。「你們是專家，我是外行，我離開主席地位貢獻幾句話，」於是白崇禧侃侃而談，他認為以野戰火砲來說，德製山砲確實最好：「鋼鍊得好，打得遠，有五千到八千呎的射程，可是有個缺點，太重了，」德軍在歐洲是以汽車牽引重砲，而在中國戰場，交通條件無法與歐陸相比，白氏曾親見幾頭騾子拖不動一門德製山砲的情景，「因此山砲以法國製的為好，射程固不及德國山砲，但較輕，適用。」至於丹麥式機槍，輕機槍的護木，在點射至五百發時便會燒壞，重機槍連射四百發時護木便膨脹，不可再用，在戰術使用上造成困擾。這番話說得與會專家張口結舌，無言以對。能夠將理論與實務結合，白氏認為都要拜經常主持軍訓部討論會之賜。14

III

軍事學校教育也是軍訓部的職掌範圍。抗戰開始，基層幹部傷亡慘重，軍訓部在武漢成立時，蔣即指示，務必在短時間內，訓練出大量軍事幹部，注意戰鬥教練，減少制式教練，以符合實際需求。後來軍訓部對各軍事院校的指導方針，也就因此著重在「戰教合一」之上：操場操練者就是戰場所需。為了達成每年補充三萬基層幹部的目標，後來逐漸成立九所中央軍校的分校，教育期間定為八個月到一年；後來抗戰進入相持階段，人員損失不像抗戰初期那樣巨大，而官兵素質低落，就成為此時必須正視的問題。於是白氏又擬議，將養成教育延長為一年半，並且要各戰區成立幹部訓練團，召集中下級幹部，進行訓練。[15]

在中央軍校各處校區裡，白崇禧最不滿意的是成都本校。軍校名義上仍由蔣介石兼任校長，但是實際負責人則是教育長。白氏認為當時成都本校教育長陳繼承管教不嚴，致使每年畢業前後，都有軍校學生在成都街頭鬧事。陳繼承曾經建議將中央軍校各分校置於本校的管理之下，並將本校脫離軍訓部管轄，直屬蔣委員長；白崇禧在核議陳的建議時極力表示反對：「國家設官分職，最高統帥日理萬機，不能事事由最高統帥辦理。」得到蔣支持，打消此議。到了一九四二年四月間，又發生軍校學生在成都戲院、

13 馬天綱、賈廷詩、陳三井、陳存恭（訪問、紀錄），《白崇禧先生訪問紀錄》，下冊，頁 546-547。
14 同前註，頁 677-678。
15 同前註，頁 539-540。

鐘錶行鬧事（**當地戲園、商號多是四川地方將領產業**），當地駐軍出面制止，竟被學生繳械的風波。[16]陳繼承向白崇禧報告此案經過時，竟然宣稱學生「很勇敢，徒手把槍給繳了。」白氏聽了，再也無法保持緘默。

「我實不能不表示異議，我說你認為他們（**地方駐軍**）的槍打不響嗎？」白崇禧對陳繼承說：「他們是認為校長是委員長，對於軍校的學生不能打，這怎算得勇敢？」白心中暗忖，陳繼承如此心態，不能再辦軍事教育。後來在他建議之下，改以陸軍大學教育長萬耀煌接掌中央軍校。[17]

一九三九年，白崇禧赴成都檢閱空軍訓練之後，向軍委會提出三項建議。一是設立空軍幼年學校，招收小學畢業生，在學六年，除了學習普通中學的課程外，加強軍事知識的教育，還有跳傘、滑翔等體育活動，為空軍培養富有冒險犯難精神的未來軍官幹部。其次是設立空軍士官學校，招考中學畢業生，培養地勤業務專業人才；三是設立空軍通信學校，提升空對空、地對空通信技術。[18]三項建議都被採納，空軍幼校、空軍士校及空軍通信學校，分別在四川灌縣、銅梁等地設立。白崇禧也因為提出這三項重要建議，於一九四三年國慶日獲頒一等空軍復興榮譽勳章。[19]

綜觀一九四九年以後留在中國大陸的軍訓部舊屬所寫的回憶文字，對軍訓部多持負

[16] 「蔣中正致陳繼承電」（1942年4月24日），《蔣文物》，典藏號：002-070200-00014-081。
[17] 馬天綱、賈廷詩、陳三井、陳存恭（訪問、紀錄），《白崇禧先生訪問紀錄》，下冊，頁542-543。
[18] 同前，上冊，頁432-434。
[19] 「國民政府令」（1943年10月10日），《國民政府檔案》，典藏號：001-035111-00054-011。

白崇禧任軍訓部長，經常巡視各軍事學校，圖為白部長（左）視察陸軍機械學校時與教官（右）合影。

面態度，認為軍訓部從前身訓練總監部算起，在軍委會各部當中職權最輕，是一「冷衙門」，飽受各戰區的輕視，因此自部長白崇禧以下，率皆感到有志難伸、士氣低落。[20]但是白氏晚年回憶起軍訓部在璧山的歲月，卻不做此想，他認為軍隊要能開上火線作戰，平素的訓練與教育是關鍵。而事在人為，「冷衙門」也能做得熱火朝天。白氏就任軍訓部長後，出巡校閱各部隊，發表演說，每每攜帶掛圖，解釋軍訓部職權，強調以訓練成績作為考核依據，很快就使各界體認到軍訓的重要性。

IV

一九四〇年秋，在蔣氏「訓練重於作戰」的口號下，軍事委員會組織校閱委員會，負責各戰區部隊的檢閱，並督導各項操典訓練課目的實施。白崇禧以軍訓部長兼任校閱委員會主任委員，以次長劉士毅擔任常務委員。校閱委員會委員由軍委會有關部會派員兼任，下設常設與臨時校閱組，選調成績優良的軍官充任校閱官，分派到各戰區、各軍事院校擔任校閱工作。

白崇禧有時也親自出巡，校閱各地部隊。這裡以一九四〇年八到十月間白氏檢閱西北各軍之行為例。是年九月七日，蔣介石致電第五戰區司令長官李宗仁，詢問「健兄（白）何日離鄂，行程如何？前方各部整補與訓練情形如何？」[21]白崇禧於九月十日以電報向蔣報告行程，他在八月二十六日由重慶搭機飛抵漢中，當天召集中央軍校第一分校及當地夏令營學生講話，原本預定隔日飛往湖北老河口（第五戰區長官部所在地），視察第五戰區各軍，但是因為天候惡劣，於是轉飛西安，換乘汽車，在二十八日抵達洛陽，隔日集合洛陽附近黨政軍機關主管人員，及入伍生團幹訓團學生講話。三十一日到達老河口，九月一日參加第五戰區五月會戰（即棗宜會戰）檢討會的閉幕典禮，會後並且分別約見將領談話。三日至六日，白氏分別視察了中央軍校第八分校、入伍生第三團、第五十六師和第八十四軍的各級官兵、學員。「每次集會，均謹敬宣示中央抗戰國策。」白向五戰區索要檢討會的書面報告，他披閱之後，感覺此地將領「缺乏自我批評與互相批評之精神」，於是加以訓誡。他於九日離開湖北，取道河南，沿途順道視察第一戰區各集團軍，準備沿鄧縣、商南、西安、寶雞、天水、臨洮，視察西北駐軍和各軍事學校。[22]

白副總長是穆斯林，又身兼中國回教協會理事長，他此行巡視西北，應當可以藉著宗教關係，拉近中央和寧夏的馬鴻逵、青海的馬步芳等回族軍政領袖之間的距離。但是白氏不僅代表中央，同時還是桂系領導人，蔣委員長不免猜疑：白崇禧此行究竟是代

20 舉其要者，如何作柏，〈白崇禧當副參謀總長兼軍訓部長〉，《新桂系紀實》，中冊，頁 417；藍香山，〈白崇禧在軍訓部和校閱委員會〉，頁 432；程思遠甚至認為白在新四軍事件後，為了避免再受蔣的利用，成為反共工具，遂避居於璧山，鎮日和子女在自建的溫泉池裡游泳，「頗有點息影林泉的味道」，見程思遠，《白崇禧傳》，頁 232。

21 「蔣中正致李宗仁電」（1940 年 9 月 7 日），《蔣文物》，典藏號：002-010300-00038-013。

22 「白崇禧致蔣中正電」（1940 年 9 月 10 日），《蔣文物》，典藏號：002-080200-00526-026。

表中央視察各軍，還是對西北抱有政治野心？[23]九月二日，當白氏還在第五戰區視察之時，駐西安的中央將領、第三十四集團軍總司令胡宗南就接到蔣氏密電：「如白副總長約同往西北視察，則准同行。」並要胡代表蔣慰勉馬鴻逵，實際上要胡就近觀察白與西北諸馬的互動。[24]

九月二十四日，陝西省主席蔣鼎文密電報告蔣介石：白崇禧已於昨日上午離開西安，由胡宗南陪同前往，預計先到蘭州，再經臨洮、西寧到達寧夏，視察結束後折返蘭州，搭機回到重慶。[25]但就在同一日，蔣致電白，表示日軍入侵法屬越南，事態有擴大可能，希望白能提早結束行程，返回重慶「襄決一切」。[26]白崇禧一行於二十七日抵達蘭州，接到蔣二十四日電報，當即回覆，表示「遵將預訂視察計畫改變，縮短日程」。[27]隔天蔣又發來一電，表示「德意倭三國同盟刻正發表，」雖然條件尚未明朗，「此對我國之利害輕重與以後國際外交方針如何」，希望白氏能詳加研究後回覆。[28]這些往來電文既看得出蔣對白崇禧的借重，也能見到蔣對白提防的一面。

V

白崇禧到了青海、寧夏視察，馬步芳（青海省主席）、馬鴻逵（寧夏省主席）見到中央大員前來，自然要盛陳威儀，大舉演習，作為接待。在寧夏，白氏一共檢閱了馬鴻逵所部三個步兵旅、兩個騎兵旅。他在校閱時注意到，馬鴻逵的部隊，操演時仍然使用散開隊形，太過密集，倘若遭遇現代火力，容易造成很大傷亡；於是向馬鴻逵提起，徐州會戰時，盧漢的雲南部隊採散開隊形，致使傷亡慘重的前車之鑑，建議應該改用疏開隊形。

後來又見到騎兵部隊表演馬上劈刺等器械操，馬鴻逵一面陪同白崇禧檢閱，一面不無得意的表示：他的部隊，凡師長以下軍官，都能做舉重、單槓雙槓、木馬等器械操，並且以這三大動作，當作部隊長升遷考核重要項目，如果沒有達到要求，則不能升遷。白崇禧聽後，頗覺不以為然，在私下與馬鴻逵談話時，委婉向他提出改正建議。「我說當師長旅長不用說，即中下級幹部若不能作此三動作也不妨礙作為一個指揮官，要以戰術修養為主，不必將器械操如此重視，應當權衡輕重。」馬鴻逵聽了，當面沒有表示意見，但在之後對白的隨員說：「（其他）中央大員們看了我們的演習都說好」，言下頗有責怪白批評挑剔之意。

白崇禧在西寧見到馬步芳麾下部隊，竟然還穿戴北洋時代的軍禮服，「帽子上有個穗子」，落伍脫節，當即要他們改正。馬步芳的動作很快，在白氏一行人離開時已全部換裝完畢，不過對於白視察後提出的建議，馬步芳同樣也不大高興。白崇禧要二馬將部隊基層幹部送到西北步兵分校受訓，後來馬步芳遵令派送，而馬鴻逵則敷衍了事。[29]

---

23 藍香山，〈白崇禧在軍訓部和校閱委員會〉，頁427。

24 「蔣中正致胡宗南電」（1940年9月2日），《蔣文物》，典藏號：002-010300-00038-002。

25 「蔣鼎文致蔣中正電」（1940年9月24日），《蔣文物》，典藏號：002-080200-00526-007。

26 「蔣中正致白崇禧電」（1940年9月24日），《蔣文物》，典藏號：002-010300-00038-045。

27 「白崇禧致蔣中正電」（1940年9月27日），《蔣文物》，典藏號：002-090103-00014-320。

28 「蔣中正致朱紹良、白崇禧電」（1940年9月28日），《蔣文物》，典藏號：002-010300-00038-054。

29 馬天綱、賈廷詩、陳三井、陳存恭（訪問、紀錄），《白崇禧先生訪問紀錄》，下冊，頁535-537。

校閱了西北二馬所部之後，白氏一行返回蘭州；十月六日，白崇禧遵照蔣氏指令，[30]搭乘前來蘭州視察的張公權飛機逕返重慶。隔日，蔣就接見白氏，「聆聽其視察西北經過與現狀報告」。在官方記載裡，蔣聽取白報告後，認為西北漸有進步，「頗以為慰。」[31]不過，這只是蔣氏表面上的態度，在他的日記裡，卻認為白崇禧「**心口不一，好弄機巧，而終不能以誠感召**」。[32]所謂「終不能以誠感召」，表示蔣仍然無法信任白；而蔣指白「心口不一，好弄機巧」，或許是懷疑白此時巡視西北，有為桂系拉攏諸馬的政治目的。蔣內心有此觀感，應是與十月八日胡宗南的密電報告有關。

九月上旬白崇禧抵達西安開始，到十月初結束視察西北行程，胡宗南全程隨行陪同，在前往西北的旅途中，兩人曾有多次談話，白對時局、人事的臧否，胡宗南均一一記下，密呈蔣氏：白對中央聯蘇政策「頗有微詞」，對成都中央軍校「認為老大腐敗，對於第一分校頗有稱譽。」對於杜聿明、鍾彬、關麟徵等中央將領「稱譽備至」，認為宋子文是「有主張、有政策之人才」。胡認為白「在寧夏、青海公開講話，頗能尊重中央、尊重領袖。」私下與馬步芳有「密談」，而馬對白也甚「親近」。最後，胡宗南提醒蔣：「白副總長此行接見賓客，每過夜半，態度謙和，揮金如土，對於教門及諸馬尤為懇切。」[33]

胡宗南的報告裡，還提到白崇禧在九月十七、十八日對西安游擊幹訓班講話時，「對於異黨批評甚劇」。所謂「異黨」就是中共；在隨即發生的國共衝突中，白與蔣之間一度意見分歧，爭論之重點，則在於處置新四軍的辦法。

VI

抗戰軍興以後，中共宣言共赴國難，根據國共談判，將留在江南各省的紅軍及游擊武裝一萬餘人，改編為國民革命軍新編第四軍，簡稱「新四軍」，隸屬第三戰區。到了一九四〇年，新四軍已發展至五萬餘人，而且因為與國軍爭奪根據地，屢次爆發武裝衝突。例如是年十月，黃橋落入新四軍之手，江蘇省主席、國軍魯蘇游擊戰區副總司令韓德勤試圖以武力收復，但是遭到擊敗，國軍第八十九軍軍長李守維陣亡，是為「黃橋事件」。

國軍兵敗，消息傳回重慶，使得原本已在進行的國共談判，氣氛驟然緊張。十月十九日，軍事委員會以正副參謀總長何應欽、白崇禧名義致第十八集團軍司令朱德、新四軍軍長葉挺等電報，指責新四軍「一、不守戰區範圍自由行動；二、不遵編制數量自由擴充；三、不服從中央命令破壞行政系統；四、不打敵人專事吞併友軍」，並要求黃河以南的第十八集團軍、新四軍武力，在一個月期限內，一律開赴黃河以北地區作戰。[34]

---

30 「蔣中正致白崇禧電」（1940年10月3日），《蔣文物》，典藏號：002-010300-00039-008。

31 秦孝儀（編），《總統蔣公大事長編初稿》，卷4下，頁583；「蔣中正日記」（未刊本），1940年10月7日。

32 「蔣中正日記」（未刊本），1940年10月12日，上星期反省錄。

33 「胡宗南致蔣中正電」（1940年10月8日），《蔣文物》，典藏號：002-080200-00526-079。

34 〈何總長白副總長致十八集團軍總司令朱德副總司令彭德懷新四軍均長葉挺皓代電〉（1940年10月19日），軍事委員會辦公廳油印密件，二檔館藏，檔號：787/1831。

十一月七日，毛澤東以十八集團軍總司令朱德等人的名義撰寫致何、白的覆電，以和緩的語氣，同意遵令江南共軍北調，但是「仍懇中央寬以限期，以求解釋深入，不致激生他故，重增（朱）德等無窮之罪。」而長江以北的中共部隊「則暫時擬請免調」。[35]

之後經過國共雙方談判代表折衝，蔣同意將新四軍北調期限延展至十二月三十一日。但是新四軍仍然以各種理由，推遲渡江北上。一九四一年一月六日，新四軍軍部及一個支隊一萬餘人向安徽南部移動，在涇縣茂林地區與國軍第四十師發生嚴重衝突，第三戰區旋即調動第三十二集團軍八萬餘人，按照事先制定的作戰部署，包圍該部新四軍。戰鬥至一月十四日，茂林新四軍被國軍消滅，軍長葉挺被俘，政委項英突圍時遭副官殺害，是為當時震驚中外的「新四軍事件」（中共稱「皖南事變」）。

中共方面在戰鬥進行時，便已開動宣傳機器，極力抨擊國民政府「發動內戰」，嚴詞譴責蔣介石、何應欽等軍政領導人。然而，與何應欽領銜致電中共的副參謀總長白崇禧卻被有意的擱置不提。「為什麼中共中央沒有把他（白）列入禍首名單呢？」桂系幹部程思遠日後在撰寫《白崇禧傳》時認為，此乃中共中央有意分化蔣與桂系的策略，「於此可見中共統戰手法的巧妙。」[36]

但是實情卻與程思遠所述頗有出入：中共之所以在一開始時不對白崇禧加以抨擊，或許是因為毛澤東完全誤判了蔣、白等國軍高層的態度。毛認為蔣並無對共軍作戰的決心，而白崇禧看似堅定主戰，其實也只是虛張聲勢。「蔣介石必把他的法寶（嚇共讓步）密告了白崇禧，故白如此像煞有介事，實際白是不想打的，他很怕真打起來，」一九四〇年十一月二十一日，毛在致中共駐重慶代表周恩來等人的電報中說：「我們卻應利用這個弱點去嚇白，除白以外一切嚇我之人，我應以我之法寶轉嚇之，這些法寶就是八路軍、新四軍官兵如何憤激，他們請求南調……。」[37]

學者楊奎松曾根據國共雙方檔案研究，[38]指出新四軍事件實有其偶然性質，一開始蔣介石並未蓄謀消滅皖南新四軍，而在衝突意外爆發後，白崇禧等國軍高層卻準備藉由這次事件與中共徹底決裂。白崇禧早有不惜與中共一戰的意圖。一九四〇年十一月一日，他便宣稱「此次對於軍事已有把握，不致再敗。」[39]一九四一年一月十五日上午，參謀總長何應欽召集軍事高層會議，當獲悉新四軍被擊潰、葉挺等被俘時，白氏即席主張「宣布新四軍不服從命令及謀竄擾後方等之經過」，並取消新四軍番號，將葉挺交付軍法審判。[40]在討論善後處置新四軍辦法時，軍令部提出兩案：甲案是撤銷新四軍番號，乙案是不明令撤銷，任由其殘部渡江北上，觀察之後發展再定。白崇禧主張只以甲案呈送蔣裁示，而政治部長張治中則認為應兩案併呈，而且質疑「此時決裂是否為時勢所許可？」這時，據張治中回憶，白即猛然起身，聲色俱厲對張言道：「你為政治部長，如何能說此種話！」張見在座都同意白的主張，於是默然退席。[41]何、白、徐等人在下午晉見蔣，

---

[35] 〈朱彭葉項覆何應欽白崇禧佳電〉（1940年11月7日），中央檔案館（編），《皖南事變（資料選輯）》（北京：中共中央黨校出版社，1982年），頁78。

[36] 程思遠，《白崇禧傳》，頁231-232。

[37] 〈毛澤東致周恩來等電〉（1940年11月21日），中央檔案館（編），《皖南事變（資料選輯）》，頁101-102。

[38] 楊奎松，〈皖南事變的發生、善後及結果〉，《近代史研究》，2003年第3期。

[39] 〈中共中央書記處致關賀聶彭等電〉（1940年11月1日），轉引自：楊奎松，《失去的機會？戰時國共談判實錄》（桂林：廣西師範大學出版社，1995年），頁114。

[40] 《徐永昌日記》，第6冊，1941年1月15日，頁11。

[41] 張治中，「對當前政治軍事共黨等重大問題之意見」（1941年），《蔣文物》，典藏號：002-080101-00023-003。

提出明令撤銷新四軍番號的善後方案，蔣表示，容他思考一夜再說。[42]

蔣介石的態度其實與張治中接近，他的猶豫在於：此時如果和中共決裂，國民政府實際上並無同時應付日本和中共的能力，同時也可能會失去蘇聯的援助。他在日記中埋怨白崇禧等人「堅欲在此時整個消滅共黨，誠不識大體與環境之談，明知其不可能而強行之，其幼稚言行，與十年前毫無進步，可歎。」對於皖南新四軍，蔣不準備窮追猛打，「余決令放行，只要其知求饒從命足矣。」[43]

但事態的發展，已經超出蔣的預料，茂林的新四軍實際上已被三戰區國軍消滅。一月十六日，經過一整夜的反覆斟酌，蔣同意以白崇禧的建議實施。「此雖違反我意，」他在日記裡表示：「但事既如此，則應撤消其番號，將葉、項交軍法會審，澈底解決，以立威信而振紀綱，即使俄械與飛機，因而停運不來，亦所不惜也。」[44]

對於新四軍事件的善後，白崇禧對張治中有意綏靖的做法極為反感，毫不假辭色；而蔣對於處理新四軍事件的意見原本也與白不同，但最後蔣的處置卻趨近於白崇禧的主張。另一起情況類似的事件，則是在本章一開始時提到的一九四一年空軍天水毀機案。

VII

且說空軍第三路司令張有谷、第五大隊大隊長呂天龍、中隊長余平想三員，遭蔣介石逕批槍決，何應欽求情無效，轉請白崇禧設法，經過一夜思考，白氏想出一個辦法，他對何表示：張有谷係空軍少將，「要槍斃必須經過軍事審判，你可提我做審判長。」待何應欽呈蔣氏核可之後，白崇禧即請見蔣，說明自己接手此案的審理原則：「軍法審判必得其平，始可信服部屬，若當斃而不斃，則我不做；若不當斃而斃，我亦不能做。」蔣雖然在盛怒之中，聽後也只好表示：「一切依法審判就是。」[45]

「我就要他親口說這句話。」白氏日後說道。軍法總監部旋即在六月二十二日，以軍訓部長白崇禧上將、軍政部次長張定璠中將、軍令部廳長方昉少將三人組成會審軍事法庭，以白為審判長。[46] 經會審庭提訊被告，釐清案情，判定空軍驅逐機疏散方案，實際上是奉空軍總指揮毛邦初之命行事，張、呂、余三員縱有過失，罪不致死。張有谷在大編隊機群疏散之時未能親自帶隊，固然應負起輕忽職守的責任，但畢竟是按照規定行事；呂天龍經查明當時係臥病在床，而非「擅自逗留後方」，指派中隊長余平想擔任領隊，同樣是按照疏散方案事前規定；而余平想則是在空戰中因座機被擊傷、發動機起火，機身失速尾旋下墜，被迫跳傘逃生，「係出於不得已之行為」，不是「臨陣脫逃，有意避戰」。

再者，會審庭判定，「此次飛機被毀主因，係為天水機場誤鋪符號，」又逢機群油料即將耗盡，於是全部降落，造成飛機全數被毀的慘劇，「並非全由該被告等廢弛職務所釀成」。最後，「此次第五大隊飛機疏散地點，均係奉總指揮部命令。參查總指揮毛邦初亦稱業經同意。則疏散地點縱有失當，亦非該被告等應負之責任。」

---

[42] 《徐永昌日記》，第6冊，1941年1月15日，頁11。
[43] 「蔣中正日記」（未刊本），1941年1月13日。
[44] 黃自進、潘光哲（編），《蔣中正總統五記──困勉記》，下卷，頁758。
[45] 馬天綱、賈廷詩、陳三井、陳存恭（訪問、紀錄），《白崇禧先生訪問紀錄》，上冊，頁438-440。
[46] 「軍事委員會訓令」（1941年6月22日），〈張有谷等廢弛戰務案〉，《教育部》，檔管局藏，檔號：A305000000C/0026/1572.21/11234080。

白崇禧是襄贊蔣介石抗戰的核心將領。圖為一九四三年十月，蔣氏就任國民政府主席時合影。前排右一即為白崇禧。

因此，一九四一年七月七日，會審庭依照《陸海空軍刑法》第五十三條第一項前半段「無故不為傳達軍事命令」之規定，判決未能傳達轉飛蘭州命令的余平想七年徒刑；至於張有谷、呂天龍二員，則依照《刑法》第一百三十條公務人員「廢弛職務、釀成災害」罪，判處有期徒刑三年。[47]白崇禧為了避免公文往返、夜長夢多，於七月十四日乘到國府參加紀念周的機會，親自帶著全案卷宗，面見蔣介石報告審判經過及結果，並且當場請蔣批核。由於蔣先前已說過「依法審判」，雖然白的審理結果違反他的本意，此時也只能批示「照准」。[48]就這樣，白崇禧成功地在蔣氏的刀口之下，保全張有谷等三人的性命。[49]

本案雖然如此了結，卻仍然存在著疑點，例如實施空中疏散時，呂天龍因臥病在床，無法親自領隊，余平想座機在天水上空被敵機擊中起火、被迫跳傘等情形，為何不在自我檢討時就明白說出，而要等到軍事法庭會審時才供述？是否因為毛邦初要他們先承擔罪責，承諾他們委員長不致重處？蘇聯總顧問崔克夫呈蔣的調查報告裡，為何也不提及上述情節？是否蘇聯顧問和毛邦初或三位空軍被告之間存有舊怨，所以藉機報復？[50]這些疑點因為資料欠缺，難以再進一步探究。

但是白崇禧的判決，則清楚說明了他在此案上有不同於蔣氏的見解。在白氏看來，策畫疏散避戰的總指揮毛邦初，才是本案應負最大責任者，而蔣為了在空軍保持親信將領以利掌握，對毛邦初輕輕放過，只以記過處分，打算拿張、呂、余三員的人頭來使毛邦初震懾聽命。白崇禧看出蔣的意圖，卻不贊成這麼做。他對蔣說得很明白：如果不依法審判，擅殺不該殺之人，白無法說服部屬，蔣亦不能使他這位部屬信服。

空軍天水毀機案因此顯示出白崇禧為所當為、敢於力爭的作風；而在下節所說的劉士毅、藍騰蛟盜賣棉紗一案裡，則換成白崇禧為救親信部屬而向蔣說情。

47 「白崇禧報告」（1941 年 7 月 9 日），〈張有谷等廢弛戰務案〉，《教育部》，檔管局藏，檔號：A305000000C/ 0026/ 1572.21/ 11234080。

48 「白崇禧致何成濬函」（1941 年 7 月 7 日）、「白崇禧致何成濬函」（1941 年 7 月 14 日），〈張有谷等廢弛戰務案〉，《教育部》，檔管局藏，檔號：A305000000C/ 0026/ 1572.21/ 11234080。

49 張有谷服刑期滿出獄離開空軍，轉任雲南省防空司令部副司令，後出任賓川縣縣長，一九四九年十二月在雲南省保安副司令任上，隨省主席盧漢投共，參見：丁震宇、陶興明等，《張有谷將軍傳》（北京：中國文史出版社，2014 年）；呂天龍於服刑八個月後，即被廣西綏靖公署保出，到廣西滑翔分會服勞役；參見：「何成濬致何應欽簽呈」（1943 年 5 月 6 日），〈張有谷等廢弛戰務案〉，《教育部》，檔管局藏，檔號：A305000000C/ 0026/ 1572.21/ 11234080；一九四九年時亦投共；至於刑期最久的余平想，似乎也未服滿刑期就回到空軍，抗戰勝利後曾以作戰有功，獲頒勳章；見「國民政府令余平想給予七等雲麾勳章」（1946 年 1 月 24 日），〈勦匪有功人員勳獎（六）〉，《國民政府檔案》，國史館藏，典藏號：001-035100-00013-040。第五大隊在天水毀機案後受蔣委員長處分，取消番號，成為無名大隊，隊員皆佩帶「恥」字臂章，以示恥辱；參見：劉永尚，《中央陸軍軍官學校航空班：楊鴻鼎將軍口述歷史》（台北：國防部史政編譯室，2004 年），頁 175。

50 例如一九四二年一月，空軍第一路第八大隊大隊長顧兆祥，率機隊前往洞庭湖轟炸日軍，因為機件故障，未能達成任務，被蔣氏交付軍法審判。軍法總監何成濬便認為，顧兆祥因座機故障，無法起飛，實不應負任何罪責，「惟俄總顧問崔克夫則攻擊顧兆祥甚力，其意似非處以死刑不可，據顧供稱，前在哈密接收俄飛機，曾批評其製造不良，頗觸俄顧問之怒云云。」見何成濬，《何成濬將軍戰時日記》，上冊（台北：傳記文學出版社，1986 年），頁 47。

一九四二年五月，代理軍事委員會校閱委員會主任委員的軍訓部次長劉士毅，與校閱委員會辦公廳主任藍騰蛟，以「改善同仁生活」為由，將校閱委員會職員眷屬組織起來，成立小型紡紗工廠，宣稱一方面可以調劑戰時枯燥生活，另方面還可以在早已不敷使用的薪資之外，用紡紗收入貼補家計。劉、藍二人以眷屬紡紗生產所需的名義，用校閱委員會的公款、公章，向財政部物資管理局平價購銷處購進一批國外進口的洋紗。由於此時棉紗已被軍需署列入專賣統制項目，劉、藍藉由職權套購棉紗，已經違反現行規定；更嚴重的是，這批棉紗購入兩星期後，運輸統制局監察處派出的經濟檢查隊，就在軍訓部所在的璧山，查緝到該批棉紗已經以市價流入市面公然販售。如此看來，所謂成立眷屬紡紗工廠從事生產，純屬以官價低買高賣管制物資的藉口。[51]

此案於六月初遭舉發，藍騰蛟隨即被移送軍法總監部拘留偵訊，劉士毅則據說在白崇禧的授意之下，遲遲不願到總監部接受訊問。後來總監部見發傳票無效，於是改變方式，定期派軍法官到軍訓部駐重慶辦事處向劉問話。劉士毅為防訊問紀錄遭到軍法官竄改，還安排軍訓部主任秘書朱五建、秘書楊受瓊藏身於屏風之後，速記訊問與答辯原句，以備日後研究對策諮詢之用。[52] 根據軍統局副局長戴笠對於此案的調查，對套購棉紗一事，劉、藍二人相互推卸責任，都聲稱購入棉紗是對方主導，自己並不知情。藍騰蛟供稱，購紗全由科員王坤經手，經費來源則是劉士毅之妻饒秀蘭前後兩次向校閱委員會借支款項，共五萬元。棉紗購入後先存放於劉士毅寓所，再轉交商人陳守信賣出以圖暴利。所有眷屬工廠紡紗用途的公文，都是劉授意藍事後偽造。劉則辯稱這批棉紗當初確實是供眷屬工廠紡紗之用，但是被藍騰蛟擅自交給商人，對此自己並不知情。[53]

劉士毅是現役陸軍中將，徐州會戰時為第三十一軍軍長，是桂系外省籍重要幹部，不但深受白崇禧倚重，和何應欽等中央大員關係也相當良好。[54] 本案案發之初，參謀總長何應欽便親自造訪，向軍法總監何成濬詢問處理情形，希望本案不要經過軍法審判，逕改為行政處分。何成濬則以總監部並無行政處分之權，參謀總長有權決定等語答覆。何應欽悻悻離去後，何成濬即感慨道：「當今之世，派系分歧，有私見而無公論，是非不明久矣！」[55] 但其實何成濬也不盡然秉公行事。據軍訓部一位秘書的回憶，被告藍騰蛟雖屬桂系，卻是何總監的湖北同鄉，何與桂系早有嫌隙，故他在本案中「蓄意與白為難」，竭力支持藍騰蛟，其目的在於藉本案打擊白崇禧。[56]

---

51 棉紗一案詳情，參見何作柏，〈白崇禧當副參謀總長兼軍訓部長〉，頁421；以及張世瑛，〈蔣中正與戰時軍法體制的執行——以抗戰中期的三起貪汙案件為例〉，《國史館館刊》，第55期（2018年3月），頁28-32。

52 何作柏，〈白崇禧當副參謀總長兼軍訓部長〉，頁421-422。

53 「戴笠呈蔣中正報告」（1942年12月9日），《蔣文物》，典藏號：002-080101-00066-008。

54 郭廷以（訪問）、沈雲龍、陳三井、馬天綱（記錄），〈劉士毅先生訪問紀錄〉，《口述歷史》，第8期，頁59-116。

55 何成濬，《何成濬將軍戰時日記》，上冊，1942年6月3日，頁110。

56 何作柏，〈白崇禧當副參謀總長兼軍訓部長〉，頁421。

一九四五年六月十三日，白崇禧引導蔣介石參觀四川銅梁西溫泉，與小學師生合影。白崇禧向來重視教育，西溫泉小學是他在軍訓部長任內興辦。圖中白氏身前男童是六子先剛，後排左一為四子先忠。

十二月七日，軍法總監部在該部大禮堂舉行為期三天的公開會審，由軍事參議院院長陳調元上將任審判長，政府各部院、軍事委員會都派代表旁聽觀審。根據戴笠呈給蔣介石的秘密報告，陳調元原本不打算傳訊劉士毅，「後經出席法官不同意，始決定傳訊。」待劉到庭應訊時，「審判長與審判官均起立表示謙恭，會審庭之威嚴掃地」。[57] 法官與被告如此互動，這場審判的結果，不問可知。

十二月十四日，蔣介石日記中出現「**晚，健生來談劉士毅訟案**」的記載，至此白崇禧也親自上陣，力保劉士毅。這次談話顯然產生關鍵作用，隔日蔣氏即作出決定：「**軍訓部劉士毅、藍騰蛟之互訐案，決以公正出之，使之公私無虧，心安理得為斷，決舍劉而懲藍也。**」[58] 之後，劉士毅獲判二年徒刑，又因蔣氏批示，得以緩刑二年；藍騰蛟則以行政手續疏失，暫交庭外保釋。「自本部成立以來，委座為犯罪者減輕此為第一次。」何成濬雖然不甘心如此罷手，卻也只能按蔣氏意旨辦理：「所惜者法律受政治之支配，有勢力即可不為法律所拘束，從此開其端也。」[59] 喧騰一時的本案，就此悄聲無息地宣告落幕。

顯然，在劉士毅、藍騰蛟棉紗一案中，白崇禧面見蔣氏說情，再次起到扭轉案情的作用。白崇禧和何成濬在當時都不可能知道，蔣介石早已透過戴笠的報告，掌握全案的案情與審理方向。但為何蔣最終作出明顯偏袒劉的決定，卻又自稱「公正」、「心安理得」？是否因為白氏在蔣面前出示了有利於劉的證據？此案實際經手套購棉紗的科員王坤，作何供述？判決如何？這些問題，雖然由於缺乏證據，無法解答，卻也揭示本案還有若干值得討論的面向。首先是抗戰到了中後期，通貨膨脹已隱隱然有無法遏制之勢，而受衝擊最嚴重的，莫過於公務員和城市受薪階級。劉、藍盜賣棉紗一案發生於一九四二年，只是抗戰後期各種亂象的開端。當時各機關部隊經商牟利，幾乎已成為普遍行為，而所得利潤歸公還是放入自己口袋，則存在著難以界定的灰色地帶。

其次，蔣氏在處置這類貪汙案時的角色，顯得矛盾而極端。一種看法認為蔣執法嚴酷，往往從嚴懲處，而且愈是親信，愈是嚴厲；另一種解釋則指出蔣重視人情、徇私護短，與他關係密切者，通常都是輕輕帶過。研究者認為「矛盾的是，這兩種說法我們都能找到無數的例子來佐證。」[60] 在一九四一年天水毀機案與隔年劉、藍盜賣棉紗案這兩件有著白崇禧介入身影的軍法案件裡，蔣氏都顯現出徇白氏情面的態度，推想個中原因，除了蔣氏執行抗戰國策，必須得到桂系的支持之外，還須從蔣對白的態度裡尋找答案。蔣經常自稱對白「推誠」相待，這種態度，或許也反映出蔣的領導風格。

IX

蔣介石軍人出身，他對領導統御的認知，受軍事化管理的影響極深；蔣認為部屬應該絕對服從、徹底信仰他這位統帥。不過，在與不同出身的部屬相處時，蔣氏的態度有著微妙的區別：對待自黃埔時期起共事的同僚、後輩（如何應欽、陳誠），蔣是一位介

57 「戴笠呈蔣中正報告」（1942年12月9日），《蔣文物》，典藏號：002-080101-00066-008。在報告中，戴笠始終將劉士毅的字號（字任夫）誤植為軍令部次長劉斐（字為章）。
58 「蔣中正日記」（未刊本），1942年12月14日、15日。
59 《何成濬將軍戰時日記》，上冊，1943年1月17日，頁210。
60 張世瑛，〈蔣中正與戰時軍法體制的執行〉，頁39。

蔣自稱以「至誠」待白崇禧，有時也能收到效果。

於「君臣師友之間」的領導人；[61]對待非嫡系的將領，蔣或者以利益拉攏，或者如對待白崇禧這樣，試圖以「推誠」感召。

所謂「推誠」，是蔣氏與白崇禧互動時，自認為秉持的態度。例如一九四〇年四月三日，蔣在日記寫道：「**晚與健生談話，語語以至誠待之**」，[62]就是例證。蔣希望能以「誠」感召白崇禧，使他能服從蔣氏的領導。然而「至誠」只是言者的自我認知，聽者未必有同樣的感受。何況蔣雖然自認「至誠」，實則仍然寓有猜忌和防範之意。在這一章裡，白崇禧於一九四〇年秋季赴西北巡視時，蔣對白採取的監控、防範，以及日記裡「終不能以誠感召」的評語，可為證明。

白崇禧的性格敏捷剛烈、喜快人快語，討厭顢頇愚鈍，或因循拖沓，一發現缺失，會立即加以批評，要求改正，即便是蔣委員長也不例外。可是白氏這種態度，在講究理學「淵涵靜默」修養的蔣氏眼中，卻是不服從統帥的表現。有如一九四二年一月二十八日，蔣得知白崇禧對中央有批評之語後，在日記裡寫道：「**白仍對中央取中立態度，有時且帶譏刺與惡意批評，不知中國人心何時能統一與團結矣！**」[63]尤其這時正是上一節所述劉士毅棉紗一案判決不久，示以恩惠卻換來譏評，蔣心中必定感到失望和氣惱。

不過，蔣的「推誠」也有收效的時候。一九四三年八月間兩人相互交心就是一個例子。這次兩人的函件往來，起因不明。據為蔣作傳的美國作家陶涵（Jay Taylor）推測，

61 此語出自黃道炫，〈君臣師友之間：圍剿期間的蔣介石與陳誠〉，收入呂芳上（主編），《蔣介石的親情、愛情與友情》（台北：時報出版，2011年）。
62 「蔣中正日記」（未刊本），1940年4月3日。
63 「蔣中正日記」（未刊本），1942年1月28日。

很可能是白在與美軍將領談話時，對蔣有所埋怨，事為戴笠手下偵知，蔣因此責備白言語不謹。[64] 目前只知道八月六日，蔣氏於黃山官邸「與健生談話，面勸其言語謹慎，注重隱惡揚善之道，與處世接物之方。」在蔣氏看來，對於他這番勸戒，白的反應是「甚接受，」蔣因此認為「以誠感者未有不動也。」。[65]

白崇禧確實如蔣所言相當感動。據當時擔任副總長秘書的何作柏回憶，白氏回到國府路副參謀總長辦公室後，對他表示：「我從北伐跟隨委員長起，他對我都是很客氣的，從來不肯推心置腹，開誠相見談話，只有今天才這樣的規勸我，這是很難得的。」[66]

白隨即親擬信函，向蔣致謝。「委員長鈞鑒：昨在黃山，恭聆訓誨，意氣勤懇，有逾骨肉，人非木石，寧不知感，謹當奉為圭臬，永矢弗諼者也。」在信件開頭，白向蔣表示昨日受其勸勉，深為感動，接著回顧自己近二十年來與蔣氏間的恩怨離合：

> 職自民十四年因公到粵，幸獲瞻仰，十五年北伐，辱隸幈幪，謬承賞拔，首長幕僚，繼領偏師，進隨三載，眷顧周渥，臨之以謙靄，遇之以優容，深沐恩光，未蒙嚴訓，只緣年輕學淺，任重才疏，過失苦難自知，陷溺未由自拔，致叢愆咎，有負裁成，嗣後待罪桂省，歷事較多，痛悟前非，益懷舊德，洎自盧溝變起，鈞座領導全國，遂行神聖抗戰，職於是年八月四日奉命飛抵首都，聽候驅策，則以禦侮圖存，固屬軍人天職，及時補過，尤為素日初衷，七載以來，隨侍左右，受恩深重，報稱愈難，惟有竭股肱之力，濟之以忠貞，上答高厚於萬一耳，尚懇鈞座一本作君作師之義，勤示做人做事之宜，誓以至誠，力行永守。職因昨承明訓，深為感動，用敢罄其愚忱，伏維省覽不莊，手肅，敬叩鈞安。職白崇禧謹叩。八月七日。[67]

收到這樣的信函，蔣介石自然也很高興，他同樣立即親自擬就覆函。「健生吾兄：接誦手書，欣忭無已，」蔣氏在回函一開始表示：「此乃吾人學問與事業一大進步，非將為私人之道誼感慰已也，且為國家幸也。」接著，蔣稱讚白：

> 吾兄天資超群，見理明達，實為儕輩所不及，即吾二人之性能亦各有短長，多不相同，惟區區無不以截長補短、勸善規過，以調劑盈虛，無負同志之所期者以自勉，並望時時能以兄之長，補我之短，則切磋日久，琢磨益深，自必相得益彰也。瞻望前程，豈有限量，本來同志關係，生死與共，手足之情，無以逾此。自今吾人更當以道義相責，志節相期，不僅共患難，必須同功罪，則彼此為一，無間爾我。必如此，方能共負革命重任。

---

64 Jay Taylor, *Generalissimo: Chiang Kai-shek and the Struggle for Modern China* (Cambridge, MA: The Belknap Press of Harvard University Press, 2009), p. 257.

65 「蔣中正日記」（未刊本），1943 年 8 月 6 日。

66 何作柏，〈白崇禧當國防部長的內幕〉，《新桂系紀實》，下冊，頁 33。不過何作柏的回憶，錯將蔣、白這次談話的時間，延後到一九四五年八月間，並且因此而認為兩人之所以相處融洽，是因為在國防部長任命一事上已經取得共識，但是對照蔣氏日記和雙方函件，可知何的說法完全不確。

67 「白崇禧致蔣中正函」（1943 年 8 月 7 日），《蔣文物》，典藏號：002-080200-00620-015。

蔣、白都是個性剛強的人，雖然有時英雄相惜，
終究難以並立。

蔣也對自己有所檢討：

回憶二十年以來，愆尤叢集，以致黨國顛危，同志紛歧，時用愧悔，但此心此志，無不以同志之功能引為吾個人之私榮，而亦無不以同志之錯失，認為吾一身之罪愆，此必兄所深知，諒兄亦必能以中之心為心，相與朝夕共勉，以樹黨國之範型於不墮也。臨書神馳，伏惟心照。中正。[68]

白崇禧並不是輕易盲從、逢迎蔣氏的人，此次白致蔣函，非常誠懇，蔣覆白函，也極有感情。蔣、白之間這次信函往來，說明兩人之間確實有英雄惺惺相惜的一面，蔣對白氏的才能見識確實了解，並且看重，所以才要以「推誠」感召，極力拉攏。

蔣介石與白崇禧可說是為了共同的事業——抗戰建國——而奮鬥。以蔣對於訓練的重視來看，委任白崇禧為軍訓部長，非但不是冷落，反而是量才適所的表現。但是在抗戰進入到第四年時，彼此之間的關係卻再度呈現逐漸惡化的趨勢。白崇禧的性格明快直接，對於見不慣的事物，通常會不假辭色，直言批評，甚至逆顏直諫。作為部屬，白對蔣並不是無條件的信仰與服從，而是行所當行，無所顧忌。新四軍事件的善後處置，和承審空軍天水毀機案這兩件案例，都是顯著的例子。

不過在蔣氏而言，白崇禧的直言不諱與不輕易順從，正是其別有用心的表現。從蔣歷次就國內外局勢徵詢白氏意見的電報可以看出，蔣氏對白崇禧的才能見識相當看重；

[68] 「蔣中正致白崇禧函」（1943年8月9日），《蔣文物》，典藏號：002-010300-00052-066。

正因如此，蔣一直「以誠感召」白，或是如一九四二年劉士毅等盜賣棉紗一案那樣，應白氏之請而從輕發落，目的是希望白能團結在他這位最高統帥之下，但顯然未能如願，因此對白產生的猜忌和防範，也始終未能消除。

白崇禧是蔣麾下的一員虎將，蔣對白用盡心思，試圖徹底收服白為他所用，奈何白剛直不喜逢迎奉承，經常犯顏直諫，這對「君臣」雙雄，終究還是難以並立。

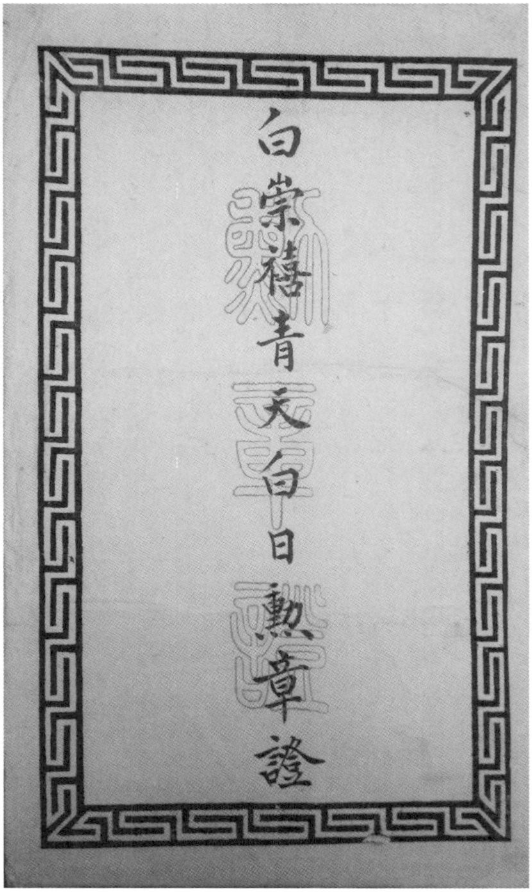

一九四三年十月十日，白崇禧獲頒青天白日勳章，圖為勳章證書封面。

一九四四年三月十八日，桂林東正路白府一早即賀客盈門。這天是白崇禧母親馬太夫人九十大壽，白崇禧全家一早便穿戴整齊，各就各位。在從各地前來向白母祝壽的軍政大員裡，包括第七戰區司令長官余漢謀、第四戰區司令長官張發奎，以及代表蔣介石、自重慶搭乘專機抵達的參謀總長何應欽。蔣氏也致贈親筆撰寫的壽屏一幅，自署「愚姪蔣中正」。戴笠也送來一副精美的湘繡仙鶴圖，其顏色歷七十餘年光陰，至今仍舊豔麗如新。

但是在盛大壽宴的同時，卻有各種流言在桂林與重慶之間紛傳。程思遠說白崇禧因蔣接連派熊式輝訪美、何應欽赴印度慰勞駐印軍，而「顧影自憐，頗有斯人獨憔悴之感。」[69] 二月時，正在重慶市郊養病的陳誠聽聞「有肅清君側之組織以孔（祥熙）、何（應欽）為對象，白因避桂」；[70] 而由於白氏已離開重慶出外視察多時，「自去冬離渝視察西南各省軍訓，至今未返陪都，因之有白消極之謠，」廣西省主席黃旭初也在日記中寫道：「而經元首特派大員來賀，藉以表示親愛信任，促其返都者。」[71] 白氏本人則於壽宴當天致電蔣介石，除了感謝其特派何應欽前來祝壽之外，並表示自己「離渝日久，本

[69] 程思遠，《白崇禧傳》，頁 232。
[70] 林秋敏、葉惠芬、蘇聖雄（編），《陳誠先生日記》，冊 1，1944 年 2 月 11 日，頁 499。
[71] 「黃旭初日記」（未刊本），1944 年 3 月 18 日。

應及早回部，」但因為此次在西南各省視察，發現諸多有待改進的問題，待召集江南各軍事院校負責人在桂林開會檢討之後，便返回重慶。[72]

然而，無論是此時的白崇禧還是蔣介石都未能料到，此時賀客盈門、喜氣洋洋的場景，竟是桂林繁華的最後一瞥。八個月以後，這座山明水秀的後方重鎮，將遭到日軍兵鋒所指、鐵蹄踐踏，於混亂之中，淪為一片焦土。

一九四四年初的副參謀總長白崇禧。

[72] 「白崇禧致蔣中正函」（1944年3月18日），《蔣文物》，檔號：002-080200-00620-011。

白太夫人九十大壽，白崇禧、馬佩璋夫婦與母親合影。

白母九十壽辰，參謀總長何應欽（左行舉手禮者）奉蔣主席命，搭乘專機前來桂林祝壽。

蔣委員長致贈的壽屏，自稱「愚姪蔣中正」。

禮堂

參謀總長何應欽（左起第八人）與到桂林祝壽的第四、第七戰區高級將領合影。左二為四戰區司令長官張發奎、左七為馬佩璋、左九為白崇禧。

第九章

桂林保衛戰

湖南薛岳、廣東余漢謀均按兵不動，
故敵軍乃全力來攻廣西。
——黄旭初日記，一九四四年十月二十九日

一九四四年十一月四日，深夜十一時三十分，逼近桂林城區的日軍第四十師團步兵第二三四、二三五聯隊，向灕江東岸七星岩的中國守軍陣地發起夜襲。

是夜瀟瀟冷雨，「七星岩籠罩在一片灰濛中，似乎要把大家吸進其中。」正當第一中隊長柴田中尉與工兵真砂都留夫少尉兩人協調如何突破守軍鐵絲網陣地時，突然七星岩西南側月牙山附近槍聲大作，隨即全線陣地都進入交戰狀態。中國守軍開始密集向日軍進攻部隊發射槍彈與迫擊砲。日方陣地信號彈凌空，這是發動第一波衝鋒的信號。中隊長柴田大聲命令：「擲彈筒向前！」說時遲那時快，一枚迫擊砲彈落在右前方爆炸，柴田當場陣亡。

工兵小隊長真砂臨時代理中隊長，一時不知如何在中國守軍的火網封鎖下破壞鐵絲網。這時守軍發射照明彈，陣前一片蒼白。山口金滿伍長在低鐵絲網上插入破壞筒點火，大聲叫嚷：「後退！」隨著轟然一聲爆炸，開闢出一條衝鋒路線。事前派定的衝鋒隊指揮官古川，率領由步兵、工兵組成的衝鋒隊，隨即向守軍碉堡逼近。中國軍隊的機槍從碉堡槍眼中吐出如流星般的熾熱火舌，衝鋒隊員一一倒下，山口、古川也相繼中彈陣亡。「照明彈紅紅照耀下之衝鋒路附近頓成亡魂地獄，」日軍戰線前十公尺處的守軍戰壕內一陣騷動，看來中國軍隊即將發動逆襲，此時為深夜零時。

就在這時，真砂少尉突然決心實施衝鋒，他躍出掩體，向後方大聲喝令：「火焰放射器前進！」手持火焰噴射器的射手，將熊熊烈焰射向正從戰壕躍出的中國士兵，日軍趁著逆襲的中國士兵被火焰吞噬的同一時間，展開第二次衝鋒。一時之間，槍、砲聲突然斂跡，只有被火焚身的士兵痛苦輾轉的哀號聲在夜色瀰漫，漸漸低沉。「再衝鋒一百五十公尺後又見鐵絲網橫陳於前，冷不防從橫方向一陣掃射，幾個衝鋒隊員又應聲倒地；」以破壞筒和火焰噴射器排除障礙之後，發動第三次衝鋒，然而「突然再遭側防武器之埋伏射擊。隊員們又一個接一個中彈身亡。隨著火焰放射器之發射，木片、瓦片飛揚，熊熊火炎在櫛比鱗次之營舍逐漸蔓延燃燒，可能燃及彈藥庫，一聲震耳欲聾之巨響搖撼大地。一片火光照耀下之現場，中彈之衝鋒隊員之屍體散在血染戰場，屍體蠕動，這是一場多麼慘烈之戰鬥啊！」❶

桂林保衛戰，這場被敵方——於役日本官兵——認為是「激烈艱苦」的戰事，為什麼最後以城破失守收場，受到當時與日後的譏評？白崇禧在家鄉保衛戰中又扮演什麼角色？

---

❶ 本段日軍在一九四四年十一月四日深夜戰鬥情況的描述，根據日本防衛廳防衛研修所戰史室（編），左秀靈（譯），《廣西會戰》（台北：國防部史政編譯局，1987年），頁573-574、576。

桂林保衛戰前夕的象鼻山，此一風景勝地也是守軍的防禦陣地之一。

I

桂林保衛戰，必須先從日軍「一號作戰」說起。一九四四年一月，日本中國派遣軍向東京大本營提交作戰計畫，開始籌劃自一九三八年武漢會戰以來，在中國進行的最大規模攻勢作戰。中國派遣軍的戰略意圖，首先要摧毀美軍在中國的長程轟炸機基地，防止美軍飛機轟炸日本本土；其次為打通平漢、粵漢兩條鐵路，貫穿一條由滿洲（東北）至東南亞的陸上交通線，預備一旦太平洋戰爭失利，喪失制海權，仍然可以憑藉這條陸路交通線運輸石油等戰略資源；最後則希望打擊中國軍隊主力，擊垮重慶的抗戰意志。一月二十四日，大本營批准作戰計畫，代號命名為「一號作戰」。[2]

東京大本營最為擔心美國陸軍航空隊利用華南機場，直接轟炸日本本土，因此「一號作戰」從計畫之初，就將攻佔桂林列為首要目標。作戰按照地域，由北而南分階段進行：第一期由華北方面軍之下第十二軍的六個師團南渡黃河，攻擊中國第一戰區；華中的第十一軍十個師團隨後攻擊主要位於湖南的第九戰區；倘若攻擊進展順利，就會同駐紮於廣東的第二十三軍所屬兩個師團，南北夾擊第四戰區。

為了順利執行「一號作戰」，日軍動員近五十萬兵力，其規模為日俄戰爭的兩倍，更首度在中國戰場運用裝甲師團，甚至從關東軍和本土抽調兵員，堪稱近代日本皇軍建軍以來空前未有。後勤準備也極為充分：每月補充飛機五十架，徵集汽車一萬八千輛、馬匹十萬匹，所有武器彈藥、耗損器材及車輛油料均達半年備量。

在中國方面，雖然重慶不斷接到情報，指出平漢路北段日軍有密集調動跡象，但是對於日軍的主攻方向與動員規模顯然判斷有誤。[3] 直到該年四月初，也就是日軍攻勢發動前夕，主管情報研判的軍令部長徐永昌仍然判斷日軍準備打通平漢路的消息，可能是「聲北擊南」之舉，其真實意圖應該在粵漢路。❹在此情況下，第一戰區雖做了若干迎敵準備，但是並未從其他戰區調集兵力增援，加上該戰區久疏戰備，因此在日軍強大攻勢下潰不成軍。五個星期之內，國軍在河南接連丟失三十多座城市：四月二十三日鄭州失守，五月一日許昌陷落，到了五月二十五日，洛陽在激烈戰鬥後易手。

當第一戰區遭到日軍攻勢擊潰、形同失去戰略價值的同時，蔣介石與統帥部終於初步判定日軍的戰略意圖，在於打通大陸南北交通線。蔣於五月十四日致電第九戰區司令長官薛岳：「敵軍打通平漢路以後，必繼續向粵漢路進攻，企圖打通南北交通線，以增強其戰略上之優勢。其發動之期當不在遠。務希積極準備，勿為敵寇所乘，以粉碎其企圖為要。」❺此刻，除了收拾河南戰局之外，如何在湖南部署迎戰，以及在何處與日軍決戰，就成為當務之急。

❷ 日本防衛廳研修所戰史室（編），《廣西會戰》，頁 7、11。
❸ 王奇生，〈湖南會戰：中國軍隊對日軍「一號作戰」的回應〉，《抗日戰爭研究》，2004 年第 3 期，頁 4；劉熙明，〈國民政府軍在豫中會戰前期的情報判斷〉，《近代史研究》，2010 年第 3 期。
❹ 《徐永昌日記》，第 7 冊，頁 274。
❺ 「蔣中正致薛岳電」（1944 年 5 月 14 日），《蔣文物》，典藏號：002-020300-00014-105。

II

五月下旬時，對於如何應付日本大規模攻勢的戰略指導方針，國軍高層看法分歧。白崇禧認為粵漢路難以久守，不如預先放棄，將主力部署於湘桂路沿線，在湖南、廣西邊界，或以桂林為核心，集中兵力，和日軍進行決戰。這是白氏對於桂林保衛戰的最初構想，他的主張得到軍事委員會大多數要員的支持。但是在五月二十八日，由蔣主持的軍事會報上，當白崇禧在內的眾人多主張將國軍主力後撤到湘桂線上作戰時，軍令部長徐永昌聽後「氣極發言」，認為湘桂路「易攻難守」，如不先在粵漢路長沙、衡陽等地拚命抵抗，阻擊日軍，消耗其有生力量，則抗戰局面堪憂。[6]

徐永昌主張在粵漢路作戰，甚得蔣介石之心，因為蔣氏相當希望能在美國不斷批評中國軍事、政治現況的同時，藉由在粵漢路堅決抵抗，顯示中國抗戰的決心。而此時徐永昌認定日軍並無打通粵漢、湘桂路的企圖，「即使竄據衡陽，亦決不至西入桂林」。[7] 蔣氏的判斷似乎受此影響。五月二十八日，蔣尚在日記中寫道「此次敵軍集中九個師團以上兵力，必欲打通粵漢路，乃為預料之事。」至六月三日，則認為日軍「並無打通粵漢路之野心也。」根據這種判斷，蔣於六月十四日時記道，日軍進兵甚為持重，其目的「必在先佔株州、湘潭與衡陽，然後再攻長沙，若其不能佔領株州、衡陽，則必為我圍困待殲矣。」[8] 因此國軍應在衡陽、株州等地抵抗，而與日軍進行最終決戰的地域則是長沙。

白崇禧對這一戰略部署深感憂心。他認為日軍乘盟軍在歐洲開闢第二戰場的時機，在中國展開全面攻勢，目的必定在「打通平漢、粵漢兩路，或進而打通桂越路」。白氏認為「時機已至」，蔣應對政治與軍事局面下達最後決心。[9] 因此在六月十一、十四日，白分別以口頭及書面報告，向蔣陳述他的戰略建議。

有鑑於盟軍採取「先歐後亞」的戰略，在法國開闢的第二戰場，最少需要半年以上時間，才能擊敗德國，而擊敗德國之後，又需要至少六個月的整備時間（**預計為一九四五年夏季**），英、美才得以將海陸軍主力轉移到亞洲，向日本發起大規模進攻，在此期間，中國須作獨立作戰一年的打算，白氏因此向蔣建言，「國軍戰略採用消耗戰，以求得時間之餘裕為主，大本營應本此旨指導戰爭。」在這前提下，白崇禧建議蔣氏，「不可將主力應某戰區請求，大量消耗，因站在任何戰區方面，必希望增加多數部隊，但站在大本營方面，應統籌全局，不能因局部希望爭取勝利，而將實力大量消耗，恐難於為繼也。」從全局來看，重慶、昆明、桂林、漢中為抗戰根本重地，應當極力確保。

所以，白不贊成在長沙等地進行決戰，因為此舉不但勝算不高，而且徒然分散力量。「長沙會戰，因我重兵器太少，勝敗尚難逆料，」他委婉提醒蔣：「然在大本營立場，應統籌全局，勝利固所希望，萬一失利，我對桂柳戰略根據地及空軍基地如何保持，以免敵人打通桂越。」但是由於蔣已經定策在粵漢路逐次抵抗，白只得提出三項建議，以維護全局：一、之前在常德會戰中損失甚大的第十軍，不能加入長沙會戰；二、第六十二軍（**粵軍**）必須調至湖南、廣西邊界，掩護桂林門戶；三、將美械迅速運

❻《徐永昌日記》，第7冊，頁320-321。
❼《徐永昌日記》，第7冊，頁335、339-342。
❽「蔣中正日記」（未刊本），1944年5月28日、6月3日、6月14日。
❾《陳誠先生日記》，第1冊，頁579。

湘桂會戰將起，蔣介石卻在戰略指導方針上舉棋不定。圖為蔣與白崇禧（左一）、張發奎（左二）等將領，在美國軍官陪同下檢閱槍枝。

桂補充，擬用於保守桂柳部隊，以增強其戰力。「以上各點必須實行，方能形成桂林會戰，」白崇禧在報告結尾表示，「否則第二線太空虛，易起敵人倖進之心也。」[10]

蔣心中既認同徐永昌的見解，卻又採納白的部分建議（**例如第十軍並未加入長沙會戰**），並且派白前往桂林，指導第四、第七、第六、第九戰區的作戰部署，[11] 可以看出他在戰略指導方針上的舉棋不定。白於六月二十二日下午啟程，[12] 此時長沙已經陷落。

III

關於長沙一役的經過，在白崇禧為第九戰區司令長官薛岳轉呈給蔣的報告中稱：六月九日起，日軍以第十一軍（**轄十個師團**）為主力進犯湘江西岸、瀏陽河以東的外圍陣地，激戰六日之後，守軍紛紛轉移。十六日起，日軍第十三、第一一六師團三萬餘人進攻可以瞰制長沙市區的岳麓山，至十八日拂曉，更以飛機三十餘架轟炸掃射、砲兵發射毒氣彈，守軍傷亡慘重，核心陣地遂被突破，長沙隨即失守。[13]

[10] 「白崇禧致蔣中正函」（1944 年 6 月 14 日），《蔣文物》，典藏號：002-080103-00050-026。
[11] 趙子立、王光倫，〈長衡戰役〉，全國政協《湖南四大會戰》編寫組（編），《湖南四大會戰》，頁 403。
[12] 錢世澤（編），《千鈞重負：錢大鈞將軍民國日記摘要》，第 2 冊，頁 870。
[13] 「白崇禧致蔣中正電」（1944 年 7 月 6 日），《蔣文物》，典藏號：002-020300-00014-108。

日軍這次進攻長沙，重慶統帥部與第九戰區先後誤判敵情。統帥部誤判日軍將先攻擊衡陽、株州，因而未能在長沙先行集中兵力。而九戰區長官薛岳則過於輕敵，認為來犯日軍規模不大，仍然師前三次長沙會戰的故智，施展「後退決戰、爭取外線」的「天爐戰法」，致使逐次使用兵力，無法獲得戰場優勢。[14]此次日軍吸取三次長沙會戰教訓，有備而來，一反之前中央突破的戰法，集結八個師團、三十萬強大兵力齊頭並進，將精銳師團配置於側翼，在擊破外圍守軍後，直取岳麓山砲兵陣地。「第二、三次長沙會戰之勝，皆斷敵後路，使敵補給困難，故敵不得不退。」白崇禧日後回憶道：「此次因敵有二線兵團，無法斷其後路，只得與之打硬仗，故難以取勝。」[15]反觀國軍，長沙守軍只有第四軍一個軍，軍長張德能將該軍兩個師置於長沙，僅以一個師守備岳麓山，防廣而兵單，到六月十七日深夜，情勢危急之時，張德能才從長沙緊急編組兩團兵力增援岳麓山，但已無法挽回局面。

白崇禧本來就不贊同在長沙與日軍決戰，自第一次長沙會戰以來，他與薛岳之間在戰略上更多有分歧。之後九戰區參謀長趙子立到桂林向白氏報告此役詳情，當趙說到「薛長官囿於第一、二、三次長沙會戰的經驗，不管敵人的目的、兵力和行動如何，硬要用老一套，在長沙決戰……」，白即用力以掌拍擊桌面，憤然表示：「當時我就很反對在長沙決戰！荒謬！荒謬！——你知道，薛伯陵是不聽我的話，委員長當時也沒個一定的主意！」[16]

長沙失守，蔣氏獲報震怒，決心嚴懲守將張德能。[17]第四軍是四戰區司令長官張發奎的起家部隊，他去電何應欽、白崇禧、何成濬、陳誠等人，請他們向蔣為張德能求情，[18]白崇禧答允。在為張德能請求「從輕議處」的電報中，白氏寫道：第一次長沙會戰，敵乃知難而退，未直接攻城。第二次長沙會戰，敵已攻佔長沙，自動放棄。第三次長沙會戰，敵軍僅二萬餘人，為牽制性質，而守軍有兩個軍，復以岳麓山砲兵壓制敵方火力，使局面轉危為安。然而此次會戰，情況迥然不同。守軍僅一個軍，關鍵重鎮岳麓山陣地五十里寬的正面，竟只有戰鬥兵三千人，戰區參謀長趙子立曾經三次建議薛岳，應將防禦重點置於岳麓山，都未獲同意——其意暗指此次應為長沙失守負責者，不是苦戰突圍的守將張德能，而是戰區長官薛岳。[19] 不過蔣並未接受，張德能被押解到重慶接受軍法審判，九月初遭到槍決。

IV

長沙失陷後，衡陽攻防戰立刻展開，國軍第十軍在軍長方先覺指揮下，作背水陣，死守衡陽。衡陽之後就是桂林，此時部署桂林防務成為當務之急。廣西隸屬於第四戰區。四戰區自從桂南會戰以後，即無大規模戰事，此時兵力相當薄弱：戰區下轄第十六集團軍（**總司令夏威**），該集團軍僅轄有廣西部隊第三十一、第四十六兩個軍，不過後

[14] 王奇生，〈湖南會戰：中國軍隊對日軍「一號作戰」的回應〉，頁二。
[15] 馬天綱、賈廷詩、陳三井、陳存恭（訪問、紀錄），《白崇禧先生訪問紀錄》，上冊，頁 330。
[16] 趙子立、王光倫，〈長衡戰役〉，《湖南四大會戰》，頁 404-405。
[17] 「蔣中正日記」（未刊本），1944 年 6 月 20 日。
[18] 胡志偉（譯註），《張發奎口述自傳》，頁 500。
[19] 「白崇禧呈蔣中正報告」（1944 年 7 月 12 日），《蔣文物》，典藏號：002-020300-00014-109。

者於六、七月即陸續被抽調進入湖南省境作戰，因此從戰區以下，集團軍到軍，都只有一個單位，被戲稱是「三代單傳」。[20]

六月二十三日至二十五日，白崇禧率軍令部第一廳廳長張秉鈞、後勤總部參謀長湯堯，在桂林召集第四戰區司令長官張發奎、廣西省主席黃旭初等人開會，對於桂林防衛做出各項指示。桂林守將人選，白崇禧決定以第十六集團軍副總司令韋雲淞出任。韋之所以膺此重任，乃是因為他在一九三〇年堅守南寧，抵抗滇軍進攻，在行將彈盡援絕之際，守軍以黑豆果腹苦撐，終於等到白崇禧率軍前來解圍，從此以「善守」著稱。韋雲淞在六月二十五日召集桂林各機關團體代表，由張發奎宣布全城疏散。[21]

白崇禧等人在會議中對於戰局有如下研判：一、進犯長（沙）、衡（陽）之敵，番號共有九個師團、十七萬人，來勢空前，兵力之強大，遠超過之前任何一次長沙會戰。二、第九戰區實際上已被擊潰，薛岳率殘部撤往湘東，湘桂鐵公路沿線混亂異常，難民塞道，湘西各縣政府機關都在做逃亡準備，廣西東北正面，已經暴露在日軍面前。白主張以「內線作戰各個擊破敵人的攻勢手段，來達成確保桂柳之目的。」預備以平樂作為決戰地點。對桂林防守，白氏則認為「應用依城野戰之手段，把主力控置於城外實施決戰防禦。」[22] 二十六日，白崇禧與張發奎在桂林軍用機場迎接訪華的美國副總統亨利・華萊士（Henry A. Wallace）一行，面對華萊士詢問對桂林防衛的看法，白樂觀的向外賓表示：桂林能堅守半年以上！但一旁的張發奎則默不作聲。[23]

六月二十七日，白崇禧向蔣介石、何應欽呈報桂柳防禦作戰指導：經實地勘查後，決定以灕江兩岸城區周圍石山為防禦核心陣地，利用原有石山岩洞地形，構築防禦工事，指定第四十六軍為施工部隊。桂林工事完成後，預定以一個軍擔任守備任務，採持久作戰原則，並遮斷通過桂林之水陸交通，逐次消耗敵人於我軍陣地之前，同時期待與野戰軍配合，內外夾擊來犯之敵而殲滅之。[24]蔣於二十九日覆電表示同意，訓令以四十六軍主力守桂林，三十一軍守柳州，並以「第六、第九戰區之夾擊，及第四、第七戰區之協力，先擊滅進犯湘桂路之敵。」[25]

然而白接下來在協調四、七、九戰區協同作戰時卻遭遇嚴重困難，使得保衛桂林在一開始就蒙上陰影。

V

白崇禧希望在湘桂邊境或廣西境內與日軍決戰，藉由拉長日軍補給線，輔以第六、七、九等戰區在側翼襲擊，以打破日軍戰略企圖。若單從作戰指導層面來看，勝算應較在湖南境內作戰來得大。「對攻者來說，像橡皮帶子一樣，拉得愈長，就愈薄弱，超

---

[20] 馮杰，《灕江烽火：桂柳會戰》（武漢：武漢大學出版社，2014年），頁18。

[21] 覃戈鳴，〈桂林防守及淪陷經過〉，《粵桂黔滇抗戰》，頁326-327；「黃旭初日記」（未刊本），1944年6月25日。

[22] 李漢冲，〈桂柳會戰經過〉，《粵桂黔滇抗戰》，頁300-304。

[23] 胡志偉（譯註），《張發奎口述自傳》，頁497。

[24] 「白崇禧敬電」（1944年6月27日），〈白崇禧張發奎等有關桂柳會戰指導建議文電〉（1944年6月至1945年1月），《國防部史政局及戰史編纂委員會》，中國第二歷史檔案館藏，檔號：787/11271。

[25] 「蔣介石致白崇禧等密電稿」（1944年6月29日），《抗日戰爭正面戰場》，頁1307；黃炳鈿，〈一九四四年日軍第二次進犯廣西〉，《文史資料存稿選編・軍事派系》，下冊（北京：中國文史出版社，2002年），頁204-208。

過了極限，它就要繃折。顯然到廣西境內與日軍作戰就有這樣的利益。」但是在政治面上，容易使人產生為廣西利益盤算的聯想，因而遭到七、九戰區的抵制。白崇禧到湘桂邊境視察戰況，以電話聯絡薛岳，結果薛斷然拒絕入桂作戰，兩人話不投機。薛岳更憤然表示：「我就不去給廣西看大門，不在湖南打，把部隊都拉到廣西——他家裡去，可惡！」[26]七戰區司令長官余漢謀對於白氏的協調指導也表示消極。白無奈之下，只得向蔣辭謝協調各戰區指揮的任務，但廣西是他的家鄉，因此仍然願意奔走傳達統帥意旨。[27]

就連張發奎也認為白氏此來，意在對其掣肘。「蔣先生要白崇禧去廣西協助我，那就意味著我被剝奪了權力，」張發奎日後在香港接受口述歷史訪問，抱怨當時中央沒有賦予他足夠的權力與兵力，以行使第四戰區司令長官的職責：「我（張）原本可以直接同中央諮商，這一下就不得不接受他（白）的指導。」「中央派白崇禧來我的戰區，似乎認為我能力不足。」[28]但張發奎又認為廣西是白崇禧的地盤，對於白氏的作戰指導敢怒而不敢言。「張發奎這種地位和態度，決定了他在指導會戰中不負責任，放棄職權，決心動搖和命令不敢貫徹諸弊端，也是導致會戰失敗的一個主要原因。」四戰區參謀處長李漢冲回憶道。[29]

預定使用於防衛桂林的部隊，此時也在各戰區爭奪之列，如蔣氏在六月二十九日密電中調走原來預定防守桂林的第四十六軍。該軍轄第一七〇師、第一七五師、新十九師等三個師，先是新十九師於六月四日奉軍委會命歸第九戰區節制，其餘主力也於七月調入湖南參加衡陽解圍戰鬥。[30]

廣東部隊第六十二軍遭遇的情況更複雜。該軍收到來自各方的命令，竟互相牴觸：侍從室主任林蔚要該軍開至祁陽與衡陽之間集結待命，準備包抄日軍後路，並接應突圍的衡陽守軍；另一方面，第九戰區司令長官薛岳電令該軍抽調一個師到湘江東岸歸其指揮；而第二十七集團軍副總司令李玉堂則要六十二軍愈靠近衡陽愈好，必要時可與他的起家部隊、衡陽守軍第十軍連成一片；最後則是白崇禧的部署，白氏希望六十二軍控置於湘桂邊境，作為機動部隊使用，既可支援衡陽作戰，也可用於保衛廣西。該軍處在多頭指揮之下，無所適從，只好以侍從室的電令為行動依據。[31]

衡陽戰事逐漸激烈，「重慶現在直接介入部署，」美國記者白修德（Theodore White）觀察道：「兩個月之內戰場上缺乏實在之司令部。何應欽、薛岳、張發奎和白崇禧，全都各執己見；前線指揮官不信任重慶，重慶也不信任前線將領。」[32] 白崇禧為桂林會戰所作的部署，也就在此局面下化為泡影。

VI

衡陽解圍戰鬥由蔣介石親自主持。白崇禧於七月十五日抵達湘南黎家坪，代表蔣委員長鼓勵前方將領，並就近視察衡陽戰況。他向蔣氏報告：綜合敵情判斷，進犯湖南

26 趙子立、王光倫，〈長衡戰役〉，《湖南四大會戰》，頁403。

27 黃旭初，《黃旭初回憶錄——從辛亥到抗戰》，頁155。

28 胡志偉（譯註），《張發奎口述自傳》，頁526。

29 李漢冲，〈桂柳會戰經過〉，《粵桂黔滇抗戰》，頁299。

30 胡志偉（譯註），《張發奎口述自傳》，頁494。

31 黃濤、林偉儔、張大華，〈第六十二軍參加衡陽戰役的經過〉，《湖南四大會戰》，頁574-575。

32 Theodore White and Annalee Jacoby, *Thunder Out of China* (London: Victor Gollancz Ltd., 1947), p. 176.

的日軍共有七個師團，步兵約十八個聯隊，騎砲工特種兵不計在內。而在湖南作戰的國軍，除上節提到的六十二軍較完整以外，其餘部隊的兵力，都已不到原來的一半。此時守衡陽的第十軍作戰已近二十日，第六十二、七十九兩軍正奮力向衡陽近郊攻擊前進，敵我雙方均傷亡慘重，但白氏提醒蔣，「敵並無撤退模樣」，日軍自十一日起又增援兩萬人，國軍第七十九軍所在位置有遭到前後夾擊的危險。33

到了七月下旬，白崇禧對於衡陽戰事已不抱樂觀期望。白向來不主張死守孤城，他認為城內守軍與城外的野戰軍必須配合作戰，內外夾擊，守城才有意義。在致蔣氏的電報中，白委婉表示，如能沿湘桂路兩側集中兩軍以上兵力，配以砲兵戰車，在統一指揮下，擊破衡陽外圍敵人，進而與城內守軍約定內外夾擊，則「解衡陽一部分之圍，似有可能。」緊接著，白向蔣建議：日軍十萬之眾，長驅直入，「所謂千里餽糧，士有飢色」，補給必成問題。既然國軍無法在正面阻止敵軍推進，則應該「改變戰法，於湘江兩岸，由各部隊編組多數支隊，附以工兵及爆破器材，轉向敵後，襲擊其輜重，破壞其交通，空軍則襲敵湘江船舶，及鐵路、公路車輛為主。使敵飢疲，無法持久。」最後，白更提醒蔣氏，在中印緬公路未打通以前，如何善為運用現有兵力，以等待盟軍聯合反攻，應該如何確保重慶、昆明、西安、桂林各重要據點，得以支持較長時日，「想均在鈞座明鑒之中。」34 白這番話，意在規勸蔣氏，應作好衡陽陷落之後的打算。

蔣於八月四日批示「分令薛（岳）長官、王（耀武）總司令照辦。」並在七日電令第九戰區各部遵照辦理。35 然而據一位情報軍官的回憶，王耀武等部對蔣氏的電令，只是口頭敷衍，實際上按兵不動。36 同日晚間，在蔣的嚴令督促下，桂軍第四十六軍冒重大傷亡，以主力攻抵衡陽城郊五里牌附近，37 但隔（八）日守軍已放下武器，停止抵抗，衡陽失陷。

八月二十日，白崇禧再次以書面報告向蔣示警：「自衡陽失陷後，敵在湘省所部及湘江東岸之兵力仍然增加於湘江兩岸及衡陽附近，似已超過六個師團，我對湘桂路方面應特別注意。」白再次請蔣轉飭第九戰區迅速編組小部隊，附工兵及爆破器材，以避實擊虛的戰法，襲擊日軍水陸交通線，「使敵前方補給困難，或不敢貿然再行深入。」而如果日軍仍不顧一切向前推進，則桂林可固守三個月時間，拖住日軍進攻步伐，以待後方重整兵力進行反攻。

但是，白氏原先對桂林會戰做出的部署，與衡陽戰役後的局面已有很大差異。原先預定擔任守備桂林任務的第四十六軍被抽調進入湖南戰場，致使目前第四戰區只有守備桂林的第三十一軍，與新近開赴廣西增援、防守全縣的第九十三軍（詳後），兵力單薄，不足以形成會戰。因此白請蔣再電令第七戰區，從速調遣兩個軍，增防北江西岸，掩護桂林側背。[38]

---

33 「白崇禧致蔣中正電」（1944年7月15日），《蔣文物》，典藏號：002-020300-00014-110。

34 「白崇禧致蔣中正電」（1944年7月26日），《蔣文物》，典藏號：002-020300-00014-112。

35 「蔣中正致薛岳、王耀武電」（1944年8月7日），《蔣文物》，典藏號：002-090106-00016-450。

36 鮑志鴻，〈抗戰後期的豫湘桂戰役－在軍統局的所見所聞〉，《武漢文史資料》，第2輯（1987年6月），頁91。

37 黃鏘，《衡陽抗戰四十八天》（台北：作者自印，1977年），頁178。

38 「白崇禧呈蔣中正報告」（1944年8月20日），〈白崇禧張發奎等有關桂柳會戰指導建議文電〉，《國防部史政局及戰史編纂委員會》，中國第二歷史檔案館藏，檔號：787/11271。

兵力不足是湘桂會戰國軍一大問題。圖為一九四五年白崇禧隨蔣介石校閱新編成的青年軍第二〇二師。

蔣雖然答應白的請求，分令第九、第七兩戰區照辦，但這兩個戰區並未奉命。第七戰區司令長官余漢謀於九月六日回覆蔣氏：「本戰區所有兵力已竭盡綿薄，歷遵調出，現實極度薄弱，無可抽調。」[39]不肯再出兵支援第四戰區。第九戰區司令長官薛岳更讓開湘桂路正面，逕自率領殘部退往江西。[40]薛岳不遵統帥部撤往湘西的命令，逕自將部隊向東撤退，有人問薛：為何要到江西？薛氏回答：「跑遠一點，他（指委員長）的電話便打不通了！」[41]此事據傳在高級將領間人盡皆知，中央威信在抗戰後期低落的情形，也就可見一斑。

VII

此時國軍在湖南戰場各軍已經陸續退入第四戰區，這些部隊系統不一，除了桂軍以外，還有川軍、粵軍、中央軍等，共有十個軍的番號，大多在長沙、衡陽戰役中接連苦戰，遭受日軍程度不一的打擊，戰鬥力極為低落。[42]白崇禧認為，這些部隊已無法擔負和守城部隊裡應外合的任務。而桂軍留在廣西的兩個軍並非精銳，如果沒有生力軍支援，桂林戰局難以久持。

「桂林關係重要，原定31A、46A（即三十一軍、四十六軍）共五個師固守，嗣因衡陽會戰，46A奉調參戰，經過一個月以上之戰鬥，官兵傷亡甚大，實力大減，」九月十一日，白崇禧致函蔣介石，談及保衛桂林計畫，以目前兵力，「欲確保全桂，似嫌單薄，因只有孤軍守城，無野戰軍或城外友隊以資策應，則敵軍容易合圍，守軍不能持久。」

回顧戰史，前有南京，後有衡陽，死守孤城，最後失陷，都是例證。而此次桂林一旦失守，不但影響國內外視聽，甚至可能「誘起敵人進攻重慶或昆明企圖。」

因此白「考慮再三，以為堅守桂林，必須增兵。」當時軍委會已經派遣第九十七軍從四川駐地開拔增援，但是白認為該軍徒步行軍移動，恐怕緩不濟急。他的構想是：一、將第九十七軍與十四軍編滿三個足額師，以空軍全力運輸，增援桂林；二、空運在漢中的第二十九軍到柳州，擔任守城任務；三、嚴令第七戰區派出一個軍歸第四戰區指揮，掩護龍虎關一線；四、最後，四川及漢中防務，應抽調第一戰區部隊填防。白氏表示，如能照此方案實施，則桂林將有七個軍的兵力，配合第九戰區殘部，應可持久堅守。[43]

當天白崇禧攜帶上述計畫向蔣介石報告，蔣氏聽後雖然沒有當面反對，內心卻深為詫異。「**健生來談保衛桂林計畫，匪夷所思，殊出意外，**」蔣在日記裡寫道：「**彼意欲將**

39 「余漢謀復蔣介石密電」（1944 年 9 月 6 日），《抗日戰爭正面戰場》，頁 1310。

40 薛氏日後回憶，則認為當時軍令部次長劉斐，拿此事於蔣、白面前挑撥；見陳壽恆等（編著），《薛岳將軍與國民革命》，頁 433-434。

41 唐德剛（撰寫），《李宗仁回憶錄》，下冊，頁 753。不過李宗仁將此事誤記為發生在三次長沙會戰期間。

42 根據張發奎所得報告：九月初，陸續開入廣西的各軍有二十軍（4567 人）、二十六軍（4522 人）、三十七軍（2056 人）、六十二軍（6300 人）、七十九軍（3476 人）、三十一軍（9190 人）、四十六軍（20830 人）、九十三軍（20958 人）、六十四軍（11680 人）、一三五師（屬三十一軍，3008 人）、一五五師（屬六十四軍，2547 人）。其中，中央軍第三十七軍有兩個師被第九戰區截留，軍長羅奇（黃埔一期）只帶了一個師、兩千餘人進入廣西。見胡志偉（譯註），《張發奎口述自傳》，頁 512。

43 「白崇禧致蔣中正函」（1944 年 9 月 11 日），典藏號：002-080103-00050-026。

川黔中央軍盡數空運桂林，而置四川抗戰根據地於不顧，此烏乎可？」[44]按照白的計畫，準備空運桂林、柳州的部隊，是第九十七軍、第十四軍的一部，以及第二十九軍等，共五個師，對蔣而言竟然已經等同是中央的全部兵力。後方兵力之所以如此捉襟見肘，主因是當時有九個軍投入雲南、緬甸戰場，無法抽調。

正當白崇禧與蔣介石對於保衛桂林計議未定之時，更惡劣的消息傳來：第九十三軍未經激烈戰鬥，竟輕易放棄桂林北面重鎮全州。強敵已經兵臨城下。

VIII

第九十三軍由第十師、新八師編成，美械裝備，軍長陳牧農中將，黃埔一期，該軍原來是屬於軍事委員會直轄的重慶衛戍部隊，經白崇禧與張發奎一再請求，始派往第四戰區增援，奉派守備廣西北部的全州，並以一部佔領全州以北六十公里處的黃沙河陣地。[45]

九十三軍抗戰初期在山西作戰，屢立戰功，但自從一九四二年秋調入四川之後，兩年未經戰陣，訓練和紀律逐漸廢弛。軍長陳牧農治軍不嚴，備戰懈怠，部隊由四川開赴廣西途中，沿途拉夫擾民，軍紀極壞。[46]此次增援廣西，陳牧農曾在電話中向校長蔣介石立下軍令狀，誇口能守全州三個月，後經張發奎為之緩頰，減少為堅守兩個星期。但是九月十一日夜間，日軍第十三師團第一〇四聯隊僅以小部隊向黃沙河進行威力搜索，逐退守軍後快速推進。九十三軍臨陣慌張，於十三日傍晚放火燒毀存儲彈藥與糧食的倉庫後，擅自放棄全州後撤，日軍遂於隔日佔領全州。全州是國軍西南補給重鎮，被服、武器、彈藥、糧食、汽油、車輛等各項物資盡皆存放於此，大火延燒數日，損失慘重。[47] 蔣氏得報後，「不勝駭異」，認為「此又一不測之恥辱」，[48] 立刻電令張發奎逮捕軍長陳牧農，押送至桂林「就地槍決」。[49]

全州的快速失守，使得桂林局勢陡然險峻起來，在外無援軍的情況下，白崇禧不得不重新調整桂林作戰部署。白崇禧於九月二十四日前後在桂林召集四戰區各將領會議，據一位與會人員的回憶，白氏一開始先表示：「守城必須有城外支援，本來，兩個軍守城吸引消耗敵的兵力，再以機動的主力軍從外邊反包圍，在桂林打一個會戰是可以的，大家有信心，很好。可惜了！中央在貴州的主力軍不來了。因此抽出若干兵力到外面去是必要的。」[50] 接著由第十六集團軍參謀長韓練成報告重新部署方案：將四十六軍主力一七五師、新十九師調出桂林，作為機動野戰部隊，將一八八師從三十一軍抽出來改隸四十六軍，留下原屬四十六軍的一七〇師、三十一軍的一三一師守備桂林。白崇禧又命

[44] 「蔣中正日記」（未刊本），1944年9月11日。
[45] 〈第四、第七、第九戰區今後作戰要領〉，收於《抗日戰爭正面戰場》，頁1299-1301。
[46] 馮杰，《灕江烽火》，頁50-52。
[47] 呂芳上（主編），《中國抗日戰爭史新編：軍事作戰》（台北：國史館，2015年），頁278。
[48] 「蔣中正日記」（未刊本），1944年9月14日。
[49] 「蔣中正致張發奎電」（1944年9月14日），《蔣文物》，典藏號：002-020300-00014-126；胡志偉（譯註），《張發奎口述自傳》，頁508。
[50] 覃戈鳴，〈桂林防守及淪陷經過〉，《粵桂黔滇抗戰》，頁336。

令柳慶師管區徵集新兵補充桂林守城部隊，並且屯集三個月份的糧食彈藥。[51] 韓鍊成因為提出此一「結合運動戰與陣地戰精神」的部署方案，投合白崇禧心意，得到白的賞識。[52]

然而新的部署方案卻引來守城將領不滿，日後也遭到非議。爭議之處在於第一八八師師長海競強是白氏的外甥，一七五師師長甘成城為夏威的親屬，守城的將領都認為白是私心作祟，特意將海、甘兩人調離險地。計畫公布後，被指定留下守城的官兵「都認為無異把他們葬送在桂林」，軍心大受影響。[53]

只有四戰區參謀處長李漢沖記下了新方案的真正著眼所在：白崇禧在兵力不足的情況下，企圖以第三十一軍守桂林，作為攻勢轉移之支撐點，以第四十六、九十三兩軍，部署於大小溶江方面，「利用與桂林據點相銜接之斜交袋型陣地，從東西兩翼轉移攻勢。」[54]

九月二十四日，白崇禧再致電蔣介石，報告敵情判斷以及部署意見。白認為日軍主力沿湘桂路西進，另從平樂與蒼梧兩路進犯桂林，國軍以第三十一軍軍長賀維珍指揮一七〇師、一三一師固守桂林，以第九十三軍扼守桂林北面的興安、大溶江一線，從桂林調出的一八八師、一七五師，戰力較為完整，部署於桂林東南方大圩附近，如此「桂林方面可望固守」。但是由於兵力不足，在南線柳州方面仍然空虛，白因此再次請求，從寶雞、四川空運第九軍、第四十二師增援柳州。

「部署甚善，建議空運部隊至柳換防，著眼亦甚是。」蔣採用侍從室擬就的覆電稿，婉拒白氏的請求：「惟九軍四十二師豫戰損失甚重，九軍僅五千餘人，四十二師亦不過四千餘，均非經相當時間整補，無作戰力量。」因此第四戰區須「就現有兵力部署。」[55]

IX

桂林北面日軍在攻取全州之後暫時屯兵不前，但是南線日軍則步步進逼：九月二十日陷梧州，二十二日取容縣。[56]面臨兵力不足的情況，白崇禧決定發動廣西全省民團起來保衛鄉里。廣西民團組織雖存，但是由於中央對武裝民眾存有疑慮，自從一九三九年以後即未運作。[57]「第四戰區雖有十個軍，但除93A、31A、46A較為完整外，其餘已殘破不堪，」十月七日，白崇禧致電蔣介石，報告民團組織情形：「廣西全省民團總指揮部張（發奎）長官兼總指揮，黃（旭初）主席兼副總指揮，劃分十六個民團區，設民團指揮官、副指揮官各一，選當地聲望將校充任，指揮所屬各縣團隊，各縣縣長兼民團司令，國民兵副團長兼副司令，每縣成立一至三自衛大隊，每鄉一中隊每村一小隊，年在

51 胡志偉（譯註），《張發奎口述自傳》，頁509。

52 李敏杰，〈韓鍊成將軍〉，《西北軍事文學》，1991年第5期，頁116。

53 四戰區司令長官張發奎與許多桂軍參戰將領，如桂林防守司令部副參謀長覃戈鳴、第三十一軍原任參謀長郭炳棋、第一七〇師副師長巢威等，都有類似說法。參見：胡志偉（譯註），《張發奎口述自傳》，頁509；覃戈鳴，〈桂林防守及淪陷經過〉，《粵桂黔滇抗戰》，頁337；郭炳棋，〈一九四四年桂林防守戰〉，《新桂系紀實》，中冊，頁135；巢威，〈桂林「焦土抗戰」〉，《粵桂黔滇抗戰》，頁353-354；湯堯，〈新桂系內幕之我見〉，《文史存稿資料選編．軍事派系》，下冊，頁170。

54 李漢冲，〈桂柳會戰經過〉，《粵桂黔滇抗戰》，頁310。

55 「白崇禧致蔣中正函」（1944年9月24日），《蔣文物》，典藏號：002-020300-00014-127。

56 胡志偉（譯註），《張發奎口述自傳》，頁509。

57 Theodore White and Annalee Jacoby, *Thunder Out of China*, p. 185.

十八至四十五歲者一律參加。」隔（八）日又電請中央撥發步、機槍彈四百萬發，交廣西各級民團。蔣批示發給二百萬發。[58]之前廣西省原有的十四個保安大隊，也經張發奎請求，改編為五個保安團，負責守備任務。[59]十月十四日，白崇禧發布〈白副總長告廣西全省民眾書〉，宣布上述措施。[60]他更親自到桂林、平樂、柳州、南寧等地視察，當面指示縣長如何編組地方團隊。[61]

相較於白氏的積極奔走，張發奎卻顯得意興闌珊。「我感到在抗戰爆發以前，民團曾起到顯著的功效，」張日後回憶道：「但我們都明白這是臨時抱佛腳了。」大敵當前，廣西已沒有時間從容建立各級民團。[62]根據邕寧縣一位民團基層幹部的回憶，當地民團司令部雖然在七月時就組建完成，但直到十月底才成立六個民團大隊。民團自衛大隊的槍械陳舊、規格不一，幹部當中雖有具對日作戰經驗的退伍軍士官，但隊員大多是尚未完成訓練的新兵，槍法與戰鬥技能都不佳。民團在缺乏正規軍配合的情形下，顯然無法承擔主要作戰任務。之後的作戰中，日軍以百餘人的兵力，即將一千多名地方團隊打得潰不成軍。[63]

白崇禧準備以民團擔任地區守備任務，盡量抽出正規軍作為野戰部隊，主動發起攻勢作戰。白帶同主管作戰的軍令部廳長張秉鈞，與張發奎共同商定，決定在各路敵軍尚未合圍之前，集中精銳，先發動內線作戰，將來犯之敵各個擊破。在地圖上，「他們由武宣經荔浦到桂林劃一弧形，作為戰略上的利害轉變線，希望在這線上來各個擊破陷於分離狀態的敵人。」[64]

張發奎在荔浦開設指揮所，實際指揮攻勢。十月二十一日，他以第七戰區撥調增援的粵軍第六十四軍在前、桂軍第四十六軍殿後，進攻佔領西江北岸桂平的日軍。「我很激動也很得意，這是我第一次向日寇發動大規模的進攻，也是我第一次指揮空地聯合作戰。」張發奎回憶道。此次進攻有美軍派駐的陸空聯絡小組，攜帶電台，引導十四航空隊戰機支援地面部隊作戰，每日達五十架次。二十七日，四十六軍接替第六十四軍擔任主攻，日軍在桂平周邊的蒙圩據險頑抗。❻❺ 激戰至三十一日，國軍雖已佔領三分之二蒙圩，卻仍然不能消滅桂平之敵，攻擊部隊傷亡甚重，而形勢已出現變化，不得不停止進攻。❻❻ 這次進攻功虧一簣，張發奎認為是四十六、六十四兩軍配合不良、加上當時連日大雨，使得國軍無法發揮空中優勢所致；而黃旭初則指出負責保障側翼的桂軍一三五師及廣西地方團隊「脆弱無能」，使得日軍迂迴突破武宣一線，威脅桂平，致使攻擊失敗。❻❼

❺❽ 葉惠芬（編），《事略稿本》，冊 58，頁 591-592、609。

❺❾「張發奎致蔣中正電」（1944 年 8 月 30 日），《蔣文物》，典藏號：002-020300-00014-122。

❻⓿ 胡志偉（譯註），《張發奎口述自傳》，頁 511。

❻❶ 黃旭初，《黃旭初回憶錄——從辛亥到抗戰》，頁 155。

❻❷ 同註 60。

❻❸ 鄧熾，〈邕寧縣地方團隊抗敵記〉，《粵桂黔滇抗戰》，頁 422-426。

❻❹ 黃旭初，《黃旭初回憶錄——李宗仁、白崇禧與蔣介石的離合》，頁 269；李漢冲，〈桂柳會戰經過〉，《粵桂黔滇抗戰》，頁 308-309；然而據張發奎聲稱，是他主張發動攻擊，而「白崇禧與他的參謀們認為這太危險了，自不敢採取主動進攻。」見胡志偉（譯註），《張發奎口述自傳》，頁 510。

❻❺ 胡志偉（譯註），《張發奎口述自傳》，頁 515-516。

❻❻「張發奎致蔣中正等電」（1944 年 11 月 1 日），《蔣文物》，典藏號：002-090200-00085-404。

❻❼ 胡志偉（譯註），《張發奎口述自傳》，頁 517；黃旭初，《黃旭初回憶錄——李宗仁、白崇禧與蔣介石的離合》，頁 270。

X

這時各方對桂林是否能擋住日軍攻勢，看法都相當悲觀。「全州失陷，桂林危急。連日桂林大火，敵分數路進逼，恐難久守。」廣西籍的行政院參事陳克文在日記裡寫道：「時至今日，敵苟破桂林則直趨貴陽，逕撲重慶，似亦非不可能。大局岌岌，未有甚於今日者矣。」[68] 十月三日，侍從室主任林蔚在長途電話中，對奉命前往山西接掌第一戰區指揮的陳誠說道：「桂省戰事，桂林（陷落）僅時間問題，中外均有指責。」[69]

根據第四戰區政治部主任侯志明（黃埔四期）在十月間請軍委會政治部長張治中「親呈委座參考」的機密報告，其重點為：一、張發奎對統帥部深感不滿，「張以統帥部不允出擊，只准守城挨打，又不派生力軍來解圍，視守城將領不為張德能（違令突圍被正法），即為方先覺（遵令死守遺俘擄），亦即非為俘即無他道，認為古今中外無此戰略。」二、四戰區兵力極弱，原有的第三十一、四十六兩個軍，「官兵有五成久不打仗，軍師團長指揮能力又差，從七、九戰區調來各軍，又均疲殘不堪，官兵僅有三成，獨立團隊有名無實。」三、「統帥部直接指揮各軍過於干涉，尤其白副總長來此掣肘，予張以說不出之苦。」四、第九戰區長官薛岳對白崇禧尤其不滿，因為白將第四十六軍「調來調去，不能解耒陽之圍，故薛不聽統帥令向零陵轉進之令，擅自向株州撤退，將一切財物械彈搬於九峰山南，有落草之意，每對人言白之守門犬等敵到廣西去看看。」五、九十三軍軍長陳牧農之死，實為張發奎報復張德能被槍決之舉，「蓋陳無張之令，何敢公然撤退，委座追究，張乃諉過於陳，以快私憤耳。」六、廣西軍「志在保存實力，騙到大量物械，不惜偽造敵情，以避戰鬥。」[70] 侯志明報告中陳述各點雖然未必都是事實，[71] 卻清楚反映出四戰區前線將士鬥志低迷、彼此算計的情況。[72]

敵人大軍壓境，我軍內部情況如此，勝算難期，白崇禧當然心知肚明。他將老母與妻兒送往南丹縣桂軍前軍長莫樹杰處託付時，也曾慨歎「廣西頂不住這場戰事」，[73]但他仍然冀望把握住任何可以挽救戰局的機會。十月二十二日，白崇禧致電蔣，急切陳述三項作戰意見：一、請解除第七戰區其他作戰任務，專以主力在西江方面牽制日軍，切斷敵人運補；二、請飭令第六、九兩戰區「顧全大局」，協同夾擊湘桂公路鐵路沿線之敵；三、敵軍利用水路運輸，「由三水至桂平江道長逾十里，由岳陽以迄全州亦在十里以上，如此漫長之敵後運輸線，」日間請以空軍轟炸，夜間則出動陸軍截擊，必可扭轉局面。蔣雖批示：「抄交軍令部，研討七戰區作戰具體辦法。」[74]但七、九戰區實際上依然故我。

---

68 陳方正（編校），《陳克文日記》，下冊，頁899。

69 《陳誠先生日記》，第1冊，頁639。

70 「侯志明呈蔣中正報告」（1944年10月），《蔣文物》，典藏號：002-080103-00047-017。

71 如張發奎後來解釋，自己並無殺陳牧農之意，見胡志偉（譯註），《張發奎口述自傳》，頁508；又如第四十六軍增援湖南戰場，出自重慶的直接調遣，不是白崇禧的建議。

72 據國民黨宣傳部長王世杰日記：當桂林戰況不利時，王曾詢問張治中「桂林我軍崩潰何故如此之速。（彼曾於數日前告我謂，該城防禦堅強，至少可守兩個月。）」張即以侯志明的報告示王：「指陳張發奎無鬥志，且對中央不滿；薛岳對桂軍及白崇禧不滿，亦無鬥志。」王世杰稱自己聽後「悶憤交集」。見林美莉（編校），《王世杰日記》，上冊，頁651。

73 莫樹杰，《風塵漫憶：莫樹杰回憶錄》（南寧：廣西壯族自治區南丹縣政協文史委員會，1997年），引自：馮杰，《灕江烽火》，頁150。

74 「白崇禧致蔣中正電」（1944年10月22日），《蔣文物》，典藏號：002-020300-00014-128。

在廣西，白崇禧能做的幾乎都已做了，連番忙碌之後，他默察局面，深懷憂慮，決定回重慶作最後努力。[75]「湖南薛岳、廣東余漢謀均按兵不動，故敵軍乃全力來攻廣西。」十月二十九日，省主席黃旭初在日記裡寫道：「在桂境雖有十個軍，然其中僅一軍未經使用，餘均屬在湘作戰，業經殘破而未補充者。如中央欲確保桂柳，則一必須湘粵協力對敵，二桂境須增生力部隊。白副總長專為此事來渝陳述。」[76]

三十一日上午十時，白崇禧出席軍令部談話會，何應欽、徐永昌、林蔚等高級將領均參加。「健生首報告此次視察指導布置情形，嗣即發表高見，」徐永昌在這天的日記裡，記載下白氏為了保衛桂林最後奔走的一幕。白認為在城內守軍無法與城外野戰軍裡應外合的情況下，徒然困守桂林並無太大意義，「徒事犧牲而已」。而桂林會戰勝敗關鍵，在於七、九兩戰區是否聽命出兵，「此時應嚴令該兩戰區負責截斷敵軍後路，則桂林可守，否則徒然犧牲。言時至為激昂。」[77]

十一月一日，白崇禧請見蔣介石，所談仍是請求增派援兵，以及飭令七、九兩戰區出兵。「正午與健生談話，彼對桂柳戰局要求增加兵力，」蔣在當天日記裡寫道：「余囑其應在本戰區先調整部署，強加防柳兵力，如在後方增援則緩不濟急，而且與原定戰略本旨相違也。彼乃諰諰不休，談至二時半方去。」[78]根據黃旭初日記，聽了白的請求，蔣氏的回答是：「一、此時尚不能增兵入桂，應以現有兵力暫行固守；二、湘粵之兵非命令所能動，除非我（蔣）親赴贛州召薛（岳）、余（漢謀）面命，或能生效。但十日之內，我不能離渝，因行政院正行改組。」[79]十一月三日，白在情急之下，甚至請託和薛岳頗有交情的陳誠幫忙，「令第七、第九兩個戰區進攻敵後，截斷敵之補給線（據說已下七次命令，薛岳均未接受）。」[80]

「桂柳激戰已起，余決以固守桂林為主，柳州勢難保守，故不願再加兵力增防，以免逐次消耗，有礙我集中兵力、整個出擊之方略，健生再三強求不已，余以原定戰略與最後決心示之，方無異議，以此為抗戰史中最後勝敗之所繫，故不能不堅持到底也。」蔣氏在日記的「本周反省錄」裡寫道：「健生對各種要求語多要脅，色亦傲慢，但此為其習性，余皆導之以理，彼卒率順從無異詞，此推誠之效也。」[81]

白崇禧在晉見蔣氏時的表現，後世學者認為白此時「故意慷慨激昂，要求不可能」，其實只是為放棄守桂林尋找理由。[82] 然而比對黃旭初日記裡蔣氏敷衍推託的說詞，似乎才是全盤情況。蔣與白到這時應該都明白，中央已經失去號令前線戰區的能力了。廣西各軍，只能各自為戰。

就在這時，廣西北面日軍已經於十月二十七日從全州、興安一線全面出動，進攻桂林。

---

75 黃旭初，《黃旭初回憶錄——從辛亥到抗戰》，頁155。
76 「黃旭初日記」（未刊本），1944年10月29日。
77 《徐永昌日記》，第7冊，頁470。
78 「蔣中正日記」（未刊本），1944年11月1日。
79 「黃旭初日記」（未刊本），1944年11月1日。
80 《陳誠先生日記》，第1冊，頁655。
81 「蔣中正日記」（未刊本），1944年11月4日，本周反省錄。
82 陳永發，〈關鍵的一年——蔣中正與豫湘桂大潰敗〉，收於劉翠溶（編），《中國歷史的再思考》（台北：聯經出版，2015年），頁402。

XI

日軍第十一軍以第五十八師團、第三十四師團、第四十師團，另配屬第三戰車聯隊，共五萬三千餘人，沿灕江南下，分北、東、西三個方向進逼桂林。原定在大小溶江方面轉移攻勢的國軍第九十三軍，因士氣低落，一觸即潰，使得白崇禧的計畫完全落空。83

部署於桂林外圍陣地的國軍，在戰鬥兩晝夜之後，於二十九日奉野戰軍總指揮官夏威之命，全線後撤。這時，第七十九軍軍長方靖接到命令，指定該軍第九十八師編足一個加強團，進入桂林城中增援。方靖當即派出第二九四團兩千餘人，向桂林防守司令韋雲淞報到，守備城西德智中學、及西山地猴子坳等據點。84

經過增援後的桂林守軍，有兩萬餘兵力；其防禦部署，根據十月十日制定的防守計畫，核心陣地設於榕湖以北城區，以橫跨灕江的中正橋（**今解放橋**）為界，以北及灕江東岸各岩洞據點由第一三一師守備，以南沿河區定桂門、南門之線歸第一七〇師守備。85城區民眾經過六月、九月間三次疏散，防守司令部挨家清查，已全數撤離；86奉白崇禧指示，妨礙射擊的民居房屋均已事前破壞焚毀。87

十一月四日，日軍第四十師團開始攻擊灕江東岸守軍陣地，國軍以輕重武器猛烈還擊。根據若干參戰將領日後的回憶，桂林周邊的陣地工事，雖然經軍訓部工兵監林柏森親自指導，但由於防守司令韋雲淞等將領中飽修築經費，因此相當簡陋，全無鐵絲網，「僅用木材釘成木柵，無照明設備，陣地前敷設少數地雷。」88但是從日軍的戰鬥紀錄看來（**見本章第一節前導文**），這些一九六〇年代寫就的回憶交代文字可信度值得懷疑。根據日軍記載，守軍陣地皆鋪設鐵絲網，火力配置完善，守軍且沉著反擊，時機出敵意表，帶給進攻者極大困擾。

守軍利用石山岩洞地形修築的碉堡，利於隱蔽防空，卻有火力難以相互支援、無法轉用兵力的問題。[89] 日軍即利用這一點，運用優勢火力切斷各據點間的聯絡，使之不能彼此支援，逐步肅清守軍。激戰至八日，灕江東岸貓兒山、屏風山、星子岩等各據點大多被日軍拿下，[90] 敗退下來的守軍遂逐漸向七星岩集中。

七星岩是一處大型岩洞，原來作為野戰醫院，洞內人員大多是傷兵，只在洞口駐有少數警戒部隊。[91] 八日夜開始，灕江東岸各據點殘餘守軍紛紛退入七星岩，至十日時被日軍重重包圍，只能在洞口憑險據守。在少數守軍衝出岩洞突圍成功之後，日軍以火力封鎖岩口，後續部隊即無法再衝出。由於洞內守軍拒絕日軍勸降，並且持續抵抗，日軍對洞內施放毒氣，投擲汽油彈，復以火焰噴射器縱火焚燒。洞內守軍全數犧牲。戰後清查人數，共有八百二十三人殉難，是桂林版的「八百壯士」。[92]

---

83 李漢冲，〈桂柳會戰經過〉，《粵桂黔滇抗戰》，頁 310。

84 方靖，〈第七十九軍在桂林作戰〉，《粵桂黔滇抗戰》，頁 316-318。

85 「戰史會桂林防守軍作戰計畫及桂柳會戰閱料助記卡」（1944 年 10 月），《國防部史政局及戰史編纂委員會》，中國第二歷史檔案館藏，檔號：787/571。

86 黃旭初，《黃旭初回憶錄——從辛亥到抗戰》，頁 152-153、154-155。

87 覃戈鳴，〈桂林防守及淪陷經過〉，《粵桂黔滇抗戰》，頁 332。

88 覃戈鳴，〈桂林防守及淪陷經過〉，頁 331；巢威，〈桂林「焦土抗戰」〉，頁 356。

89 覃戈鳴，〈桂林防守及淪陷經過〉，頁 331。

90 「韋雲淞致蔣中正電」（1944 年 11 月 8 日），《蔣文物》，典藏號：002-090200-00085-410。

91 寧德星，〈守城日記〉，《粵桂黔滇抗戰》，頁 387。

92 陳興讓，〈桂林七星岩八百壯士殉國紀實〉，頁 389-393。

這時在桂林的北、西兩面也爆發激烈戰鬥。十一月五日，防守城西德智中學一線的七十九軍加強團一個連，抵抗五十八師團所部的猛烈攻擊，陣地失守，只剩八人生還。[93] 攻擊北門一線的日軍，以牛車偽裝成坦克模樣，引誘守軍發砲攻擊，暴露火砲位置。但中方紀錄也稱戰防砲擊毀五輛日軍戰車。[94] 日軍於七日早晨轟炸桂林市區二十多處目標，市區一片火海，[95] 八日以木排強渡灕江，河濱守軍奮勇堵擊，戰鬥一直進行到九日清晨，日方紀錄稱「雙方之血戰使清澈之桂江（灕江）染成血河。」[96] 日軍由水東門、伏波山腳各處衝入城區，直插防守司令部；[97] 守軍一七〇師動用預備隊，在副師長巢威率領下逆襲攻入市區的日軍，雙方逐屋巷戰。[98]

九日下午，韋雲淞等人研判日軍合圍之勢已成，向張發奎請示突圍未獲同意，決定自行突圍。[99] 第一三一師師長闞維雍決心與城共存亡，在得知防守司令部準備突圍的消息後，返回師部舉槍自戕。九日夜，韋雲淞命一七〇師殘部開路，架設浮橋，向西南突圍。當晚各路人馬混戰竟夜：三十一軍參謀長呂旃蒙、一七〇師另一位副師長胡厚基在突圍時陣亡；一三一師第三九二團團長吳展率部與日軍衝殺，身中數彈，壯烈殉職；防守司令部參謀長陳濟桓負傷無法行動，不願被俘，舉槍自盡；[100] 一七〇師副師長巢威在猴子坳指揮殿後部隊攻擊時負傷被俘。[101] 部署在核心陣地的守軍高射砲營，是唯一的地面防空火力，該營前後轉移陣地六次，在八日晚間戰況最緊急時分割各砲，一部對空射擊，一部對地射擊，頑強奮戰到九日晚間十時，才破壞火砲、車輛，人員向西突圍。[102]

日軍第十一軍於十日宣布佔領桂林。但是據中方空軍偵查報告稱，「十日至晨至午，桂林市進行慘烈無比之巷戰，我軍殲敵遍街衢，我亦犧牲重大。」[103] 沒有突圍的守軍仍在繼續抵抗，直到十三日，城區猶有零星槍聲。

XII

桂林與外界的電訊在九日晚間斷絕，重慶於十一日確定桂林失守。「本日桂林與柳州同時失陷，」蔣介石在當天日記中寫道：「桂林工事堅強，糧彈充足，所有通信與武器，皆盡用於此，而未經一日戰鬥，乃即崩潰，可痛之至。」[104] 蔣於當晚七時在曾家岩官邸召開軍事會報，討論桂林戰況，第五戰區司令長官李宗仁此時正在重慶，也出席會報。根據徐永昌的日記，蔣一見李進來，立刻轉頭問林蔚：「令桂林守軍於不得已時撤守之電話已打過否？」徐永昌對蔣這種顧全桂系顏面的態度頗不以為然：「按此等處

93 方靖，〈第七十九軍在桂林作戰〉，頁 320。

94 覃戈鳴，〈桂林防守及淪陷經過〉，頁 344。

95 日本防衛廳研修所戰史室，《廣西會戰》，頁 607。

96 同上註，頁 605。

97 黃旭初，《黃旭初回憶錄——從辛亥到抗戰》，頁 159。

98 巢威，〈桂林「焦土抗戰」〉，《粵桂黔滇抗戰》，頁 358-359。

99 覃戈鳴，〈桂林防守及淪陷經過〉，頁 347；胡志偉（譯註），《張發奎口述自傳》，頁 518。

100 覃戈鳴，〈桂林防守及淪陷經過〉，頁 350。

101 巢威，〈桂林「焦土抗戰」〉，頁 360。

102 「防空學校所屬各部隊衛桂柳黔各戰役戰鬥詳報」（1945 年），《國防部史政局及戰史編纂委員會》，中國第二歷史檔案館藏，檔號：787/17028。

103 「桂柳會戰空軍戰史紀要」（1944 年），《國防部史政局及戰史編纂委員會》，檔號：787/16945。

104 「蔣中正日記」（未刊本），1944 年 11 月 11 日。

置，尚不如嚴令韋（雲淞）等從此隱匿，而明令發表其罪過昭示軍民。今因李、白情面，如此掩掩蓋蓋，結果所致，於國家損失太大，於李白亦未必有利。」[105]

白崇禧稱病未出席會報。從十一月四日到十一日桂林確定陷落之間，沒有資料可以揭示白氏此時的活動和情緒。但是眼看日軍深入、家鄉毀於戰火，年邁的老母被迫疏遷避難，白崇禧心中的打擊可想而知。「昨晚軍事會報，健生以桂柳失守之故未來參加，彼固知恥者也，」蔣介石於十一月十二日的日記中寫道：「其桂軍戰鬥意志與精神薄弱至此，實為意料所不及。以集中最新、最良之武器與器材，盡其所有以供桂林之防備，乃戰鬥未至數小時，連其圍城接戰亦不過二日，而即被敵寇極小數部隊（不足一師團）完全佔領，實為抗戰以來所未有之敗績也，以後應如何處置，並將如何安慰。」[106] 蔣氏對於廣西軍隊的表現深感失望，但他顯然對白寄予同情。十四日，白崇禧致函蔣氏，稱自己「偶感風寒，致罹感冒，」接著提及從九月全州緒戰開始，到十一月桂林保衛戰失利，第四戰區守軍未能完成持久防禦任務，「此固由於戰列部隊殘破者多，然職（白氏自稱）訓練未精，罪何能辭。」而蔣不但「不加譴責，反溫情傳問，慰勉有加，」更派林蔚前來慰問，關切其母親的行蹤安危，使白氏相當感激。他表示「家母避難南丹，近因戰事迫近宜山，擬移往貴陽稍事休息，再迎接來渝侍養。」[107]

事實上，蔣氏在這段期間最為不滿的高級將領，不是桂系白崇禧，而是屢次拒絕白氏截擊日軍命令的九戰區長官薛岳。他在十一月十七日日記裡寫道：「薛岳不奉命令，擅將其胞弟所率之第九十師，開駐贛州自由行動，此人狡詐詭譎，不講情理，好變成性，終非以理與情所能感召。」[108] 二十一日，蔣召見陳誠，一見面，劈頭便問：「薛岳之無理與不法行為……究竟走什麼路？」儘管陳誠與薛關係甚好，此時也難以為他緩頰，只好回答：「薛個人利害太重，是鈞座二十七年（一九三八年）在長沙所示確實不錯，此次經過，前半段應由白健生負責，後半段則薛完全不對。」109
日軍確實還在繼續深入。白崇禧原先寄望以四十六軍的第一八八、一七五兩個師，配合第九十三軍在桂林外圍運動戰，攻擊日軍側翼，扭轉戰局。但這些部隊不但沒能穩住陣腳，反而被敗退的亂軍衝散，失去掌握。位於黔桂邊境的宜山，於十一月十五日失守，張發奎在十七日致電蔣介石，指責第四十六軍「自相驚擾，避開正面，致宜山垂手陷賊。」110 十二月二日，日軍擊破號稱國軍最後戰略兵團的第七十六、九十七兩軍，深入貴州境內的獨山，重慶震動。111 日軍原本便無意深入貴州、四川，而且已達兵力使用的極限，因此在十二月八日回撤。日軍盤據廣西達十一個月，全省有四分之三的縣分淪陷，在此次「一號作戰」中受創深重。

105 《徐永昌日記》，第7冊，頁480。不過據李宗仁的秘書尹冰彥回憶，蔣其實私底下頗有怨言：「談話中蔣又頻頻以廣西軍隊夏威、韋雲淞的棄守桂林，抱怨不休。李發現蔣的神氣不好，所以只談半個多小時就匆匆退出。回到白崇禧公館，李非常氣憤，他說：「老蔣埋怨廣西軍隊不能打仗。他認為廣西不少軍隊是用新武器裝備起來的，辦了這麼多年民團，敵人打到廣西，一定陷於泥沼，處處遭遇抵抗。想不到敵人打進去，就這樣輕易地把桂、柳重鎮放棄了。敵人兵力這麼強大，攻勢這樣猛烈，怎麼能夠責備地方部隊守土有責呢？那麼多的中央軍在湖南，逃跑的逃跑，投降的投降，他為什麼不反躬自責？」見尹冰彥，〈李宗仁在重慶〉，《文史資料存稿選編・軍事派系》，下冊，頁192。

106 「蔣中正日記」（未刊本），1944年11月12日。

107 「白崇禧呈蔣中正函」（1944年11月14日），《蔣文物》，典藏號：002-080200-00620-009。

108 「蔣中正日記」（未刊本），1944年11月17日。

109 《陳誠先生日記》，第1冊，頁662-663。

110 「張發奎致蔣中正電」（1944年11月17日），《蔣文物》，典藏號：002-020300-00014-132。

111 呂芳上（主編），《中國抗日戰爭史新編：軍事作戰》，頁279。

蔣介石在湘桂戰役期間最不滿的將領並非白崇禧，而是九戰區司令長官薛岳。圖為白崇禧隨蔣氏視察新組建的青年軍部隊，與官兵合影。

桂林保衛戰最後以失敗收場，與其說白崇禧自始便無意固守，不如說它是中國抗戰後期山窮水盡的縮影。圖為蔣介石與李宗仁（左一）、中國戰區新任美籍參謀長魏德邁（左二）、白崇禧（右一）合影。

XIII

白氏在晚年時回憶道：「桂柳會戰前，第四戰區原有兵力僅第十六集團軍與桂省團隊及一些特種兵。迨戰事起，始由湘、粵七、九，二戰區調來增援部隊，即多半參加長衡會戰損失很大而未經補充之部隊，故戰力很低。以品質言，我兵力不如敵；就數量言，也不較敵為多，故難望有所表現。」[112]至於守將韋雲淞丟失桂林，白氏受訪時認為「這不能怪他」，「我們命他守桂林，其實這是知其不可而為之，日本人砲火飛機步兵主力均強過我們，而且步、砲、空能切實聯合，（**因此**）沒能守住」。[113]

「桂柳會戰失利的主因是士氣低落，不同層級軍官的戰鬥意志都動搖了。」張發奎日後受訪時指出，「桂柳會戰主要是由潰敗部隊擔綱的，沒有預備隊，也沒有增援部隊。其他因素是次要的。」但是張又認為「桂柳會戰失利不能歸咎於我，是白崇禧在那裡比手畫腳決定一切。」[114]

桂柳戰後張發奎決心整頓四戰區各軍，首先裁撤第三十一軍。「我知道白崇禧不會同意，卻不知道蔣先生會不會在白的影響下阻止我的計畫付諸實行。」因此，張發奎決定不和白崇禧商量即提出計畫，蔣介石全盤接受。[115]張發奎卻不知道，白崇禧主動向蔣氏提出裁撤桂軍一個軍。「職意請裁三十一軍，因該軍此次奉命防守桂林，犧牲甚大，至

[112] 馬天綱、賈廷詩、陳三井、陳存恭（訪問、紀錄），《白崇禧先生訪問紀錄》，上冊，頁 335-336。
[113] 同上註，下冊，頁 659。
[114] 胡志偉（譯註），《張發奎口述自傳》，頁 526、535。
[115] 同上註，頁 530-531。

白崇禧隨蔣介石、宋美齡夫婦巡視陝西臨潼時留影。

今不過收容兩千餘人，故請裁併三十一軍。」而第四十六軍雖然得以保留，但是由於在桂林保衛戰之中表現也同樣不佳，因此白崇禧建議將軍長黎行恕與第十六集團軍參謀長韓練成對調職務。[116]

韓練成出身甘肅，因為其戰略構想得到白崇禧的賞識，從原來桂軍當中一名幕僚參謀，一躍而成為軍長。這項任命，卻在兩年之後產生天翻地覆的影響——這是後話，我們在此暫且打住。

XIV

關於桂林保衛戰，近來在網路上出現兩種截然不同的論調。第一種論調，認為桂林保衛戰是抗戰期間少數守軍英勇程度壓倒日軍的戰役，日軍陣亡達一萬三千餘人，「僅僅在灕江上就付出陣亡七千餘人的代價。」[117] 另一種看法則認為白崇禧自開始即「無意固守桂林」，麾下桂軍將領及部隊蓄意保存實力，作戰不力，「令國人大失所望。」[118] 為什麼這兩種見解天差地別？因為上述論調都沒能掌握史實的全貌。桂林保衛戰之

[116] 「白崇禧呈蔣中正函」（1945 年 2 月 19 日），《蔣文物》，典藏號：002-080200-00301-024。

[117] 歷史真相記述者，〈抗日戰爭中最慘烈的一戰：桂林保衛戰〉，收錄於「壹讀」：https://read01.com/zh-tw/46BaP8.html（2018/01/03 點閱）。

[118] 楊津濤，〈「桂林保衛戰」究竟有多慘烈？〉，收錄於「騰訊網・短史記」，第 149 期：http://view.news.qq.com/original/legacyintouch/d149.html（2018/01/03 點閱）。

所以失利，主因在於戰略指導方針的遲疑失誤，以及兵力短缺所致。從日軍進攻長沙開始，國軍高層在如何迎敵的策略上即存在分歧。白崇禧始終反對逐次投入兵力，在粵漢線上與日軍糾纏，而應集中兵力於湘桂一線，在日軍補給線拉長之後，以游擊戰術攻襲後方運輸，逼使其知難而退，甚至可以反守為攻。但蔣中正與徐永昌等將領太過在意盟國（主要是美國）觀感，並未採納白氏見解，而在湖南逐次投入兵力節節抵抗，「結果是，國軍防廣兵單，顧此失彼，處處都不願主動棄守，處處都未能集中優勢兵力，對日軍形成重點防守和重點出擊。」[119]

蔣介石本人在戰略方針上猶豫不定，白崇禧的戰略部署還受到政治恩怨算計的干擾。前線大軍指揮官如張發奎與薛岳，對白的戰略指導，不是消極以對（如張發奎），就是公然反彈（如薛岳）；在日本重兵壓境時，第九、七兩個戰區不肯出兵攻擊日軍後路，而勉強派赴增援的部隊，又都是久戰疲憊的殘破之師。

但是必須指出的是：即使在如此不利的情況，白崇禧仍然企圖打一場桂林會戰。他在全州失守之後的臨戰變陣，遭受最多批評，但實際上與他一貫主張「陣地戰與運動戰結合」的理念相符——從桂林危城中抽調出的兩個師，正是劣勢兵力底下戰鬥力較完整的部隊。至於這兩個師之後的表現，讓白的計畫失敗，期許落空，則不是當初部署時能預料得到的。反倒是留在桂林城內的第一三一師極為英勇，奮戰到最後，不負桂軍善戰之名。第四戰區的廣西部隊並非桂系精銳，遭遇優勢日軍，鬥志不高，消極避戰，即連白崇禧都為之羞愧，但這種表現，很難說是白等人蓄意「保存實力」——這一點，可以從戰

[119] 王奇生，〈湖南會戰：中國軍隊對日軍「一號作戰」的回應〉，頁18。

一九四五年十月二十一日，蔣介石在川南瀘州過農曆生日，白崇禧作陪，
笑看宋美齡分切生日蛋糕。

後白氏自請裁減一個軍看出，否則，保存力量豈有愈保愈少之理？

比較蔣在衡陽與桂林兩役所下的電報和手令，可以看出蔣對於後者的干預程度遠低於前者。這很可能是因為從七月至十月「史迪威危機」使蔣氏心力交瘁，無暇他顧，也可能是由於當時國軍有九個軍的兵力投入緬甸反攻，使得東戰場上兵力嚴重不足。蔣在日記裡，認為自己堅持原則、拒絕白崇禧增兵支援廣西的請求，實際上卻暴露出後方兵力不足的窘況。蔣對白說，七、九戰區「非命令所能動」，則反映了抗戰後期中央威信低落、各戰區抗命不遵的實情。從這個層面來說，桂林保衛戰的失敗，與其說是白崇禧自始即「無意固守」，不如說它是中國抗戰後期山窮水盡的整體縮影。

XV

「桂柳之役，寇眾逾二十萬人，我兵少械窮，浴血苦戰，如桂林守軍不過一萬三千餘人，生還者僅二千餘人，傷亡總數達五分之四。我一三一師師長闞維雍、桂林防守司令部中將參謀長陳濟桓、三十一軍少將參謀長呂旃蒙，及中下級軍官八十餘員均慷慨殉國，死事之烈，近所罕見。」一九四五年七月七日，白崇禧在〈祭桂柳戰役殉國將士文〉中如此寫道。[120]

一九四五年五月德國投降，軸心國只剩下日本還在負隅頑抗。佔領廣西的日軍，因形勢不利，已準備撤退。而中國方面終於得到美國的大量援助，以何應欽為中國陸軍總司令，其下編組四個方面軍，盧漢、張發奎、湯恩伯、王耀武分任一到四方面軍司令官，積極準備反攻作戰。第四戰區歷經桂柳會戰殘破不堪的部隊，自此才得到整補。第

二、三方面軍分進合擊，六月二十九日克復柳州，七月二十七日佔領桂林，到了八月十五日，日軍棄守梧州，廣西全境已無敵蹤。[121]

對日抗戰苦鬥八年，勝利來得突然。八月十日晚間，白副總長一家人正在院子吃瓜乘涼，突然聽得廣播，日本無條件投降！八年抗戰，終於勝利了！播音員旋即泣不成聲。[122]

勝利突如其來，戰後局面千頭萬緒，蔣介石亟需白崇禧贊襄謀劃。此時白氏因為母親去世，正在銅梁西溫泉守制，蔣先命錢大鈞去電西溫泉促駕，之後又親往會見，「崇禧位列樞近，身受殊恩，何敢拘泥古禮」，於是回返重慶，參與軍國大計。[123]

一九四五年九月，蔣介石一面與前來重慶的毛澤東進行會談，同時暗中布置，以武力強行改組雲南省政府（**參見第十章「遺恨失東北」**）。原雲南省主席龍雲在非自願情況下被送往重慶，就任軍事參議院院長，其怨恨不平可想而知。為了安撫龍氏情緒，蔣於十月二十九日約龍聚餐，同時請閻錫山、白崇禧、唐生智、徐永昌、程潛等人作陪。

在座這些高級將領，與蔣氏的恩怨分合，其中曲折難以盡述。十六年前，白崇禧西征擊潰試圖割據兩湖反蔣的唐生智，誰知蔣復職北伐軍總司令後，竟以唐瓦解駐守河北的白部（**參見第二章「蔣桂戰爭」**）；八年前，淞滬會戰結束，國軍受創嚴重，蔣不顧白等人諫阻，執意死守首都南京，軍事會議上無人作聲，唐生智自告奮勇願擔重任，蔣又命白崇禧從旁協助（**參見第四章「入京佐元戎」**）。白崇禧主政廣西，與中央對峙競合六年，終於寧桂和解，白入京贊襄抗日，而今雲南也受中央控制，蔣氏看著在座眾

---

[120] 白崇禧，〈祭桂柳戰役殉國將士文〉，黃嘉謨（編），《白崇禧將軍抗戰言論集》，頁 538。
[121] 黃旭初，《黃旭初回憶錄——李宗仁、白崇禧與蔣介石的離合》，頁 275-278。
[122] 承白先勇教授告知。
[123] 「白崇禧呈蔣中正函」（1945 年 8 月 15 日），《蔣文物》，典藏號：002-080200-00620-022。

抗戰勝利，蔣介石（前排中坐）與重要將領合影。前排左二為張發奎、左三何應欽、左四白崇禧、左五胡宗南。後排左二湯恩伯、左四劉峙。

人，內心不免頓起躊躇滿志之感：「撫今思昔，二十年來凡叛變與反動之將領，除陳炯明自斃外，其他皆一一歸來聽命矣，豈非上帝所賜之光榮乎。」124

然而在同一天的日記裡，蔣卻寫下這樣一段話：「為東北運兵與登陸問題煞費考慮，內外情勢時刻變化，不能自決為苦也。」戰後國共角逐東北，成為近代中國，乃至亞洲命運轉捩一大關鍵，同時也是蔣白分歧與衝突的開端。

抗戰勝利時，蔣與白關係尚屬融洽。圖為兩人合影。

124「蔣中正日記」（未刊本），1945年10月29日。

作者簡介

白先勇

一九三七年生，廣西桂林人。台大外文系畢業，愛荷華大學「作家工作室」（Writer's Workshop）文學創作碩士。

白先勇為北伐抗戰名將白崇禧之子，幼年居住於南寧、桂林，一九四四年逃難至重慶。抗戰勝利後曾移居南京、上海、漢口、廣州。一九四九年遷居香港，一九五二年到台灣與父母團聚。一九六三年赴美留學、定居，一九六五年獲碩士學位，赴加州大學聖芭芭拉分校東亞語言文化系任教中國語言文學，一九九四年退休。一九九七年加州大學聖芭芭拉分校圖書館成立「白先勇資料特藏室」，收錄一生作品的各國譯本、相關資料與手稿。

白先勇是小說家、散文家、評論家、戲劇家，著作極豐，短篇小說集《寂寞的十七歲》、《台北人》、《紐約客》，長篇小說《孽子》，散文集《驀然回首》、《明星咖啡館》、《第六隻手指》、《樹猶如此》，舞台劇劇本《遊園驚夢》、電影劇本《金大班的最後一夜》、《玉卿嫂》、《孤戀花》、《最後的貴族》等。兩岸均已出版《白先勇作品集》。白先勇的小說多篇曾改編為電影、電視、舞台劇，並翻譯成多國文字。關於白先勇文學創作的研究，兩岸均不斷有學者投入，人數眾多，面向多元，形成白先勇文學經典化現象。

加大退休後，投入愛滋防治的公益活動和崑曲藝術的復興事業，製作青春版《牡丹亭》巡迴兩岸、美國、歐洲，獲得廣大迴響。從「現代文學傳燈人」，成為「傳統戲曲傳教士」。

二〇一四年在台灣大學開設《紅樓夢》導讀通識課程三個學期，將畢生對《紅樓夢》的鑽研體會，傾囊相授學子，深受兩岸學生歡迎。課程錄影先置台大開放式課程網站與趨勢教育基金會網站，供校內外人士點閱，之後並出版《白先勇細說紅樓夢》、策畫編纂《正本清源說紅樓》。

近十年開始致力整理父親白崇禧的傳記，二〇一二年出版《父親與民國——白崇禧將軍身影集》，在兩岸三地與歐美漢學界，都受到重視，並引起廣大迴響；二〇一四年出版《止痛療傷：白崇禧將軍與二二八》；與廖彥博共同輯整白崇禧將軍一生史料，完成著作《悲歡離合四十年——白崇禧與蔣介石》。

廖彥博

國立政治大學歷史系碩士，美國維吉尼亞大學歷史系博士班。

著有《三國和你想的不一樣》、《蔣氏家族生活祕史》、《個人旅行：西雅圖》、《時代之子：康熙》、《一本就懂中國史》、《止痛療傷：白崇禧將軍與二二八》（與白先勇合著）、《決勝看八年：抗戰史新視界》等；譯有《大清帝國的衰亡》、《中國將稱霸21世紀嗎？》、《謊言的年代：薩拉馬戈雜文集》、《漫遊中古英格蘭》、《OK正傳》、《流離歲月：抗戰中的中國人民》、《社群．王朝：明代國家與社會》、《中國的靈魂：後毛澤東時代的宗教復興》、《世紀中國：近代中國百年圖像史》、《悲歡離合四十年——白崇禧與蔣介石》（與白先勇合著，全三冊）等書。

天地圖書
Cosmos Books

白先勇作品

牡丹情緣
——白先勇的崑曲之旅

昔我往矣
——白先勇自選集

紐約客
——白先勇自選集

父親與民國
——白崇禧將軍身影集（上下冊）

止痛療傷
——白崇禧將軍與二二八

悲歡離合四十年：
白崇禧與蔣介石
——國共內戰

悲歡離合四十年：
白崇禧與蔣介石
——台灣歲月